내   딸 이
여 자 가 될 때

Reviving Ophelia :
Saving the Selves of Adolescent Girls

내 딸이
여자가 될 때

메리 파이퍼·새러 파이퍼 길리엄 지음

안진희 옮김

문학동네

반항아들 그리고 부끄럼쟁이들에게,
활동가들 그리고 시인들에게,
언니들 그리고 여동생들에게,
딸들 그리고 꿈꾸는 이들에게,

우리는 너희를 믿는단다.

차례

우리 딸들이 서 있는 곳

메리 파이퍼

『내 딸이 여자가 될 때』는 십대 딸을 둔 어머니이자 청소년기 여자아이들을 상담하는 심리 치료사로서 겪는 여러 경험을 이해하기 위한 시도였다. 청소년기 여자아이들이 어떤 유독한 문화를 경험하고 있는지 사회에 경종을 울리고자 1994년 이 책을 집필했다. 그 당시 나의 목표는 원대했다. 심리 치료사, 교사, 부모를 교육하고 싶었고, 여자아이들이 치유되도록 돕고 싶었으며, 문화를 바꾸고 싶었다. 어떤 면에서는 이 책이 이러한 목표를 어느 정도 완수한 듯하다. 이 책은 널리 읽히고 많은 십대와 그들의 부모에게 사랑받았다. 어머니들은 이 책 덕에 딸을 이해할 수 있었다고 말했다. 심리학자들은 십대의 문제를 역기능적인 가정 탓으로 돌리던 관습에서 점차 벗어나 청소년과 그들의 부모가 힘겨운 문화적 환경에 잘 대처하도록 돕기 위해 노력했다. 교육자들은 여자아이들이 수학과 과학 과목에 관심을 가지도록 북돋우고 이러한 관심을 유지시키기 위해 여러 방법을 개발했다. 오필리어 프로젝트, 걸스카우트, YWCA 같은 여러 단체가 미국 전역에서 어린 여성에게 힘을 실어주기 위해 노력했다.

독자, 나를 강연자로 초대한 다양한 집단, 이 책에 대한 후기를 공유하고자 내게 연락한 많은 분에게 깊이 감사한다. 『내 딸이 여자가 될 때』가 일으킨 수많은 긍정적인 변화에 대해 듣는 일이 내게는 무엇보다 큰 보상이었다.

이 책이 출간되고 25년이 지나서 영광스럽게도 내 딸 새러와 함께 이 책의 개정판을 만들게 되었다. 이번 개정판에서 오늘날 여자아이들에게 변한 것과 변하지 않은 것을 탐색하고, 미국 문화가 요즘 여자아이들의 삶에 어떤 영향을 미치는지 살필 것이다. 이 개정판이 여자아이들에게, 그리고 그들이 용감하고 친절하고 유능한 여성으로 자라게 지지해주고픈 어른들에게 도움이 되면 좋겠다.

1990년대에 내 상담실은 심각한 문제를, 심지어 거식증이나 자해 충동처럼 생명을 위협하는 문제를 가진 여자아이들로 가득찼었다. 어떤 여자아이들은 등교 거부, 일부러 자기 능력 이하의 성적 받기, 항상 부모와 싸우기 같은 문제를 가지고 있었다. 이러한 종류의 문제는 자살 위협보다는 덜 위험했지만, 더 수수께끼 같기도 했다. 내담자 중 상당수는 성폭력의 희생자였다. 이 여자아이들과 대화를 나누면서 1990년대를 살아가는 청소년기 여자아이들의 세계에 내가 얼마나 무지했는지 깨달았다. 1960년대 초 청소년으로서 내가 겪었던 일들은 큰 도움이 되지 않았다. 1990년대 여자아이들은 완전히 새로운 세계에 살고 있었다. 점점 폭력적이고 성적 대상화되어가는 TV프로그램, MTV 뮤직비디오, 노골적으로 성적인 광고가 판치는 세계였다.

심리 치료사로서 종종 당혹스럽고 좌절감에 빠지는 상황을 겪었다. 이러한 감정은 여러 의문으로 이어졌다. 왜 이토록 많은 여자아이가 심리 치료를 받을까? 입술 피어싱, 코 피어싱, 눈썹 피어싱(그당시 등장한 새로운 현상이었다)은 어떤 의미일까? 열세 살 여자아이가 음부 헤르페스나 성병 사마귀에 대처하도록 어떻게 도울 수 있을까? 중학교 1학년생들에게 약물과 술이 왜 흔해졌을까? 왜 그토록 많은 여자아이가 부모를 증오한다고 말할까?

한편, 새러와 새러 친구들은 롤러코스터를 타고 있었다. 행복해하고 자기들의 세계에 관심을 가지는 듯 보일 때가 있는가 하면 그저 처참해 보일 때도 있었다. 이들은 가족에게 그리고 서로에게 가혹하게 굴기도 했다. 중학교는 자신만만하고 균형이 잘 잡힌 소녀들을 슬픔과 분노에 가득찬 실패자로 변화시키는 호된 시련의 장 같았다.

나와 내 친구들은 청소년기 딸들에 대해 이야기할 때마다 분노했고 어찌할 바를 몰라 난감해했다. 우리는 매우 사소한 일에도 불같이 화를 내는 딸들을 보면서 좌절감을 느꼈다. 딸들에게 자기주장을 당당히 말하고 자신감을 가지라고 격려해줬지만 딸들은 불안해 보였고 자기 외모와 여성성을 지나치게 신경쓰는 듯했다. 몇 가지 딜레마가 거듭 불거져나왔다. 어떻게 해야 딸들을 독립적이고 자율적인 사람이 되도록 격려하면서도 안전하게 지킬 수 있을까? 어떻게 해야 납치범과 데이트 강간범이 득시글한 이 세상과 맞서도록 북돋워줄 수 있을까? 어떻게 해야 딸들이 화나게 만들지 않으면서 그를 돕고 지지할 수 있을까? 주민 대다수가 중산층인 내가 사는 작은 도시에서조차 여자아이들은 트라우마를 자주 경험했다. 어떻게 해야 그 트라우마를 치유할 수 있을까? 그런 일을 막으려면 무엇을 해야 할까?

딸을 둔 어머니이자 심리 치료사로서, 내가 목격하는 현상을 이해하기 위해 분투했다. 내 친구들과 나 또한 청소년기에 불안을 표출했지만 우리는 대부분 섭식장애를 일으키지도 않았고 자살하겠다고 협박하지도 않았으며 자해를 하거나 가출하지도 않았다. 왜 1990년대 여자아이들은 예전보다 더 많은 문제를 겪는 걸까?

얼핏 보기에는 1994년 십대 소녀들의 삶이 예전보다 나아진 것 같기도 하다. 어쨌든 여성운동이 자리잡지 않았는가. 여성운동은 도움이 되었을까? 그렇기도 하고 아니기도 하다. 나처럼 중년이고 중산층인 내 친구들은 인간의 역사가 시작한 이래로 극히 소수의 여성에게만 주어졌던 특권을 처음으로 누렸다. 우리 어머니들은 상상조차 할 수 없었던 기회를 얻었다. 하지만 어떤 면에서 여자아이들은 더 중압감에 시달렸다. 그들은 훨씬 더 위험하고, 성적 유혹이 난무하고, 대중매체에 더 좌우되는 문화 속에서 성년을 맞이했다. 여자아이들은 아름답고 세련되어야 한다는 엄청난 압박에 직면해 중학생이 되면 약물을 복용하고 술을 마시고 성적으로 활발해질 수밖에 없었다. 더 위험한 세상을 헤쳐나가야 함에도 여자아이들은 예전만큼 보호받지 못했다.

주변을 더 많이 둘러보고, 음악을 더 많이 듣고, TV와 영화를 보고, 성적인 내용이 담긴 광고를 분석하면 할수록, 우리 사회가 우리 딸들을 잘못된 길로 데려간다는 확신이 점점 더 커졌다. 미국 문화는 십대 소녀에게 유해했다. 여자아이들이 섹스와 아름다움에 대해 받는 메시지와 세상 속 이들의 위치가 이들의 성장을 저해했고 많은 아이들이 트라우마를 입었다. 사춘기가 시작되면서 여자아이들은 이해하기도, 습득하기도 힘든 쓰레기 문화와 충돌했다. 많은 여자아이가 이에 압도당하고 우울증에 걸렸으며 분노로 가득찼다.

1963년에 베티 프리던은 '이름 없는 문제'에 대하여 글을 썼다. 그 글에서 많은 여성이 비참해하지만 그 비참함의 원인을 정확히 규명할 수 없다는 점을 지적했다. 1990년대 청소년기 소녀들 또한 이와 비슷한 이름 없는 문제와 직면했다. 이들은 뭔가가 매우 잘못되었다는 사실을 알았지만, 그 원인을 자기 자신이나 가족에게서 찾았다. 나는 이들이 자기 삶을 더 거대한 문화적 힘의 맥락 속에서 바라보도록 돕고 싶었다. 내가 목격중인 문제에 대해 『내 딸이 여자가 될 때』에서 이름을 붙였다.

25년이 지난 현재 청소년기 소녀들은 1990년대 여자아이들보다 더 잘하고 있지만 이들 역시 디지털 세계라는 완전히 새로운 세계에서 성년을 맞이하고 있다. 50년 동안 여자아이들의 삶을 되돌아보면 그들에게만 문화가 바뀐 건 아니다. 1959년에 나는 수줍음, 여드름, 호르몬, 그 나이의 의미에 대한 자의식 등을 가진 열세 살 소녀였다. 1990년대에는 십대 딸아이를 둔 어머니이자 청소년기 여자아이들을 주로 상담하는 심리 치료사였다. 현재는 두 명의 십대 손녀를 둔 할머니다.

케이트, 새러, 그리고 나는 모두 브링크 세대다. 제2차세계대전이 끝난 직후 태어나 네브래스카주 시골 마을에서 자란 나는 TV 없이 성장한 미국의 마지막 세대였다. 베트남전이 공식적으로 끝난 직후 태어난 내 딸 새러는 스마트폰, 컴퓨터 혹은 전자기기 없이 성장한 마지막 세대였다. 그리고 내 손녀 케이트는 9·11 테러가 일어나기 2개월 전인 2001년 7월에 태어난 디지털 네이티브 세대의 첫 주자다.

나는 느릿느릿한 시간과 공간 속에서 자랐고 내 세계는 가족과 네브래스카주의 작은 마을 비버시티가 전부였다. 뉴스는 대개 지역 뉴스였고 대부분의 오락거리는 지역에서 만들어져 직접 대면하여 즐겼다. 아이들은 함께 놀고, 책을 읽고, 사람들과 대화하는 일 외에는 할 일이 별로 없었다.

새러가 속한 세대는 지역 문화에서 글로벌 문화로 이동했다. 내 세대의 소녀들을 보호해주던 공동체의식은 급속히 사라졌다. 여자아이들은 여전히 대면 인간관계를 유지했지만, 이들이 공통적으로 누리는 문화는 이들의 건강과 행복을 전혀 신경쓰지 않는 기업들이 멀리서 만든 것이었다. 내 딸과 1994년 청소년 내담자 세대는 어른들에게서 도움을 거의 받지 못한 채 유해한 문화 속으로 곤두박질쳤다. 십대들은 반항적이고 불안정했으며 자신이 겪는 일을 이해하지 못한다고, 자신을 보호하지 않는다고 부모에게 화를 냈다.

오늘날, 어른들과 십대들은 기업 문화가 어떤 영향을 미치는지는 더 잘 알지만 우리 중 그 누구도 대처법을 정확히 모르는 새로운 테크놀로지라는 파도에 맞서고 있다. 의도적으로 혹은 환경 때문에 오프라인 상태를 유지하는 몇몇 예외적인 여자아이를 제외하면, 대면 상호작용은 전자기기로 완전히 대체됐다. 십대들은 혼자서 혹은 친구들과 함께 바깥세상을 탐험하기보다 집에 머물거나 부모와 함께 바깥에 나가곤 한다. 요즘 십대들은 넷플릭스를 시청하거나 문자메시지, 스냅챗, 인스타그램으로 친구들과 소통하면서 주말을 보낸다.

요즘 여자아이들은 음주, 약물 복용, 성적 행동, 파티 참석 등으로 인한 문제는 덜 겪지만 우울감, 불안감, 자살 충동을 느낄 가능성은 더 높아졌다. 많은 여자아이가 자신을 둘러싼 디지털 중심의 문화가 뭔가 잘못됐다는 사실을 인식한다. 이들은 잘 때도 스마트폰을 놓지 않으며 항상 연결되어 있어야 한다는 압박감을 토로한다. 그러면서도 깊은 외로움을 느끼고, 가족, 공동체, 자연세계와의 연결이 부족하다고 느낀다. 이들은 데이트를 하고, 책을 읽고, 친구들과 전화 통화를 하던 '옛 시절'을 그리워한다. 이들은 연약해 보이고 혼자서 바깥에 나가기를 두려워하는 듯하다.

1950년대와 1960년대 작은 마을에 살았던 나는 안전하다고 느꼈다. 성폭행과 가정폭력이 제대로 신고되거나 보도되지 않고 많은 유색인종이 폭력에 희생됐음을 이제는 알지만, 내가 아는 아이들은 자유롭게 세상을 돌아다녔고 위험은 멀게만 느껴졌다. 내 딸의 세대는 미국 전역에서 벌어지는 성폭행, 친족 간 성폭력, 폭력 범죄에 대해 더 잘 안다. TV에서 이러한 사건이 보도됐다. 범죄율은 더 높아졌고 우유갑에는 실종된 아이들의 흐릿한 사진이 실렸다. 그렇지만 1994년에는 콜럼바인 사건을 비롯해 아직 다른 학교 총기 난사 사건이 발생하지 않았다. 9·11 테러, 두 번의 걸프전, 알카에다와 ISIS, 마약 유행, 기후 위기, 세계적 난민 위기, 미국의 정치적·사회적 양극화, 백인우월주의의 급부상 같은 문제도 생기기 전이었다.

범죄와 위험이 끊임없이 보도되기 때문에 오늘날 십대와 그 부모들은 이전 세대보다 더 겁을 내고 위험을 회피한다. 요즘 십대들은

1994년의 십대들보다 혼자서 외출할 가능성이 더 낮다. 퓨리서치연구소의 보고서에 따르면 1993년 이후로 2016년까지 폭력 범죄율이 50퍼센트 감소했음에도 말이다.

1960년과 오늘날 사이에 두 가지 거대한 힘이 작용했다. 미국인은 훨씬 겁이 많아졌다. 직접 얼굴을 마주하고 공동체에 기반한 생활양식에서 디지털상에서의 연결에 주로 의존하는 생활양식으로 변했다. 교수인 내 친구의 말에 따르면, 예전에는 쉬는 시간에 학생들이 너무 시끄럽게 떠들어서 무언가를 듣는 게 거의 불가능할 정도였는데 이제는 적막할 정도로 고요하다고 한다. 학생들은 시시덕거리거나 수다를 떨지 않는다. 그저 자기 스마트폰만 쳐다본다.

그런데도 삶의 많은 측면이 1994년 이후로 더 나아졌다. 이혼율은 떨어졌다. 계획하지 않은 임신을 하는 십대도 줄어들었다. 이 세대는 LGBTQ 공동체에 더 개방적이고 인종차별주의자가 될 가능성이 더 낮다. 여자아이들은 자기 행동 때문에 곤란해지는 경우가 훨씬 줄어들었으며 활동가와 페미니스트가 되고 싶어하는 아이도 많아졌다.

특히 고등학교에 일단 입학한 여자아이들은 부모에게 사랑과 존경을 듬뿍 표현한다. 최근 진행한 인터뷰와 우리 포커스 그룹 아이들의 모습에서는 1990년대 만연했던 퉁명스럽거나 분노에 찬 태도를 거의 볼 수 없었다. 부모들 또한 딸과 가깝게 지낸다고 느꼈고 규율 때문에 문제가 발생하는 일은 거의 없다고 말했다.

부모와 십대 자녀 사이의 관계가 이렇게 좋아진 데는 여러 이유가 있을 것이다. 점점 혹독해지는 경제 상황과 세상이 위험한 곳이라는 인식이 여기에 포함될 것이다. 외부 상황이 힘들어질수록 가족은 더

단결하기 때문이다. 또한 진정한 공동체가 사라졌기 때문에 현재 남은 공동체라고는 가족 단위밖에 없다. 오늘날 십대들이 많은 문제를 일으키지 않기 때문에 부모가 자녀를 더 따뜻하게 대하고 더 수용하기도 한다. 게다가 25년 전과 비교했을 때 아버지가 딸의 삶에 훨씬 더 많이 관여한다. 여자아이들은 오늘날 세상의 폭풍우로부터 자신을 보호해주는 가정이 있음에 감사한다.

『내 딸이 여자가 될 때』 개정판을 준비하는 동안 소셜미디어에 관해 알게 된 정보는 대부분 부정적이었다. 2007년 아이폰이 출현한 이후로 여자아이들 그룹은 더욱 고립되었다. 중대한 발달과정이 방해받고 있다. 디지털 테크놀로지에도 괜찮은 면이 있음을 알지만 소셜미디어에 대한 긍정적인 주장은 과장되곤 한다. 예를 들어 "딸아이가 문자메시지로 할머니와 연락을 주고받는다"라는 식의 말을 자주 듣는다. 하지만 이에 나는 이렇게 대꾸한다. "글쎄요, 그렇겠죠. 하지만 전화 통화를 하거나 직접 방문한다면 따님과 할머니 사이가 더 가까워질 거예요."

한편, 청소년들이 조직한 #미투 운동과 #네버어게인 운동 같은 사회운동 초기에 소셜미디어와 네트워킹이 가진 강력한 힘을 목격했었다. #네버어게인 운동은 2018년 2월 플로리다주 파클랜드에서 학교 총기 난사 사건이 일어난 후 촉발되었다. 전국의 중고등학생이 트위터와 인스타그램에서 서로를 '찾았고' 이러한 플랫폼에서 집회를 조직했고 '그래 할 수 있어Si Se Puede'와 '흑인의 생명도 소중하다Black Lives Matter' 같은 그룹을 만들어 적극적으로 행동했다.

물론 나도 소셜미디어를 사용한다. 전문적인 웹사이트와 페이스북에 저자 페이지를 가지고 있다. 새러는 하루에도 몇 번씩 트위터와 인스타그램을 확인한다. 많은 사람이 즐거움을 위해 소셜미디어를 사용한다는 사실을 안다. 또한 오늘날의 세계를 규정하는 냉혹한 세계 정치 현실에서 우리 모두 잠시 숨을 돌릴 필요가 있다. 소셜미디어를 사용한다고 누구를 비난하는 게 아니다. 그보다는 부모와 딸이 더 의식적으로 온라인 생활을 누리는 방법을 제안하고 싶다. 자신의 묘비에 "그녀는 이천 팔로워를 가진 사람이었다"라고 적히길 바라는 사람은 별로 없을 것이다.

다행히 새러와 나는 미래를 예측하는 데 필요한 연구 결과를 심리학자 진 트웬지의 『#i세대』에서 찾았다. 트웬지 박사는 1974년부터 2016년까지의 자살률, 범죄율, TV 시청 빈도, 온라인 사용 시간, 연간 독서량 등 온갖 주제에 관한 조사 자료를 살폈다. 수백 가지 측면으로 한 세대와 다른 세대를 비교하여 시대의 변화와 십대의 변화를 통찰력 있게 짚었다.

이번에 개정판을 작업하면서 1990년대 초 만났던 심리 치료 내담자들과 거의 비슷한 인구집단 출신의 여자아이들을 인터뷰하고 십대 여자아이들과 어머니들로 포커스 그룹을 구성했다. 심리 치료사와 이야기를 주고받았고, 전직 중학교 교사 새러가 교사와 학교 상담교사를 인터뷰했다.

『내 딸이 여자가 될 때』 초판을 쓸 때는 나와 오래 상담했던 심리 치료 내담자 이야기를 다뤘다. 하지만 이번 개정판에서 언급한 대부분의 여자아이는 딱 한 번씩 만났다. 이 인터뷰와 포커스 그룹 여자아이들과의 대화로는 심리 치료 내담자의 이야기처럼 장시간 이뤄지는 성장을 포착할 수 없다. 하지만 이들을 만나 오늘날 여자아이들이 맞닥뜨리는 고유한 문제를 강조할 수 있었고 이들 삶에 대한 짤막한 묘사를 제공받을 수 있었다. 인터뷰와 연구를 진행하며 어떤 문제가 바뀌었고 어떤 위험성과 기쁨이 그대로인지 드러났다.

전국에 있는 다양한 공동체의 여자아이들에게 『내 딸이 여자가 될 때』를 읽고 나서 후기를 공유해달라고도 부탁했다. 어떤 부분이 시대와 맞지 않다고 느껴지는지, 어떤 부분이 자기 삶과 관련된다고 생각하는지 알려달라고 했다. 이들에게 캡션을 달거나 여백에 메모를 하거나 빗금을 긋는 식으로 책에 자유로이 표시하고 개정판에서 논의해야 한다고 생각되는 주제를 숨김없이 말해달라고 부탁했다. 그리 놀랍지 않게도 여자아이들은 여전히 여성혐오, 섭식장애, 성차별, 또래 압박, 정체성 문제와 힘겹게 싸우고 있었다. 이들 모두 소셜미디어 때문에 청소년기의 풍경이 바뀌었다고 동의했다. 대부분의 소녀가 거의 모든 챕터에 "소셜미디어 이야기를 추가하세요"라고 메모해뒀다.

이번 개정판에는 초판 때 다뤘던 많은 강렬한 이야기에 더해 요즘 소녀들의 새로운 이야기를 추가했다. 여자아이들의 삶이 어떻게 변화했는지 고찰하고 최신 연구 결과와 현상황에 맞는 조언을 담았다. 지금 보면 구식 같을지 몰라도 초판의 글 중 일부를 그대로 유지했다.

4장 「그때와 지금, 1959~2019」와 14장 「경청하며 배운 것들」을 새로이 썼다. 새러는 거의 모든 인터뷰를 진행하고 정리했다. 우리는 불안에 관한 챕터를 새로 추가했다. 16장 「언덕 꼭대기에 있는 울타리」에서는 부모, 십대, 십대와 함께하는 모두를 위한 구체적인 제안을 제시했다. 「2019 개정판 후문」에서는 분열의 시대에 어떻게 잘 성장할지 희망과 안내를 제시했다.

『내 딸이 여자가 될 때』를 다시 읽으면서 이 책이 아직까지도 얼마나 유효한지에 깜짝 놀랐다. 여자아이들은 여전히 또래 문제, 가족 불화, 외모에 대한 불안으로 고심한다. 문화는 바뀌었지만 여자아이에게 발달단계상 필요한 것은 여전히 그대로다. 사랑하는 부모, 적절한 가치, 친구, 물리적 안전, 독립적으로 돌아다닐 자유, 자신만의 고유함에 대한 존중, 생산적인 어른으로 성장하라는 격려 같은 오랫동안 바라온 것이 필요하다. 이들은 우리 문화의 가장 해로운 측면으로부터 보호받아야 하며 우리 문화의 가장 건전하고 아름다운 측면과 연결되어야 한다.

1994년에는 여자아이들이 미래에 실제로 살아갈 문화에 대처하도록 아이들을 단련시키자고 제안했다. 새러와 나는 이번에도 같은 결론에 도달했다. 우리는 아이들이 정서적 회복탄력성과 자기방어 능력을 키우도록 격려할 수 있다. 또한 청소년기의 혼란스러움을 잘 헤쳐나가도록 지지해주고 안내해줄 수 있다. 하지만 무엇보다도 문화를 바꿀 수 있다. 서로 협력하여 덜 복잡하고, 더 보살피고, 덜 폭력적이고 성적인 유혹이 적은, 그러면서도 더 성장하게 돕는 문화를 만들 수 있다. 우리 딸들은 자신의 모든 재능을 계발하고 인정받는 세상에서 살아갈 권리가 있다. 어떻게 하면 아이들과 함께 그러한 세상을 만들 수 있는지 논의하는 데 이 책이 촉진제가 되기를 희망한다.

1990년대의 십대가 오늘날 십대를 키우며
새러 파이퍼 길리엄

반항심이 있고 위험을 감수하는 경향이 있다는 식으로 1990년대 초중반에 고등학교를 졸업했던 우리 세대 청소년기 여자아이를 규정한다면, 나는 그 또래를 대표하는 전형적인 사람일 것이다. 네브래스카주 중산층 여자아이가 할 수 있는 한으로 나는 최대한 통명하고 반항적으로 굴었다. 위험한 일을 감수하면서도 좋은 성적을 유지했고 생일 선물과 크리스마스 선물을 보내주신 할머니께 잊지 않고 직접 감사 편지를 써서 보냈다. 나의 활동무대는 미국의 중부 지방에 자리한 쾌적한 대학 도시 네브래스카주 링컨이었다. 친한 친구 몇몇이 『내 딸이 여자가 될 때』에 등장했고, 어머니는 여기 나오는 대화를 '십대의 말투로' 고쳐달라고 내게 부탁했다.

내 청소년기의 명장면을 꼽자면, 채식주의와 동물권 사회운동에 나선 일, 열일곱 살에 했던 눈썹 피어싱, 놀라울 정도로 부자연스러운 머리색, 그런지 패션, 집에서 몰래 빠져나와 몇 시간 떨어진 도시에서 열리는 파티와 콘서트에 가기 등이 떠오른다. 나는 주류문화를 비웃었고 비싼 사립학교를 다니는 학생 같고 치어리딩을 하는, 나와 반대되는 아이들을 '머피Muffy'라고 불렀다. 이례적인 면도 있었지만 나는 1990년대 초 여자아이들과 이들이 저지르는 실수를 꽤 잘 대표하기도 했다. 대학교 1학년 때 어떤 야박한 이웃이 식료품점에서 나를 향해 투덜거리며 하는 말을 들었던 우스꽝스러운 장면이 기억난다. "오필리어 되살리기라고? 익사중인 오필리어가 더 어울리지 않아?"*

지금 생각하면 우습지만 사실 참견하기 좋아하던 그 사람은 정작 중요한 핵심을 놓치고 있었다. 그 당시 우리 청소년기 소녀들은 물에 빠져 죽어가는 게 아니라 높은 다이빙대에서 발사된 포탄처럼 날아가고 있었다. 내 주변 오필리어들은 한계에 도전했고, 언더그라운드에서 페미니스트 펑크운동에 참여했고, 막 싹트는 페미니스트였으며 순응을 죽을 만큼 싫어했다. 우리는 온갖 여성 펑크록 음악을 들었고 자동차를 타고서 릴리스 음악 축제에 참석했으며 중성적인 스타일을 추구했다. 우리가 가장 원치 않았던 모습은 카디건을 입고 쿠키를 굽는 독서 모임에 참여하는 것이었다.

그리 놀랍지 않겠지만, 우리는 어머니들에게도 완전히 이해받지 못했다. 십대 여자아이들은 항상 비밀을 간직하는데 이는 정당하고 발달단계상 적절한 일이다. 우리는 사랑의 열병, 약물과 술을 시험삼

* 이 책의 원제가 『오필리어 되살리기Reviving Ophelia』이기에 이를 뒤틀어 이야기한 것이다.

아 해본 일, 규칙 위반을 비밀로 했다. 우리는 뱃사람처럼 거칠게 욕을 퍼부었고 보지pussy나 씹cunt 같은 단어를 여성에게 힘을 주는 강력한 단어라고 재정의했다. 어머니를 열렬히 사랑했지만, 어머니가 내 친구들과 잡담하려 애쓸 때마다 부끄러워서 거의 온몸이 사라질 지경이었다. 우리는 원래의 가족과 거리를 두고 독립적인 어린 여성이라는 새로운 정체성을 받아들이느라 정신없이 바빴다.

친구들과 나는 중산층 백인이라는 특권과 가족 유대감, 우리의 지능 덕분에 많은 처벌을 교묘히 모면했다. 통금 시간을 어겼다는 이유로 외출 금지를 당했지만 그 기간 동안 청소년 교향악단에서 솔로 연주도 하고 노숙자 쉼터에서 자원봉사도 했다. 친구랑 고등학교 2학년 때 한 달 동안 오케스트라 연습을 빼먹고 그 대신 시내에 가서 포켓볼을 치고 커피숍에서 이탈리아식 탄산음료를 마시면서 6교시 시간을 보낸 적도 있다. 그랬음에도 그 학기에 A학점을 받았다. 친구들과 나는 학업에 신경썼고 당연히 대학 진학을 할 것이라고 믿었다. 우리 집에서 대학 진학에 관한 대화는 '갈 수 있을지'의 문제가 아니라 '어디로 갈지'의 문제였다.

1994년에 내 친구들 중 어떤 아이들은 섹스를 했고 어떤 아이들은 안 했다. 섹스는 쿨함을 규정하는 행위가 아니었고, 또래집단 안에서 섹스는 장기적인 관계를 토대로 이뤄지곤 했다. 섹스를 하는 친구들이 부러웠는데 이제 걔들은 프롬 파티에 함께 가고 카페에서 손을 잡고 있을 상대가 보장되었다는 게 주된 이유였다. 가끔 성폭행이 일어난다는 사실은 알았지만, 그런 소식을 많이 접하지는 못했다. 우리 모두 어릴 적 친구들이 동정을 잃는 상황을 약간 두려워했다. 또한 여자와 남자를 향한 이중잣대를 잘 알았기에 친구들을 응원하고 지지하기도 했다.

저녁이면 음악 레슨을 받고 학교 숙제를 하다가 짬을 내 드라마 〈베버리힐스 90210〉을 시청했다. 우리는 MTV 세대였고 음악프로그램 〈토털 리퀘스트 라이브〉와 〈헤드뱅어스 볼〉에 새로운 뮤직비디오가 처음으로 소개되는 순서에 따라 시간의 흐름을 가늠했다. 우리는 줄리아 로버츠의 다리, 위노나 라이더의 스타일, 토리 에이머스처럼 길고 높은 소리를 내는 능력을 원했다. 우리는 패트릭 스웨이지, 에디 베더, 루크 페리, 그리고 우리의 감미로운 철학 교사 윤트 선생님 등이 완벽하게 조합된 듯한 남자친구가 생기길 갈망했다.

우리의 안락한 네브래스카 생활 주변부에 어둠이 스쳐지나갔다. 고등학교 2학년 때, 우리 지역에 사는 캔디스 함스라는 대학생이 납치당해 고문당한 뒤 살해됐다. 그녀가 실종돼 아직 납치범이 체포되지 않았던 공포의 시기, 선생님들은 우리에게 절대 주차장에 혼자서 걸어가지 말고, 밤에는 반드시 손전등을 비추어 뒷좌석에 누가 없는지 살피고 차를 타라고 신신당부했다. 생전 처음으로 그러한 폭력이 남 일 같지 않았고 반 친구들과 나는 겁에 질렸다. 비슷한 시기에 나랑 절친한 친구 세라와 전화 모뎀으로 연결하는 투박한 지역 채팅방을 발견했다. 우리는 틈날 때마다(1분당 5센트씩 부과됐다) 거기에 접속해서 새로운 친구들과 채팅을 주고받았다. 대부분 우리 도시 곳곳에 사는 서먹서먹한 고등학생이었다. 하지만 몇 개월 후, 우리가 캔디스의 살해범과 가상공간을 공유했고 심지어 메시지도 가끔 주고받았음을 알게 됐다. 온라인 '인간관계'의 위험성을 일찌감치 배우게 된 계기였다.

정확히 명명되지 않을 때가 많았지만, 우울증 때문에 많은 여자아이가 힘들어했다. 집단으로 보자면 우리는 성적이나 시험 점수에 대해 요즘 아이들만큼 조바심치지 않았다. 하지만 요즘 아이들과 마찬가지로 빈약한 자아상을 가지고 사회적 불안감에 시달렸다. 대부분은 더 마른 몸을 원했고 이미 마른 아이들은 몸에 더 곡선이 생겼으면 했다. 1지망으로 지원한 대학교에 합격하지 못하면 무너져내렸다 (아직도 못 잊는다. 매캘레스터대). 그러면 멍든 가슴을 마리화나나 싸구려 와인 칵테일로 달랬다. 지금 와서 되돌아보면, 우리가 겪은 문제는 요즘 소녀들이 겪는 문제보다 훨씬 단순했던 것 같다. 우리 때는 콜럼바인 총기 난사 사건, 9·11 테러, ISIS, 그리고 스냅챗이 있기 전이었다. 우리는 지역적인 문제, 가족이나 학교 문제, 혹은 내면의 문제를 겪을 때가 많았다.

어느 정도, 모든 세대는 먼저 길을 닦은 세대가 볼 때 한심한 면이 있다. 우리 세대도 예외는 아니었다. 우리는 여자 선배들의 노력이 남긴 과실을 즐기는 제3세대 페미니스트였다. 그렇다고 해서 우리 또래들이 대중문화와 정치가 우리 옆을 잽싸게 지나갈 때 마카롱이나 먹으며 만족하는, 특권의식에 절은 공주들은 아니었다. 우리는 우리 삶과 공동체를 변화시키고 싶었다.

1990년대 여자아이들은 문화비평가로서 개방성과 권리 옹호의 새 시대를 맞이했다. 친구들과 나는 고등학교 때 모든 사람이 더 잘 사는 세상을 위한 게이/레즈비언 단체인 GLOBE를 교내에 결성했다. 우리는 학교 교직원들에게 재활용 프로그램을 만들라고 촉구했고,

1991년에 아프리카계 미국인 로드니 킹이 로스앤젤레스 경찰에게 구타를 당한 사건이 발생하자 검은 완장을 차고 등교했다. 우리는 사회의 대의명분에 관심을 가졌지만 그러면서도 다른 사람을 신경쓰고 멀리 내다보기가 쉽지 않은 희부연 안개 속에 존재하기도 했다. 우리에겐 감정과 우정이 무엇보다 중요했다. 사회운동은 본업 외의 활동이었다.

인종을 둘러싼 문제에 대해서 우리는 의식 차원에서 상당히 헤맸다. 그 당시 링컨고등학교는 주에서 가장 크고 가장 다양한 인종이 재학중인 학교였지만 내 친구는 대부분 백인이었다. 우리의 구내식당 자리는 사실상 인종별로 분리되어 있었고, (인종 다양성과 학생 구성원의 폭넓은 문화 배경을 기념하는 단체인) 레인보우 클럽은 일반적으로 유색인종 학생들이 이끌었으며 백인 학생들은 별로 참여하지 않았다. 이러한 분열을 눈치챘고 그런 상황이 싫었지만 어떻게 해야 상황을 변화시킬지 아이디어가 떠오르지 않았다.

(두 아이를 둔 마흔한 살의 어머니라는) 현시점에서 되돌아보니 내 청소년기에 감사해야 할 점이 많았다. 일단 내가 가장 곤란한 시기를 겪을 때 오버사이즈 플란넬 셔츠가 유행했음에 감사한다. 만약 스키니진과 배꼽티가 유행하던 시기였다면 내 연약하고 파편적인 자신감은 그마저도 사라졌을 것이다. 학교에 머무는 시간 동안만 괴롭힘을 참으면 됐다는 사실에도 안도한다. 아이들이 조롱해도 그게 소셜미디어를 통해 집까지 따라오지는 않았다. 자신의 분노에 대해 으르렁거렸고 내가 이해받는다고 느끼게 해준 여성 음악가들에게도 감사한다. 분노와 품위를 적절히 조합하며 나의 변덕스러움과 피어싱에 대

한 편애를 잘 참고 견뎌준 사랑하는 부모님께도 감사한다.

이 책을 위해 인터뷰한 여자아이들에게 많은 영감도 받았다. 이들은 이 새로운 세기에 많은 일을 올바르게 바로잡고 있다. 자신과 다른 사람을 용인하는 차원을 뛰어넘어 수용하는데다가 그들을 축복하기도 한다. 자기 정신건강에 통찰력도 갖췄다. 이들은 자신이 믿는 대의를 위해 직접 움직이는 활동가다. 유머와 성실함으로 폭풍우를 헤쳐나가는 청소년이다. 오늘날 여자아이들에게는 사랑, 안내, 깊은 우정, 적절한 제한, 자기 자신만의 관점으로 삶을 이해하는 시간 등이 필요하다.

내가 그랬듯 말이다.

1장
폭풍 속 어린 나무

내 사촌 폴리는 어렸을 때 에너지 그 자체였다. 폴리는 춤을 추고, 옆으로 재주넘기와 다리찢기를 잘하고, 동네 남자아이들과 축구며 농구, 야구를 하며 어울렸다. 내 남동생들과 레슬링도 하고, 자전거를 타고 다녔으며 나무에 기어오르거나 말도 탔다. 폴리는 버드나뭇가지처럼 유연하고 탄력 있으며 아기 사자처럼 자유분방했다. 폴리는 활동량이 많을 뿐만 아니라 수다스러웠다. 폴리는 큰 소리로 명령을 내리거나 충고를 했고, 내기에서 이기거나 재밌는 농담을 들으면 소리지르며 즐거워하고 입을 크게 벌리고 깔깔댔다. 친구들은 물론 어른들과도 언쟁을 벌였고, 공사장 인부가 쓸 법한 표현으로 적을 공격했다.

우리는 '약탈자들'이라는 비밀 조직을 만들어 폴리네 집 차고에 모였다. 폴리는 그 조직에서 톰 소여였다. 폴리는 입회 절차를 짰고 첩

보 탐험대를 꾸려 귀신 들린 집을 함께 탐색했다. 폴리는 우리에게 피로 맺은 '의형제' 의식을 보여줬고 카드 묘기 기술과 담배 피우는 법을 가르쳐줬다.

그러다가 폴리는 첫 생리를 했고 중학교에 입학했다. 폴리는 이제까지의 방식을 유지하려 애썼지만, 선머슴이라고 놀림받고 숙녀처럼 행동하지 않는다며 꾸지람을 들었다. 폴리는 남자아이들뿐만 아니라 화장과 로맨스의 세계로 이주해버린 여자아이들에게도 배척당했다.

이에 폴리는 혼란스러워하고 불안해했다. 발끈 짜증을 내거나 성질을 부려 남자아이 그룹과 여자아이 그룹 모두와 멀어졌다. 몇 달 후 폴리는 톰 소여가 아니라 그의 조용하고 얌전한 여자친구 베키 대처처럼 변화해 또래집단에 다시 들어갔다. 폴리는 유행에 따른 옷을 입고서 교실과 운동장을 지배하는 남자아이들을 가만히 옆에서 지켜보았다. 다시 한번 폴리는 공동체에 받아들여졌고 인기가 많아졌다. 우리의 작은 사회로 미끄러지듯 순조롭게 들어왔다. 아무도 폴리가 변했다고 이야기하거나 우리 학교에서 가장 역동적인 시민을 잃었다며 애석해하지 않았다. 비극이 발생했다고 느낀 사람은 나뿐이었다.

프로이트는 대략 예닐곱 살에서 사춘기에 이르는 시기를 잠재기라 불렀는데 이 시기 여자아이들은 결코 '잠재적'이지 않다. 내 딸아이 새러는 이 시기에 화학 실험을 하고 마술 묘기를 부리고 바이올린을 연주하고, 직접 연출한 연극에 주연으로 출연하는가 하면 야생동물을 구조하고, 자전거를 타고 온 동네를 질주했다. 새러의 친구 태머라는 초등학교 6학년 여름방학 때 삼백 쪽짜리 소설을 썼다. 나는 이 시기에 마을 도서관에 틀어박혀 거기 있는 어린이책을 모조리 읽어치웠었다. 어떤 주에는 알베르트 슈바이처 같은 위대한 의사가 되겠다고 계획했다가, 그다음주에는 루이자 메이 올컷처럼 소설을 쓰거나 이사도라 덩컨처럼 파리에서 춤을 추고 싶어했다. 그후로 지금까지 살면서 이때만큼 자신만만하거나 원대한 포부를 품은 적이 없었다.

청소년기 이전의 여자아이들은 최고의 친구라 할 만하다. 이들은 운동이며 자연, 사람, 음악, 책 등 모든 분야에 관심을 갖기 때문이다. 『빨간 머리 앤』『하이디』『삐삐 롱스타킹』처럼 소녀 문학 고전 속 거의 모든 여자 주인공이 이 연령대에 해당한다. 이 연령대의 소녀들은 파이를 굽고, 미스터리를 풀고, 세상을 탐색한다. 이들은 자기 자신을 돌볼 줄 알지만 아직 다른 사람을 보살펴야 한다는 짐은 지지 않은 상황이다. 이들은 여성이라는 역할에서 잠깐 한숨 돌리고서 용감하고 유능하고 불손한 말괄량이가 될 수 있다.

이들은 성역할의 제약을 받지 않고 어떠한 상황에서도 유연하게 행동할 수 있다. 1990년대에 일곱 살에서 열한 살 사이의 여자아이들은 심리 치료를 받으러 오지 않았다. 그럴 필요가 없었기 때문이다. 내가 상담한 이 또래 여자아이는 손으로 꼽을 정도밖에 되지 않았다. 신체적 학대를 받았던 코린, 부모가 이혼한 애나, 그리고 아버지가 자살한 브렌다 정도였다. 이 여자아이들은 용감하고 회복력이 강했다. 어느 상담 시간에 브렌다는 이렇게 말했다. "만약 아빠가 이 세상에 머무르고 싶지 않았다면, 그건 아빠 손해예요." 코린과 애나는 화를 냈지만, 자기 자신이 아니라 실수를 저지른다고 판단되는 어른들에게 그랬다. 이 여자아이들이 치유를 하고 앞으로 나아가는 데 놀랍게도 나의 도움은 거의 필요하지 않았다.

대학에 근무하는 원예사 친구에게 흥미로운 이야기를 들었다. 그가 근무중인 대학에서 수학 과학 박람회가 열려 여기 참여한 중학생 여자아이들에게 캠퍼스를 구경시켜주었다. 그는 아이들에게 맥문동, 너도바람꽃, 단풍나무, 버드나무 등을 보여주었다. 더 어린 여자아이들은 앞다투어 질문을 던지고 앞으로 몰려와 모든 것을 보고 만지고 냄새를 맡았다. 하지만 중학교 3학년 아이들은 달랐다. 이들은 뒤쪽에 남아 있었다. 식물을 만지지도 질문을 던지지도 않았다. 이들은 지루하다는 표정으로, 심지어 어린 후배들이 열광하는 모습을 약간 역겹다는 표정으로 바라보며 옆쪽에 가만히 서 있었다. 내 친구는 속으로 '이 여자아이들에게 무슨 일이 일어난 거지?' '무엇이 잘못된 거지?'라고 생각했단다. "나는 그 아이들을 붙잡고 흔들면서 이렇게 묻고 싶었어. '일어나. 돌아와. 여기 누구 없어요?'"

어느 여름 아침, 단골 아이스크림 가게 앞 의자에 앉아 있는데 한 어머니와 십대 딸이 내 앞에 서서 신호가 바뀌기를 기다렸다. 어머니가 딸에게 하는 말이 들렸다. "아빠 엄마 좀 그만 협박해. 네가 원하는 걸 못 얻을 때마다 가출한다는 둥 자살할 거라는 둥 협박하지. 대체 무슨 일이 생긴 거니? 예전에는 바라던 것을 얻지 못해도 참을 줄 알았잖아."

그 십대 딸은 어머니의 말을 거의 귓등으로 흘려들으며 똑바로 앞만 쳐다봤다. 이윽고 신호등이 바뀌었고 그들은 횡단보도를 건넜다. 아이스크림을 핥아먹고 있자니 잠시 후 또다른 어머니가 아직 청소년기가 안 된 딸아이를 데리고 똑같은 횡단보도 앞에 섰다. 그들은 서로 손을 잡고 있었다. 딸이 어머니에게 말했다. "너무 재밌어요. 오늘 계속 같이 놀아요."

청소년기 초기에 여자아이들은 어떤 극적인 변화를 겪는다. 버뮤다 삼각지대에서 비행기와 배가 미스터리하게 사라지는 것과 마찬가지로, 청소년기 여자아이들의 자아는 떼 지어 침몰한다. 이들은 발달 단계상의, 그리고 사회적인 버뮤다 삼각지대에 부딪혀 쓰러진다. 이들은 회복탄력성과 낙관주의를 잃고 호기심이 줄어들며 더는 위험을 감수하지 않는다. 적극적이고 활발하고 '말괄량이 같은' 기질은 점차 사라지고, 더 순종적이고 자기비판적이며 우울해진다. 또한 자기 몸에 대해 엄청난 불만을 토로한다.

심리학자들은 이러한 침몰에 대해 언급은 하지만, 왜 그런지 설명은 못한다. 한때 게걸스럽게 다양한 경험을 허겁지겁 집어삼키던 여자아이들이 한쪽 구석에 아무 말 없이 앉아 있다. 실비아 플라스, 마거릿 애트우드, 올리브 슈라이너 같은 작가는 이러한 파멸에 대해 묘사했다. 프랑스 철학자 드니 디드로는 자신의 꼬마 친구 소피 볼랑에게 보낸 편지에서 자신이 관찰한 바를 이렇게 매몰스럽게 이야기한다. "너희는 모두 열다섯 살에 죽는단다."

동화는 이러한 현상의 본질을 포착한다. 젊은 여성이 독사과를 먹거나 마법에 걸린 물레에 손가락이 찔려서 백 년 동안 잠든다. 이들은 집을 나와 헤매고 커다란 위험을 직면해 왕자에게 구출되어 수동적이고 고분고분한 존재로 완전히 바뀐다.

셰익스피어의 『햄릿』에 등장하는 오필리어의 이야기는 젊은 여성에게 파괴적인 힘이 어떻게 영향을 미치는지를 잘 보여준다. 어렸을 적에는 행복하고 자유분방했지만 청소년기가 찾아오면서 오필리어는 자기 자신을 잃어버린다. 햄릿과 사랑에 빠진 오필리어는 햄릿에게 인정받기 위해서만 산다. 오필리어는 내면의 방향성을 잃고 햄릿과 아버지의 요구를 충족시키기 위해 분투한다. 오필리어의 가치는 전적으로 남성의 인정으로만 결정된다. 다른 사람을 기쁘게 해주려고 노력하는 동안 정작 오필리어의 내면은 분열된다. 오필리어가 순종적인 딸이라는 이유로 햄릿이 퇴짜를 놓자, 오필리어는 비탄에 빠져 미쳐버린다. 자신을 짓누르는 우아한 드레스를 입고서, 오필리어는 꽃에 둘러싸여 강에 빠져 죽는다.

여자아이들은 자기 자신을 잃어간다는 사실을 인지한다. 어떤 내담자는 내게 "제 안의 좋은 모든 것은 중학교 때 다 죽었어요"라고 말했다. '전체성'은 청소년기의 혼란 때문에 산산이 조각난다. 여자아이들의 통합된 인격은 불가사의한 모순들로 분열되어 파편화된다. 이들은 섬세하면서 다정하고, 비열하면서 경쟁심이 강하며 피상적이면서 이상적이다. 이들은 아침이면 자신만만했다가 저물녘이면 불안에 휩싸인다. 강한 에너지로 하루를 돌파했다가 무기력해지기도 한다. 이들은 매주 새로운 역할을 시도한다. 이번주엔 모범생이, 다음주엔 비행 청소년이, 그다음주엔 예술가가 되어본다. 그러면서 가족이 이러한 변화에 보조를 맞춰주기를 기대한다.

1990년대 십대 내담자들은 회피적인 태도를 보였고 쉽게 어른을 신뢰하지 않았다. 이들은 곁눈질, 헛기침, 침묵, 충분히 열정적이지 않은 태도, 혹은 자신의 즉각적인 욕구를 충족시키지 않는 발언 때문에 쉽게 기분이 상했다. 이들의 목소리는 속으로 기어들어갔다. 이들은 머뭇거리면서 부정확하게 말했다. 이들은 변덕이 심했다. 어떤 주에는 전 세계와 가족을 사랑했지만 그다음주에는 그 모두를 비판했다. 이들의 행동 중 많은 부분은 해석할 수가 없었다. 섭식장애, 학교 공포증, 자해 행위 등 이들의 문제는 복잡하고도 은유적이었다. 나는 수십 가지 방식으로 묻고 또 물어야만 했다. "내게 얘기하려는 게 뭐니?"

예를 들어보자. 미셸은 아름답고 똑똑한 열일곱 살 소녀였다. 미셸이 3년간 세번째로 임신하자 미셸의 어머니가 미셸과 함께 나를 찾았다. 이런 일이 왜 생겼는지 대화하려고 애썼지만 내가 뭐라고 질문해도 미셸은 모나리자처럼 알쏭달쏭한 미소만 지었다. "아니요. 저는 섹스를 별로 좋아하지 않아요." "아니요. 이러려던 건 아니었어요. 그냥 벌어진 일이죠." 미셸이 상담실을 떠나자 어떤 이방인과 서로 다른 언어로 이야기한 듯한 기분이었다.

홀리는 또다른 미스터리였다. 홀리는 수줍음이 많고 조용조용히 말하고 천천히 움직였다. 짙게 화장을 하고 빨간 머리를 한 예쁘장한 소녀로 가수 프린스의 팬이라서 보라색 옷만 입었다. 홀리가 자살을 시도해 아버지가 홀리를 내게 데려왔다. 홀리는 공부를 하려고도 집안일을 하려고도 학교 활동에 참여하거나 직장을 구하려고도 하지 않았다. 뭐라고 물어봐도 천천히 예의바르게 단답식으로만 대답했다. 홀리는 프린스에 대해 대화할 때만 말을 이어갔다. 몇 주 동안 프린스에 관해 이야기를 나눴고 홀리가 소개해준 프린스의 음악을 들었다. 왠지 모르지만, 프린스는 홀리에게 말을 걸었고 홀리를 대신해 말을 했다.

대니엘라는 불행하다고 느낄 때 자기 몸을 불로 지지거나 칼로 그었다. 지푸라기처럼 마른 몸에 검은 옷을 입은 대니엘라는 내 앞에 말없이 앉아 있었다. 머리는 엉망진창이고 귀와 입술과 코 모든 곳에 피어싱을 했다. 대니엘라는 보스니아 내전과 오존층 파괴 얘기를 했고 내게 레이브 음악을 좋아하느냐고 물었다. 삶에 관해 묻자 대니엘라는 귀걸이를 만지작거리면서 잠자코 그냥 앉아 있었다.

이 여자아이들을 위해 나는 최선을 다했지만 새로운 영역에 들어와 있었다. 미셸과 홀리, 대니엘라는 결국 호전됐는데 그 과정에서 무엇이 도움이 되는지 나도 그들만큼이나 많이 배웠다.

십대 내담자들은 심리상담실을 찾지 않는 여자아이들과 크게 다르지 않았다. 그들은 위기 상황에 봉착해 심리 치료를 받으러 나를 찾았지만, 비슷한 위기를 겪으면서도 심리상담실을 찾지 않는 십대들이 많았다. 그 당시 작은 문과대학에서 학생들을 가르쳤는데, 내 수업에 들어오는 젊은 여성들은 심리 치료 내담자들과 본질적으로 같은 경험을 공유했다. 한 여학생은 가장 친한 친구가 성폭행을 당했다고 걱정했다. 또다른 여학생은 남자친구에게 구타당해 수업에 결석했다. 어떤 여학생은 어떤 남자에게 강간하겠다는 외설스러운 협박 전화가 걸려오는데 어떻게 대처해야 하느냐고 물었다. 어떤 여학생은 스트레스에 시달리면 자기 손을 클립으로 피가 날 때까지 찔렀다. 그리고 많은 여학생이 섭식장애에 관해 조언을 구했다.

고등학교에서 강연을 할 때면 여학생들이 강연 후 내게 다가와서는 강간을 당했다고 털어놓거나, 집에서 도망치고 싶다고 토로하거나, 거식증이나 알코올중독 증세를 보이는 친구가 있다고 도움을 청했다. 처음에는 여자아이들이 겪는 이 모든 트라우마에 크게 충격을 받았지만 점차 예상하게 되었다.

심리학은 오랫동안 이 연령대의 여자아이들을 무시해왔다. 1990년대 초반까지만 해도 청소년기 여자아이들은 학계에서 연구되지 않았기에 심리 치료사들은 꽤 오래 이들을 제대로 이해할 수 없었다. 이들은 어른에게 숨기는 것이 많고 모순으로 가득차 있어서 연구가 쉽지 않았다. 그렇지만 겉으로는 표현되지 않아도 많은 것이 그 내면에서 일어나고 있었다.

시몬 드 보부아르는 "자기 삶의 주체였던 여자아이들이 다른 사람 삶의 객체가 된다"고 소녀들이 겪는 문제를 설명했다. 뿐만 아니라 "어린 소녀들은 천천히 유년기를 땅에 묻고, 독립적이고 도도한 자아를 버리고, 순종적으로 성인이라는 존재가 되어간다"고도 했다.

청소년기 여자아이들은 인간 존재로서의 지위와 여성으로서의 소명 사이에서 갈등한다. 보부아르 말에 따르면 "여자아이들은 '존재하기being'를 그만두고 '보여지는seeming' 삶을 시작한다".

여자아이들은 여성 흉내를 내는 사람이 되어 자신의 온전한 자아를 작고 빡빡한 공간에 집어넣는다. 활력 있고 자신만만하던 여자아이가 수줍고 의심 많은 젊은 여성이 된다. 여자아이들은 '나는 누구지?' '내가 원하는 건 뭐지?' 같은 생각을 멈추고 '다른 사람을 기쁘게 하려면 뭘 해야 하지?'를 고민한다.

여자아이들의 진짜 자아, 그리고 문화적 규정에 따른 적절한 여성상 사이에 존재하는 이러한 간극은 엄청난 문제를 야기한다. 영국의 시인이자 소설가 스티비 스미스는 바다에서 수영하기에 대해 시를 썼는데 이를 다른 말로 바꾸어 인용하자면, "그들은 손을 흔드는 게 아니다. 물에 빠져 죽어가고" 있다. 게다가 가장 도움을 필요로 할 때 여자아이들은 부모의 손을 붙잡을 수 없다.

남아프리카공화국의 소설가 올리브 슈라이너는 소설 『아프리카 농장 이야기』에서 어린 시절의 경험을 이야기했다. "세상은 우리에게 어떻게 되어야 한다고 말한다. 그리고 우리에게 제시한 목적에 따라 우리라는 존재를 형성한다. 남성에게는 '일'을 제시한다. 우리에게는 '보여지기'를 이야기한다. 머릿속에 든 것이 적을수록 여성이 짊어질 짐이 줄어든다." 또한 슈라이너는 학교 졸업을 이렇게 묘사했다. "학교는 영혼을 최대한 가장 작은 공간으로 압축하는 기계였다. 얼마나 많이 압축되었던지 어떤 영혼은 자그마한 골무에 들어갈 정도였다."

미국의 인류학자 마거릿 미드는 이상적인 문화란 누구든 자기 재능을 적합하게 발휘하는 문화라고 여겼다. 그 기준에 따르면, 우리의 서구 문화는 여성을 위한 이상과는 거리가 멀다. 너무 많은 재능이 사용되지 못하며 진가를 제대로 인정받지 못한다. 또한 너무 많은 목소리가 침묵당한다. 프랑스의 작가 스탕달은 "여성으로 태어난 모든 천재는 공익을 위해 희생된다"라고 말했다.

스위스의 심리학자 앨리스 밀러는 자신의 진짜 자아를 부정하고 부모를 기쁘게 하기 위해 가짜 자아를 떠맡도록 아이들에게 강요하는 억압에 관해 쓴 바 있다. 이 책 『내 딸이 여자가 될 때』는 청소년기 여자아이들이 이와 비슷한 억압을 경험하며 진짜 자아와 가짜 자아로 분열해간다는 사실에 주목한다. 다만 이 경우 억압은 부모가 아니라 문화로부터 나온다. 청소년기에 여자아이들은 자신의 고유한 자아를 제쳐두고 자기 재능 중에서 매우 작은 일부만 내보이라는 사회적인 억압을 경험한다.

이러한 억압을 받으면 대부분의 소녀들은 혼란스러워하고 우울해한다. 어떤 여자아이는 이를 이렇게 설명했다. "저는 정말 질 좋은 당근이에요. 하지만 모두가 저를 장미로 바꾸려고 애쓰죠. 당근일 때 저는 좋은 색깔과 멋진 잎을 가지고 있지만 장미 모양으로 깎이면 갈색으로 변하고 시들어버리죠."

청소년기 여자아이들은 변화의 폭풍에 휩쓸려 땅 쪽으로 완전히 휜 어린 나무다. 세 가지 요소 때문에 여자아이들은 이러한 폭풍에 취약해진다. 첫번째 요소는 발달단계다. 모든 것이 변한다. 체형도 호르몬도 피부도 머리카락도 말이다. 평정은 불균형으로 대체된다. 이들의 사고방식 또한 진화한다. 마음속 깊은 곳에서 이들은 인간의 가장 근본적인 질문과 씨름한다. '우주 안에서 나의 자리는 어디지?' '나는 왜 존재할까?'

두번째 요소는 항상 청소년기 초기에 여자아이들의 뒤통수를 후려쳐온 미국 문화다. 미국 문화는 오로지 외모로만 인간을 평가하기에 여자아이들은 성차별주의, 자본주의, 외모지상주의 등 그들에게 해로운 각종 무슨무슨 '주의'로 넘쳐나는 더 넓은 문화로 이동된다.

세번째 요소는 부모의 지지가 가장 필요한 바로 그 시기에 여자아이들과 부모 사이에 생기는 거리감이다. 셀 수 없을 정도로 많은 새로운 압력과 싸워야 하는 이 시기에 이들은 어린 시절에 가족에게 느꼈던 안전함과 친밀감을 포기해야 한다. 그 대신 일관성 없는 또래 친구들에게 기대어 지지를 구해야 한다.

부모들은 딸에게 무슨 일이 벌어진다는 사실을 너무나도 잘 안다. 차분하고 사려 깊고 자신만만하던 딸이 감정 기복이 심해지고 요구가 많아지며 부모와 멀어진다. 수다 떨기를 좋아했던 딸이 침울해지고 비밀스러워진다. 껴안기 좋아했던 딸이 이제는 조금이라도 몸이 닿으면 발끈 성질을 부린다. 딸은 어머니가 제대로 할 줄 아는 게 아무것도 없는 사람이라며 무시한다. 아버지들은 자기 딸의 삶에서 갑자기 추방됐다며 한탄한다. 그렇지만 이런 경험을 얼마나 보편적으로 겪는지 아는 부모는 거의 없다. 이 딸들은 새로운 세계로 진입하는 중이다. 부모는 거의 이해할 수 없는 위험한 세계로 말이다. 여자아이들은 본거지가 가장 필요한 바로 그 순간에 통신 시스템 없이 연락을 끊어버린다.

부모들은 딸이 성장하고 세상을 탐색하는 동안 딸의 안전을 바란다. 부모의 임무가 보호하기라면 딸의 임무는 탐색하기다. 일반적으로 부모들은 미국 경제계의 움직임과 달리 자기 딸을 더 보호하려고 노력한다. 부모들은 유명 브랜드 청바지나 담배를 파는 식으로 딸에게 돈을 뜯어내지 않는다. 그저 딸이 세상에 잘 적응하기만 바랄 뿐이다. 부모들은 딸을 성적 대상물이나 소비자가 아니라 재능과 호기심을 가진 진짜 사람으로 여긴다. 그렇지만 딸들은 새로운 세계에 진입할 때 부모를 외면한다. 딸들은 또래 친구에게 의지한다. 낯선 나라에서 함께 사는 이웃 주민이자 같은 언어와 관습을 공유하는 사람 말이다. 또한 딸들은 대중문화의 쓰레기 가치를 수용하기도 한다.

이처럼 딸이 부모를 외면하는 현상은 부분적으로는 발달단계 때문이다. 청소년기 초기는 발달단계상 신체적 변화와 심리적 변화를 겪고 자기에게 몰두하며, 또래에게 인정받는 일에 집착하고 정체성이 형성되는 시기다. 또한 여자아이들이 자신의 매혹적인 변화에 내적으로 집중하는 시기이기도 하다. 딸들이 부모를 외면하는 건 어느 정도는 문화적 이유 때문이기도 하다. 미국에서는 성인기를 가족을 떠나 더 넓은 문화권으로 이동하는 시기라고 규정한다. 청소년기는 구속을 끊고 자유로워지는 시기다. 하지만 청소년들이 부모로부터의 완전한 독립을 주장할지는 모르나 이들은 부모의 행동을 극도로 의식하기 때문에 부모가 정상에서 조금이라도 어긋나게 행동하면 수치스러워한다. 청소년들은 부모와 함께하는 모습을 다른 사람에게 보이기 싫어하며, 부모의 불완전한 모습에 짜증을 낸다. 어머니의 헤어스타일이나 아버지의 진부한 농담 때문에 이들은 하루를 망칠 수 있다. 십대 아이들은 틀린 정보를 말하거나 완벽한 대답을 내놓지 않는 부모에게 불같이 화를 낸다. 청소년들이 부모 말에 귀기울이지 않는다고 주장하지만, 이들은 부모의 모든 태도를 주제로 친구와 끊임없이 이야기를 나눈다. 그리고 놀라울 정도로 정확하게, 부모의 태도에서 뉘앙스, 의심, 모호함, 일관성 없음, 그리고 위선을 감지한다.

청소년들은 여전히 아동기의 마술적 사고를 어느 정도 버리지 못하며, 어떤 상황에서도 부모가 자신을 안전하고 행복하게 지켜주리라 믿는다. 이들은 부모 때문에 고통스럽다고 비난하면서도 자신이 무슨 생각을 하고 어떻게 느끼는지 부모에게 터놓지 않는다. 이들은 많은 것을 비밀로 간직하기에 상황이 더 꼬인다. 가령 여자아이들은 강간을 당해도 이를 부모에게 말하지 않을 수 있다. 그 대신 이들은 적대적이고 반항적인 모습으로 변해버린다. 이따금 아이가 분노하고 통제 불가능한 행동을 보인다며 심리상담실을 찾는 부모가 있다. 이러한 설명할 수 없는 분노에 관해 들으면 혹시 강간을 당했느냐고 아이에게 물었다. 아이러니하게도, 여자아이들은 강간범보다 부모에게 분노할 때가 더 많았다. 이들은 부모가 그 위험을 미리 인지해 자신을 더 보호해야 했다고 느꼈다. 그런 다음 부모가 자신의 고통을 감지하고 자신을 도왔어야 했다고 생각했다.

1990년대 대부분의 부모는 자신을 실패자라고 생각했다. 이들은 아이에게 쫓겨났다고, 자신은 무력하고 아이에게 오해를 받는다고 느꼈다. 이들은 이 시기의 문제가 딸아이 때문에 혹은 자신이 실패해서 생겼다고 믿었다. 이들은 발달단계, 문화, 시대에 이러한 문제가 수반됨을 이해하지 못했다.

딸이 이러한 새로운 세계에 진입할 때 부모들은 크나큰 상실감을 느꼈다. 부모들은 주방에서 노래 부르던, 자신에게 학교 숙제를 읽어주던, 낚시 여행을 따라나서던, 함께 농구 시합을 보던 딸아이를 그리워했다. 또한 쿠키 굽기를 좋아하던, 단어 맞추기 게임을 즐기던, 잘 자라는 인사와 함께 입맞추던 딸아이를 그리워했다. 이제 이들은 활발하고 다정다감한 딸이 아니라 '바꿔치기된 아이'와 함께 살고 있었다. 새로운 여자아이는 더 우울하고, 더 화를 내고, 더 복잡했다. 모든 사람이 비통해했다.

다행히, 청소년기는 한시적이다. 고등학교 고학년이 되면 대부분의 여자아이들은 더 강해지고 폭풍은 차츰 잦아든다. 패거리 문화, 정체성에 대한 혼란, 부모와의 갈등 같은 최악의 문제 중 일부 문제는 점차 줄어든다. 하지만 각 여자아이가 청소년기 문제에 어떻게 대처했느냐에 성인생활이 좌우된다. 적절한 도움과 안내가 따르지 않으면 온전함과 자신감을 상실하거나 삶의 방향성을 잃는 문제를 성인기까지 오래 겪을 수 있다. 1990년대에 만났던 성인 내담자 중 상당수가 청소년기 여자아이였을 때 휩싸였던 것과 똑같은 문제로 여전히 씨름했다. 서른 살의 회계사와 부동산 중개인, 마흔 살의 가정주부와 의사, 서른다섯 살의 간호사와 학교 교사가 십대 여자아이들과 똑같은 질문을 내게 던졌다.

슬프게도, 심지어 자신에게 보호할 만한 자아가 존재한다는 사실을 잊고 문제와 씨름조차 하지 않는 여성도 있다. 이들은 다른 사람을 기쁘게 하기 위해 청소년기의 고통과 자아의 배신을 억눌렀다. 이 여성들은 다른 사람을 더 기쁘게 해주겠다는 목표로 심리상담실을 찾았다. 이들은 체중을 감량하거나, 자신의 우울증에 관해 말하거나, 결혼생활을 구하기 위해서 나를 찾았다. 자신만의 욕구에 관해 질문을 던지면 이들은 혼란스러워했다.

대부분의 여성들은 청소년기 트라우마에 혼자 맞섰고 청소년기의 경험을 제대로 탐색하지 않고서 오랫동안 성인으로 살았다. 많은 이들이 청소년기의 고통스러운 기억을 잊으려고 애썼다. 그러다가 아마도 딸의 고통 때문에 자신의 고통이 다시 일깨워졌을 것이다. 어떤 여성은 약물이나 술에 중독됐고 어떤 여성은 위궤양, 대장염, 편두통, 건선 같은 스트레스성 질환을 앓았다. 많은 여성이 완벽해지려고 노력했지만 실패했다. 이들은 규칙을 따르고 다른 사람이 하라는 대로 행동했지만, 세상은 이들에게 제대로 보상하지 않았다. 이들은 분노와 배신감을 느꼈고, 다른 사람이 자신을 당연시한다고 느꼈으며,

사랑받기보다는 이용당했다고 생각했다.

심리상담실에서 만난 여성들은 대개 자기를 제외한 다른 가족 구성원이 어떻게 느끼는지를 잘 알았다. 이들은 동료, 남편, 아이, 친구의 요구를 균형 있게 잘 맞췄다. 하지만 그들과 같은 상황일 때 자신을 어떻게 대우하는지는 잊었다. 이들은 여전히 해결되지 않은 채 자기 삶에 남아 있는 청소년기의 문제와 분투했다. '외모와 인기는 얼마나 중요할까?' '어떻게 하면 이기적이지 않게 나를 돌볼 수 있을까?' '어떻게 하면 솔직해지면서도 계속 사랑받을 수 있을까?' '어떻게 하면 성취를 이루면서도 다른 사람을 위협하지 않을까?' '어떻게 하면 성적 매력이 있으면서도 성적 대상물이 되지 않을까?' '어떻게 하면 열의를 보이면서도 모든 사람을 책임지는 일은 피할 수 있을까?'

이러한 여성들을 상담하면서 서서히 세월이 흘렀다. 패거리 문화, 수치심, 신체에 대한 부끄러움, 인정받고 싶은 욕구, 자기 능력에 대한 의심 등으로 점철된 그들의 중학교 시절로 시간 여행을 떠났다. 너무나 많은 여성이 스스로를 멍청하고 못생겼다고 생각했다. 많은 여성이 자기 자신을 돌보는 데 시간을 쓰면 죄책감을 느꼈다. 이들은 분노를 표현하거나 도움을 요청하지 않았다.

우리는 잃어버린 유년기의 그림 조각을 다시 맞췄다. 각 여성의 특별한 이야기를, 그가 허리케인에 휩쓸려 있던 시간을 함께 다시 살폈다. 기억들이 쏟아져나왔다. 이따금 눈물, 폭발적인 분노, 자신이 상실한 것에 대한 슬픔이 따라나왔다. 다른 사람이 원하는 모습이 되기 위해 연기하느라 너무 많은 시간을 낭비했다. 하지만 과거와 연결고리를 찾아 부정하기보다는 의식하기를 선택하고, 비밀을 털어놓음으로써 새로운 활력 또한 만들어냈다.

우리는 20년 혹은 30년 전에 진행했어야 했던 작업을 뒤늦게 시작했다. 각 여성을 타인의 삶을 위한 객체가 아니라 자기 삶의 주체로 다시 세웠다. "여성은 무엇을 원하는가?"라는 프로이트의 거만한 질문에 대답했다. 각 여성은 서로 다르고 특별한 무언가를 원했으나 그러면서도 똑같은 것을 지향했다. 진정한 자기 자신으로 살기, 그리고 자신이 되고자 하는 사람이 되기.

심리학을 공부하기 전, 나는 문화인류학을 공부했다. 문화와 개인 심리의 교차점, 그리고 그곳에서 왜 문화가 특정한 성격을 가진 사람을 양산하는지, 문화가 어떻게 구성원들로부터 특정한 힘을 끌어내는지, 어떻게 어떤 재능은 활용되는 반면 어떤 재능은 관심을 못 끌고 위축되는지 등에 항상 관심을 기울였다. 또한 문화가 개인 심리 발달에 어떤 역할을 하느냐에 관심이 많다. 나는 영국의 인류학자 그레고리 베이트슨의 말을 믿는다. "자아는 개인과 그 개인을 둘러싼 환경의 결합이다."

문화와 인성을 공부하는 학생에게 청소년기는 대단히 흥미로운 시기다. 청소년기는 개인적 요소, 발달적 요소, 문화적 요소가 서로 결합하여 성인기를 형성하는 놀라운 시기다. 또한 내면 발달이 두드러지고 엄청난 수준의 문화적 주입이 이루어지는 시기이기도 하다. 심리상담과 글쓰기를 통해 각 여자아이의 이야기를 더 커다란 문화적 문제와 연결짓고, 개인적인 것과 정치적인 것의 교차 지점을 알아내려 애썼다. 이 지점은 매우 흐릿하다. 개인적인 것과 정치적인 것은 우리 모두의 삶과 뒤얽히기 때문이다. 우리가 살아가는 사회에 의해 형성된 정신은 우리를 억압할 수 있다. 하지만 한편으로 그 정신으로 문화를 분석하고 변화시킬 수 있다.

문화를 분석하면서 여성들 사이의 개별적 차이점을 무시할 수는 없다. 어떤 여성들은 가장 적대적인 조건 속에서도 꽃을 피우고 성장하지만 어떤 여성들은 가장 작은 폭풍을 만나고도 시들어버린다. 그렇지만 우리가 마주한 문제는 서로 차이점보다 유사점이 더 많다. 가장 중요한 질문은 이것이다. '어떠한 조건 아래에서 여자아이들이 가장 꽃을 잘 피우고 가장 잘 성장하는가?'

직접 자기 문제를 해결하기 위해 고군분투하는 청소년 내담자들의 모습에 강한 흥미를 느끼긴 했지만 1990년대 초반 만났던 내담자들이 없었다면 이 책을 쓰지 않았을 것이다. 그 당시 나의 일정표는 섭식장애, 음주 문제, 외상 후 스트레스 반응, 성병, 자해 부상, 생소한 공포증에 시달리는 여자아이들과의 상담으로 꽉 차 있었다. 자살이나 가출을 시도한 여자아이도 많이 만났다. 이 내담자들 때문에 극적인 무언가가 미국의 청소년기 여자아이들에게 일어난다는 사실을 감지했다. 최전방에 있는 사람만이 알아챌 수 있는 그 무언가 말이다.

처음에는 1994년 여자아이들이 그 이전보다 더 많은 문제를 겪는다는 사실에 놀랐다. 1960년 이후로 우리는 의식을 고양하는 여성운동을 펼쳐왔다. 전통적으로 남성이 독점하던 직업군에서 더 많은 여성이 근무했고 치열하게 경쟁을 펼치는 운동계에서도 뛰고 있었다. 많은 아버지가 집안일과 육아를 도왔다. 이러한 변화는 뭔가 유의미한 움직임처럼 보였다. 물론 그렇긴 했지만, 여성의 권한이 강화되려면 아직 갈 길이 먼 상황이었다. '남녀평등 헌법 수정안'은 한 번도 비준된 적이 없었고, 페미니즘이란 단어는 많은 사람에게 경멸적인 용어로 받아들여졌으며, 일부 여성은 큰 영향력을 휘두르며 일했지만 대다수 여성은 낮은 임금을 받으며 '2교대'로 힘들게 일했다. 또한 남녀평등을 지지하는 입 발린 소리는 성차별의 현실을 훨씬 더 혼란스럽게 만들었다.

여자아이들이 항상 맞닥뜨리는 압박은 1990년대 들어 더 심화했다. 이혼 가정의 증가, 중독의 증가, 일회성 섹스의 증가, 여성에 대한 폭력의 증가 등 다양한 요소가 이러한 심화 현상의 원인이 되었다. 칼럼니스트 클래런스 페이지가 '전자 벽지'라고 지칭한 미디어 때문에, 여자아이들은 모두 주류판매점과 쇼핑몰이 넘쳐나는 지저분하고 위험한 대도시라는 커다란 마을에서 살게 됐다. 여성들은 점점 더 성적으로 대상화되고 객체화되었으며 이들의 몸은 트랙터와 치약을 판매하기 위한 마케팅에 활용되었다. 그 결과, 여성들은 정신적 외상을 입을 가능성이 더 커졌다. 예전부터 존재하던 스트레스 요소에 새로운 스트레스 요소가 더해지면서 딸아이 또래의 여자아이들 세대에게 독으로 작용했다.

부모들도 전례 없는 스트레스를 다스리려고 애썼다. 지난 반세기 동안 부모들은 열여섯 살 난 딸이 운전을 잘할지 걱정했다. 하지만 차를 타고 가면서 총질을 하거나 차량 탈취 사건이 난무하는 시대를 맞이하자 1990년대 부모들은 공황상태에 빠졌다. 예전에도 부모들은 항상 딸의 성적 행동을 걱정했지만 데이트 강간, 성병, 에이즈의 시대에 들어서자 공포에 떨었다. 전통적으로 십대 자녀들이 무엇을 하는지 부모들은 궁금해했지만, 1990년대 십대 아이들은 자신을 죽음에 빠뜨릴 수도 있는 일을 훨씬 더 많이 저지른다. 우리가 한때 유년기라고 불렀던, 시간과 공간 면에서 보호받는 시기는 더 짧아졌다. 부모, 교사, 상담사, 간호사는 여자아이들이 곤경에 처해 있음을 파악했지만, 그 고통이 얼마나 보편적이면서도 얼마나 극단적인지는 몰랐다. 이 책은 그동안 내가 보고 들은 바를 공유하려는 하나의 시도다. 내가 보고 들은 것은 무언가 중요한 일이 벌어진다는 폭풍주의보이자 우리 문화권을 향한 메시지였다. 폭풍의 중심에서 보내는 국립기상국의 속보였다.

행복하고 정서적으로 건강한 소녀가 불안하고 조심스러운 십대로 진화해가는 과정 자체는 수십 년 사이에 극적으로 달라지지 않았다. 21세기의 사춘기는 1959년의 사춘기 그리고 1994년의 사춘기와 본질적으로는 똑같은 과정이다. 중학교에서는 언제나처럼 사회적 트라우마와 정서적 트라우마가 여전히 제공된다. 재미를 추구하고 호기심 많던 여자아이가 갑자기 버뮤다 삼각지대로 날아들어 시몬 드 보부아르가 말했던 '존재하기에서 보여지기로의 이행과정'을 겪는다.

다만 변한 것이 있다면, 여자아이들은 이제 부모에게 덜 반항적이고 덜 적대적으로 군다. 어머니와 딸의 관계는 더 가까워졌다. 또한 21세기를 살아가는 여성은 1990년대 여성보다 더 권한을 많이 가지고 있다. 이들은 온종일 돌봄노동에만 종사하게끔 훈련받지 않고, 종종 합리적인 경계를 설정하거나 자기돌봄 기술을 발휘할 줄 안다. 그리고 이들의 딸은 이런 그들을 존경한다.

또한 딸들은 청소년기의 압박을 더 다양한 방식으로 표현하게 됐다. 이들은 자기네 문화권 안에서 자신이 무엇에 맞서는지를 예전보다 더 잘 파악한다. 고등학교에서는 여학생 역량 강화 동아리를 만들고 모든 학생에게 성희롱에 관해 가르친다. 미국 올림픽 체조선수, 영화배우 셀마 하이에크와 카라 델러빈, 음악가 저널 모네이와 얼리샤 키스 등을 포함한 많은 여성은 여자아이들에게 용기와 여성의 권한 강화를 거침없이 주장하는 역할모델이다.

오늘날 여자아이 대부분은 청소년기 초기에 온라인에 접속한다. 심지어 이런 십대를 지칭하는 '스크린에이저screenager'라는 신조어까지 생길 정도다. 여자아이들은 스마트폰이 생기자마자 대부분 즉시 포르노물과 다른 부적절한 콘텐츠에 노출된다. 중학교 1학년인 한 여자아이는 우리에게 이렇게 말했다. "제 친구들 모두 스마트폰이 생기자마자 구글에 '구강 섹스'와 '항문 성교'부터 검색해봤어요." 일단 여자아이들이 온라인에 접속하면, 유년기는 곧바로 끝장나고 그다지 건강하지 않은 요소가 그 자리를 대체한다.

이 부분을 쓰자니 카슨 생각이 난다. 카슨은 자기만의 색깔이 뚜렷하고 즐거움에 가득찬 열두 살 여자아이로 이제 막 청소년기에 들어서고 있었다. 긴 머리를 땋아 늘어뜨렸고 형형색색의 레깅스와 티셔츠를 즐겨 입었다. 카슨은 고양이 두 마리와 놀기, 예술작품을 창조하기를 좋아했다. 쉬지 않고 몇 시간 동안 바느질을 하고 종이접기를 했다. 중학생이었지만 여전히 느긋하고, 호기심이 많고, 부모와 여동생에게 신체적 애정 표현을 잘했다. 친구들은 카슨을 '순수녀Miss Innocent'라고 불렀다.

카슨은 자신을 청소년기로 밀어붙이는 활동이나 대화에 저항했다. 그렇지만 할머니 댁에 가느라 혼자 비행기를 타고 세인트루이스로 떠나게 되자 부모가 카슨에게 스마트폰을 사주었다. 할머니 집에 도착하자마자 카슨은 계단을 기어올라 다락방에 가서 인형과 골동품 찻잔 세트를 발견해 할머니가 점심 준비를 하는 동안 그것을 가지고 행복하게 놀았다.

한참 놀던 중에 동네 친구 매디슨에게 문자메시지가 왔다. 매디슨은 방금 부모에게 이혼 소식을 들었다며 자기가 자기주장이 강하고 까다롭게 굴어서 부모가 이혼하는 거라고 자책했다. 매디슨은 카슨에게 죽어버리고 싶다면서 아무에게도 말하지 말아달라고 부탁했다.

이 문자메시지 때문에 카슨은 딜레마에 빠졌다. 즐겁던 기분은 산산조각났고 카슨은 두려움에 휩싸여 안달복달했다. 카슨은 할머니에게 문자메시지를 보여주며 어찌해야 할지 의논했다. 카슨은 매디슨의 어머니에게 전화를 걸기로 했다. 매디슨에게도 너를 사랑한다고, 네가 죽지 않았으면 한다고 문자메시지를 보냈다. "제일 친한 친구인 네가 꼭 필요해."

다행히 카슨과 할머니는 매디슨의 어머니와 통화가 됐고, 매디슨을 즉시 상담사에게 데려갔다. 하지만 이 사건을 통해 어떻게 소셜미디어가 아직 인형놀이나 소꿉놀이를 하는 어린 여자아이의 삶에 복잡한 상황을 끌고 들어오는지 잘 볼 수 있다.

어떤 여자아이들은 스마트폰을 구매하거나 인터넷에 접근할 만한 경제적 여유가 없다. 어떤 부모들은 나이를 더 먹을 때까지는 안 된다며 딸에게 소셜미디어를 금지하는데 이 방침에 완전히 저항하는 여자아이는 드물다. 통계에 따르면 중학교 2학년생 중 80퍼센트가 온라인에서 활동하고 고등학생 중 98퍼센트가 소셜미디어를 사용한다. 청소년기 여자아이들은 하루 평균 여든 번 스마트폰을 확인하고 하루 중 여섯 시간을 온라인에서 보낸다. 이는 다른 어떤 인구 통계상 그룹보다 더 높은 수치다.

여자아이가 전자기기를 소유하면 순식간에 어린이에서 청소년으로 이행한다. 아이는 거식증에 걸린 모델의 사진을 처음 접하기도 하고 비키니 사진을 요구하는 문자메시지에 쉽게 노출되기도 한다. 한 여자아이는 이에 대해 이렇게 말했다. "당신은 어린아이죠. 그러다가 쾅, 갑자기 성적인 존재로 변해요. 중학교 때 페이스북에 올린 제 사진을 보고 또래 친구들이 가슴에 대해 댓글을 달았어요. 열두 살밖에 안 됐는데도요." 또다른 여자아이는 이렇게 말했다. "6학년 때 엄마가 인스타그램 계정을 만들어도 괜찮다고 허락해줬어요. 엄마는 그랬던 걸 정말로 후회하세요. 저는 사악한 온라인 수다쟁이들한테 맞설 준비가 안 돼 있었거든요."

페이스북과 아이폰은 21세기 들어 10년 사이에 우리에게 도착했다. 그리고 채 20년도 되지 않아 십대들은 거의 모든 여가를 온라인에서 보낸다. 2015년의 중학교 3학년생들은 2006년의 십대들보다 두 배 더 많은 시간을 온라인에서 보냈다. 많은 여자아이가 잠자리에 들 때도 스마트폰을 가져가서 밤에도 소셜미디어를 확인한다. 이러한 스마트폰 사용 시간은 아이들의 신체적, 사회적, 인지적, 정서적 발달에 영향을 미친다.

수백만 년에 걸쳐 우리 종은 영장류에서 유인원으로, 그런 다음 현재와 같은 호모사피엔스로 진화했다. 이러한 진화는 생명을 유지하고 관계를 유지하기 위해 집단생활을 하고 서로 협력하면서 진행됐다. 초기 인류에게 단절은 말 그대로 죽음을 의미했다. 21세기 들어서야 공동체에서 살아가는 패턴이 현격히 변화했다. 21세기가 10년 가까이 흐르는 동안, 우리 인간은 디지털 기기를 의사소통의 주요 수단으로 사용하게 됐다.

우리 인간은 태생적으로 서로를 보고 듣고 만지고 심지어 냄새 맡도록, 그러니까 함께 있도록 만들어졌다. 이러한 연결이 생기지 않으면, 인류에게 가장 귀중한 자원인 집단적 유대감을 상실한다.

디지털 기술 덕분에 대부분의 부모는 딸이 어디 있는지 알고 딸도 부모에게 빨리 연락을 취할 수 있다. 그렇지만 많은 여자아이가 가족보다는 스마트폰에 더 애착을 보인다. 이들의 디지털 생활은 깊이 있는 학습과 성장에 필수적인 '중대한 조율'에 지장을 준다. 러시아의 심리학자인 레프 비고츠키는 교사와 어린아이가 밀접한 관계를 유지할 때 학습 효과가 가장 좋다는 사실을 발견했다. 그는 온전하고 고유한 인간으로 성장하기 위해서는 조율과 사랑이 필요하다고 주장했다.

무언가를 배울 때 서로 마주보고 대화하는 일은 이제 그리 많이 일어나지 않는다. 사랑하는 사람과 함께하면 늘 만족하는 것도 아니다. 그 결과, 오늘날에는 십대들도 어른들도 역사상 가장 깊은 수준의 외로움을 경험한다.

오늘날의 가족은 어떤 면에서는 더 조화로워 보인다. 구성원끼리 상호작용을 덜하기 때문이다. 여자아이들은 부모와 거리를 두기 위해 자기주장을 강하게 하거나 말썽을 일으킬 필요가 적어졌다. 전자기기가 생기면서 거리두기가 매우 쉬워졌기 때문이다. 부모가 가족 간의 대화나 활동을 위한 시간을 신경쓰지 않으면, 저녁식사 자리에서도 가족들은 자기 스마트폰을 손에서 놓지 않는다. 여자아이들은 집에 머무는 동안 대부분 자기 방에 틀어박혀 소셜미디어를 한다. 어떨 때는 부모들도 전자기기를 너무 오래 사용하기 때문에 딸이 온라인에서 시간을 보낸다고 크게 뭐라 하지 못한다. 2019년의 가족은 따로 또 같이 살아간다.

물론 모든 가족이나 모든 여자아이가 앞선 설명처럼 사는 것은 아니다. 일을 하거나, 오케스트라에서 연주하거나, 동물보호소에서 자원봉사를 하거나, 창조적인 취미생활을 하며 시간을 보내는 여자아이도 있다. 어떤 부모들은 스마트폰과 컴퓨터 사용 시간을 칼같이 제한한다. 이들은 딸과 취미생활이나 이런저런 활동을 함께한다. 이들은 여러 가족으로 이루어진 모임에 가입해 식사를 함께한다거나 운동회를 함께 즐긴다. 그렇지만 1994년에는 전자기기로 가득한 가정이라는 앞의 설명에 부합하는 가족이 전혀 없었음을 기억하는 일 또한 중요하다.

십대들은 소셜미디어의 부정적인 영향을 분명하게 안다. 많은 십대들이 소셜미디어 사용을 스스로 통제할 수 있었으면 좋겠다고 말하지만 소셜미디어는 애초부터 중독적이게 만들어졌다. 천성적으로 우리 인간은 자극, 친구와 가족에 관한 소식, 그리고 긍정적인 강화를 추구한다. 소셜미디어는 심리학자들이 '간헐적 강화 계획'이라고 부르는 절차에 따라 이러한 긍정적인 강화를 제공한다. 보상을 받기 위한 이러한 절차는 매우 중독성이 강하다. 낚시와 도박 등이 이러한 간헐적 강화를 제공하는 과정인데 이러한 활동에 중독되면 어떻게 되는지는 모두가 아는 바다.

신경학자들에 따르면 소셜미디어의 알림 기능은 우리 두뇌에서 술이나 코카인을 복용했을 때와 똑같이 도파민을 분비시킨다. 자기 도파민에 중독되기는 매우 쉬우며 일단 그렇게 되면 자기 행동을 분별력 있게 결정하기가 더 힘들어진다. 그 대신 도파민 분출을 좇게 된다.

기회를 놓치는 것에 대한 두려움, 인정받고 싶은 욕구 같은 다른 요소 또한 여자아이들을 소셜미디어에 매달리게 만든다. 학술지 『사이코테라피 네트워커』에 실린 심리학자 샤론 베글리의 실험에 따르면 십대들에게 스마트폰을 강제로 빼앗자 심장박동수가 치솟고 여러 불안 증상이 발생했다. 그리고 아이폰을 돌려받자 이들은 다시 진정되었다.

아이러니하게도 스마트폰은 단기적 불안을 줄일지 몰라도 장기적 불안과 우울증은 증가시킨다. 약물중독이나 알코올중독과 마찬가지로, 스마트폰 중독은 단기적 보상과 장기적 피해를 초래한다. 이는 모든 중독 행동에 적용되는 사실이다. 십대들은 온라인에 접속하고 싶어하지만, 소셜미디어는 이들의 진짜 불안과 진짜 슬픔을 달래주기 위한 일은 아무것도 하지 않는다.

킴벌리 영의 연구 결과에 따르면, 소셜미디어 헤비 유저들은 중독자의 모든 특징을 보인다. 이들은 스마트폰을 사용할 수 없는 상황에 놓였을 때 스마트폰을 갈구했다. 또한 얼마나 많은 시간을 온라인에서 보내는지에 대해 거짓말을 했고, 온라인 접속 시간을 제한하려고 노력했지만 실패했다. 실제로, 다른 모든 중독이 그러하듯이, 소셜미디어 사용을 중단시키자 짜증, 불안, 불면, 헛소리 같은 심각한 부작용이 발생했다. 십대들은 상당한 시간 동안 중독 치료 프로그램을 이수하고 나서야 비로소 자기 행동을 통제하게 되었고 덜 가상적인 세계로 돌아갈 수 있었다. 그런 과정을 거치고서야 이들의 두뇌는 중독에서 벗어날 만큼 충분히 회복력을 되찾았다.

온라인 중독에 관해 더 많이 알게 되면서 우리는 소셜미디어와 게임에 중독된 미국인을 위한 치료센터를 세우고 있다. 워싱턴주에 위치한 리스타트reSTART 치료센터를 시작으로 현재 훨씬 더 많은 온라인 중독 치료센터가 미국 전역에 세워졌다.

소셜미디어 의존도가 지속적으로 증가하는 현상을 교사, 의사, 심리 치료사, 그리고 부모는 염려한다. 여자아이들은 소셜미디어 사용을 절제하라는 훈계를 자주 듣는다. 하지만 따지고 보면 좋은 뜻에서 이렇게 훈계하는 어른들도 소셜미디어 사용을 절제하는 걸 어려워한다. 또한 십대들을 어떻게 도와야 하는지 잘 모르고 그러는 경우도 많다. 컴퓨터와 스마트폰은 원래도 힘든 삶의 단계인 청소년기를 더 힘들게 만든다. 오늘날 여자아이들은 어머니 세대의 어린 시절보다 안전한 공간, 조용한 시간, 부모와 보내는 귀중한 시간이 부족하다. 게다가 온라인상에서 괴롭힘을 당하거나 외모 조작 사진을 만들어야 하거나 완벽해야 한다고 압박받을 가능성이 크다.

1994년의 여자아이와 2019년의 여자아이는 많은 면에서 서로 닮았다. 이들은 청소년이 되어가는 과정에 수반되는 신체적, 사회적,

정서적 변화에 직면해 있다. 이들은 사려 깊고 친절한 소녀이지만, 자신이 진입중인 새로운 세계에 대한 준비가 아직 제대로 되지 않았다. 자신을 사랑하는 어른들에게 둘러싸여 있지만, 어른들은 이들이 진입중인 더 커다란 세계로부터 이들을 보호할 수가 없다. 이 소녀들은 새로운 세계에 적응하기 위해 분투중이다. 아마 결국에는 자신만만하고 중심이 잘 잡힌 여성으로 성장할 것이다. 그러는 동안에는 청소년기라는 버뮤다 삼각지대에서 불안정한 채 표류하면서 뒤집히지 않기 위해 온갖 노력을 다해야 할 것이다.

2장
가짜 자아, 진짜 자아

"솔직히 전 엉망진창이에요."_케이엔(15)

열 살 때 찍은 홈비디오를 보면 케이엔은 강단 있고 공세적이다. 약 30킬로그램 몸무게를 온통 축구공에 집중해 축구장을 누빈다. 온 얼굴이 땀에 흠뻑 젖은 채, 질끈 묶은 빨간 머리를 휘날리며 다른 선수들과 엎치락뒤치락 몸싸움을 벌인다. 골을 넣자 양팔을 머리 위로 번쩍 들어올려 그 순간을 자축한다. 케이엔은 부모에게 자부심이 넘치는 미소를 지어 보이고는 경기를 재개하기 위해 자기 위치로 달려간다.

부모는 우주를 정복할 것만 같은 케이엔의 적극성을 사랑했다. 케이엔은 어떤 날엔 벨리 댄서처럼 차려입었다가 어떤 날엔 우주비행사 복장을 했다. 케이엔은 어른과 아기, 남자아이와 여자아이, 강아지와 참새 모두를 좋아했다. 철저한 민주주의자로 모든 사람을 정중히 대했고 다른 사람들도 자기를 그렇게 대해주기를 바랐다.

격분하면 케이엔은 세상과 맞붙었다. 한번은 어떤 남자아이가 여자아이들은 축구를 해선 안 된다고 말하자 그와 싸우고는 눈에 시퍼렇게 멍이 들었다. 학교 소풍으로 호수에 놀러갔을 때는 작은 거북이에게 돌멩이를 던지는 고학년 남자아이를 물에 빠트리기도 했다. 케이엔은 인종차별주의적 표현을 사용하거나 또래 친구를 괴롭히면 쥐어패겠다고 아이들에게 으름장을 놓기도 했다. 자기 자신을 옹호하는 일에 능하고 정의에 관심이 많았기 때문에 교사들은 장차 케이엔이 로스쿨에 진학하리라고 예상했다.

초등학교 때만 해도 케이엔은 외모 문제로 그리 안달복달하지 않았다. 1년에 한 번 검진차 병원에 갈 때만 몸무게를 쟀고 차트에 적힌 키와 몸무게 수치가 커지면 기뻐했다. 그리고 반드시 옷을 갖춰 입어야 하는 경우가 아니면 대개 청바지와 티셔츠 차림이었다. 엄마가 제발 옷을 사라고 애원해야 겨우 쇼핑을 갔고 빗질을 하라고 독촉해야만 했다.

케이엔은 가장 친한 친구 첼시와 매일 걸어서 학교에 갔다. 둘은 함께 자전거를 타고, 같은 팀에서 뛰고, 하기 싫은 일을 해야 할 때면 서로를 도왔다. 두 아이는 부모, 학교, 운동 경기, 애완동물 등 모든 주제로 이야기를 나눴고 서로 장래희망도 공유했다. 첼시는 비행사를, 케이엔은 의사를 꿈꿨다. 이들은 구체적인 장면을 상상하기도 했다. 상상 속에서 첼시가 케이엔을 비행기에 태워 알래스카의 외딴 마을까지 데려다주면 케이엔이 아기를 받거나 어부의 다리를 절단하는 수술을 했다.

케이엔은 학교생활을 좋아했다. 성적도 좋았고 과제, 특히 과학 과제를 즐겼다. 재미있고 창의적인 방식으로 과학과 기술을 배우는 교내 '창의력 올림피아드' 동아리의 주장이기도 했다. 같은 반 친구 중 대부분을 유치원 때부터 알고 지내 함께 공놀이를 하거나 친구네 집에 가서 생일 파티를 했다.

케이엔은 부모와도 잘 지냈다. 언니 말라는 어릴 적에 케이엔보다 더 감정 기복이 심하고 더 반항적이었다. 청소년기가 되자 말라는 친구들과 술을 마시려고 몰래 집을 빠져나가곤 했다. 부모에게 소리를 지르거나 걱정을 끼치는 모습에 케이엔은 부모가 안쓰러웠고 '나는 절대로 저렇게 행동하지 말아야지' 하고 다짐했다.

물론 케이엔이 완벽하지만은 않았다. 방 청소를 엄청나게 싫어했고 교회에서는 잠시도 가만히 있지 못했다. 과일이나 야채보다는 정크푸드를 좋아했다. 1년에 두 번쯤은 온종일 짜증을 내고 부루퉁했지만 대개는 태평스러웠다. 기분이 안 좋은 날은 매우 드물었기에 그런 날은 성촉절처럼 특별한 날로 여길 정도였다. 부모는 케이엔을 정서적으로 신뢰했고, 농담삼아 '오랜 충신'이라고 불렀다.

열두 살 때 케이엔은 첫 생리를 했다. 성장 속도가 급속해지면서 몸이 점점 불편해지고 변화를 예측할 수 없게 됐다. 체중도 늘었는데 특히 엉덩이에 살이 많이 붙었다. 여드름도 났다. 케이엔은 동네 초등학교를 졸업하고 학생이 이천 명쯤 되는 중학교에 진학했다. 케이엔은 등교 첫날 마음을 졸였다. 선배들이 신입생의 머리를 화장실 변기에 처박는다더라, 남자아이들이 여자아이들의 브래지어를 뒤에서 잡아당긴다더라 같은 소문을 들었기 때문이다. 다행히 이런 일은 일어나지 않았지만, 케이엔은 몇몇 남자아이에게 놀림받았고 화장을 하고 비싼 옷을 입은 여자아이들을 보고 마음이 상해서 집에 돌아왔다. 케이엔은 싸구려 청바지를 입었다는 이유로 야유받았고 심지어 단짝 첼시마저 토요일에 축구 연습 대신에 쇼핑하러 가자고 애원했다.

케이엔은 점점 말수가 없어지고 활기를 잃어갔다. 태어나서 처음으로 살살 구슬려야만 가족과 시간을 보냈다. 부모가 안아주는 것을 더이상 원하지 않았고 부모가 가까이 오면 피했다. 좀처럼 웃지도 않고 부모와 이야기를 나누지도 않았다.

부모는 이런 일이 생길 거라고 어느 정도는 예상했다. 케이엔이 자기 외모를 의식하자 부모는 슬펐지만, 그래도 이런 현상이 '정상'이라고 생각했다. 축구를 그만두고 성적이 떨어지자 부모는 더 속상했다. 심지어 과학 성적도 떨어졌는데, 이제 과학이 어렵고 지루하다고 했다.

한편 부모가 이혼하자 첼시는 불량한 무리와 어울렸다. 첼시는 케이엔에게 자기네 무리에 합류하라고 권했고 케이엔이 망설이자 겁쟁이라고 쏘아붙였다. 결국 케이엔도 이 무리에 꼈다. 부모는 이 무리가 술을 마시거나 약물을 복용할지도 모른다고 의심하여 케이엔에게 다른 여자아이들을 사귀어보라고 권했지만, 케이엔은 패거리 문화를 불평할 뿐이었다. 부모는 케이엔의 관심을 운동이나 학교 활동 쪽으로 돌려보려고 애썼지만, 케이엔은 그런 건 얼간이나 하는 활동이라고 생각했다.

나는 케이엔을 중학교 3학년 겨울에 처음 만났다. 케이엔 가족에게는 도움이 필요해 보였다. 첫 내담 시간에 '시끄러운 음악이 싫다면, 당신은 늙어빠진 것이다'라고 쓰인 티셔츠를 입고 온 케이엔은 부모 사이에 몸을 웅크리고 앉아 있었다. 자세만 봐도 "엄마 아빠 때문에 억지로 오긴 했지만, 아무도 내 입을 못 열어"라는 신호가 전해졌다. 탄산음료를 권하자 케이엔은 눈을 굴리며 말했다. "재밌게 좀 해줘요."

케이엔의 엄마가 말했다. "앤 저희에게 알레르기 반응을 보여요. 저희가 하는 모든 일이 틀렸다고 생각하죠."

케이엔의 아빠는 학교 성적, 친구, 케이엔이 감염됐던 헤르페스 바이러스, 우울증 등에 관해 말했지만 무엇보다도 자신들과 관계가 나빠졌다며 슬퍼했다. 케이엔은 부모와 매우 가까이 지내고 그들에게 큰 즐거움을 주곤 했지만 더는 '오랜 충신'이 아니었다. 기분이 좋은 날보다 안 좋은 날이 더 많았다. 케이엔의 아빠는 언니 말라가 오히려 더 다루기 쉬웠다고 말했다. 최소한 말라는 성병에 걸리지는 않았으니 말이다. 걱정거리를 토로한 후 케이엔의 아빠가 물었다. "앤 입원시켜야 할까요? 아니면 열다섯 살짜리 아이는 보통 이렇게 행동하나요?" 속으로 좋은 질문이라고 생각했다.

나중에는 케이엔과 단둘이 만났다. 곱슬곱슬한 빨간 머리 아래로 푸른 눈이 차디차 보였다. 나를 무섭게 노려보는 케이엔에게 말을 붙이기가 쉽지 않았다. 겉으로는 화가 나 있고 움츠러든 듯 보이지만, 속으로는 아파하는 것 같았다. 대화를 어떻게 시작할지 궁리했다.

마침내 케이엔이 입을 열었다. "심리 치료사는 꿈을 분석하나요?"

"분석해보고 싶은 꿈이 있니?"

케이엔은 반복해서 꾸는 꿈 이야기를 했다. 꿈속에서 케이엔은 2층에 위치한 자기 침실에 잠들어 있다. 그때 계단을 오르는 발소리가 들리고 누군가가 다가온다. 겁에 질려서 가만히 듣고만 있는데 발소리가 점점 더 커진다. 한 할아버지가 염소를 데리고 방에 걸어들어온다. 그는 길고 날카로운 칼을 들고 있다. 노인이 케이엔의 발을 칼로 써는 동안 케이엔은 옴짝달싹 못하고 침대에 누워 있다. 노인은 케이엔의 몸을 한 조각 한 조각 저며 그 살점을 염소에게 먹인다. 대개 그의 칼이 무릎에 다다를 즈음 잠에서 깬다. 깨어나면 온몸이 땀으로 흠뻑 젖어 있고 심장은 미친듯이 고동친다. 그러고 나면 그 노인이 돌아올까봐 두려워서 다시 잠을 잘 수가 없었다.

말을 마친 케이엔에게 그 꿈이 무슨 의미라고 생각하느냐고 물었다.

"제가 산 채로 몸이 조각조각 잘려서 잡아먹힐까봐 두려워한다는 의미겠죠." 그다음 몇 달 동안 케이엔은 띄엄띄엄 자기 얘기를 했는데 거의 암호처럼 느껴질 정도였다. 어떤 때는 너무 작게 말해서 거의 목소리가 들리지 않았다. 케이엔은 중학교에서 행복하지 않았고 초등학교 시절을 그리워했다. 또한 대학에 진학해서 집을 떠난 언니를 그리워했다. 케이엔은 자신이 아니라 부모가 변했다고 확신했지만, 어쨌든 부모와 친밀했던 시절을 그리워했다.

케이엔은 조심스럽고 말수가 적었지만, 계속 심리 치료를 받으러 왔다. 케이엔은 자기 외모를 몹시 싫어했다. 자기 머리색이 너무 밝고 엉덩이와 허벅지 살이 너무 축 처졌다고 생각했다. 체중 감량을 시도했지만 성공하지 못했다. 염색도 해봤지만 이상한 보라색이 나오고 머릿결도 푸석푸석해졌다. 케이엔은 모든 여자아이가 자신보다 예쁘다고 생각했다. "제 모습을 좀 보세요. 솔직히 저는 엉망진창이에요." 오래 지낸 친구들 곁에 있어도 편하지 않았다.

우리는 케이엔의 옷차림을 놀리는 같은 반 여자아이들과 케이엔을 힘들게 하는 남자아이들에 대해 이야기를 나눴다. 모든 것이 예측 불가능했다. 어떤 주에는 상당히 편안하고 주변 사람이 자기를 받아들인다고 느꼈지만 그다음주에는 버림받은 사람이 된 것 같았다. 친구들에게 비밀을 털어놓으니 그 아이들이 온 학교에 그 얘기를 퍼뜨렸다. 어떤 날에는 한 패거리에 받아들여졌다가 다음날엔 따돌림을 당했다. 남자아이들은 어떨 때는 케이엔을 잡년이라고 불렀다가 어떨 때는 추파를 던졌다.

케이엔은 약물과 술의 유혹을 느꼈다. "초등학교 때 저는 완벽한 천사였어요. 담배를 피우거나 술을 마시겠다는 생각은 눈곱만큼도 없었죠. 하지만 어느 날 갑자기 정신을 차려보니 술이 어디에나 있더라고요. 심지어 마약 퇴치 동아리 회장도 항상 술에 취해 있었다니까요."

한때 기쁨의 원천이었던 학교는 이제 고통의 원천이 되었다. 케이엔은 앓는 소리를 냈다. "학교는 정부에서 아이들을 감시하려고 만든 곳일 뿐이에요." 부모가 세운 규칙에 관해서도 이야기를 나눴다. 케이엔이 헤르페스 바이러스 감염 진단을 받은 후 그 규칙은 한층 더 엄격해졌지만 놀랍게도 이에 강하게 항의하지 않았다고 한다. 케이엔은 부모에게 양가감정을 가지고 있었다. 한편으로는 부모와 싸워서 죄책감이 들었지만 다른 한편으로는 자신이 겪는 압박감을 이해하지도, 자신을 안전하게 지켜주지도 않는다며 부모를 책망했다.

케이엔에게 자랑스러운 점이 무엇인지 매일 세 개씩 적어보라고 권했다. 또한 장점을 편지로 써달라고 요청했다. 케이엔은 자랑거리로 잔디를 깎은 일, 설거지를 한 일, 할머니와 함께 교회에 간 일을 적었다. 장점에 대해서는 자기 배꼽과 발이 마음에 든다고 적었다. 성격상 장점을 말해달라고 요청하자 용기와 솔직함을 들었다. 최소한 자신이 한때 그랬다는 사실을 기억하고 있었다.

하루는 케이엔이 감기에 심하게 걸려 코가 빨개지고 온몸에 식은 땀을 흘리며 상담실에 와서는 단짝 친구 첼시가 임신했을까봐 겁에 질려 있다고 털어놓았다. 생리가 늦어져서 집에서 임신 테스트를 해보니 양성 반응이 나왔다고 했다. 우리는 임신한 여자아이, 십대 엄마, 피임 등에 관해 일반적인 대화를 나눴다. 케이엔은 친구의 성적 행동에 관해서는 기꺼이 터놓았지만, 자신의 성적 행동에 관해서는 한마디도 하지 않았다.

다음 상담 시간에 케이엔은 첼시가 임신하지 않았으며 열여섯 살이 될 때까지는 섹스하지 않겠다고 선언했다고 전했다. 둘은 그러한 결정을 축하하기 위해 함께 극장에 영화를 보러 갔다. 그들이 관람했다는 영화 〈인어들〉에 관해 이야기를 나눴다. 영화에서 한 십대 소녀가 잘 모르는 남자와 섹스를 한다. 케이엔에게 이를 어떻게 생각하느냐고 묻자 "현실을 있는 그대로 반영했다고 생각해요"라는 답이 돌아왔다.

내가 시카고의 한 호텔방에서 봤던 MTV 뮤직비디오 얘기를 꺼내자 케이엔은 어깨를 으쓱했다. 그 외설적인 가사와 영상을 보고 나는 큰 충격을 받았었다. 첫번째 뮤직비디오에서는 입을 벌린 채 신음하는 여자들이 남자 가수를 둘러싸고서 몸부림쳤다. 두번째 뮤직비디오에서는 멍한 눈을 한 네 명의 여성이 깊게 파인 옷을 입고 검은 롱부츠를 신고서 한쪽 방향으로 빙빙 돌았다. 마치 남자 가수들은 '관능적인 여자들'을 수행원으로 두지 않고는 완전해지지 못하는 것처럼 보였다.

영화 〈양들의 침묵〉에 관해서도 이야기를 나눴다. 경악스럽게도, 케이엔은 피부가 벗겨진 여자들과 피가 줄줄 흐르는 신체 부위가 등장한 장면을 고집스레 자세히 묘사했다. 나에게는 불쾌했던 폭력 장면이 케이엔에게는 아무런 문제가 되지 않았다. 오히려 무섭고 노골적인 장면을 본다는 사실을 자랑스러워했다. 그걸 보면 약골이 아닌 게 증명된다고 믿었다. 미디어에 대해 서로 다른 반응을 보였지만, 우리는 외모지상주의, 성차별주의, 남자와 여자에 관한 문화적 고정관념, 그리고 영화에 만연한 폭력과 일회성 섹스 등 중요한 이슈로 대화를 이어갔다.

마침내 케이엔은 자신의 성경험에 관해 이야기할 준비가 되었다. 처음에는 머뭇거렸지만 점차 한층 편안하게 말했다. 케이엔은 올챙이처럼 생긴 정자와 배아가 등장하는, 학교에서 보여주는 성교육 만화영화를 비웃었다. 고등학교를 졸업하고 사랑하는 누군가를 만날 때까지 섹스하지 말라고 부모에게 배웠다고 했다.

"너의 경험은 부모님 말씀처럼 그랬니?" 내가 물었다.

케이엔은 눈이 휘둥그레졌다. "부모님은 섹스에 관해서는 아무것도 모르세요."

곱슬곱슬한 앞머리를 옆으로 넘기며 말을 이었다. "중학교 1학년이 되자 모두 섹스에 미친듯이 굴었어요. 아이들은 제게 경험이 있느냐고 물었고 섹스하고 싶으면 거기에 쑤셔넣으라고 했어요. 복도에서 갑자기 남자아이들에게 붙잡혔어요. 충격을 받았지만 그런 기색을 보이지는 않았죠. 나중엔 그냥 익숙해졌고요."

중학교 2학년 중반이 되자 섹스가 하고 싶어졌다. 친구들은 섹스가 재미있다고 말했고 아직 숫처녀라며 케이엔을 놀려댔다. 하지만 케이엔은 무서웠다. 아프지는 않을지, 에이즈에 걸리거나 임신을 하지는 않을지, 남자아이들에게 존중받지 못하는 건 아닐지 걱정했다. 케이엔은 "남자아이들에게 섹스는 훈장 같은 것이지만, 여자아이들이 그러면 잡년 취급을 받는다"는 사실을 잘 알았다. 중학교 3학년이 되기 전 여름, 케이엔과 첼시는 어른의 감독이 없는 파티에 갔다. '창의력 올림피아드' 동아리에서 만났던 한 남자아이가 거기에 있었다. 6학년일 때 팀은 순진하고 말쑥한 아이였지만 이제는 긴 머리를 머리끈으로 묶어 늘어뜨리고 빈정대는 유머를 구사하는 아이로 변해 있었다.

팀의 친구는 여자아이 열 명과 남자아이 아홉 명을 파티에 초대했다. 팀의 친구는 부모의 술 수납장을 열고서 여자아이들에게는 시나몬 슈냅스를, 남자아이들에게는 스카치위스키를 따라주었다. 케이엔은 기침약 시럽 같은 그 술이 끔찍하게 싫었지만 긴장했기 때문에 마셨다. 팀이 다가와서 케이엔 옆에 앉았다. 팀은 케이엔의 셔츠를 칭찬하며 파티에 참석한 괴짜들에 대해 농담을 던졌다. 팀은 계속 술잔을 채웠다. 그때 팀의 친구가 영국의 뉴웨이브밴드 디페시 모드의 앨범을 틀고서 모든 전등을 다 꺼버렸다.

케이엔은 불안했지만 한편으로는 흥분됐다. 팀이 케이엔을 껴안고 이마에 키스했다. 둘은 잠시 속삭인 후 서로를 애무했다. 다른 아이들도 모두 똑같이 그랬다. 어떤 아이들은 다른 방으로 자리를 옮겼다.

"이날 첫 경험을 할 줄은 알았어요." 케이엔이 부드럽게 말했다. "하지만 얼마나 빨리 일이 벌어지는지를 보고 정말 놀랐어요. 파티가 시작한 지 한 시간 만에 섹스를 했거든요."

그날 밤 이후로 케이엔과 팀은 한 달 동안 연락을 주고받았다. 그들은 학교, 음악, 영화에 관해 이야기를 나눴지만, 결코 섹스 이야기는 꺼내지 않았다. 그들은 서로 다른 지역에 살았고 만날 방법을 딱히 찾지 못했다. 두 번쯤 정교하게 계획을 세웠지만 결국 실행에 옮기지 못했다. 얼마 후, 두 사람 모두 자기네 학교의 다른 아이에게 관심을 가지면서 자연스레 사이가 멀어졌다.

지금은 팀에 대해 어떻게 생각하느냐고 묻자 케이엔은 이마를 문질렀다. "좀 더 로맨틱했으면 좋았을 거예요."

케이엔은 심리상담실을 찾는 전형적인 내담자였다. 유년기를 상당히 행복하게 보냈지만 사춘기가 찾아오면서 삶의 변화와 문제가 케이엔을 엄습했다. 적어도 일시적으로는 그랬다. 성적이 떨어지고 운동을 중도에 그만뒀으며 의사가 되겠다는 꿈을 포기했다. 초등학교라는 상대적으로 안전한 공간에서 중학교라는 좀 더 복잡한 세계로 이동하면서 그동안 맺어온 모든 인간관계가 사납게 요동쳤다. 케이엔은 술이나 섹스 같은 어른들의 문제에 관해 결정해야만 했다. 그리고 팀과 섹스를 한 후 헤르페스 바이러스에 감염됐다.

케이엔 같은 여자아이들을 처음 상담할 때는 실의에 빠졌다. 나는 1970년대에 남성 심리학자들에게 교육을 받았다. 캐럴 길리건의 연구를 제외하면 십대에 관한 거의 모든 이론은 주로 남자아이들을 대상으로 남성 학자들이 연구한 것이었다.

나는 여자아이들이 복잡하고 치열한 인간관계에 사로잡혀 있음을 알게 됐다. 여자아이들은 의무감을 느끼면서도 분개했고, 사랑하면서도 화를 냈고, 친밀하면서도 거리감을 느꼈다. 여자아이들은 이 모든 감정을 똑같은 대상에게 동시에 느꼈다. 성적 욕구, 로맨스, 친밀함이 죄다 무질서하게 뒤섞였기에 명확한 구분이 필요했다. 내담자의 나이와 공통된 경험이 증상과 연결된 듯했다. 몸무게에 대한 걱정, 거부에 대한 두려움, 완벽주의에 대한 갈망 같은 특정한 주제는 여자아이 개인의 '병리 현상'이라기보다 여성에 대한 문화적 기대에 뿌리를 두는 듯했다. 여자아이들은 뒤섞인 메시지와 씨름해야 했다. '아름다워야 한다. 하지만 아름다움은 껍데기에 불과하다.' '섹시해야 한다. 하지만 야해서는 안 된다.' '솔직해야 한다. 하지만 다른 사람의 감정을 상하게 해서는 안 된다.' '독립적이어야 한다. 하지만 다정해야 한다.' '똑똑해야 한다. 하지만 남자아이들을 위협할 정도로는 안 된다.'

심리상담실을 찾은 청소년기 여자아이들은 내가 받은 교육과 내 경험으로는 해결할 수 없는 온갖 문제를 안고 있었다. 집요하게 전통적인 심리 치료 기법을 시도했지만 효과가 없었다. 여자아이들은 심리 치료를 받다가 중도에 하차하거나 더 최악의 경우에는 순순히 심리상담실에 와서 살갑게 수다만 떨고 아무 해결책도 얻지 못한 채 돌아갔다. 나는 청소년기 내담자에 관해 많은 생각을 했다. 그들의 문제를 개념화해서 그 문제가 실제로 긍정적인 행동으로 이어지기를 바랐다. 그리고 겉으로 보이는 행동과 내면의 분투를 연결하고자 애썼다. 이때 앨리스 밀러가 쓴 책에서 많은 도움을 받았다.

앨리스 밀러는 '온전함의 희생'을 연구하는 전문가다. 『천재가 될 수밖에 없었던 아이들의 드라마』에서 앨리스 밀러는 내담자들이 어떻게 아동기 초기에 진짜 자아를 잃었는지 설명한다. 그녀는 내담자들이 어린아이였을 때 어려운 선택을 해야 하는 상황에 직면했다고 생각했다. 이들은 고유함을 유지하고 솔직해지기 혹은 사랑받기 중 하나를 택해야 했다. 만약 온전함을 선택하면 이들은 부모에게 버림받았다. 사랑을 선택하면 진짜 자아를 포기해야만 했다.

내담자들의 부모는 작은 범주의 생각과 감정, 행동만 용인된다고 자녀에게 가르쳤다. 아이들은 자신에게 용인되지 않은 것과는 관계를 끊었다. 만약 분노가 용인되지 않으면 아이들은 어떠한 분노도 느끼지 않는 것처럼 행동했다. 만약 성적 감정이 허용되지 않으면 어떠한 성적 충동도 못 느끼는 것처럼 행동했다. 밀러 박사의 내담자들은 어린아이였을 때 부모의 인정을 선택했고 그 결과 진짜 자아를 잃었다. 이들은 용납되지 않은 감정은 표현하지 않고 용납되지 않은 행동은 하지 않았다. 적어도 어른들 앞에서는 그랬다. 또한 이들은 수용되지 않는 생각은 터놓지 않았다. 이들의 자아 중 용납되지 않은 부분은 밑으로 숨었고 결국 관심 부족으로 말라비틀어지거나 용납되지 않은 부분을 다른 사람에게 투사했다.

밀러 박사는 진짜 자아가 버림받으면 가짜 자아가 강해진다고 믿었다. 만약 다른 사람에게 인정을 받으면 가짜 자아는 자기효능감을 얻고 그 사람은 일시적으로 행복해진다. 그 결과 가짜 자아를 전면에 앞세우면 그 사람은 외부에서 자기효능감을 얻는다. 따라서 만약 가짜 자아가 다른 사람에게 인정받지 못하면 그 사람은 완전히 황폐해진다.

진짜 자아를 상실하는 상황은 너무 고통스럽기 때문에, 밀러 박사의 내담자들은 이를 억압했다. 이들은 자신이 잃어버린 것을 어렴풋하게만 기억하거나 공허함이나 배신감을 느꼈다. 이들은 자신이 상처받기 쉽고 방향성을 잃은 사람이라고 느꼈다. 칭찬을 받으면 행복해졌지만 무시당하거나 비판을 받으면 황폐해졌다. 그들은 센터보드가 없는 요트 같았다. 그들의 자아존중감은 바람의 방향에 따라 이리저리 흔들렸다.

밀러 박사는 가짜 자아를 가진 성인과 모든 감정을 숨김없이 경험하는 진짜 자아를 가진 성인을 대조했다. 진짜 자아를 가진 성인은 다른 사람에게 받아들여지기를 기다리기보다 먼저 자기 자신을 있는 그대로 받아들였다. 밀러 박사는 심리적으로 이렇게 건강한 상태를 '활력'이라고 명명했다. 정신질환을 이겨내는 무기로 '개인이 각자 진짜 자아를 발견하고 정서적으로 수용하기'를 들었다. 밀러 박사는 내담자들이 어렸을 때 일어난 일을 인식하고, 애도하고, 궁극적으로 수용하게끔 북돋웠다. 그런 다음에야 진짜 자아를 가진 성인이 될 수 있다고 말했다.

물론 이러한 과정은 양자택일의 현상이 아니다. 사실, 가짜 자아는 기본적인 사회화부터 학대까지 걸쳐 있는 연속적 과정에서 생겨난다. 이러한 흐름은 모든 가정에 존재한다. 부모라면 누구나 자녀의 어떤 행동은 수용하고 어떤 행동은 거부한다. 그리고 사회적으로 받아들여지려면 온전함을 어느 정도는 희생해야 한다고 자녀에게 가르친다. 하지만 누구보다 권위주의적인 부모조차도 자녀의 진짜 자아를 완전히 파괴하지는 못한다.

밀러 박사는 장소와 시대를 바꿔가며 글을 썼다. 밀러 박사의 연구 중 가장 중요하고 보편적인 부분은 자아의 분열과정을 설명한 부분이다. 밀러 박사는 가짜 자아와 진짜 자아의 분열과정을 매우 명확하게 묘사하고 이러한 분열이 어떠한 피해를 초래하는지 설명한다. 또한 진짜 자아를 되찾기 위한 심리 치료 과정에 대해서도 자세히 묘사한다.

밀러 박사가 말한 자아 분열과 유사한 어떤 과정이 청소년기 초기의 여자아이들에게 일어난다. 밀러 박사는 아동기 초기의 자아 분열은 부모의 책임이라고 여기나, 나는 문화가 청소년기 여자아이들을 진짜 자아와 가짜 자아로 분열시킨다고 생각한다.

대개 부모들은 딸의 진짜 자아를 지키기 위해 열심히 노력한다. 어린 시절의 관심사를 계속 지켜가라고 딸을 격려하고 성생활, 화장, 다이어트, 데이트 같은 아직 시기상조인 문제를 두고 말다툼을 벌인다. 부모들은 체육과 수학, 과학 과목을 권장한다. 이들은 딸을 소비자나 성적 대상으로 정의하는 문화에 저항한다. 이들은 딸이 인기를 얻기 위해 영혼을 파는 상황을 꺼린다. 이들은 딸의 온전함과 고유함을 지키기 위해 필사적으로 싸운다.

하지만 더 폭넓게 문화를 접하면서, 딸들은 부모보다는 친구들이 어떻게 생각하는지만 신경쓴다. 이들은 부모의 이상형이 아니라 미디어 스타를 모범으로 삼는다. 발달단계상 특징 때문에 부모는 딸에게 거의 영향을 미치지 못한다. 가령 케이엔은 부모와 거의 대화를 나누지 않았다. 대화를 시도해도 곧바로 말다툼으로 이어졌다. 어머니는 이렇게 말했다. "얘한테 뭘 물어볼 때면 폭죽 가게에 수류탄을 던지는 기분이 들어요."

사춘기가 찾아오면서 여자아이들은 그들을 가짜 자아로 분열시키는 거대한 문화적 압력에 직면한다. 광고, TV, 음악, 그리고 또래 친구들에게 이러한 압력을 받는다. 여자아이들은 자기 자신에게 진실하게 굴면 또래들에게 배척당할 위험을 감수해야 한다. 진짜 자아를 거부해야 사회적으로 받아들여진다. 남 앞에서 대부분의 여자아이는 자신에게 제시되는 모습으로 행동한다.

자신의 고유함을 지키는 일은 사회적으로 용납되지 않는 감정과 생각을 포함한 모든 경험을 그대로 '수용하는 일'이다. 여자아이들은 스스로와 '관계를 끊을' 때 자신감을 상실한다. 이들은 진짜 생각과 진짜 감정을 표현하기를 그만둘 때 엄청난 상실감을 겪는다.

케이엔은 진짜 자아와 관계를 끊는 과정을 잘 보여주는 전형적인 사례다. 사춘기가 찾아오면서 케이엔은 온전하고 고유한 인간에서 약하고 불행한 버전으로 변했다. 조각조각 잘려서 염소에게 먹히는 꿈은 온전함의 상실을 강력히 반영했다. 1990년대에 상담했던 많은 여자아이가 케이엔과 비슷한 꿈을 꿨다. 이들은 익사하는 꿈, 온몸이 마비되는 꿈, 흘러내리는 모래 구덩이에서 못 빠져나오는 꿈 등을 꿨다. 공격당하는데 소리를 지르거나 저항하지 못하는 꿈을 꾸는 경우도 흔했다. 공격자는 다양했다. 남자, 학교 친구, 벌레 혹은 뱀 등이었다. 이러한 꿈의 중요한 구성 요소는 '공격' '마비' 그리고 '자아의 처절한 파괴'다.

청소년기가 되면서 케이엔은 가짜 자아를 기반으로 움직였다. "제 모습을 좀 보세요. 솔직히 저는 엉망진창이에요"라고 말했을 때 케이엔은 외모로만 사람을 규정하는 사회 기준을 그대로 받아들였다. 심지어 자기 자신을 이와 똑같은 방식으로 규정했다. 어릴 적에는 거북이 한 마리를 구하기 위해서, 이상을 지키기 위해서 맞서 싸웠던 케이엔은 이제 '신체 완전성'이 위협받는 순간에도 더는 맞서지 않았다.

가짜 자아를 받아들인 후 케이엔은 자신감, 침착함, 솔직한 말투를 잃었다. 스스로에게 솔직해지게끔 격려하던 부모와도 멀어졌다. 겉으로 보이는 행동과 깊은 내면의 감정이 서로 일치하지 않았다. 케이엔은 더는 진짜 욕구를 충족하는 방식으로 행동하지 않았다. 신중하고 의식적으로 선택하는 게 아니라 또래들의 압박에 자동반사적으로 반응했다. 케이엔은 궤도에서 이탈했고 방향을 잃었다. 의사가 되겠다던 꿈을 포기했다.

1990년대를 지난 모든 여자아이가 그랬듯 케이엔은 여성의 역할을 수행하기 위해 철저히 훈련받았다. 청소년기 초기에 여자아이들은 '사회적 수용 가능성'이라는 제단에 자기 자신의 일부를 바쳐야 한다고, 사회적 기대치에 걸맞은 자그마한 크기로 영혼을 축소해야 한다고 강요받는다. 우리 사회는 여성에게 '매력적이어야 한다' '숙

녀가 되어라' '이타적이고 도움이 되어야 한다' '인간관계가 원활해
야 한다' '불평 없이 만족해야 한다' 같은 규칙을 내세웠다.

여자아이들은 솔직하기보다는 착해야 한다고 배웠다. 케이엔은 이
렇게 말했다. "저한테 최악의 처벌은 '나쁜 년'이라고 불리는 거예요.
그건 아무도 끽소리 못하게 하죠. 제가 일진이 안 좋은 날에도 선생
님들과 아이들은 제게 억지로라도 웃으라고 말해요. 하지만 남자애
들한테 그러는 건 한 번도 못 봤어요."

여자아이들에게는 혼란스러운 규칙이 제시됐고, 여자아이들에게
불리하게만 판이 짜여 있었다. 하지만 소녀들은 곧 이것이 선택의
여지 없는 유일한 게임임을 깨달았다. 한 고등학생 내담자는 중학교
1학년 때 세상이 무엇을 기대하는지 누가 자기한테 정확히 말해줬으
면 하고 바랐다고 말했다. 그녀는 "규칙을 모르는 채 게임을 제대로
해야 한다는 게 너무 힘들었어요"라고 토로했다.

여성의 적절한 행동에 대한 규칙이 명확하지 않았으나 그 규칙을
어긴 대가는 가혹했다. 솔직하게 말하는 소녀들에게는 '나쁜 년'이라
는 꼬리표가 붙었다. 매력적이지 않은 소녀들은 경멸받았다. 그리고
소프트코어 포르노와 하드코어 포르노 속 시각 이미지에 의해, 노래
가사에 의해, 무심코 한 말에 의해, 비판이나 놀림이나 농담에 의해
이러한 규칙이 강화되었다.

내가 대학에서 가르쳤던 많은 젊은 여성은 자신이 어떤 선택을 해
왔는지 잘 기억하고 있었다. 이들은 똑똑하다고 불리는 위험을 감수
하기보다 수업시간에 조용히 있었다. 배가 고플 때는 음식을 먹기보
다 다이어트를 했다. 자신이 좋아하는 여자아이들과 어울리기보다

사회적으로 적합해 보이는 무리와 어울렸다. 재미있게 살기보다 예뻐지는 편을 택했다. 한 여자아이는 이런 상황을 이렇게 말했다. "아름다워지려면 고통을 견딜 수밖에 없잖아요." 하지만 일반적으로 봤을 때 트라우마가 발생하는 그 시기에 여자아이들은 그 트라우마가 무엇인지 정확하게 인식하지 못한다.

1990년대 청소년기 여자아이들이 겪었던 문제는 문화권 안에서 거의 논의되지 못했다. 언어 또한 이들의 경험과 들어맞지 않았다. 소녀들의 저항은 비행으로, 불만은 밉살스러움으로, 침잠은 우울증으로 불렸고, 절망은 호르몬 문제라고 딱지 붙였다. 최전방에서 어떠한 총성도 없이, 자아를 위한 많은 전투가 승전하고 패전했다.

소녀들이 진짜 자아를 포기하게 만드는 경험은 무척 다양했다. 청소년기 초기에 여자아이들은 사회적 수용 가능성을 규정하는 데 있어서 외모의 중요성을 배웠다. 매력은 여자아이들의 성공을 위한 필요충분조건이었다. 이는 너무도 오래 이어져온 문제였다. 트로이의 헬레네가 천 척의 배를 진수시킨 건 열심히 일을 해서가 아니다. 줄리엣이 사랑받은 건 수리력이 뛰어나서가 아니다.

1888년에 쓰인 『숙녀들의 건강 가이드』에서는 겨울 동안 남자아이들에게는 모직 바지, 반코트, 스웨터를 입혔던 반면, 여자아이들에게는 어깨에서 우아하게 흘러내리는 실크 드레스를 입혀 팔이 노출된 상태였다고 지적했다. 이 책의 저자는 많은 여자아이가 디프테리아와 폐렴으로 사망했다고 한탄했다.

1990년대에 나온 십대가 주독자층인 잡지를 보면 여자아이들이 어떤 외모지상주의 훈련을 받았는지 잘 알 수 있다. 언젠가 내 딸아이 새러가 아팠을 때 아이에게 가벼운 읽을거리를 사줘야지 싶었다. 약국에서 항생제를 타면서 거기 놓인 잡지를 대충 훑어보았다. 잡지 속 모델은 모두 키가 180센티미터는 돼 보였고, 거식증 환자 같았다. 잡지는 화장, 패션, 몸무게에 주안점을 두고 있었다. 남자아이들의 관심을 끌 만한 외모를 가지려면 돈을 쓰고 다이어트를 하고 운동을 해야 한다고 여자아이들을 부추겼다. 그 잡지들을 보면 남자아이들의 관심을 끄는 게 인생의 유일한 목적 같았는데, 거기에 커리어, 취미, 정치 혹은 학문적 추구에 관한 기사는 단 한 줄도 없었기 때문이다. 어떤 기사를 읽어봐도 "기분이 좋아지는 일이나 훌륭한 사람이 되는 일은 신경쓸 필요가 없어. 멋진 외모를 가지는 일만 걱정하면 돼"라는 메시지만 설파했다.

남성들이 대부분의 정치적, 경제적 권력을 독점한 '여성혐오 문화' 안에서 여자아이들은 성인이 된다. 여자아이들은 본질적으로 남성의 삶을 기록한 서구 문명의 역사를 공부한다. 오스트레일리아의 학자 데일 스펜더가 말했듯이 "여성들이 거둔 성취는 유실물 보관소에 처박혀 있다". 서구 문명을 공부하면서 여자아이들은 점차 역사가 '남성의 역사'라는 사실을 깨닫는다. 역사History는 '그의His 이야기Story' 즉 '남자 인간Mankind'의 이야기다.

H. G. 웰스의 『세계사 대계』와 윈스턴 처칠의 『서구 세계의 역사』를 읽으면서 이 사실을 깨달았다. 두 책 모두 전쟁과 부의 배분에 대한 역사를 중요하게 다룬다. 여성의 삶은 그것이 남성의 삶에 영향을 미칠 때를 제외하고는 무시되었다. 내 딸 새러 또한 고등학생 때 역사 교과서를 읽으며 나와 똑같은 사실을 간파했다. "너무 지루해요.

왕과 장군이 떼로 나와서 서로 싸우기만 해요. 여자들과 아이들은 그때 뭘 하고 있었을까요?"

여자아이들은 모든 미국인이 아니라 재산을 소유한 백인 남성에게만 투표권을 주었던 헌법이, 그리고 아직 남녀평등 헌법 수정안이 통과되지 않은 헌법이 존재하는 문화로 진입한다. 또한 역사적 기록물이 남성의 권리만을 선언하는 문화로 진입한다. 여성들은 오랫동안 침묵을 강요받았고 이러한 침묵시키기는 현재까지도 계속된다.

1990년대 여자아이들은 중학교에 입학하면 자신에게 힘이 부족하다는 사실을 인식했다. 하지만 대개 그걸 정확히 말로 표현하지는 못했다. 이들은 대부분의 국회의원, 교장, 은행가, 회사 중역이 남성이라는 사실을 알았다. 유명한 작가, 음악가, 예술가도 대부분 남성이라는 사실을 알아챘다. 하지만 이들은 정치적인 주제에 초점을 맞추지 않았다. 이들은 개인적인 부분에 불만을 가졌다.

여자아이들이 젠더와 권력 이슈에 관해 어떻게 반응하느냐는 이들에게 어떻게 질문하느냐에 따라 달랐다. 심리 치료 내담자들에게 페미니스트라고 생각하느냐고 물으면 대부분은 아니라고 답했다. 이들은 '페미니즘'을 '코뮤니즘'이나 '파시즘'처럼 부정적인 단어로 인식했다. 그렇지만 남성과 여성이 동등한 권리를 가져야 한다고 믿느냐고 묻자 그렇다고 답했다. 학교에 성차별이 존재하느냐고 물으면 대부분 아니라고 답했다. 그렇지만 학교에서 성희롱을 당한 적이 있느냐고 묻자 그렇다면서 경험담을 들려주었다. 학교에서 사용하는 교재 대부분을 누가 썼느냐고 물으면 남성이라고 답했다. 남성과 여성 중에 누가 더 장관이 될 가능성이 높으냐고 물으면 남성이라고 답했다.

　청소년 내담자들에게 성차별의 사례를 찾아보라고 과제를 내줬다. 한 여자아이는 콜로라도주에 있는 산 중 남성의 이름을 딴 산은 이름이 아니라 성을 따서 명명했음을 발견했다. 그 여자아이는 지도를 가져와서 애덤스산, 오듀본산, 배브콕봉, 에드워즈산, 가필드산, 힐리어드봉, 스네펠스산 등을 짚었다. 반면, 여성의 이름을 딴 몇 안 되는 자연 지물은 성이 아니라 이름만 따왔다. 앨리스산, 에마산, 에바산, 에말린호수, 아그네스호수, 매기협곡, 플로라산 등처럼 말이다.

　여성혐오 성향을 가진 작가의 책을 읽으며 불편했던 적이 있다. 톨스토이를 사랑했지만, 『크로이처 소나타』를 읽으면서 그가 여성을 몹시 싫어한다는 걸 깨달았다. 나중에 쇼펜하우어, 헨리 밀러, 노먼 메일러의 작품을 읽으면서도 똑같은 경험을 했다. 새러는 철학 수업 시간에 아리스토텔레스의 글을 읽었는데 어느 날 밤 그중 한 부분을 크게 읽어주며 말했다. "이 남자는 여성을 존중하지 않네요." 역사상 가장 뛰어난 현자가 여성을 혐오한다는 사실을 새러가 어떻게 받아들였을지 궁금했다.

　여자아이들에게 더 많은 여성 작가를 알려주는 일도 매우 중요하다. 하지만 그것만큼이나 미디어에서 여성을 묘사하는 방식을 바꾸는 일도 중요하다. 1990년대에 톨스토이를 읽는 여자아이는 그리 많지 않았지만, TV는 거의 모든 여자아이가 봤다. 화면에서는 옷을 반쯤 벗은 머리가 빈 여성이 옷을 차려입고 두뇌 회전이 빠른 남성이 구해주기만을 기다리는 식으로 등장할 때가 많았다. 많은 내담자에게 여성이 TV에서 어떻게 묘사되는지 자세히 살펴보라고 했다. 그리

고 그 관찰 결과를 두고 이야기를 나눴다. "이런 걸 보면 여성의 역할
이 어때야 하는 것 같니?"

"남성은 제품을 보증하는 의사나 과학자로 나와요." 케이엔이 지
적했다. "하지만 여성은 여성과 직접적으로 관련 없는 타이어, 트랙
터, 술, 총 같은 제품을 판매하죠."

케이엔은 늙거나 뚱뚱하거나 매력적이지 않은 여성은 절대 TV에
등장하지 않는다는 사실도 알아챘다. 만약 여성이 의사나 학자로 등
장해도 『플레이보이』 속 바니걸처럼 보인다고도 했다. 많은 영화 플
롯에서 여성은 남성에게 강간당하고, 구타당하고, 추격당하고, 위협
당하는 모습으로 그려졌다. 섹스 장면에는 무서운 음악이 흐를 때가
많고 폭력적인 장면에는 성적인 음악이 나올 때가 많았다. 섹스와 폭
력이 뒤섞이도록 말이다.

또다른 내담자는 비키니를 입은 스웨덴계 여성들이 맥주를 마시는
남성의 성적 갈망을 채워주기 위해 낙하산을 타고 해변으로 하강하는
올드밀워키 맥주 광고를 몹시 싫어했다. "여성을 값비싼 장난감처럼,
최고의 오락거리처럼 그리잖아요"라고 했다. 또한 향수 광고도 가져
왔다. 로열코펜하겐 광고에는 반나체인 여성이 남성에게 키스하는 장
면이 나왔다. 광고 문구는 다음과 같았다. "가장 야생적인 일 중 일부
는 갑판 아래에서 벌어진다." 술 광고도 보여주었는데, 몸에 달라붙는
짧은 치마를 입은 한 여성이 남성의 무릎 위에 앉아 열정적으로 포옹
중이었다. "이 술을 사면 섹스할 거라고 말하는 것 같아요."

한 내담자는 당황스럽게도 상담실 대기실에 놓인 잡지를 가져왔
다. 예술과 과학 기사가 주로 담긴 동문회 잡지였다. 서른다섯 쪽짜

리 고급 잡지에는 사진 마흔다섯 장이 실려 있었는데 그중 마흔네 장에 남성만 등장했다. 여성은 발레 수업에 관한 기사가 실린, 잡지의 마지막 페이지에 딱 한 번 나왔다. 한 남자 교사가 발레복을 입은 어린 소녀와 포즈를 취한 사진이었다.

아이러니하게도, 똑똑하고 예민한 여자아이들이 문제에 빠질 위험성이 가장 높다. 이들은 자신을 둘러싼 미디어의 암시를 잘 이해하고 불안해할 가능성이 크다. 여성에 대한 우리 문화의 이중성을 알아채는 정신적 능력을 갖췄지만, 이러한 정보에 대처할 만한 인지적, 정서적, 사회적 기술은 아직 발달되지 않았다. 자신이 해독할 수 없는 복잡하고 모순적인 자료 때문에 이들은 마비되곤 한다. 또한 해결할 수 없는 것을 해결하려고, 불합리한 것을 이해하려고 애쓴다. 청소년기 경험을 완전히 이해하려는 이러한 시도에 똑똑한 여자아이들은 압도당한다.

똑똑한 여자아이들은 자기보다 이러한 모순을 덜 알아채거나 아예 정보를 차단하는 식으로 모든 복잡성에 대처중인 또래 친구들보다 종종 더 취약해 보인다. 나중에는 적응을 더 잘하고 고유성을 더 발휘할지도 모르지만, 당장 청소년기 초기에는 곤경에 처해 어쩔 줄 몰라 한다.

여자아이들은 진짜 자아를 버리라는 문화적 압박에 일반적으로 네 가지 반응을 보인다. 순응하거나, 물러서거나, 우울해하거나, 분노하거나. 우울해하거나 분노하는 것은 원인을 어디에서 찾느냐에 따라 달라진다. 자기 자신을 탓하는 아이들은 우울해하고, 다른 사람을 탓하는 아이들은 분노한다. 부모를 탓할 때도 많다. 물론 대부분은 이

네 가지 일반적 방식이 뒤섞인 반응을 보인다.

여성성에 대한 문화적 규정을 완전히 수용하고 그러한 압박에 순응하면 진짜 자아는 죽는다. 이렇게 행동하는 여자아이들은 적절한 헤어스타일과 미소를 갖춘 '바비 인형'처럼 보이지만 내면은 끔찍하게 죽어 있다. 그런 아이들을 보면 "포기하지 마, 맞서 싸워!" 하고 소리쳐주고 싶다. 순응하려 애쓰는 여자아이들은 정도를 지나치는 경우가 많다. 가령, 거식증에 걸린 소녀들은 날씬하고, 여성스럽고, 완벽해지려고 지나치게 노력한 경우다. 이들은 마른 몸을 가진, 눈부시게 빛나는 포장물이지만 겉은 포장지에 정성스럽게 싸여 있어도 속은 완전히 뒤죽박죽이다.

여자아이들은 자기 인간성을 희생해서 여성스러워지도록 오랫동안 훈련받아왔다. 여자아이들은 외모를 기준으로 평가받는데다가 수많은 딜레마와도 맞닥뜨린다. '성취해라. 하지만 너무 많이는 안 된다.' '예의바른 사람이 되어라. 하지만 자존심을 잃어서는 안 된다.' '우리의 문화 유산을 의식해라. 하지만 성차별은 언급하지 마라.' 이러한 훈련을 가짜 자아 훈련이라고 달리 이름 붙일 수 있을 것이다. 여자아이들은 본인이 되고자 하는 모습이 아니라 문화가 젊은 여성들에게 원하는 모습이 되도록 교육받는다.

미국 문화는 여자아이를 파괴한다. 모든 곳에서 여자아이들에게 진짜 자아를 희생하라고 부추긴다. 부모들은 이들을 보호하기 위해 맞서 싸울지 모르지만, 그 영향력에는 한계가 있다. 많은 여자아이가 진짜 자아와 접촉이 끊긴다. 그렇게 되면 자기 목적을 위해 소녀들을 호시탐탐 노리는 어떤 문화에 대단히 취약해질 수밖에 없다.

앨리스 밀러는 "우리를 아프게 만드는 것은 우리 눈에 보이지 않는다"라고 말했다. 여자아이들의 성장과 발달에 우리 문화가 어떤 영향을 미치는지 깊이 탐색해야 한다. 여자아이들은 스스로의 의식을 높임으로써 자신을 도울 수 있다. 일단 자기 삶에 문화가 어떤 영향을 미치는지 이해하면, 거기에 강력히 맞설 수 있다. 여자아이들은 스스로 중요한 선택을 내려야 하고 그에 대한 궁극적 책임은 자기 몫이라는 사실을 배울 것이다. 똑똑한 저항만이 진짜 자아를 지킬 수 있다.

오늘날, 청소년기 여자아이들을 둘러싼 문화는 1994년도와 완전히 다르면서도 정확히 똑같은 것처럼 보인다. 여자아이들은 사춘기에 수반되는 온갖 발달단계상의 도전 과제와 여전히 씨름한다. 케이엔처럼 어려움을 겪는 여자아이들이 여전히 존재하지만 그 비율은 훨씬 줄어들었다. 십대 임신, 약물 복용과 음주, 범법 행위 같은 문제는 점점 줄어든다. 우리는 인터뷰나 포커스 그룹을 통해 많은 청소년기 여자아이가 저녁에 슬쩍 집을 빠져나가 맥주 파티에 가기보다는 부모와 함께 외식을 하거나 영화를 볼 가능성이 더 높아졌음을 발견했다. 가장 뚜렷한 변화를 하나 꼽자면, 1994년에는 여자아이에게 가하는 가장 큰 처벌이 외출 금지였으나 요즘에는 아이의 스마트폰을 압수한다.

여자다움과 관련된 규칙은 1990년대 이후로 상당히 느슨해졌다. 여자아이들은 한때 사내아이 같다고 취급되던 방식으로 옷을 입거나 행동할 수 있다. 가정에서도 학교에서도 어른들은 할 수 있는 일을 뭐든 다 하라고 여자아이들을 격려한다. 그렇지만 유리 천장, 그리고 분노를 드러내는 여성에 대한 가혹한 비난을 포함하여 많은 제약이 여전히 존재한다. 힐러리 클린턴, 린디 웨스트, 세리나 윌리엄스 같은 강한 여성은 남성과 다르게 취급받고, 자신만만한 성격 때문에 악마처럼 묘사된다.

대부분의 여자아이들은 패션 정보를 얻고자 잡지보다는 영상매체를 살피지만 아름다움에 대한 기준은 여전하다. 어떤 패션, 영화, 음악이 유행하느냐는 달라졌다. 토리 에이머스의 자리에는 로드가, 한때 마돈나의 것이었던 왕좌에는 비욘세가 앉아 있지만 여자아이들에게 전달되는 문화적 메시지는 그대로다. '섹시해져라, 하지만 난잡해서는 안 된다.' '무슨 수를 써서든 매력적인 모습이 되어라.' '다른 사람들의 기대에 맞춰 존재하고 행동해라.' 오히려 지난 20년 동안 진짜 자아와 가짜 자아 사이의 격차는 더 벌어졌다.

이러한 현상이 나타나는 이유는 간단하다. 여자아이들은 많은 시간을 온라인에서 보낸다. 그리고 온라인에서는 현실과 놀라울 정도로 다른 모습이다. 온라인 세계는 조작된 셀카 사진과 동영상, 만들어진 페르소나, 항상 긍정적인 성격, 부각된 성적 특색 등 가식으로 차 있다. 온라인상에서의 보여주기식 문화는 완벽한 가짜 자아를 홍보하도록 여자아이들을 밀어붙인다. 그러는 동안 진짜 자아는 잘해야 숨겨지거나 최악의 경우에는 발달조차 하지 않는다.

우리 포커스 그룹에서 많은 여자아이가 소셜미디어의 문제점을 정확히 지적했지만, 그러면서도 소셜미디어 없이는 못 산다고 말했다.

"어린 시절에는 어떤 일을 할 때 그게 남한테 어떻게 보일지 의식하지 않아요." 애스펀이 말했다. "하지만 온라인 세상에 들어간 후에는…… 조심해야 하죠."

"포스팅이나 셀카 사진은 모두 자기를 광고하는 거예요." 조던이 덧붙였다. "예쁘다는 말을 들으면 흐뭇하죠. 하지만 사람들이 온라인 보여주기에 어떻게 반응하느냐에 따라 제 자존감이 왔다갔다해요."

"맞아요." 애스펀이 동의했다. "친구가 저보다 인스타그램 팔로워가 많으면 자신감이 바닥까지 떨어져요."

"건강, 운동, 패션에 관한 게시물을 보긴 하지만 뭐가 진짜인지 모르겠어요." 켄딜이 말했다. "이 운동 기구가 정말로 효과적일까? 저 모델은 원래 저렇게 글래머일까 아니면 컴퓨터로 만든 이미지일까? 그다음엔 포모증후군이 전면에 등장하죠."

소파에서 켄딜 옆자리에 앉아 스트레칭하던 이지가 극적인 자세로 양손을 공중으로 뻗었다. "하느님 맙소사, 포모증후군 때문에 정말 힘들어요! 온라인에 접속해 있지 않으면 제가 뭔가를 놓치는 것만 같아요. 하지만 가끔은 제가 현실에서 뭔가를 놓치는 게 아닐까 싶어요."

이지가 말을 이었다. "온라인에서 저녁시간을 보내다가 잠자리에 들면 하루가 불만족스러워요. '온종일 뭐했지?' 속으로 생각하다가 잠들고는 다음날 일어나면 똑같은 짓을 반복하죠."

"저는 인스타그램에서 유명인을 팔로우해요." 제이다가 말했다. "거기 올라오는 게시물을 보면 세계관이 왜곡되는 것 같아요. 저만 빼고 다들 부유하고 유명해 보여요."

아말리아가 한숨을 쉬더니 덧붙였다. "인터넷에는 저를 위한 진짜 대답이 없는 것 같아요. 어떤 대통령이 몇 년도에 태어났는지 어떤 레스토랑이 영업중인지는 알 수 있어요. 하지만 제가 어떻게 느끼는지, 저한테 뭐가 필요한지, 제가 누구인지는 나오지 않아요. 소셜미디어 사이트는 게시자를 위한 거지 보는 사람을 위한 게 아니에요. 게시자는 자메이카나 하와이에 있는 자기 사진을 올리면서 기분좋을지 모르지만, 그런 사진을 본다고 우리가 행복해지지는 않잖아요."

"페이스북 때문에 기분을 잡쳐요." 켄딜이 말했다.

"페이스북 때문에 스트레스를 받아요." 올리비아가 맞장구쳤다. 그 자리에 있던 모든 여자아이가 고개를 끄덕이며 동의했다.

소셜미디어는 여자아이들에게 완벽한 몸매를 가진 행복하고 인기 많은 여자아이들의 사진을 퍼부으면서 여자아이들이 잠재적인 자기 혐오와 부정적인 혼잣말에 휩쓸리게 만들어 여자아이들을 하루종일 가둔다. '걸파워'는 화장품과 다이어트 제품을 판매하기 위한 슬로건으로 항상 이용된다. 인기 유튜버나 유명인은 성적으로 대상화된 모습으로 포장돼 작아질 대로 작아진 영혼을 드러낸다. 온라인에 올라오는 끝없는 셀카 사진 퍼레이드를 보면서 여자아이들은 부유하고 유명하고 성적으로 매력 있는 모습을 꿈꾼다.

2007년 미국 심리학협회의 연구에 따르면, 여자아이들은 장난감부터 옷, 영화, 인터넷에 이르기까지 사실상 모든 형태의 미디어를 통해 극심하게 성적 대상화가 된다. 여자아이들은 자신만의 흥미, 목표, 개성을 가진 진짜 사람이 아니라 욕망의 대상으로서 모습을 제시받는다. 온라인 포르노물은 손쉽게 구할 뿐만 아니라 피하기가 힘들 정도다.

여자아이들이 내면의 가장 깊은 목표와 가치에 충실하면서도 중심이 잡힌 고유한 자아에 따라 행동하기는 과거에도 항상 어려웠다. 그렇지만 하루에 여섯 시간씩 온라인에서 활동하면서 여자아이들은 자신의 가장 깊은 핵심인 진짜 자아를 탐색할 기회를 잃었다.

예를 들자면, 우리는 기본적으로 두 가지 동기에 따라 움직인다. 자신의 목표와 기준을 충족했을 때 보상받았다고 느끼는 내재적 동기는 자신이 누구인지 그리고 무엇을 원하는지 잘 이해할 때 생긴다. 다른 사람의 인정과 칭찬을 기대하며 행동할 때는 외재적 동기가 작용한다. 온라인에 접속해 있을 때, 여자아이들은 계속해서 외부의 인정을 바란다. 그래서 '좋아요'와 '팔로워 수'를 좇는다. 이러한 현상 때문에 여자아이들은 눈에 보이는 화면 속 모든 것에 취약해진다.

2019년도의 많은 여자아이가 온전히 혼자 있는 시간이 전혀 없다. 이들은 옷을 입으며 등교 준비를 하면서도, 한밤중에도 친구와 문자 메시지를 주고받는다. 1960년대 여자아이들은 원한다면 어디든 자유로이 걸어가거나 자전거를 타고 나가서 대부분 혼자서 시간을 보냈다. 개인용 컴퓨터와 스마트폰이 대중화되기 전인 1994년까지만 해도 여자아이들은 일기를 쓰거나 책을 읽거나 방을 정리하거나 그림을 그리거나 그저 사색을 하면서 시간을 보냈다.

'조용한 시간'은 성찰하는 인간을 만든다. 예를 들어, 1994년에 고등학교 수영팀에 소속됐던 여자아이들은 하루에 네 시간씩 훈련했는데 그렇게 몇 년을 보내자 이중 많은 아이가 사려 깊고 성숙한 성인이 되었다. 물속에서 시간을 보내면서 자기 삶을 정리하고 인생의 심오한 질문을 곰곰이 생각해봤을 것이다. 하지만 요즘 십대들은 수영할 때조차도 무선 이어폰을 꽂고 음악이나 팟캐스트를 듣는다. 이들은 자기 목소리가 아닌 다른 사람의 목소리에 귀기울인다.

진짜 자아를 찾으려면 노력과 성찰이 필요하다. 특히 주변의 많은 측면이 급변하는 청소년기에 이러한 변화를 통합하려면 여자아이들은 혼자만의 시간을 가져야 한다. 자기성찰을 통해 더 성숙하고 회복 탄력성이 높은 인간으로 성장할 수 있다. 조용히 홀로 시간을 보내면서 활력, 고유성, 자기이해를 지닌 진짜 자아가 발달할 수 있다.

집중력이 떨어지고 충동성이 높아지면 여자아이들은 내면의 나침반을 찾고 자기 자신을 이해하기가 더 어려워진다. 셀카 사진을 올리고 거기 달린 '좋아요' 숫자에만 계속 연연한다면 자기만의 고유한 진짜 가치를 찾기 힘들 것이다.

부모들은 다양한 방식으로 딸의 진짜 자아 탐색을 도울 수 있다. 어떤 가족은 모두가 일기를 써서 가끔 서로 바꿔 읽는다. 어떤 모녀는 몇 시간이라도 온전히 함께 보내기 위해서 한 달에 한 번 저녁 외식을 한다. 뉴욕에 사는 라시다와 그녀의 딸은 허드슨강이 내려다보이는 고즈넉한 중세미술박물관 클로이스터스를 사랑한다. 일정이 빡빡해도 이들 모녀는 최대한 자주 지하철을 타고 북쪽으로 가서 아름다운 환경 속에서 몇 시간 동안 자기성찰을 하고 대화를 나눈다. 부모들은 이러한 활동을 딸의 삶에 심어줄 수 있다. 또한 딸이 청소년기 초기를 헤쳐나가게끔 책, 블로그, 잡지를 소개해줄 수 있다. 딸에게 무엇을 즐기는지, 무엇에 가치를 두는지 얘기해달라고 요청하고 진심으로 경청하는 일이 무엇보다도 중요하다.

청소년기에는 정체성이 형성된다. 이는 절대로 만만한 과정이 아니다. 정체성은 자기 자신을 성찰하면서, 우주 안에서 자기 자리에 관해 친구들과 깊은 대화를 나누면서 형성된다. 또한 가족과 공동체라는 맥락에서 자신을 바라보게 돕는 조부모, 사촌, 삼촌, 이모와 시간을 함께하며 형성된다.

오늘날 청소년기 여자아이들은 자유와 인내에 중점을 두면서도 아이러니하게도 전자기기에 포로로 잡혀서 끊임없이 확인받고자 하는 욕구에 갇혀 있다. 진짜 자아를 탐색하는 대신 인스타그램 팔로워를 일군다.

진정한 자유를 얻으려면 자신을 잘 이해하고, 자기 목적을 확고히 갖고, 어떤 행동을 할지 신중히 선택해야 한다. 소셜미디어 시대에 이런 식의 진정한 자유는 찾기 힘들다. 제이다의 말처럼 말이다. "제 미래를 결정할 힘이 제게 있었지만 뭘 원하는지 결정하는 법을 몰랐어요."

다행히 일부 여자아이들은 가상세계에서 눈을 돌려서 자기만의 정체성을 탐색한다. 이들은 진짜 자아를 발견하고 그 자아와 연결을 유지함으로써 다른 여자아이들에게 본을 보인다.

"저는 텀블러에 중독돼 있었어요. 그것 때문에 우울증이 영구화됐다는 사실을 한참 후에야 깨달았죠." 에밀리가 설명했다. "거기 있는 모든 사람은 너무 멋지고 완벽해요. 저는 절대 경쟁 상대가 안 됐죠. 그런데 어느 날, 같이 생물학 수업을 듣는 한 여자아이가 '그냥 소셜미디어를 끊으면 어때?'라더라고요. 믿기 힘드시겠지만, 그때까지는 그럴 수 있다고 한 번도 생각을 못했어요!"

에밀리는 소셜미디어를 갑자기 확 끊지는 않았다. 하지만 소셜미디어 사용 시간을 하루에 30분으로 제한했다. 매일 저녁식사 시간 직전에 인스타그램을 잠깐 보고서 바로 스마트폰을 끄기 때문에 문자 메시지에 일일이 답할 수가 없다고, 자신이 반응하지 않더라도 개인적인 감정 때문은 아니라고 친구들에게 알렸다. 에밀리는 친구들에게 지지를 요청했고 친구들은 그렇게 해주었다. 1년 후, 에밀리는 온라인에서 보내는 시간을 제한해서 천만다행이라고 생각했다. 에밀리는 더 차분해졌다고 느꼈고 운명을 더 잘 통제한다고 느꼈다.

"작년에 소설 서른일곱 권을 읽었어요. 일주일에 한 번 저녁에 고모할머니께 전화도 걸었고요." 에밀리는 포커스 그룹 내 다른 사람들에게 자랑스럽게 말했다. "기말고사가 끝나면 취직을 할까 싶어요."

에밀리는 진짜 자아와 연결된 강한 여자아이였다. 소셜미디어의 끊임없는 공격으로부터 자신을 보호했다. 그리고 그렇게 함으로써 자신이 진짜 어떠한 사람인지 더 잘 이해하게 됐으며 이로써 속도를 늦추고, 생각을 깊이 하고, 결정을 점검할 수 있었다. 에밀리는 연구 과정에서 만난 매우 행복하고 성숙한 여자아이 중 하나였다.

물론, 여자아이들에게 소셜미디어만 문제는 아니다. 우리 문화에는 성차별주의와 여성혐오주의가 아직도 만연하며 여자아이들은 이를 잘 안다.

"남자아이들은 물론이고 여자아이들조차 우울함, 과민함, 불만을 생리전증후군 탓으로 돌려요." 매디가 말했다. "정말로 짜증나요."

"학교에서 새 교장 선생님을 공개 모집했을 때, 저희 영어 선생님이 '계집애' 셋과 '남성' 한 명이 면접을 봤다고 하시더라고요." 그레이시가 덧붙였다. "누가 고용될까요? 남성일까요 여성일까요?"

남성들은 여전히 미국에서 대부분의 공권력을 쥐고 있다. 미국 내에서 여성은 영향력 있고 경쟁심 강하면서도 호감이 가는 사람으로 인식될 수 없다. 그리고 이들은 외모와 옷차림새에 관한 논평에서 절대 자유로울 수 없다.

2018년에 세계보건기구WHO와 존스홉킨스 블룸버그 공중보건대학은 미국, 벨기에, 케냐, 중국, 인도를 포함하여 전 세계 총 15개국을 조사한 결과, 이 나라들에 '여자아이는 약하고 남자아이는 강하다'라는 보편적인 고정관념이 뿌리박혀 있다고 밝혔다. 연구에 따르면, 여자아이들은 이 고정관념을 열 살 이전에 내면화했다. 소녀들은 부모, 또래 친구, 교사에게 이 고정관념을 배웠는데, 이러한 뿌리깊은 신념 때문에 남성은 더 많은 자유를 누리고 여성은 더 많은 제약을 받는다. 전 세계적으로 여자아이들은 스스로가 연약한 존재이고 자신의 신체는 목표물이라는 메시지를 받는다. 여자아이들은 남자아이들을 경계해야 한다고 배우고, 남자아이들은 공격자가 되라고 배운다. 그리고 이는 자기충족적 예언이 된다.

그렇지만 모든 흐름이 암울한 것만은 아니다. 1950년대에는 집밖에서 일하는 여성이 거의 없었고 그나마도 매우 제한적인 직업만 선택 가능했다. 1994년에는 예전보다 더 많은 여성이 전문적인 역할을 맡긴 했지만, 일반적으로는 남성이 관리직을 독점했다. 오늘날은 남성보다 여성이 법학, 교육학, 의학 분야 등 다양한 분야에서 석사 학위와 박사 학위를 더 많이 받으며 여성들은 어느 정도 직업적 동등성도 성취했다. 하지만 여성들은 아직도 동일 업무에 동일 보수를 받지 못하며, 중간관리층에 갇혀 더 높이 승진하지 못한다. 또한 정계와 학계와 재계를 포함한 고소득 전문 분야를 남성들이 여전히 지배한다.

20세기를 거치면서 페미니즘은 대중 이론으로서 영고성쇠를 거듭했다. 1959년에 페미니스트라는 말은 수전 B. 앤서니와 엘리자베스 캐디 스탠턴 같은 오래전 여성 참정권 운동가를 뜻했다. 그렇지만 1960년대 후반에 들어서자 글로리아 스타이넘, 벨 훅스, 수전 그리핀 같은 대변인과 함께 현대 페미니즘이 활짝 꽃폈다. 그리고 1978년까지 네브래스카대에 여성학, 여성 심리학, 성역할과 젠더 강좌가 개설되었다. 여성들은 페미니스트가 되는 것을 자랑스러워했고 여성의 역할과 남성의 역할 모두를 변화시키는 데 적극적으로 나섰다.

하지만 1994년에는 누군가를 페미니스트라고 부르는 일이 그리 달갑지 않았다. 보수주의자 러시 림보와 그의 무리 덕분에 1990년대는 '페미나치'의 시대가 되었다. 우리 문화는 수십 년 동안 페미니스트란 남성을 증오하고, 못생기고, 공격적인 여성이라고 묘사했다. 누가 이런 식으로 정형화된 그룹에 끼고 싶겠는가?

2018년에 비영리단체 젠포워드가 실시한 조사에 따르면, 요즘 청소년기 여자아이 중 22퍼센트가 자신을 페미니스트라고 여기고, 대다수의 여자아이가 어떤 면에서는 자신이 페미니스트라고 밝혔다. 미국의 제45대 대통령 도널드 트럼프의 취임 직후 열린 '여성들의 행진'은 다른 여성들과의 연대감을 다시 활성화했다. 대부분의 여자아이가 성희롱 그리고 엄격한 성역할 구분에 단호하게 반대한다. '미투운동'은 여성들과 여자아이들이 성희롱을 당하거나 성폭행을 당한 여성을 지지하고 보호하도록 고무했다.

요즘에는 대부분의 부모가 강하고 용감한 여성이 되고자 하는 딸의 노력을 지지한다. 이들은 오늘날 아이들이 직면하는 문제를 잘 인식하며 1994년과 비교했을 때 자기 딸에게 더 큰 영향을 미치기도 한다. 트럼프 대통령의 취임 시기에 열렸던 '여성들의 행진'을 보면 가족 단위로 참여한 경우도 많았다. 인종, 지리적 위치, 사회경제적 지위에 상관없이 어머니들과 아버지들은 자기 딸이 진짜 자아를 찾아 이를 자랑스러워하도록 돕는다.

3장
발달단계상의 고려사항

잃어버린 유년기를 찾아서 _ 샬럿(15)

빗물이 상담실 창문을 두들기며 홈통을 따라 흘러내리던 날, 롭과 수는 지친 얼굴로 딸에 관해 이야기했다. 샬럿은 열다섯 살이지만 진하게 화장하고 몸에 달라붙는 원피스를 입어서인지 훨씬 나이들어 보였다. 샬럿의 표정은 딱딱하게 굳어 있었는데, 그 누구의 얼굴에서도, 특히 그렇게 어린 누군가의 얼굴에서는 더 보고 싶지 않은 표정이었다.

수는 샬럿이 세 살 때 자신이 이혼해서 문제가 생겼다고 생각했다. 샬럿은 폭력적인 알코올중독자였던 아버지는 그리워하지 않았지만 이혼하자마자 퀵숍에서 온종일 일하게 된 어머니 수를 그리워했다. 수는 니코틴 때문에 얼룩진 손가락을 내려다보며 말했다. "이혼한 후에 모든 게 부족해졌어요. 시간도, 돈도, 인내심도요. 그게 애한테 상처가 된 것 같아요."

수가 말하는 동안 샬럿은 입을 일자로 꾹 다문 채 미동도 않고 앉아 있었다. 롭이 주제를 전환했다. "수와 저는 싱글 모임에서 처음 만났고 열 달 동안 사귀었습니다. 얘가 여덟 살 때 결혼했죠. 저희 결혼식 때 얘가 화동이었어요. 정말 귀여웠죠."

"중학교에 입학하기 전까지는 괜찮았어요. 하지만 그후론 모든 일이 급속히 잘못됐죠." 수가 말했다. "얘는 무례해졌어요. 담배를 피우고 야한 옷을 입었죠. 밤이면 집을 몰래 빠져나가 나이 많은 아이들과 술을 마셨어요."

"얘만 곤경에 처한 게 아니었어요." 롭이 말했다. "얘 친구 중에 세 명이나 아기를 낳았죠. 저희 마을은 주민이 천 명쯤 되는데 주류판매점이 세 곳이나 돼요. 아이들이 특별히 뭘 하지 않아도 곤경에 처할수밖에 없는 구조죠."

수가 덧붙였다. "저희도 그렇게 잘 보살피지는 못했어요. 롭은 식료품점 관리를 하느라 멀리 통근하고 저는 퀵숍을 일주일에 엿새 운영했거든요."

샬럿은 청소년기 여자아이가 경험할 만한 거의 모든 곤경에 처해있었다. 중학교 3학년 때 낙제를 했고, 담배를 피웠고, 위스키를 마셨고, 대마초를 피웠다. 나이가 훨씬 많은 남자친구를 사귀었다. 부모와 거의 대화하지 않았고 부모가 안전하게 보호해주려고 애쓰면 짜증내고 성질을 부렸다. 그리고 한 달 전, 부모가 마약과 알코올 검사를 제안하자 가출했다.

3주 동안 롭과 수는 샬럿이 납치나 살해를 당했을까봐 걱정했다. 수가 말했다. "전국을 돌며 히치하이크하는 딸아이가 없으시면 어떤 공포감이 드는지 절대 모르실 거예요."

그러던 어느 날, 집에 돌아가고 싶다고 샬럿이 시애틀에서 전화를 걸었다. 겁에 질린 듯한 목소리로 부모가 원하는 것은 뭐든지 하겠다고 약속했다. 그렇게 해서 그들은 내게 전화를 걸어 심리상담 예약을 잡았다.

샬럿에게 한동안 나와 함께 상담을 해보겠느냐고 묻자 샬럿은 몹시 화가 난 듯 보이려고 일부러 힘을 잔뜩 주고 어깨를 으쓱했다. 그렇지만 그후 몇 달간 여러 가지 일을 알아낼 수 있었다. 샬럿은 초등학교 때까지는 정말로 아무 문제가 없었다. 매년 여름이면 야구 경기를 했는데 갑자기 그 마을의 보험이 취소됐고, 그때부터 어린이 야구 리그가 중단되었다. 샬럿은 엄마가 일하는 퀵숍에서 탄산음료를 마시고 잡지를 읽으며 노는 것을 좋아했다. 롭이 아버지가 됐을 때는 행복했다. 롭이 샬럿을 데리고 캠핑도 가고 새 자전거도 사줬으며 롭 때문에 엄마가 웃었기 때문이었다.

하지만 청소년기가 모든 것을 바꾸어놓았다. 처음에는 일상적인 일부터 달라졌다. 여자아이들과 싸우고 남자아이들에게 놀림받았다. 가슴이 일찍 발달한 샬럿에게 남자아이들은 자기 상체를 비비고 뒤에서 와락 껴안거나 놀려대기도 했다. 또한 대부분의 반 친구들보다 통통한 편이어서 늘 체중을 걱정했다. 결국 직접 다이어트약을 사서 먹으며 빠르게 체중을 감량했다. 샬럿은 다이어트약을 먹으면 드는 가볍고 몽롱한 느낌을 즐겼다. 살을 더 많이 빼기 위해 담배에도 손을 대 퀵숍에서 버지니아슬림 담배를 훔치곤 했다.

샬럿이 담배를 피우는 게 싫었지만 부모 역시 담배를 피웠기 때문에 도덕적으로 우위에 설 수 없었다. 부모는 샬럿의 친구 문제, 끊임없는 다이어트, 즐겨 듣는 음악, 떨어지는 성적, 말투 등을 좋아하지 않았다. 집에서 대화할 때마다 점점 긴장감이 높아졌고 서로에게 크게 화를 냈다. 샬럿은 집에 있을 땐 자기 방에만 틀어박혀 있거나 최대한 집밖으로 나가려고 애썼다.

중학교 2학년 여름방학 때부터 샬럿은 '파티'를 즐겼다. 완곡하게 표현한 거지 친구들과 술에 만취하는 일이었다. 샬럿은 친구들과 마을 남쪽 강변에 가서 모닥불에 둘러앉아 동틀 무렵까지 밤새 맥주와 싸구려 와인을 마셨다. 샬럿은 내게 "술에 흠뻑 취하면 현실을 잊을 수 있었어요"라고 말했다.

한번은 롭이 샬럿을 찾으러 거기 갔는데 샬럿은 미루나무 뒤에 숨고 친구들은 샬럿이 다른 데 갔다고 거짓말을 했다. 부모는 샬럿을 찾아달라고 몇 번이나 경찰에 전화도 했다. 그후 외출을 금지했지만 샬럿은 자기 방 창문을 통해 몰래 빠져나갔다. 샬럿의 말에 따르면 마침내 부모는 "감정의 붕괴" 상태에 빠져서 모든 것을 포기하고 샬럿 마음대로 하도록 내버려두었다.

샬럿이 멜과 데이트를 할 때까지만 부모는 그렇게 포기하고 지냈다. 멜은 스물두 살이었고 맥주와 로또 복권을 살 정도만 돈을 벌었다. 멜은 잘생겼지만 지저분했고, 부모는 샬럿에게 그와 데이트해서는 안 된다고 단호하게 말했다.

안타깝게도 샬럿은 더는 부모 말을 따르지 않았다. 샬럿은 야한 옷을 입고, 순백색에 가까운 금발로 염색하고, 뭐든지 내키는 대로 했다. 남자들과 함께할 때 샬럿은 조용하고, 고분고분하고, 다른 사람을 기쁘게 해주려고 열심이었다. 정확히 멜이 원하는 유형의 여자친구였다. 부모가 거세게 반대할수록 금단의 열매는 더 달콤해졌고, 결국 이번 싸움에서도 부모가 지고 말았다.

멜에 관한 이야기를 들으며 현실적으로 상황을 인식하는 샬럿의 모습에 깜짝 놀랐다. 샬럿은 멜이 패배자라는 사실을 잘 알았으며 술과 도박에 과하게 빠진 그를 못마땅해했다. 심지어 가끔 싫증난다고 인정했다. 둘이 하는 일이라고는 DVD를 빌려 멜의 집에서 영화를 보고 술을 마시는 게 전부였다. 이따금 메기와 잉어 낚시를 했지만 샬럿 말로는 "그러한 여행은 밤새도록 야외에서 술을 마시기 위한 변명에 불과"했다.

멜은 심지어 그렇게 성욕이 강하지도 않았다. 하지만 샬럿은 멜에게 대단히 충실했다. 샬럿은 데이트한 남자 중에서 자기와 사귀고 싶어한 건 멜이 처음이라고 했다. 샬럿은 이렇게 말했다. "그는 난폭한 스타일은 아니에요."

멜은 샬럿에게 어려운 가정 상황을 털어놓았다. 알코올중독자인 아버지는 다른 주에 산다고 했다. 어렸을 때 학교에 다녀보니 아버지가 술값 때문에 집안의 모든 가구를 팔아버린 적도 있었다고 했다. 선물 없이 보냈던 크리스마스, 반 친구들이 교회에서 받아서 가져다준 음식 바구니, 자신과 놀지 말라는 얘기를 들은 아이들 등에 관해서도 기억했다.

멜 이야기를 하자 샬럿의 눈이 부드러워졌다. 샬럿은 멜을 구원하고 그를 이전보다 더 행복하게 만들어주는 게 자기 임무라고 생각했다. 지금까지는 그리 행복해 보이지 않는다고 인정했지만 언젠가는 그렇게 되리라 믿었다.

샬럿은 멜 말고 다른 사람은 신뢰하지 않았다. '그저 한 가지 생각뿐'인 고등학교 남자아이들을 증오했다. 학교에 다니는 여자아이들은 대개 속물이었다. 아기를 낳은 친구들은 그나마 괜찮았지만, 그들은 본인 문제와 씨름하느라 바빠서 샬럿 곁에 있어줄 수 없었다. 부모는 자주 싸웠고 "실제로는 상담 시간 때 모습처럼 그렇게 다정하지 않았다".

샬럿은 특히 학교와 선생님들을 몹시 싫어했다. 샬럿은 수학 교사가 의도적으로 자신에게 창피를 준다고 느꼈다. 스페인어 교사는 틈날 때마다 샬럿의 가슴을 쳐다봤다. 교과 수업 중 그 어떤 과목도 현실과 전혀 관련이 없었다. 교사에게 아부하는 아이들은 좋은 성적을 받았다. 점심 급식은 음식물 찌꺼기 수준이었다. 샬럿에게 학교생활 중에 좋아하는 게 하나라도 있느냐고 묻자 잠시 생각에 잠기더니 대답했다. "생물학을 좋아했을 것 같아요. 선생님이 그렇게 나쁜 년만 아니었다면요."

어느 날, 샬럿이 섹스 이야기를 꺼냈다. "멜을 만나기 전에는 술에 취해야 섹스를 할 수 있었어요. 안 그러면 지난 일들이 생각났거든요. 술에 취하면 괜찮았어요."

"강간당한 적이 있니?" 조심스럽게 물었다.

샬럿은 순백색에 가까운 금발 머리를 쓸어넘기며 덤덤하게 말했다. "저는 선생님이 상상조차 할 수 없는 일들을 겪었어요."

함께 조용히 앉아서 이야기를 들으니 샬럿이 평소보다 더 어리고 더 연약해 보였다. 더이상 캐묻지 않았다. 스스로 준비됐다고 느낄 때 더 자세히 이야기해주리라고 믿었기 때문이다.

샬럿은 1990년대 많은 여자아이와 똑같은 문제를 맞닥뜨리고 있었다. 어렸을 때 어머니와 이혼한 폭력적인 성향의 알코올중독자 아버지가 있었다. 오랜 세월 동안 이 가족은 빈곤했고 너무 과중한 짐을 짊어져왔다. 십대가 되고서 샬럿은 온갖 곤경에 빠졌다. 진짜 자아를 희생하고 가짜 자아를 지지하는 선택을 많이 내렸다. 샬럿의 선택은 얼굴에 잘 드러나 있었다. 너무 많은 것을 포기할 때 나오는 '뭔가 죽어 보이는 모습'이 보였다. 샬럿은 잃어버린 유년기를 보여주는 사례다. 게다가 유년기를 대체한 반짝이는 것은 진짜 금이 아니었다. 샬럿이 자기 자신을 찾는 과정에 심리 치료가 도움이 되기를 바랐다. 그 과정은 일종의 교정 작업이 되리라 생각했다.

자기 내면에 집중하는 힘_로리(12)

태어났을 때부터 나와 알고 지낸 로리는 부유하고 경쟁심 강한 학생들이 많은 것으로 유명한 큰 중학교에 입학했다. 로리가 중학교에 잘 적응하고 있는지 알아보기 위해 집을 방문했다. 새로 꾸민 로리의 방에서 만났다. 종이, 펜, 사전 등이 가지런히 놓인 새하얀 책상, 분홍색 빈백 의자, 짧게 '모'라고 부르는 애완용 게르빌루스쥐 모래스를 키우는 커다란 유리 우리가 있는 방이었다.

생기 있고 쾌활한 로리의 모습을 보고 깜짝 놀랐다. 초록색 칠부바지를 입은 로리의 짧은 갈색 곱슬머리 아래로 은색 별 모양 귀걸이가 보였다. 자기 방을 깡충깡충 뛰어다니면서 좋아하는 책, 수영팀이 받은 트로피, 모의 묘기를 보여줬다. 그 모습을 보니 다른 시대, 다른 장소에 있는 듯했다. 1950년대로 돌아가 행복한 결혼생활중인 부유한 부모 밑에서 아무 걱정도 없고 스트레스도 받지 않는 아이를 보는 기분이었다. 내 안의 냉소적인 목소리가 심술궂게 물었다. '벽장 속의 해골은 어디에 있지?' 이 가족과 20년 넘게 알고 지내지 않았더라면, 그렇게 행복해 보이는 모습에 더 의심했을 것이다.

로리는 중학교 생활에 만족했다. 초등학교 때도 좋았지만, 졸업할 무렵이 되자 초등학교가 너무 작게 느껴졌단다. 반면 중학교는 흥미진진했다. 복도는 아이들로 꽉 차 있고, 서로 다른 과목을 가르치는 선생님이 아홉 분이나 계시고, 점심시간에는 친구들로 식탁이 북적거리고, 체육관에는 수영장이 있었다.

로리는 학교 안팎에서 바빴다. 일주일 중 며칠은 저녁에 수영을 하고 춤을 췄으며 기회가 있을 때마다 노래를 부르고 연기를 했다. 이번 해에는 대학교에서 보컬 레슨도 받았다. 어머니는 갖가지 레슨, 리허설, 수영 대회에 로리를 태워다줄 수 있는 전업주부였다. 아버지는 이러한 활동을 하는 데 드는 비용을 댈 능력을 갖춘 변호사였는데 로리가 대회에 나가거나 연극을 할 때마다 꼭 응원하러 왔다.

여동생 리사도 수영을 하고 춤을 췄다. 로리가 사교적이고 명랑하다면 리사는 더 조용하고 내향적이었다. 리사가 몸을 웅크리고서 책을 읽거나 거실에서 피아노를 치는 동안, 로리는 몇 시간이고 친구와 전화 통화를 했다. 로리는 옛친구 대부분과 연락하며 지냈고 중학교에서도 새로운 친구를 많이 사귀었다. 로리가 말했다. "저는 충분히 인기가 많아요. 하지만 진짜 엄청나게 인기가 많아지려면 모델처럼 생기고 비싼 옷을 입어야 해요."

로리는 다른 사람들이 자신을 독립적이고 재미있는 아이로 안다고 말했다. "저는 제가 어떤 사람인지 알아요. 다른 사람과 항상 똑같이 생각하지는 않거든요." 외모에 관해 느긋해한다는 점도 특이했다. 대부분의 친구들이 등교 준비를 하려고 새벽같이 일어나는 것과 달리, 로리는 출발 시간 10분 전에 일어나서 눈에 띄는 대로 아무 옷이나 걸쳤다. 원하는 건 무엇이든 먹고 몸무게 걱정도 하지 않았다. "많은 친구들이 외모에 관해서 저처럼 초연하면 좋겠다고 말해요."

술과 약물에 관해 물었다.

"멍청한 짓이라고 생각해요. 절대 안 할 거예요."

"파티에 갔는데 강권하면 어떻게 할 거니?"

"그럼 '너는 네가 원하는 걸 해. 나는 내가 원하는 걸 할 테니까' 이럴래요." 로리가 웃으며 말했다. "그러고선 파티장을 떠날 거예요."

로리는 일부 아이들이 술을 마신다는 사실을 알았지만, 친한 친구 중에는 그러는 아이가 없었다. 성희롱에 관해 묻자 로리는 머리를 긁적거렸다. "어떤 친구들은 성희롱을 당했어요. 하지만 저는 그런 적이 없어요. 저는 누굴 피해야 하는지 알아요. 그래서 일부러 어떤 복도는 절대로 지나가지 않죠."

우리는 데이트에 관해 이야기를 나누었다. 로리가 신중하게 고민 중인 주제였다. 로리는 고등학생이 될 때까지는 데이트할 생각이 없고, 고등학생이 된대도 진지하게 이성과 사귀고 싶지는 않다고 했다. 로리는 섹스에 결혼이 수반된다고 생각했다. 로리에게 십대의 섹스를 일상처럼 묘사하는 노래나 TV쇼를 보면 어떠냐고 물었다.

"그런 건 바로 꺼버려요. TV도 별로 보지 않고요. 그런 음악을 들을 때면 일부러 가사를 흘려들어요."

로리에게 "너를 불편하게 만드는 것을 차단한다는 말 같구나"라고 하자 로리는 이에 동의했다. "모든 걸 차단하는 건 아네요. 제가 바꿀 수 없는 것도 있고요."

춤 이야기를 꺼내자 로리의 얼굴이 밝아졌다. 최근 상급반으로 월반했다며 자랑스러워했다. 로리는 수영 역시 좋아했고 이런 모든 활동이 스트레스 관리에 효과적이라고 믿었다.

로리는 부모님 때문에 당황스러울 때도 있지만 부모님을 사랑한다고 말했다. 아빠는 너무 말랐고 엄마는 지나치게 다정하게 군다고 했다. 최근 들어 엄마가 자기 신경을 건드린다고 말하면서 예전보다 사생활을 더 보장받고 싶다고 했다. 하지만 여전히 콜라, 사과, 팝콘을 먹으며 카드놀이를 하거나 영화 관람을 하며 가족끼리 보내는 일요일 밤을 좋아했다.

로리에게 진로에 관해 물었다. 춤추는 게 좋았지만 현실적인 직업은 아니라고 생각했다. 로리는 자기 글솜씨를 자랑스러워했고 언론계에서 일하고 싶다고 밝혔다. 이미 학교 신문에 기사를 발표한 적도 있고 학급 과제 때문에 기자를 인터뷰한 적도 있었다.

이야기를 마치고 나자 로리는 나를 현관까지 배웅해주었다. 로리의 별 모양 귀걸이가 반짝거렸다. 떠날 때 보니 동생 리사는 신형 그랜드피아노 앞에서 연습중이었다. 어머니는 리사 옆에 앉아서 클레멘티 소나티나 악보를 넘겨주고, 아버지는 그 근처에 앉아서 신문을 읽고 있었다.

차를 몰고 집으로 돌아오면서 로리를 생각했다. 로리는 진짜 자아를 기적적일 정도로 잘 지키고 있었다. 사교적이었지만 지나치게 인기에 집착하지는 않았다. 멘토를 구하기보다 친구들과 어울리기를 선택했지만, 아직까지는 전 과목 A학점이었다. 또한 노래하기, 춤추기, 수영하기, 연기하기 같은 사춘기 이전의 관심사를 모두 그대로 유지했다. 자기 외모에 느긋했고 몸무게를 신경쓰지 않았다. 부모 때문에 약간 당황하기도 했지만 여전히 부모를 사랑하고 그들과 함께하는 시간을 즐겼다.

로리는 독립적이고 재미있는 아이였다. 로리는 섹스, 약물, 술에 대해 의식적인 선택을 내렸다. 사실 모든 것을 의식적으로 선택했다고 볼 수도 있다. 자기 내면을 들여다보며 지침과 대답을 구했다. 또한 스스로 통제할 수 있는 것과 통제할 수 없는 것으로 경험을 분류했고, 자기통제를 벗어나는 요소를 차단할 줄도 알았다. 로리는 자신이 어떠한 사람인지 잘 알았고, 미래를 향한 방향감각도 갖췄다. 언론계에서 일하겠다는 생각이 언젠가 바뀌더라도 뚜렷한 목표를 가졌다는 사실로 보건대 이 아이는 오늘만 위해 살지 않았다.

매우 다재다능하고 정신적으로 건강한 로리를 어떻게 설명해야 할지 고심하다가 결국 로리가 놀라울 정도로 운이 좋다는 결론에 다다랐다. 로리는 쾌활하고 활기 넘치는 성격을 타고났다. 예쁘고, 똑똑하고, 음악적 재능과 체육적 재능을 갖췄다. 부모는 로리를 사랑하고 보호했지만, 과잉보호하거나 이것저것 요구하지는 않았다. 안정적인 가정을 꾸린 안전하고 부유한 이웃에 둘러싸여 살았기에 폭행을 당하거나 트라우마를 입을 만한 일을 피할 수 있었다.

앞으로 몇 년 사이에 로리는 예상한 것보다 더 많은 문제를 겪을지도 모른다. 고등학교에서의 사회환경은 중학교보다 더 힘들지도 모르고, 감정 기복이 심해질지도 모르며, 가족과 보내는 저녁식사 시간을 바보 같다고 여길 때가 올지도 모른다. 로리는 청소년기 여자아이들이 분투하는 시기에 이제 막 발을 내디뎠다. 그렇지만 대다수의 여자아이들보다 진짜 자아를 지켜낼 가능성이 훨씬 높다. 로리는 내면에 집중하는 힘이 강하기 때문이다. 로리에게 마법 망토를 씌워서 안전하게 보호하면 얼마나 좋을까 싶었다. 네타 길레스피라는 어머니가 자기 아이에 관해 쓴 시의 마지막 구절이 떠올랐다. "나는 너를 세상에 내던진다. 그리고 기도한다."

원예사인 내 친구 말에 따르면, 숲이 들판과 만나는, 사막이 산과 만나는, 강이 초원을 가로지르는 경계 지역의 환경이 가장 풍요롭고 다채롭다. 청소년기는 성인기와 아동기의 경계다. 그렇기 때문에 청소년기는 삶의 다른 단계와 비교할 수 없을 정도로 풍요롭고 다채롭다. 청소년기 여자아이들의 복잡성과 격렬함을 함락하기란 불가능하다. 패션모델이나 기업 변호사 중에서 돈을 더 많이 버는 일을 하고 싶다는 열두 살짜리 내담자가 생각난다. 또다른 베트남계 여자아이는 의과대학에 가고 싶다고 수줍게 말했다. 내가 학교에 차로 태워다줄 때마다 새러는 〈아가씨와 건달들〉에 나오는 노래를 고래고래 불렀다. 부모가 운영하는 식료품점에서 일하는 한 소녀의 어색한 움직임과 풀죽은 눈빛도 떠오른다. 안타를 하나도 허용하지 않고 경기를 마친 후 자신만만하게 그라운드를 내려오는 이웃집 여자아이의 모습도 생각난다.

청소년은 고국을 떠나 집에서 먼 곳을 떠도는 여행자다. 이들은 아이도 성인도 아니다. 이들은 놀라운 속도로 한 나라에서 다른 나라로 향해 가는 제트기 비행사다. 때때로 네 살 아이였다가, 한 시간 후엔 스물다섯 살 청년이 된다. 이들은 어떤 곳에도 진정으로 들어맞지 않는다. 자기에게 맞는 공간을 찾으려고 갈망하고 단단한 땅을 탐색만 할 뿐이다.

청소년기는 자기 자아에 강하게 몰두하는 시기인데 이 자아는 매일같이 성장하고 변화한다. 모든 것이 새롭게 느껴진다. 어느 날 아침, 학교 가라고 어머니가 나를 깨웠을 때 한 대 후려치고 싶은 충동이 일었던 적이 있다. 그러한 분노를 느끼면서도 스스로의 기괴함에 간담이 서늘했다. 어떤 남자아이들이 복도에서 내 옆을 지나갈 때면 다리가 후들거렸던 적도 있다. 이러한 순간 때문에 숨도 제대로 못 쉴 정도였고 내가 앞으로 어떤 사람이 될지 혼란스럽기만 했다. 마치 낯선 사람의 반응을 보고 놀라듯이 내 반응에 깜짝 놀랐다.

새러는 열두 살이 되도록 잔소리를 해야 양치질을 했지만 한편으로는 성인 등급 영화를 빌리고 싶어하고 일자리를 얻고 싶어했다. 어떤 순간에는 정치적 주제로 논쟁하다가도, 그다음 순간에는 동물 인형을 사달라고 졸라댔다. 새러는 사람들이 모이는 장소에 부모와 함께 가는 걸 싫어하면서도 부모가 학교 행사에 참여하지 않으면 불같이 화를 냈다. 그런데도 더이상 부모가 포옹하거나 입맞추는 걸 허용하지 않았다. 하지만 끊임없이 독립을 선언하던 이 시기의 어느 날 한밤중에 나를 깨웠다. 열이 심하게 난다며 냉찜질을 하면서 옆에서 간호해달라고 했다. 접촉 금지령이 일시적으로 풀리자 기뻤다.

청소년기에는 많은 종류의 발달(신체적, 정서적, 인지적, 학업적, 사회적, 영적 발달 등)이 일어난다. 이는 나란히 동시에 일어나지 않는다. 키가 크고 발육상태가 좋은 소녀들이 어린아이 수준의 정서를 가질 수도 있다. 뛰어난 지적 능력을 보이는 십대 아이가 초등학교 1학년생 같은 사회적 기술을 가졌을 수도 있다. 한 여자아이에게서 이러한 발달 수준의 차이가 동시에 일어나면 어른은 어리둥절해진다. 열다섯 살짜리 아이 같은 부분과 네 살짜리 아이 같은 부분을 어떻게 연결지어야 할까?

일반적으로 사춘기를 생물학적 과정으로 간주한다면 청소년기는 그 과정에서 겪는 사회적이고도 개인적인 경험으로 여긴다. 하지만 심지어 사춘기도 문화의 영향을 받는다. 요즘 여자아이들은 식민지 시대보다는 물론이고 1950년대 여자아이들보다 훨씬 일찍 생리를 시작해 어떤 경우에는 아홉 살에 첫 생리를 한다.

사춘기가 빨라진 이유에 관해서는 여러 가지 이론이 있다. 영양상태가 변해 여자아이들의 성장이 촉진됐을 수도, 소고기와 닭고기에 추가된 호르몬이 이른 사춘기를 유발했을 수도 있다. 심지어 전기가 한몫했을 수도 있다. 우리 몸은 특정한 양의 빛에 노출되면 사춘기에 진입하도록 프로그래밍되어 있어서 전기가 보급된 시대를 사는 여성에게 사춘기가 훨씬 더 빨리 찾아온다고 한다.

이른 발달과 힘든 문화는 청소년들의 스트레스를 증가시킨다. 얼마 전에 쿠키 굽는 법과 새로운 다이빙법을 배운 여자아이들은 다이어트약을 권하는 사회에 대처할 준비가 아직 안 되어 있다. 『삐삐 롱스타킹』을 읽는 여자아이들은 학교에서 맞닥뜨리는 성희롱에 대비되어 있지 않다. 피아노 치기와 할머니 찾아뵙기를 좋아하는 여자아이들은 친구들에게 따돌림당했을 때 맞설 준비가 안 되어 있다. 미숙한 상태로 여러 사건에 직면해야 하는 동시에 부모 곁을 떠나 친구들에게 의지하라고 문화적으로 부추김당한다. 이러한 점을 보면 소녀들이 고통스러워하고 그렇게 많은 실수를 저지르는 상황도 전혀 놀랍지가 않다.

행동을 지칭하는 표층 구조와 정체성을 형성하고 이 세계에서 자기 자리를 찾는 심층 구조 사이에는 어마어마한 격차가 존재한다. 표층 구조는 서투름, 열정, 분노, 변덕스러움, 불안함처럼 눈에 훤히 보이는 요소다.

반면 심층 구조는 자아를 형성하기 위한 투쟁, 과거와 현재를 통합하고 더 커다란 문화 속에서 제자리를 찾으려는 분투 같은 내면적인 작업이다. 표층 구조는 내면에서 일어나는 싸움을 밖으로 거의 드러내지 않으며 오히려 그 싸움을 모호하게 만들 때가 많다.

심층 구조에서 제기되는 질문은 어른들에게 명확하게 전해지지 않는다. 오히려 표층 질문이 더 커다란 문제를 암호화해서 표현한다. 가령 "머리를 보라색으로 염색해도 될까요?"라고 질문한다면 "제가 창조적인 인간으로 발달하도록 허락해주시겠어요?"라는 뜻일 수 있다. "미성년자 관람 불가 영화를 봐도 될까요?"라는 질문은 "제가 성적 경험에 대처할 만한 사람이 됐을까요?"라는 의미일 수 있다. "다른 교회에 나가도 될까요?"라는 질문은 "저만의 영성을 탐색할 자유가 제게 있나요?"라는 의미일 수 있다.

심층 구조의 질문은 친구들과 얽히면서 복잡한 방식으로 처리되기도 한다. 여자아이들은 어떤 대화와 사건에 관해 가장 사소한 세부사항까지 끊임없이 이야기한다. 누가 뭘 입었지, 누가 뭐라고 말했지, 그가 그녀에게 미소를 지었나, 내가 그렇게 행동하니까 그녀가 몹시 화가 난 듯했나 등등 표층 구조는 심층 구조에 관한 정보를 얻기 위해 끝없이 파헤쳐진다.

이러한 심층 구조와 표층 구조 사이의 분열을 통해 여자아이들이 대인관계에서 왜 그렇게 많이 실패하는지 알 수도 있다. 여자아이들은 서로의 표층 대화 아래에 감춰진 진짜 의미를 잘못 해석한다. 아이들은 의사소통과정에서 혼란스러워하면서도 동시에 혼란을 일으킨다. 친구들 사이의 인간관계는 너무나 깊게 암호화되어 있어서 서로에 대한 오해가 빈번히 발생한다. 표층 구조만 신경쓰는 부모들은 숨겨진 중요한 핵심을 놓치는 경우가 많은데 그럴 때 여자아이들은 부모가 자기 말을 안 들어준다고 느낀다.

심층 구조에서의 작업이 너무 진지하기 때문에, 표층 행동은 긴장을 완화하는 방식으로 작용할 때가 많다. 어떻게든 표출해야만 하는 내면의 에너지를 떨치는 방식으로 작용하는 것이다. 여러 행동을 통해 나타나는 이러한 뚜렷한 차이를 지켜보면서 초보 심리 치료사로서 일한 몇 년간이 떠올랐다. 하루 온종일 진지하게 여러 문제에 관해 이야기하고 일이 끝나면 그저 아이들과 노닥거리거나 바보 같은 농담을 주고받거나 TV 코미디 프로그램이나 보고 싶었다. 힘든 하루를 보낼수록 긴장상태를 풀 재밋거리를 원했다. 십대 여자아이들 또한 나처럼 온종일 심리 치료를 하는 셈이다. 그 일이 그들의 머릿속에서만 일어날 뿐이다. 이들은 가능할 때마다 휴식시간을 가져야만한다.

청소년기 여자아이들과 상담할 때, 그들의 표층 행동이 그들의 심층 구조에 관해 무엇을 말하려는지 알아내려 애썼다. 그들의 행동이 진짜 자아와 연결되는 때와 가짜 자아의 압박에 굴복하는 때를 구분하려고 노력했다. 어떤 의견을 존중하고 키워줘야 할까? 어떤 의견에 맞서야 할까?

신체적 자아, 아름다워야 한다는 압박

청소년기 여자아이의 신체는 크기, 형태, 호르몬 구조 등에서 변화를 보인다. 임신한 여성이 몸에 집중하는 것과 마찬가지로, 청소년기 여자아이들은 신체 변화에 집중한다. 이들은 어렸을 때와는 다르게 느끼고, 다르게 보고, 다르게 움직인다. 이러한 변화는 흡수되어야 하고, 새로운 신체는 자아의 일부가 되어야 한다. 이 연령대 여자아이가 자기 몸에 몰두하는 것은 너무나 당연하다. 신체는 눈을 뗄 수 없는 미스터리이자 끊임없는 관심의 대상이 된다. 열세 살이면 많은 여자아이가 책상보다 거울 앞에서 더 많은 시간을 보낸다. 이들은 사소한 결점에 집착한다. 머리 모양이 마음에 안 들어서 하루를 망칠 수도 있다. 손톱이 부러져서 슬플 수도 있다.

일반적으로 여자아이들은 사춘기에 들어설 때 튼튼한 신체를 갖는다. 하지만 그랬던 신체가 우리 문화에서 '뚱뚱하다'고 부르는 방식으로 부드러워지고 퍼져간다. 신체가 점점 더 둥글둥글해지는 바로 이 시기에 여자아이들은 말라야 아름답고, 심지어 반드시 말라야 한다는 이야기를 듣는다. 여자아이들은 다른 아이들이 자신의 뚱뚱한 허벅지와 배에 관해 떠드는 체육수업시간을 싫어하게 된다. 어떤 여자아이는 과격한 다이어트로 몸무게가 40킬로그램 남짓 나가는 무용수 옆에서 샤워했던 일을 이야기했다. 그 아이는 태어나서 처음으로 자기 몸을 쳐다보고는 기분이 나빠졌다고 말했다. 한 내담자는 허릿살을 몸에서 도려내고 싶다고 말했다. 또다른 내담자는 자기 엉덩이가 '흉측하다'고 말했다.

지나는 독서와 체스 두기를 좋아하는 약간 통통한 클라리넷 연주자였다. 화장보다는 책에, 브랜드 의류보다는 동물 말에 관심이 더 많은 아이였다. 중학교 등교 첫날 지나는 연필도 잘 깎고 공책에 단정하게 이름표도 붙여서 학교에 걸어갔다. 스페인어와 대수학을 배우고 학교 관현악단에 오디션을 볼 예정이었지만 침울하고 화가 난 모습으로 집에 돌아왔다. 옆 사물함을 사용하는 남자아이가 자기 사물함 문에 맞부딪친 지나를 조롱하며 "뚱뚱한 엉덩이 저리 치워"라고 말했단다.

그날 밤 지나는 어머니에게 "내 모습이 싫어. 다이어트할래"라고 이야기했다.

어머니는 '그 남자애한테는 그것만 보였다고? 음악적 재능이 풍부하고 이상주의자인 내 딸을 보고도 몸매만 눈에 들어왔다고?'라고 생각했다.

1990년대 여자아이들은 아름다워야 한다는 압박을 엄청나게 받았고 외모에 대한 끊임없는 평가를 항상 의식했다. 이는 오늘날 여자아이들도 마찬가지다. '여성과 외모'라는 주제로 연 미술 전시회에서 웬디 밴텀은 이렇게 말했다. "여성에게는 모든 날이 미스아메리카 선발 대회 무대와도 같다." 애석하게도 여자아이들은 너무 평범하거나 너무 예쁘면 손해를 본다. 평범한 여자아이들은 사회생활에서 배제되고 또래들의 경멸을 내면화한다. 미인에 대한 우리 문화의 고정관념에는 지적 능력에 대한 부정적인 견해도 포함된다. 금발 미인에 관련된 농담을 생각해보면 무슨 이야기인지 알 것이다. 아름다운 여자아이들은 주로 성적 대상물로 취급된다. 이들은 외모로 정체성이 과잉 규정된다. 이들은 남자아이들이 자신과 함께하는 모습을 남에게 보이고 싶어한다는 사실을 잘 알지만 걔들이 겉모습 말고 다른 이유로도 자신을 좋아할까 의심한다. 아름다워지는 것은 수많은 희생을 치르고 얻은 승리다. 인기를 위한 싸움에서는 이겼지만 온전한 인간으로서 존중받기 위한 싸움에서는 패배하는 셈이다.

너무 평범하지도, 너무 아름답지도 않은 여자아이들은 운이 좋은 편이다. 이들은 결국에는 데이트를 하게 되는데 자신을 진심으로 좋아하는 남자아이를 만날 가능성이 더 높다. 이들은 외모가 아니라 유머 감각, 지성, 성격상 장점처럼 다른 요소에 기초한 정체성을 갖는다. 그런데도 이들은 중학교 때는 운이 좋다고 생각하지 않는다. 어떤 여대생이 내게 말했다. "중학교 때는 키가 너무 커서 불행했어요. 그 키로는 행복한 모습을 상상할 수가 없었거든요." 또다른 학생은 중학교 2학년 때 남자아이들과 시시덕거리던 금발의 귀여운 여자아이에 대해 말했다. "걔한테는 문을 열어주려고 앞다퉈 달려가던 남자아이들이 제가 지나갈 때면 다른 곳으로 눈길을 돌리더라고요."

외모는 1950년대와 1960년대 초반보다 1990년대에 더 중요해졌다. 과거 여자아이들은 지금보다 작은 공동체에서 살았기에 성격, 가정환경, 행동, 재능 등 좀더 전체적인 모습으로 평가되었다. 하지만 1990년대 여자아이들은 낯선 사람들로 가득찬 대도시에서 살기 때문에 외모로만 판단된다. 십대들은 서로에 관해 그저 어떻게 생겼느냐만 알고 있을 때가 많다.

문화적으로 아름답다고 인정받고 수용되려면 엄청난 술책이 필요하다. 심지어 스타들조차 커다란 대가를 치르지 않고서는 문화적 이상을 충족하지 못한다. 제이미 리 커티스는 영화 〈퍼펙트〉에 자기 몸이 어울리지 않는다고 생각해 몇 달 동안 운동하며 몸을 만들었다. 제인 폰다와 다이애나 왕세자비 둘 다 섭식장애에 시달렸다. 고등학교나 대학교에 가서 강연할 때마다 이 문제가 얼마나 극심하고, 해롭고, 만연한지에 큰 충격을 받는다. "주변에 섭식장애를 겪는 사람이 있다면 손 들어보세요"라고 물으면 대개 모두가 손을 든다.

1990년대에 학교에서 강연을 하고 나면, 자기 친구, 여자 형제 혹은 자기 자신에 관해 질문이 있다며 여자아이들이 따라왔다. 이들 모두에게 우리 문화의 이상에 들어맞지 않아서 비참해하는 여자아이들에 관한 끔찍한 이야기를 들었다. 청소년기 초기가 찾아오면서 여자아이들은 몸에 대해 여유로운 태도를 버리고 자기비하를 일삼고 스스로를 옥죈다. 엉덩이가 더 동그래지고 지방세포가 늘어나는 바로 그 시점에 잡지나 영화를 보면서 혹은 또래들의 말을 듣고서 자기 몸이 완전히 잘못됐다는 암시를 받는다. 이들은 어떠한 사람이어야 한다고 규정하는 문화를 받아들였다. 앞서 언급했던 샬럿은 자기 몸을 다른 사람이 채점하고 평가하는 무언가라고 생각했다. 자신이 어떻게 느끼느냐가 아니라 자기 몸이 다른 사람들에게 어떻게 보이느냐를 더 중시했다.

자기 자신에게 충실한 여자아이는 자기 몸을 자신의 것으로 받아들이고, 외모로 자신을 평가하고 규정하려는 다른 사람들의 시도에 저항할 것이다. 이러한 여자아이는 형태보다 기능의 측면에서 몸을 생각할 가능성이 훨씬 더 높다. 나의 신체가 나를 위해 무엇을 하는가? 예를 들어, 로리는 춤을 추고 수영을 하는 신체 능력을 자랑스러워했다. 로리의 자존감은 외모를 중심에 두지 않았다. 로리는 다이어트를 하지 않았고 거울 앞에서 많은 시간을 보내지 않았다. 흥미롭게도 몸치장을 하고 다이어트중인 친구들조차 아름다움에 무심한 로리의 태도를 부러워했다. 로리는 '보여지는 것'보다 '존재하는 것'을 더 중요시했다. 시몬 드 보부아르를 인용하자면 로리는 운이 좋았다. "신체에 대해 자신감을 잃는 것은 자아에 대해 자신감을 잃는 것과 마찬가지"니까 말이다.

정서적 자아, 변덕스러운 감정

한 친구가 십대를 이해하려면 이들이 끊임없이 LSD에 취해 있다고 생각하면 된다고 얘기한 적이 있다. 이 말을 듣자 십대들의 엉뚱함, 감정 기복, 논리나 균형적 관점의 부족을 설명하는 데 도움이 됐다. 정말 유용한 조언이었다. 약물에 취한 사람은 격렬하고, 변덕이 심하고, 자기 세계에 빠져 있고, 수수께끼 같은 얘기를 하거나 의사소통이 안 될 때가 많고, 각양각색의 현실과 싸우는 경우가 많다. 이는 청소년기 여자아이들에게 모두 해당한다.

청소년기 초기에는 정서체계가 아직 미성숙하다. 감정은 극단적이고 변덕이 심하다. 작은 사건이 거대한 반응을 일으킬 수도 있다. 외모에 대한 부정적인 논평이나 나쁜 시험 점수 때문에 절망의 구렁텅이에 빠질 수 있다. 여자아이들은 감정만 혼란스러운 게 아니라 균형감도 종종 잃는다. 여자아이들은 주말에 외출 금지를 당했다거나 졸업 파티에 초대받지 못했다는 이유로 자살 시도를 하기도 한다.

절망과 분노의 처리를 가장 힘들어하지만 다른 감정들 역시 마찬가지로 강렬하게 느낀다. 슬픔이 잘 조절되지 않는 것처럼 기쁨 또한 그렇다. 눈보라나 새 옷 때문에 더없이 행복해지기도 한다. 주위 상황에 정신없이 휩쓸리는 어린아이 같은 면도 여전히 존재한다. 한 여자아이는 시를 읽으면서 숲속을 걷다가 우주의 핵심과 연결되는 기분이 든 적이 있다고 이야기했다. 이 아이는 나뭇잎을 얼룩지게 만드는 햇빛, 야생 자두나무의 꽃향기, 푸르른 하늘, 종달새의 지저귐에 마냥 행복해했다. 그 순간의 감정이 세상에 존재하는 전부였다.

여자아이들에게 감정을 다스리는 방법으로서 스트레스에 등급을 매겨보라고 가르쳐주었다. "신발끈이 끊어졌을 때 스트레스가 1이고 뇌종양 말기일 때 10이라면, 1부터 10까지를 기준으로 여러분을 화나게 만드는 일에 점수를 매겨보세요." 그런 다음 물었다. "오늘 남자친구와 말다툼을 했다면 몇 점을 매길 거죠?" 그러자 여자아이가 답했다. "15점이요."

청소년기에 나타나는 이러한 감정의 불안정성은 예측 불가능한 행동으로 이어진다. 원기 왕성한 청소년은 한순간 정신없이 부산했다가 다음 순간에는 무기력해진다. 부모가 한마디하거나 어떤 표정만 지어도 울음바다가 되거나 제3차세계대전이 일어날 수 있다. 졸업 파티에서 할 농담을 생각하느라 몹시 집중한 탓에 같은 날 마감인 사회학 연구 숙제를 완전히 망치기도 한다.

청소년의 감정 변화와 강도를 어른들은 따라잡기가 힘들다. 새러가 중학교에 다닐 때 방과후에 매일 전화를 걸었다. 어떤 날에는 웃음과 자신감이 가득했다. ("학교가 정말 재밌어요.") 하지만 어떤 날에는 전화로 위기상담을 해야 할 정도였다. ("정말 엉망진창이에요.")

여자아이들은 정서적으로 미성숙하기에 청소년기의 엄청난 압박을 경험할 때 진짜 자아를 지키기가 힘들어진다. 이들은 스스로의 감정에 채찍질을 당하고 잘못 인도되기도 한다. 작은 사건만 겪어도 압도되는 이러한 발달기에 데이트 강간을 당하거나 친구의 HIV 바이러스 양성 소식 같은 커다란 사건을 접하면 대재앙으로 받아들일 수 있다.

여자아이들은 자기 자아를 진실되게 혹은 거짓되게 대하며 강렬한 감정에 대처한다. 가짜 자아에 따라 움직이는 여자아이는 감정적 경험에 압도될 것이므로 그러한 고통을 멈추기 위해서라면 뭐든 다 할 것이다. 이 아이는 자기감정을 부정하거나 자신의 두려움, 슬픔, 분노를 다른 사람에게 투사할 수도 있다. 샬럿의 경우 가출을 하고, 술과 약물에 손을 대고, 자신을 희생하며 남자친구의 감정만을 중시하는 관계에 몰두했다. 자기감정을 인정하지 못할 때 여자아이들은 가짜 자아를 더욱 발달시킨다. 자기감정과의 연결을 유지하고 청소년기의 격변을 천천히 헤쳐나가야만 강하고 온전한 성인이 될 수 있다.

로리는 놀랍도록 정서적으로 안정돼 있었다. 로리 역시 분노하고 절망했을지도 모른다. 하지만 울고 대화하고 자기 감정을 글로 쓰면서 그러한 감정을 조절했다. 그럼으로써 자신을 정리할 수 있었고 회복하면서 앞으로 나아갈 수 있었다. 로리는 정서적으로 다소 상처를 입더라도 온전한 모습으로 청소년기를 탈출할 것이다. 아마 로리는 앨리스 밀러가 말하는 '활력'을 가진 아이일 것이다.

인지적 자아, 종잡을 수 없는 혼란

청소년기 초기에 대부분의 아이들은 추상적으로 사고하지 못한다. 아주 명석한 아이들조차 형식적 조작 사고나 추상적이고 유연한 사고를 할 능력을 막 습득한 참이다. 이들은 미성숙하게 사고하기에 논리적으로 설득하기가 어렵다. 이들은 무심코 한 말에 깊은 의미를 부여하고 다른 사람의 시선을 너무 깊게 분석한다. 무엇이 중요한지 구분하는 법을 모를 수도 있다.

여자아이들의 구체화된 사고방식은 다른 사람들을 범주화하려는 욕구로 발전할 수 있다. 1990년대 여자아이들은 사람들을 괴짜, 활발한 아이, 운동을 좋아하는 아이 같은 그룹으로 나누었다. 한 여자아이는 자기 학교의 시인과 예술가를 '누구보다 심오한 사람'이라고 경멸했다. 어떤 여자아이는 사람들을 기독교인과 비기독교인으로 나누었고, 어떤 아이는 대체 가능한 사람, 대체 불가능한 사람, 대체 불가능한 사람이 되고 싶은 사람으로 나누었다.

십대 여자아이들은 세상을 흑백논리로만 바라보는 극단주의자다. 이들은 회색 음영을 보지 않는다. 이들에게 인생은 놀라운 것 혹은 살 만한 가치가 없는 것이다. 학교는 너무 고통스럽거나 환상적인 곳이다. 다른 사람들은 위대하지 않으면 끔찍하고 자신은 훌륭하거나 한심한 실패자다. 어떤 여자아이는 어느 날에는 자신을 '사회생활의 여신'이라고 추켜세우다가 그다음날에는 '따분함의 극치'라며 자책한다. 성인이 이렇게 자아감의 급격한 변동을 보이면 심각한 정신장애로 여기지만, 십대 여자아이들에게 이러한 일은 매우 흔하다.

또한 여자아이들은 한 가지 사건을 모든 사례로 과잉일반화한다. 한번 모욕을 받으면 '난 친구가 한 명도 없어'라고 생각한다. 한번 좋은 점수를 받으면 '나는 공부 천재야'라고 받아들인다. 무심코 한 말을 예언이나 비난, 진단으로 받아들일 수 있다. 1990년대 한 십대 내담자는 삼촌이 좋은 간호사가 될 것 같다고 얘기했다는 이유만으로 간호사로 진로를 결정했다. 나는 중학교 2학년 때 처음으로 시를 써서 제출했는데 선생님이 맨 위에 '진부하다'라고 휘갈겨 써서 돌려준 적이 있다. 그래서 작가가 되려던 계획을 20년 이상 포기하고 살았다.

지나친 일반화 때문에 청소년기 여자아이들은 논리적으로 설득하기가 힘들다. 한 가지 사례만 알아도 이들은 이렇게 주장한다. "다들 새벽 두시까지 밖에서 논다고요." "열여섯번째 생일에 다들 새 자동차를 선물로 받았다고요." 이들은 이웃집 여자아이가 차로 등교한다면, 세상 모든 여자아이가 차로 등교한다고 생각한다. 한 가지 사례가 전부를 대표한다고 진심으로 믿는 것이지 사실을 조작하려는 게 아니다.

십대 여자아이들은 어떤 심리학자가 '가상의 청중 증후군'이라고 불렀던 증상을 보인다. 이들은 사람들이 자기 삶의 가장 사소한 세부 사항까지 집중해서 관찰한다고 생각한다. 가령, 내 친구의 딸은 어머니가 축구 경기장에 쌍안경을 가져가겠다고 말하자 버럭 화를 냈다. "엄마가 제 동작을 하나하나 본다는 걸 다른 애들이 다 알게 되잖아요." 또다른 친구는 학부모 회의 때 청바지와 티셔츠를 입고 갔더니 딸이 얼마나 불안해했는지 얘기해줬다. 열두 살짜리 어떤 아이는 어머니와 함께 공연을 보러 가면 어머니가 공중에 손을 높이 들어올리고 박수를 쳐서 얼마나 부끄러운지 모른다고 털어놓았다. 특히 신이 나면 어떤 때는 "브라보!"라고 크게 외친다고 했다. "엄마가 그런다니 믿을 수가 없어요. 거기 있는 모두가 엄마를 완전히 얼간이라고 생각할걸요."

십대 여자아이들은 감정적 추론을 한다. 무언가가 사실 같다면 틀림없이 사실이라고 믿는다. 만약 어떤 십대가 자신을 얼간이라고 느낀다면 그는 틀림없이 얼간이다. 만약 자기 부모가 불공평하다고 느낀다면 그들은 틀림없이 불공평하다. 여자아이들은 사실과 감정을 구별하는 능력이 제한적이다. 어떤 것을 생각하면 그렇게 된다고 믿는다는 점에서 아동기의 마술적 사고 수준에서 아직 벗어나지 못했다.

여자아이들은 자기중심적으로 사고한다. 다시 말해, 자기 경험이 아닌 다른 사람의 경험에 초점을 맞추지 못한다. 부모들은 이러한 자기중심주의를 이기주의로 받아들이기도 하지만 이는 성격상 결함이 아니라 발달단계일 뿐이다. 1990년대 부모들은 겨우 몇 가지 하기 싫은 일을 하고서 딸이 "내가 여기 있는 일을 다 했어"라고 주장한다며 불평했다. 한 어머니는 딸이 몇 분 정도도 걷기 싫다며 어머니에게 몇 시간 동안 운전기사 노릇을 해달라고 요구한다고 얘기했다.

1960년대 많은 십대 여자아이가 자신을 천하무적으로 생각했다. 이들은 안전벨트 착용이나 임신 가능성에 대처하기를 거부했다. 1994년에도 여전히 소녀들은 자신을 천하무적으로 생각했다. 예를 들어, 재활센터에서 자원봉사를 하던 십대 내담자에게 사고를 당한 환자들의 이야기를 들었다. 어느 날, 자기 또래의 한 남자아이에 관한 슬픈 이야기를 하기에 무심결에 "그래, 적어도 이제 너는 안전벨트를 잘 매겠구나"라고 대꾸했다. 그러자 그 아이는 깜짝 놀라며 말했다. "설마요. 저한테 그런 사고는 안 날 거예요."

그렇지만 자신이 천하무적이라고 생각하는 아이는 전보다 뜸해졌다. 자기 삶이나 친구들의 삶에 생긴 트라우마 때문에 이러한 믿음이 깨졌다. 열두 살쯤 되면 대부분 자신이 다칠 수 있다는 사실을 안다. 이들은 신문을 읽고 TV를 본다. 내담자들은 죽음에 관해 더 자주 언급했고, 더 폭력적인 꿈을 꿨고, 더 으스스한 상상을 했고, 미래를 더 많이 두려워했다.

이 주제를 지나치게 단순화해서는 안 된다. 어떤 아이들은 다른 아이들보다 훨씬 더 안전하다고 느낀다. 세상이 위험하다는 걸 하룻밤 사이에 의식할 수도 있고 점진적인 과정을 통해 그럴 수도 있다. 한 소녀의 마음이 매주 바뀔 수도 있다. 이번주에는 문을 걸어 잠그고 위험을 극심히 걱정하다가, 그다음주에는 어떤 공격자와도 맞서 싸울 수 있다고 믿는다. 하지만 1994년 청소년들은 아동기 때 그랬던 것처럼 더는 천하무적이라고 느끼지 않았고, 심지어 1994년보다 10년도 전인 1984년에도 그러했다.

여자아이들은 고통스러운 생각, 모순되는 정보, 인지적 혼란에 대해 진짜 자아 혹은 가짜 자아에 충실한 방식으로 대처한다. 차단하고 싶은 유혹, 지나치게 단순화하고 싶은 유혹, 자신의 경험에 대한 의미를 분석하고 이해하는 힘든 과정을 회피하고 싶은 유혹을 느낀다. 가짜 자아를 기반으로 움직이는 여자아이들은 현실을 왜곡함으로써 세상을 좀더 다루기 쉬운 곳으로 축소시킨다. 어떤 여자아이들은 자신을 대신해 모든 결정을 내려주는 광신적 종교집단에 가입한다. 어떤 여자아이들은 거식증 환자가 되어 삶의 복잡함을 '몸무게'라는 단순한 한 가지 문제로 축소시킨다.

1990년대에 샬럿 같은 일부 여자아이들은 자기 삶에 대해 생각하지 않으려고 분투했다. 이들은 모든 절차에서 마찬가지로 도망쳤고, 그러면서 도주중인 다른 친구들도 찾았다. 이들은 자기 행동을 주의 깊게 고민하라고 압박하는 부모를 회피했다. 샬럿은 의사결정을 내릴 때 또래 친구들의 이야기에 심하게 휘둘렸다. 샬럿은 센터보드가 없는 요트처럼 바람이 부는 방향대로 이리저리 흔들렸다. 샬럿에게는 진짜 욕구에 집중하게 인도해줄 북극성이 없었다.

진짜 자아와 연결된 여자아이라고 해서 이 시간이 수월한 것은 아니다. 이들 또한 혼란스러워하고 때때로 압도되기도 한다. 하지만 이들은 자기 삶을 이해하기 위해 노력한다. 자기 경험에 관해 생각하고 모순을 풀어나가며 여러 사건을 관련지으려는 노력을 포기하지 않는다. 부모나 교사, 심리 치료사에게 도움을 구하기도 한다. 책을 읽거나 일기를 쓰기도 한다. 이들도 많은 실수를 저지르고 현실의 많은 부분을 오해할 수 있다. 하지만 진짜 자아를 가진 여자아이들은 자기 경험을 분석하고 이해하기 위해 노력한다.

로리는 결정을 내리기 위해 자기 내면을 살피는 데 특히 능했다. 여러 문제를 충분히 고려한 다음 자신에게 무엇이 최선인지 결정했다. 그랬기 때문에 또래들의 압박에 상대적으로 영향을 덜 받았다. 로리는 표류하는 대신 키를 잡고 조종했다. 스스로가 이해할 수 있는 방식으로 행동하겠다고 굳게 마음먹고서 말이다.

사회적 자아: 가족, 때로는 가까이 때로는 멀리

미국 청소년들은 심리적으로는 유아기나 마찬가지다. 걸음마를 뗀 아기가 부모로부터 신체적으로 벗어나려고 애쓰듯이 청소년은 부모에게서 정서적으로 벗어나려고 노력한다. 둘 사이의 '거리'를 놓고 부모 자식 간에 끊임없이 협상이 벌어진다. 아이들은 세상을 탐색하고 싶어하고 부모들은 아이를 안전하게 지키고 싶어한다. 걸음마기 아기도, 청소년도 자유로우면서 안전한 이상적 균형에 대해 부모가 자기 뜻에 동의하지 않으면 불같이 화를 낸다.

물론, 1950년대 이후로 가족은 많이 변화했다. 내가 어릴 때만 해도 이혼은 흔하지 않았지만 1990년대에는 피할 수 없는 현실이 되었다. 둘 중 하나 꼴로 결혼생활이 이혼으로 끝났고, '혼합가족'이 가장 흔한 가족 형태가 되었다. 성인들은 평균적으로 최소한 한 번 이혼했고 어린아이 중 절반가량이 아동기 일부를 한부모가정에서 보냈다. 어른들이 아이를 보호하지 못하거나 보호하지 않는 가정도 많아졌다. 부모가 우울증, 약물중독, 알코올중독, 극심한 빈곤 같은 자기 문제와 씨름하는 경우에는 자녀를 양육할 여력이 없을 때가 많았다. 부모가 자녀를 학대하거나 방치하는 가정도 있었다. 많은 아이들이 노숙자가 되거나 위탁가정 혹은 보호기관에서 살았다.

대다수 부모는 아이를 위해 최선을 다하고자 한다. 하지만 안타깝게도 청소년기는 십대와 그 부모 사이에 갈등이 쌓이면서 전개될 수밖에 없다. 내담자들을 보면, 위험한 방식으로 독립심을 발휘하려 애쓰는 딸을 부모가 보호하려는 순간 갈등이 일어난다. 십대들은 가족을 버리고, 또래 문화에 수용되고, 자율적인 개인이 되어야 한다는 엄청난 사회적 압박에 짓눌린다.

많은 십대 내담자가 부모에게 더는 간섭받기를 원하지 않았다. 부모가 접근만 해도 얼굴을 찡그리고 경고하는 표정을 짓고는 자리를 떴다. 이러한 반응은 어느 정도는 자기 몸에 대한 새로운 인식에 따른 것이고, 어느 정도는 성숙함을 주장하는 방식이다. 하지만 "나 자신이 되기 위해 나만의 공간이 필요해요"라는 선언이기도 하다.

그러면서도 여자아이들은 부모와 계속 가까이 지내고 싶어한다. 심지어 유대감을 유지하기 위해 부모와 말다툼을 벌이기도 한다. 싸움은 친밀함을 유지하면서도 거리두기를 주장하는 방법이었다. 당황한 부모, 특히 어머니들은 틈만 나면 딸이 싸움을 걸어온다고 말했다. "저희는 하늘이 파란지 아닌지를 두고도 싸워요." 어떤 어머니는 이렇게 말했다. "저희는 하루에 열 번은 싸워요. 정말 말도 안 되는 걸로요. 피라미한테 조금씩 물어뜯겨서 죽어가는 것과 다름없어요."

여자아이들의 행동은 상당 부분 부모의 생각과 다르다. 하지만 표층 행동으로 드러난 게 전부는 아니다. 심층 구조는 자율적인 자아를 추구한다. 아이가 거리를 두고 적대감을 드러내도 이는 개인적인 감정 때문이 아니다. 한편, 여자아이들이 왜 그런 식으로 행동하는지 이해한대도 부모의 스트레스가 모두 사라지는 건 아니다. "오늘 하루 어땠니?"라고 물었는데 딸이 자리를 박차고 나가는 상황은 받아들이기 쉽지 않다. 하품하거나 감자 껍질을 벗기다가 왜 그렇게 하느냐며 아이에게 한소리 들으면 부모도 고통스럽다.

세상이 얼마나 많이 바뀌었는지 부모가 몰라서 오해가 더 깊어지기도 한다. 부모들은 본인의 청소년 때와 비슷한 세상에서 딸이 살아간다고 착각한다. 완전히 잘못짚었다. 딸들은 쓰레기 가치가 넘쳐나는, 미디어로 가득찬 세상을 살아간다. 여자아이들은 어떻게 어른이 되는지에 대해 도움받기 위해 부모에게서 등을 돌리고 이러한 세상을 향한다. 여자아이들은 새로운 것에 매달리고 낡은 것은 거부한다.

대부분의 여자아이들은 음악을 중요시한다. 음악을 통해 가족의 세계에서 탈출해 또래의 세계로 들어간다. 음악은 말로는 표현할 수 없는 방식으로 강렬한 감정을 표현해준다. 음악 속에서 사랑은 생사가 걸린 문제이고 사소한 사건은 극적으로 묘사되고 기념된다. 음악은 평범한 어른의 말보다 여자아이들의 정서적 경험에 훨씬 더 세밀하게 들어맞는다. 안타깝게도, 여자아이들이 듣는 음악 중 상당수가 그들에게 패스트 섹스를 제공한다. 십대가 듣는 음악 안에서 여자아이들은 경멸적으로 다뤄지거나 섹스 기계로 취급된다.

1990년대에 한 친구가 열한 살짜리 딸아이와 섹스를 주제로 대화했다고 말했다. 부끄러웠지만, 딸에게 자신이 받았던 것보다 더 많은 정보를 제공하고 싶었다. 섹스가 어떻게 이뤄지는지 힘겹게 이야기한 다음 건강한 관계에 대한 가치관을 공유했다. 그녀는 결혼 전에 섹스를 했다고 고백했다. 어머니가 자신의 성적 가치관을 공유하는 동안 딸은 가만히 귀기울였다.

이야기를 나누고 한 시간 후, 딸 방에 들어가보니 MTV 채널에서 가죽 비키니를 입은 묘령의 젊은 여성이 근육질의 젊은 남성 몸 위를 기어다니는 장면이 나오고 있었다. 그 여성은 그들의 전날 밤 섹스를 찬양하며 노래가사를 내뱉었다. 젊은 남성은 만취해서 아무것도 기억하지 못했기에 그 여성이 외설스러운 표현으로 상세히 그의 기억을 환기했다. 내 친구는 이렇게 말했다. "그때 우리가 각자 다른 언어를 사용하는 서로 다른 세계에서 산다는 걸 깨달았어. 내가 가죽 비키니를 입은 여성을 이해하지 못하는 것처럼, 내 딸도 결혼 전에 섹스를 했다고 수치스러워한 나를 절대 이해하지 못할 거야. 정말 어려운 발견이었어."

여자아이들은 사춘기가 되면서 부모와의 관계가 얼마나 급변했는지 말했다. 많은 아이들이 한때는 '착한 꼬마'였지만, 사춘기가 찾아오면서 착하게 구는 일을 그만뒀다고 말했다. 이들은 거짓말을 하고,

살금살금 몰래 나가고, 술을 마시고, 담배를 피우고, 소리를 지르고, 반항했다. 아이들은 스스로 자기파괴적인 선택을 했다고 인지했지만, 끔찍한 곤경에 빠져 있었다. 얼간이들만 부모와 가깝게 지낸다고 생각했기 때문이다.

가짜 자아에 따라 움직이는 샬럿 같은 소녀들은 가족과 정서적으로 분리될 가능성이 더 높았다. 이들은 부모의 조언을 모두 거부하라는 또래들의 압박에 취약했다. 가정에서 커다란 갈등을 야기할 가능성 또한 높았다. 이들은 가짜 자아를 따랐기 때문에 또래 문화를 균형 잡힌 시각에서 바라볼 수가 없었다. 이들은 여자아이를 폄하하는 경험에서 자신을 보호해줄 사람들과의 관계를, 즉 자신에게 가장 필요한 관계를 포기했다.

진짜 자아를 지킨 여자아이들은 가족과의 관계를 비교적 잘 유지했다. 이들도 어느 정도는 가족과 거리를 두었지만, 그래도 가족에게 완전히 등돌리지는 않았다. 로리 역시 부모와 더 많이 떨어져 지내고 싶어하거나 부모의 아주 사소한 실수도 부끄러워하는 식의 전형적인 반응을 보였으나 여전히 부모를 사랑하고 신뢰했다.

1990년대 들어 부모의 역할은 급변했다. 이전까지는 아이가 문화에 잘 적응하도록 도왔다면 내가 이 책을 집필할 무렵에는 많은 부모가 딸에게 해로울 게 뻔한 문화적 영향력에 맞서 고군분투중이었다. 로리의 부모와 샬럿의 부모 모두 마찬가지였다. 이들은 딸이 섹스, 약물, 술, 트라우마 없이 성장하고 발전할 시간을 더 많이 가졌으면 하고 바랐다. 이들은 여자아이를 파괴하는 환경에서 딸의 온전함을 지켜내기 위해 힘겹게 싸웠다. 대부분의 부모는 문화의 대리인이 아니라, 사춘기를 맞은 딸이 직면하는 문화적 세뇌에 맞서 싸우는 적이 되어 있었다. 이들은 딸의 진짜 자아를 지키기 위해 투쟁했다.

사회적 자아: 또래 친구를 희생양 삼기

1990년대 부모와 멀어진 여자아이들에게 또래 친구들은 삶의 전부였다. 부모와는 거의 대화하지 않는 십대들이 친구들과는 밤새 대화를 나눴다. 또래 친구들은 소녀들의 결정을 승인해주고 새로운 독립적 자아를 지지해줬다. 이 시기에 인간관계 속에서 자아를 깊이 탐색하기도 한다. 이들은 '남들이 어떤 반응을 보일까?'를 끊임없이 실험했다. 친구와의 대화는 "나에겐 아무 문제가 없는가?"라는 중요한 질문을 확인하는 하나의 방식이었다. 이들은 끝없이 대화했다. 십대 자녀를 둔 부모라면 누구든 이를 증언할 수 있을 것이다. 친구들로부터 떼어놓는 일은 십대들에게 엄청나게 힘든 처벌이다. 한 여자아이의 말처럼 "십대는 외출 금지를 당하면 완전히 미쳐"버린다.

또래 친구들이 만족감을 주고 성장을 도울 수도 있지만, 성장을 파괴할 수도 있다. 청소년기 초기에는 특히 그러하다. '서로를 희생양 삼는 여자아이들'의 모습은 미국에서 보편적으로 나타난다. 많은 여자아이가 여성다움에 대한 우리 문화의 신념에 충분히 순응하지 않는 여자아이들을 몹시 혐오한다.

최근 이데올로기를 전환한 개종자나 마찬가지로 여자아이들은 문화를 가장 열렬히 따르고 다른 사람을 전향시키기 위해 나서는 위험에 처해 있다. 여자아이들은 자신이 달성하지 못한, 불가능한 목표를 달성하지 못한 다른 여자아이들을 처벌한다. 이들은 다른 사람에게 기준을 강요당하는 상황을 피하기 위해 서둘러서 자기 기준에 돌진한다. 이 기준은 그 내용이 변하기 쉽다. 유명 브랜드 청바지를 입을지 가죽 재킷을 입을지, 담배를 피울지 눈화장을 진하게 할지 같은 것처럼 말이다. 다른 사람들을 기쁘게 하지 못한다면 '사회적 자살'이나 다름없다는 메시지가 중요할 뿐이다.

이러한 희생양 삼기는 사회적 압박을 충분히 신경쓰지 않는 여자아이들을 사회적으로 통제하는 궁극적인 방식으로 기능한다. 희생양은 온갖 방식으로 따돌림당하고 놀림받고 괴롭힘당하고 협박당한다. 똑똑하거나 자기주장이 강하거나 자신감이 넘치거나 지나치게 예쁘거나 충분히 예쁘지 않은 여자아이들은 희생양이 될 가능성이 높다.

여자아이들은 분노를 직접적으로 표현하는 법을 배우지 못한다. 남자아이들과 다르게 여자아이들에게는 적과 몸싸움을 벌이는 일이 허용되지 않는다. 여자아이들은 심술궂게 굴고 괴롭히면서 분노를 표현한다. 이들은 다른 여자아이에게 전화를 걸어 파티에 너만 초대받지 못했다고 알려주거나 상대에게 다가가서 옷이나 신체에 관해 모욕하는 방식으로 처벌을 가한다. 별명이나 경멸적인 이름표를 붙이거나 대개 자기보다 행복한 특정 여자아이를 골라서 그 아이의 삶을 비참하게 만드는 식으로 처벌하기도 한다.

물론, 이러한 따돌림은 피해를 낳는다. 고통은 청소년기 여자아이들을 절망으로 몰고 간다. 한 여자아이의 말처럼 "오랫동안 자신을 깔아뭉개는 사람들과 지내다보면 정말로 자신이 그런 사람이라고 믿게" 된다.

중학교 시절 나와 같은 반 친구였던 패티는 비만인데다 굼뜬 아이였다. 패티는 정말 많이 시달렸다. 패티의 별명은 매머드였고 여자아이들은 대놓고 패티를 그렇게 불렀다. 패티는 무슨 일을 하든 경멸을 당했다. 어떤 해에는 패티 어머니가 핼러윈 파티에 쓸 멋진 빨간 팝콘을 가져왔으나 여자아이 대부분이 그 팝콘을 먹지 않았다. 보기만 해도 침이 고였는데도 말이다. 아이들은 '매머드네 엄마'가 만든 팝콘을 먹으면 '병균이 옮을까봐' 두려워했다.

나의 학교 친구들은 이렇게 '병균'이 있다는 식으로 따돌리곤 했다. 인기 없는 여자아이에게 병균이 있다고, 이들과 접촉하면 누구라도 다른 여자아이에게 곧장 그 병균을 옮기지 않으면 자기가 감염된다고 생각했다. 바람직하지 않은 아이들과 접촉해서 옮은 병균을 쉬는 시간에 제거하곤 했다. 한 번도 이렇게 굴지 않았지만, 내가 병균 있는 사람으로 낙인찍혔던 날들을 생각하면 끔찍했다. 그후 이런 놀이가 전국 방방곡곡에 얼마나 흔한지 알게 됐다.

1994년이 되자 내가 십대였던 시절보다 약물과 술을 구하기가 더 쉬워지고 더 널리 사용되었다. 내가 진행한 대학 수업시간에 한 남성 발표자가 1960년대 초 네브래스카주 어느 작은 마을에서 어떠한 삶을 보냈는지 이야기했다. 그는 고등학교 때 데이트 상대를 집 앞에 내려준 후 여섯 병들이 맥주를 사서 친구들과 토요일 밤을 즐기곤 했다고 말했다. 그가 말을 마치자 젊은 여성 수강생이 자기도 1990년대에 그 마을에서 살았다고 말했다. 1990년대에는 어땠느냐고 묻자 그녀가 대답했다. "아이들은 여섯 병들이가 아니라 상자째 맥주를 샀어요. 여자아이들도 같이 취하도록 마셨고요."

1990년대에 대부분의 십대들은 중학교 1학년쯤 되면 약물을 접했다. 대마초는 록 콘서트와 심야 영화관의 공기 중에 공공연히 떠다녔다. 범죄 조직이 주 경계를 넘나들며 활동했고, 교외 지역에서 코카인의 일종인 크랙이 판매됐다.

많은 여자아이들이 학교에서 성희롱을 당한다고 불평했다. 예전부터 중학교 남자아이들은 항상 섹스와 관련한 얘기로 여자아이들을 놀려댔지만, 요즘은 그 차원이 달라졌다. 남자아이들은 오럴섹스부터 음모에 이르기까지, 생리부터 성기를 상상한 모습에 이르기까지 전방위로 여자아이를 놀려댔다. 여자아이들이 1990년대에 경험한 성희롱은 질적으로도, 강도 면에서도 완전히 새로운 수준이었다. 남자아이들은 더 생생하고 더 천박하고 더 통제적인 말을 내뱉었다.

1993년 미국 대학여성협회는 여자아이들이 어떠한 일을 경험하는지를 「적대적인 복도」라는 연구 보고서에 담았다. 이 보고서에 따르면, 70퍼센트의 여자아이가 성희롱을 경험했고 50퍼센트의 여자아이가 학교에서 원치 않는 성적 접촉을 경험했다. 여자아이 중 삼분의 일이 자신에 관한 성적 루머가 퍼진 적이 있었고, 여자아이 중 사분의 일은 성추행을 당한 적이 있었다. 이 연구에 따르면 학교 교실과 복도에서 성희롱이 가장 흔하게 발생했다. 많은 여자아이들은 더 심한 성희롱을 당할까봐 두려워서 목소리를 높이기를 꺼렸다.

종종 성희롱은 발언을 넘어서 접촉으로 확대됐다. 남자 교사에게 성희롱을 당했다는 보고도 있으나 대개는 다른 학생에게 당했다. 일반적으로 여자아이들은 이러한 사건을 학교 당국에 신고하지 않았다. 그렇지만 어떤 여자아이들은 등교를 거부했다. 이들은 학교에서 벌어진 일을 그저 직시할 수가 없었다고 말했다. 샬럿은 복도를 걸어가다가 '잡년'이라고 불렸던 학교로 돌아가는 데 어려움을 겪었다. 또다른 내담자는 사물함으로 가는 길에 남자아이들이 자기 엉덩이를 찰싹 때리고 가슴을 움켜잡았다고 호소했다. 또다른 내담자는 남자아이들이 쉴새없이 섹스 얘기를 하며 집적거렸기 때문에 스쿨버스를 안 탔다고 말했다.

청소년들은 음악, TV, 영화, 그리고 포르노물 등을 통해 악랄하고 잔인한 성적 모델에 노출된다. 여자아이들은 우리 문화 속 혼재된 성적 메시지의 공격을 집중적으로 받는다. 섹스는 신에 의해 결합된 두 사람 사이에서 이뤄지는 신성한 행위이자 선탠로션을 팔기 위한 가장 좋은 방법으로 여겨졌다.

진짜 자아를 유지하는 여자아이들은 어떤 식으로든 또래들의 압박에 저항한다. 가령, 로리는 다른 아이들이 파티에서 압박한대도 술을 마시거나 담배를 피우지 않을 것이라고 생각했다. 또한 로리는 성에 관해 자신만의 기준을 가졌기에 준비되기 전에는 압박을 받는다고 해서 성적인 활동을 하지는 않을 터였다. 엄청나게 인기가 많아지기 위해서 자신을 희생할 마음이 없었다. 로리는 모두에게 인정받으려면 너무 많은 것을 포기해야만 한다는 사실을 명확하게 알았다.

반면, 샬럿은 또래에게 인정받기 위해 열심히 노력했다. 샬럿은 학교에서 성적으로 적극적으로 나섰다. 하지만 남자아이들에게 인기를 끌려는 샬럿의 시도는 역효과를 낳았다. 샬럿은 진짜 욕구에 따른 게 아니라 다른 사람들, 특히 남자친구 멜이 자기에게 무엇을 원하느냐에 근거하여 선택을 내렸다. 샬럿은 또래의 인정에 지나치게 의존했기 때문에 커다란 곤경에 처했고, 자기 자신을 완전히 잃고서 나를 처음 찾았다.

영적 자아, 젊은 이상주의자

안네 프랑크나 잔 다르크 같은 역사상 위대한 이상주의자 중에는 청소년기 여자아이들이 많았다. 청소년기에 여자아이들은 우주 안에서 의미와 질서를 적극적으로 탐색한다. 또한 이 시기에 '죽으면 어떤 일이 벌어지지?' '왜 고통을 겪을까?' 같은 보편적 질문을 탐구하며 종교적인 위기도 겪는다. 어떤 여자아이들은 신앙심이 깊어지고 믿음을 위해 모든 것을 희생하려 한다. 한편 어떤 여자아이들은 신앙심의 위기를 겪는다.

열세 살 때 나는 독실한 감리교 신자였다. 당시 마크 트웨인의 『스톰필드 선장의 천국 방문기』라는 짧은 소설을 읽었는데 여기서 마크 트웨인은 천국을 사람들이 둘러앉아 온종일 하프를 켜는 곳으로 조롱했다. 이 이야기를 읽고 나의 신앙심은 시험에 들었다. 열다섯 살 때 버트런드 러셀의 『나는 왜 기독교인이 아닌가』를 읽고서 목사님과 친구들과 함께 신의 존재에 관해 논쟁을 벌였다.

나의 내담자 중 한 여자아이는 열세번째 생일에 그리스도를 개인적 구세주로 공식적으로 받아들였다. 그녀는 기독교적 삶에 헌신했고 매일 자기 행동을 평가했다. 자신에게 신과의 관계가 가장 중요하다고 믿었고, 기도 시간을 무엇보다 중시했다. 그녀는 자기 가족 내에서 영적 지도자가 되었고, 부모가 기독교인답게 행동하지 않으면 부모를 꾸짖었다. 또한 동생들을 데리고 매일 성경 공부를 했다.

청소년기는 엄청난 이상주의의 시기다. 이 연령대의 많은 여자아이가 환경운동가가 되거나, 가난하거나 병든 사람을 옹호하는 사람이 된다. 1990년대 새러의 한 친구는 용돈을 쪼개서 노숙자에게 줄 샌드위치를 샀다. 그 아이는 노숙자가 모인 길모퉁이로 음식을 가져가서 그들이 식사하는 동안 어떻게 사는지 대화를 나눴다. 얼마 지나지 않아 그 아이는 마을의 노숙자 대부분과 알고 지냈다. 새러의 또다른 친구는 돌고래가 잡히지 않게끔 조업해 참치캔을 만드는지 확인했으며 백화점의 모피 판매에 항의하기도 했다.

많은 여자아이들이 청소년기에 채식주의자가 된다. 이들은 동물을 사랑하고 동물권을 보호하기 위해 적극적으로 활동한다. 이러한 현상은 여자아이들에게 인기가 많은데 여자아이들은 힘없고 말 못하는 동물과 자신을 쉽게 동일시하기 때문이다. 내가 아는 어떤 여자아이는 '동물이 할 말이 있을 때는 우리가 그들의 목소리가 되어주어야 한다'라고 쓰인 배지를 달고 다녔다. 여자아이들은 순하고 무방비한 존재와 자신을 동일시하고, 이상주의와 에너지를 있는 힘껏 쏟아 그들을 보호하려 애쓴다.

1960년대는 낙관주의와 이상주의의 시대였다. 인권운동의 힘이 강했고 경제는 호황이었으며 세상은 온갖 가능성으로 가득찬 듯했다. 많은 여자아이가 '이 시대에 살았더라면 얼마나 좋았을까' 아쉬워한다. 1990년대에는 낙관주의와 이상주의를 유지하기가 훨씬 더 힘들어졌다. 자기 자신에게 진실한 여자아이들은 어떤 식으로든 영적 위안에서 의미를 찾았다. 이들은 더 나은 세상을 만들기 위해 노력했다. 하지만 가짜 자아에 따라 움직이는 여자아이들은 세상을 더 나은 곳으로 만드는 데 냉소적일 때가 많았다. 이들은 희망을 갖기를 포기했다. 자아보다 더 큰 무언가와 연결될 때에야 비로소 이들은 문화에 반기를 들고 지구를 구하기 위해 싸울 에너지를 찾을 것이다.

청소년기는 극심한 변화의 시기다. 모든 발달이, 즉 신체적, 정서적, 지능적, 학업적, 사회적, 그리고 영적 발달이 동시에 일어난다. 청소년기는 여성으로서의 삶이 형성되는 가장 중요한 시기이며 이때의 선택이 여성의 삶에 평생 영향을 미친다.

물론, 청소년기에 대한 이러한 일반적인 특징이 모든 여자아이에게 유효한 건 아니다. 어떤 여자아이들은 힘든 아동기를 겪어서 초등학교 시절을 행복하게 보내지 못한다. 안정적인 환경에서 잘 보호받은 듯한 어떤 여자아이들은 중학교 시절을 순조롭게 보내기도 한다. 아홉 살부터 약 열여섯 살까지로 청소년기가 개인에 따라 다양하듯이 그들이 겪는 문제의 강도 또한 제각각이다.

주의해야 할 것이 하나 더 있다. 내가 중학교 여자아이들에 관해 알게 된 사실 중 상당수는 고등학교 여자아이들에게서 배운 것이다. 중학교에서 벌어지는 일에 관해서 '공소시효가 지난' 후에야 듣게 됐다. 중학교 시절에는 생각, 감정, 경험이 서로 너무 뒤죽박죽이기에 많은 여자아이가 이를 명확하고 분명하게 표현하기 힘들어했다. 어른들에 대한 신뢰도가 너무 낮기도 하고 말이다. 여자아이들은 허리케인의 한복판에 있기 때문에 바깥세상과 의사소통할 수단이 그다지 많지 않다.

로리 같은 여자아이들, 즉 누구보다 행복한 여자아이들은 커다란 역경에 맞서 싸우며 진짜 자아를 유지한다. 하지만 대부분은 고통받고 혼란스러워한다. 누구도 이 시기의 고통스럽고 복잡한 문제를 쉽게 극복할 수 없다. 여자아이라면 누구나 친구에게 받는 고통, 아름다워야 한다는 압박, 여자로 사는 것의 위험성을 잘 안다. 모든 여자아이가 사랑받으려면 온전함을 희생해야 한다는 압박을 받는다.『햄릿』속 오필리어처럼, 모든 여자아이가 익사할 위험에 처해 있다.

1994년에 여자아이들은 많은 어려움에 직면한 듯했다. 이들은 임신하거나, 성병에 걸리거나, 알코올중독과 약물중독에 시달리거나, 학업에 실패해 심리상담실을 찾았다. 이들은 부모에게 뚱했고, 반항적이었고, 부모와 계속해서 갈등했다. 1994년과 2007년 사이에 여자아이들의 정신건강은 사실상 모든 면에서 향상되었다. 여자아이들은 더 행복해졌고, 더 자신감 넘쳤으며, 더 안정적이었다. 가족관계 또한 더 괜찮아졌고, 학교에서는 여자아이들이 수학과 과학 과목에 더 관심을 두게 하려고 애썼다. 약물 복용과 음주, 우울증, 파탄적 행동과 불법적 행동은 급속히 줄어들었다. 그러다가 스마트폰이 등장하면서 여자아이들의 정신건강 수치는 곤두박질쳤다.

요즘 여자아이들은 말을 더 잘 듣고 품행도 더 바르다. 이들은 부모를 좋아하는 편이며 부모에게 말과 행동으로 애정을 솔직하게 표현한다. 그런데도 1994년을 살아간 여자아이들이 더 행운아였다는 생각이 든다. 이들의 문제는 겉으로 바로 드러났기에 뭐가 문제인지 모두가 인식하고 논의할 수 있었다. 1994년 여자아이들은 현실세계에서의 트라우마를 더 많이 겪었지만, 그와 동시에 회복 또한 더 많이 경험했다. 많은 사례로 보건대 이들은 경험을 통해 더 강해졌다. 회복력을 기르는 기술을 배웠으며 밖으로 나가 친구들과 함께 세상을 탐험하고 사회적 능력을 발달시켰다. 그리하여 대부분의 여자아이들은 상당히 자립성을 갖춰 집에서 독립할 수 있었다.

하지만 요즘 여자아이들은 스마트폰과 넷플릭스와 함께 자기 방에 홀로 앉아 있다. 이들은 부모에게 더 오랫동안 의존하고 삶을 살아가는 능력에 대한 자신감이 더 부족하다. 요즘 청소년기 여자아이들은 문제를 해결하고 자기 자신을 돌볼 기회가 거의 없다. 이들은 부모 혹은 스마트폰을 늘 달고 산다. 오늘날 부모들은 대체로 딸에게 친밀함을 느끼나 딸을 이해하지 못할 때가 많다. 딸의 온라인 생활에는 접근하지 못하기 때문이다. 이들은 급속도로 변화하는 문화에 딸이 잘 적응하도록 도와야 한다는 사실을 잘 알지만, 그 의무를 어떻게 이행해야 하는지는 모른다. 우리 중 그 누구도 다음에 어떤 일이 생길지 혹은 어떻게 준비해야 할지 모른다.

2019년에 청소년 발달은 1959년이나 1994년보다 더 천천히 이뤄진다. 많은 여자아이가 이십대까지 계속 부모에게 경제적으로 의존한다. 젊은 여성들은 예전보다 더 늦게 노동 인구에 진입하고 이십대 후반이나 삼십대 초반에 결혼한다. 결혼을 한다면 말이다. 부모들은 딸이 고등학교를 졸업하고 훨씬 지나서까지 보호자 역할을 해야 한다고 생각한다.

이번에 『내 딸이 여자가 될 때』 개정판을 준비하면서 인터뷰를 새로이 진행했는데, 북동부에 위치한 고등학교 여자아이들을 위한 여름캠프에서 캠프 지도자로 일하는 베일리도 그중 하나였다. 이 캠프에서는 암벽 등반하는 법, 황야에서 길을 찾는 법, 절벽에서 번지점프하는 법 등을 가르치고 명상하기, 성취 일기 쓰기, 자기긍정적 확언하기 등의 방법을 통해 여자아이들의 자기이해와 자아존중감을 높인다.

캠프 지도자로서 베일리는 캠프에 온 여자아이들이 매일 더 강해지고 더 자신감이 높아지는 모습을 목격한다고 말했다. 또한 진짜 공동체가 무엇인지 느끼고 서로 단합력을 키운다. 특히 급류 래프팅처럼 처음 해보는 커다란 도전 과제를 마치면 단체정신이 불타올랐다.

베일리는 캠프 참가자들이 산 정상까지 성공적으로 등반했던 어떤 멋진 날에 대해 말해주었다. 여자아이들은 기진맥진했지만 의기양양했다. 하지만 등산을 마치고 버스로 돌아오자마자 이들은 스마트폰을 꺼냈다. 이들은 단체에서 분리됐고, 문자메시지를 읽은 후 기분이 안 좋아졌다. 몇 초도 되지 않아 활기찬 기쁨은 사라졌고 여자아이들은 새로이 발견한 자신감을 금세 잃었다.

베일리는 캠프 참가자들이 등산을 하고 노래를 부르며 시간을 보냈던 어떤 오후도 회상했다. 이들은 흑곰을 보고 떨어지는 폭포수도 보았다. 베일리가 수영복을 가져오라고 숙소로 보낼 때까지만 해도 모두가 기분이 좋았다. 베일리는 아이들에게 말했다. "5분 안에 돌아오렴."

여자아이들은 혼자가 되었을 때 모두 스마트폰을 확인했고 5분 후에는 기분이 완전히 달라져 있었다. 한 여자아이는 부모에게 온 문자

메시지를 보고 울었다. 또다른 여자아이는 댓글 전쟁에 휩쓸려서 학교 여자친구 무리 모두가 온라인상에서 친구를 끊어버렸다고 했다. 또다른 여자아이는 제일 친한 친구가 올린 도발적인 사진에 남자친구가 '좋아요'를 눌렀는데 그게 무슨 의미냐며 의문에 휩싸였다. 또다른 여자아이는 자신에게 온 이모티콘이 무슨 의미인지를 두고 걱정에 빠졌다.

여자아이들은 야생 캠프를 사랑했다. 집에 있을 때는 할일이 너무 많았고 그래서 늘 서둘러야 했다. 캠프에서는 일정이 여유로웠고 대화를 나누고 잠을 잘 시간이 충분했다. 온종일 야외에서 지냈고 밤에는 별 아래에서 모닥불 주위에 모여 앉았다. 이들은 팀으로 활동했고 서로가 성장하고 기술을 습득하게끔 도왔다.

베일리는 야생 캠프에서 전자기기를 금지시키길 바랐다. 하지만 복잡한 문제였다. 어떤 부모들은 딸과 언제든 연락하고 싶어했고, 여자아이들이 언제라도 스마트폰을 이용할 수 있어야 한다고 주장했다. 어떤 부모들은 스마트폰 사용 금지 정책을 지지했다. 하지만 대다수의 여자아이들은 스마트폰을 가져올 수 없다면 캠프에 참여하지 않을 것이라고 말했다.

인터넷 때문에 신체적, 인지적, 정서적, 관계적, 성숙적 발달이, 그러니까 모든 측면에서의 발달이 변화했다. 여자아이들은 온라인에 접속해 있으면 일을 하거나 책을 읽거나 공부를 하거나 가족이나 이웃과 상호작용을 하거나 운동을 하거나 자기 삶에 대해 성찰을 하지 않는다. 게다가 세상으로 나가서 삶의 많은 진짜 도전 과제를 탐색하지도 않는다.

오늘날 여자아이들은 1994년 여자아이들과 마찬가지로 감정 기복이 심하다. 이들은 감정 조절이 힘들고 스트레스 관리 기술을 아직 키우는 중이다. 그레이시는 찾는 신발이 안 보이자 엄마에게 소리쳤다. "엄마, 도와줘! 엄청난 위기 상황이야! 신발이 안 보여. 학교에 늦었단 말야." 그런 다음 신발을 찾자마자 깔깔대며 외쳤다. "위기 탈출."

매력적인 열세 살 이웃 소녀가 한번은 이렇게 말했다. "이번주에는 스무 번이나 멘붕에 빠졌어요. 아직 월요일밖에 안 됐는데 말예요."

호르몬의 변화, 신체적 성숙, 중학교 생활, 열세 살이 되면서 접하는 많은 도전 과제 때문에 여자아이들의 삶은 점점 강렬한 드라마로, 심지어 오페라로 변한다. 아이폰과 아이패드가 끊임없이 전달하는 뉴스가 이러한 강렬함을 배가한다.

『#i세대』라는 책에 따르면, 요즘 여자아이들은 1960년대와 1994년 두 시대의 여자아이들보다 공부를 덜 하고 책을 덜 읽는다. 켄딜은 포커스 그룹에서 우리에게 이렇게 말했다. "여자아이들은 트위터와 스냅챗에서 뉴스를 접해요. 수많은 낚시성 기사를 고려한다면 절대 바람직한 현상이 아니죠. 신문을 보거나 TV뉴스를 보는 애들은 제 주변에 한 명도 없어요." 제이다는 책 대신 '구글대학교'에 자문을 구한다고 농담을 던졌다. 여자아이들의 담임 교사가 소셜미디어라면, 당연히 교육의 질이 대단히 떨어질 수밖에 없다.

소셜미디어를 끊임없이 하다보면 주의 지속 시간이 대단히 짧아진다는 사실도 빼놓을 수 없다. 여자아이들은 10억분의 1초 단위로 생각하고 행동하게 됐다. 이는 과잉행동과 충동성 모두를 유발하는데 이러한 성향은 우리가 성숙한 인간에게 기대하는 인내심, 지속력, 충동 조절 능력 같은 것과 정확히 반대 지점에 놓인다.

십대 여자아이들은 항상 친구들과 접촉하고 있지만 이중 96퍼센트가 전자기기를 통해서 이루어진다. 2009년부터 2015년 사이에 매일 친구들을 만나 시간을 보낸다는 십대의 비율이 40퍼센트 하락했다. 오늘날 청소년들은 친구들과 함께 쇼핑을 하거나 영화를 보러 갈 가능성이 더 낮고, 또래 친구들을 거의 직접 만나지 않는다. 사실, 요즘 십대들은 이전 세대의 십대들보다 파티에 훨씬 덜 참석한다. 이에 부모들은 안심할지도 모르지만, 함께 어울리지 않으면 사회적 기술을 발달시키고, 감정과 문제에 대해 논의하고, 자신이 아는 것을 다른 사람들에게 가르쳐줄 기회를 놓치게 된다. 게다가 갈등을 공유하고 해결하는 방법도 못 배운다. 청소년기에는 성숙한 어른이 되기 위해 모두에게 필요한 인간관계 기술이 발달하는데 트위터나 인스타그램만 해서는 그럴 수가 없다.

더는 직접 얼굴을 마주보지 않더라도 또래 친구들의 힘은 그 어느 시대보다 더 크다. 이들은 하루종일, 일주일 내내 찬반 신호를 보낸다. 온라인상의 인간관계는 친구, 가족, 공동체를 대신하는 빈약한 대체물이다. 이들은 안정적이지도 않고 더 민감하며 공감력이 떨어진다.

괴롭힘은 어느 시대에나 항상 있어왔지만 여자아이들은 얼굴을 마주하고 상호작용을 할 때보다 온라인상에서 더 비열하고 불쾌한 행동을 경험한다. 누군가의 눈을 쳐다보지 않아도 되면 혐오를 더 쉽게 표현한다. 또한 온라인상에서 다른 여자아이들과 교사들에게 잔인하게 굴 가능성이 더 높다. 포커스 그룹의 한 여자아이가 이렇게 말했다. "온라인에 선생님에 대해 끔찍한 얘기를 올리는 혐오 페이지가 있어요. 처음에는 저도 거기 들어갔지만, 더는 그러지 말자고 마음먹었어요."

이런 식으로 이뤄지는 온라인 괴롭힘과 모욕적인 말은 모두 여자아이들의 피해의식을 높이고 이들의 자신감, 주체의식, 공감력을 떨어뜨린다. 미네소타대에서 1979년부터 2009년 사이에 이루어진 일흔두 건의 연구를 검토한 결과, 십대와 젊은 대학생의 공감력이 1979년 학생보다 40퍼센트 줄어들었다. 스크린 타임 또한 불신과 배신감에 영향을 미친다. 실제로 여자아이들이 온라인에 머무는 시간이 더 길어질수록 우울해질 가능성은 더 높아진다.

2019년에 어른들은 십대들과 얼굴을 마주하고 운동을 하거나 극장에 가거나 진짜 신체 접촉을 하는 등 조직화된 활동을 하면서 함께 시간을 보내고 성장을 도왔다. 부모들은 딸에게 파자마 파티나 댄스 파티를 권하고 야외에서 요리를 해 먹거나, 십대들이 협력하고 대화할 수 있는 모든 활동에 참여하라고 북돋울 수 있다.

또래 상담은 다른 사람과의 접촉이 얼마나 중요한지 잘 보여준다. 상담이나 멘토링을 통해 십대들은 깊은 대화를 나누는 법을 서로에게 배운다. 학생들은 활동을 통해 공동의 목표를 위해 다른 사람과 협력하며 성장하고 성숙해질 수 있다.

긍정적인 소식을 들자면, 여자아이들은 대화, 독서, 창의적 취미활동처럼 진짜 연결을 위한 기회를 가질 때 활짝 꽃을 피운다. 여자아이들은 다른 사람 혹은 자신의 깊은 자아와 연결될 때 크나큰 행복감을 느끼고 정서적으로도 사회적으로도 성장한다. 또한 공감력, 자기 효능감, 자기 능력에 대한 자신감도 더 발달한다.

포커스 그룹과 대화하고 여러 사람을 인터뷰하면서 여자아이들이 속 깊은 대화를, 그리고 자신이 진정으로 어떠한 사람인지 성찰하는 기회를 즐긴다는 걸 느꼈다. 배우고 성장할 기회를 주면, 여자아이들 은 열정적으로 자신과 세상을 탐구한다. 청소년기 초기의 여자아이 들은 모두 자기중심적이고 소셜미디어 때문에 더욱 그렇게 변해가지 만 의미 있는 방식으로 진짜 사람들과 관계를 맺을 때 이들의 판단력 과 도덕적 상상력은 금세 높아진다. 우리 어른들은 여자아이들이 자 연환경, 유익한 일 혹은 모든 연령대의 친구들과 진짜 연결을 경험하 도록 여러 방법을 고안해 아이들을 도울 것이다.

4장
그때와 지금, 1959~2019

캐시를 보니 소녀 시절의 내 모습이 떠올랐다. 긴 갈색 머리에 푸른색 눈, 어딘가 얼빠져 보이는 모습에 가슴이 절벽인 생김새까지 친척이라고 해도 믿을 정도로 예전의 나와 똑 닮았다. 우리 둘 다 숲길을 산책하기 좋아하고 시를 읽으면서 눈물을 흘렸다. 캐시는 홀로코스트 박물관에 가보고 싶어했고, 평화봉사단에 가입하려 했다. 캐시는 옷보다 책을 더 좋아하고 돈에는 조금도 관심이 없었다. 부모가 이혼 절차를 밟는 중이어서 캐시를 거의 신경쓰지 못했지만 그래도 부모를 여전히 사랑했다. 학교에서는 수줍음 많고 열심히 공부하고 다른 사람의 말을 경청하는 학생이었다.

그렇지만 1963년에 열다섯 살이었던 나와 달리 캐시는 1993년에 열다섯 살이었다. 열다섯 살 때까지 우리 둘 다 키스해본 적이 없었다. 그러나 캐시가 심리 치료를 받으러 온 이유는 성폭행을 당해서였다. 무릎 위에 양손을 맞잡고 고개를 숙인 채로 캐시는 나지막이 이야기를 꺼냈다.

대수학 수업을 함께 듣는 한 여자아이가 하루 동안 부모님이 집을 비운다며 캐시를 파티에 초대했다. 그 여자아이는 부모에게 친구 한 명만 부르겠다고 말했지만, 그러는 대신 파티를 열었다. 아이들은 그 집 온수 욕조도 사용할 수 있고 주류 수납장도 쉽게 접근할 수 있을 거라고 했다. 캐시는 초대를 받아들였지만, 상황을 통제할 수 없다 싶으면 곧장 그 집을 떠날 생각이었다. 엄마에게 계획을 솔직히 말했지만, 친구네 부모님이 집을 비운다는 말은 따로 하지 않았다. 이혼 절차에 온통 신경이 쏠린 엄마는 더 자세히 캐묻지 않았다.

파티는 처음에는 별 탈 없이 흘러갔다. 시끄러운 음악과 짓궂은 농담이 넘쳐나긴 했지만 캐시는 그곳에 있어서 즐거웠다. 학교에서 점심시간에 잠깐 본 적이 있는 남자아이가 춤을 추자고 청했고, 거의 모르는 사이인 치어리더가 나중에 함께 영화를 보러 가자고 했다. 하지만 밤 열한시가 되자 여기저기서 뭔가 우당탕 부서지는 소리가 들렸고 한 명도 빠짐없이 모두가 술을 마시고 있었다. 어떤 아이들은 토했고 어떤 아이들은 섹스를 했다. 한 남자아이는 책상 위에 놓인 램프를 바닥에 떨어뜨렸고 한 남자아이는 벽을 발로 걸어차서 구멍을 냈다. 캐시는 집에 가고 싶었다.

캐시는 슬그머니 자리를 빠져나와 코트를 가지러 2층 침실로 향했다. 캐시가 알아채지 못하게 한 남자아이가 뒤따라 침실로 들어왔다. 남자아이는 캐시의 이름을 부르면서 키스를 하자고 했다. 캐시는 고개를 가로저어 싫다고 한 다음 침대 위 옷더미에서 자기 코트를 찾았다. 남자아이는 캐시 뒤로 슬금슬금 다가오더니 갑자기 양손을 셔츠 밑으로 집어넣었다. 당장 그만두라고 말하며 그 아이를 밀쳐내려고 애썼지만 그런 다음 일이 매우 빠르게 벌어졌다. 남자아이는 캐시를 꽉 붙잡고는 '암캐'라고 불렀다. 빠져나오려고 온 힘을 다해 몸부림쳤지만, 그 아이는 캐시를 꼼짝 못하게 찍어 누르고 입을 틀어막았다. 캐시는 맞서 싸웠지만, 근육질인데다 만취한 그 아이는 마구 때려도 아무 통증도 느끼지 않았다. 커다란 음악 소리 때문에 아래층에 있던 그 누구도 캐시의 소리를 듣지 못했다. 10분 만에 상황은 끝났다.

캐시는 엄마에게 데리러 와달라고 전화했다. 엄마가 도착할 때까지 캐시는 집밖에서 온몸을 떨고 있었다. 엄마에게 무슨 일이 벌어졌는지 말했고 두 사람은 함께 울음을 터뜨렸다. 그들은 아빠에게 전화를 걸고 경찰에 신고한 다음 근처 병원으로 향했다. 캐시는 검사 후 위기상담사를 만났다.

그로부터 2주 후, 캐시는 내 심리상담실을 방문했다. 강간을 당하기도 했지만, 학교에서 맹비난이 쏟아졌기 때문이기도 했다. 캐시를 성폭행한 남자아이는 재판을 받아야 했기에 소속된 육상팀에서 출장 정지 명령을 받았다. 그의 친구들은 캐시가 그 아이를 곤경에 빠뜨렸다며 불같이 화를 냈다. 다른 아이들은 그런 파티에 참석했으니 자업자득이나 다름없다고 생각했고, 한 술 더 떠 캐시가 그 아이를 유혹했다고 수군댔다.

캐시는 내게 근본적인 사실을 일깨워주었다. 1993년 여자아이들이 하는 경험은 1960년대 나와 내 친구들이 했던 경험과는 전혀 달랐다. 1990년대를 살아가는 여자아이들과 상담하려면 지금껏 만나보지 못한 새로운 세계를 탐색해야만 했다. 그들의 세계가 어떠한지에 대해 선입관을 버리고 그들의 상황을 완전히 새로운 시각으로 들여다보아야 했다. 그들을 도우려면 먼저 그들에게서 배워야 했다.

청소년기 동안 나는 인구가 사백여 명 정도인 마을에 살았다. 거기서 어머니는 개인 병원을 운영하고 아버지는 종자용 씨앗을 판매하고 돼지를 키웠다. 자전거를 타고, 수영을 하고, 책을 읽고, 피아노를 치고, 친구들과 상점에서 라임에이드를 사 마시며 하루하루를 보냈다. 온갖 종류의 동물을 키웠다. 부모님이 사냥꾼에게 산 새끼 코요테부터 고속도로에서 주워온 거북이, 거센 봄비가 내릴 때 나무에서 미끄러져 떨어진 새, 개가 쥐구멍에서 물어온 쥐, 마을 외곽 들판에서 잡은 뱀과 토끼까지 정말 이것저것 키웠다.

내게는 열한 명의 고모, 이모, 삼촌과 서른 명의 사촌이 있었는데 그들은 우리집에 한번 놀러오면 오랫동안 머물다 갔다. 여자들은 요리를 하고 아기를 돌봤고 남자들은 편자 던지기 놀이를 하고 낚시를 했다. 저녁이면 모두 모여 카드놀이를 했다. 할아버지는 오행희시를 암송하고 카드 묘기를 보여주었다. 대화가 주된 오락거리였다. 사촌들은 경쟁하듯이 마을과 가족에 관한 이야기를 나눴다. 나이 많은 사촌들은 세상을 경험하며 얻은 지식으로 더 나이 어린 사촌들을 감탄시켰다. 아이들은 앉아서 어른들이 들려주는 이야기나 정치에 관한 대화를 경청했다. 옆방에서 어렴풋이 들려오는 웃음소리와 대화 소리에 귀기울이다가 잠들던 일이 좋은 기억으로 남아 있다.

'미디어'라는 단어는 우리 언어에 존재하지 않았다. 여섯 살 때 난 생처음 TV를 봤는데 그때 카우보이의 총을 보고 겁에 질려서 소파

뒤에 숨었다. 여덟 살이 되어서야 비로소 우리집에 흑백TV가 생겼다. 선명하지 않게 방송국 채널 하나만 나왔는데 그나마도 방송 테스트용 화면만 나오기 일쑤였다.

십대 때는 〈미키 마우스 클럽〉〈아메리칸 밴드스탠드〉〈에드 설리번 쇼〉 같은 TV프로그램을 시청했다. 〈페리 메이슨〉이나 〈건스모크〉는 우리 부모님 생각에는 너무 폭력적인 프로그램이라 볼 수 없었다. 우리 마을에는 극장이 하나뿐이었는데 2주마다 새 영화가 개봉했다. 극장 주인은 매우 가정적인 남자라 마을에서 어떤 영화를 상영할지 무척 신중하게 선택했다. 그의 부인은 극장에서 짭짤한 팝콘, 초콜릿 캔디, 콜라를 팔았다. 아이들은 토요일 오후면 극장에 가서 다른 아이들을 염탐하거나 친구들과 킥킥거리며 시간을 보냈다.

1960년대 초반에는 1분에 LP판이 45회 도는 45rpm판이 크게 유행했다. 나는 에벌리 브라더스, 로이 오비슨, 엘비스 프레슬리의 감상적인 노래를 즐겨 들었다. 엘비스 프레슬리의 〈서렌더Surrender〉를 가장 좋아했는데 이 노래의 가사를 들으면 온몸에 소름이 돋았고, 형용할 수 없는 무언가에 대한 갈망이 가득 차올랐다. 부모님은 보비 대린의 히트곡 〈멀티플리케이션Multiplication〉이 너무 외설적이라며 듣지 말라고 막았다. 나는 과감한 춤으로 여겨졌던 트위스트 추는 법을 배웠다.

우리 공동체에서는 돈과 과시적 소비를 대단찮아했다. 물론 다른 사람들보다 더 부유한 사람이 있었으나 높은 수입을 과시하면 저급하다고 평가됐다. 모두가 시어벌드 식료품점과 렉솔에서 쇼핑을 했고 시어스와 JC페니의 카탈로그를 보고 옷을 주문했다. 목장주였던 남편을 잃은 어떤 부인만이 천식 때문에 마을에서 유일하게 에어컨을 가지고 있었다. 흥청망청 돈을 쓸 만한 장소라고는 패스트푸드점인 데어리킹과 당구장뿐이었다.

방과후에 어머니가 운영하는 개인 병원에서 어머니를 도왔다. 주사기와 고무장갑을 살균하고 알약 개수를 셌다. 그렇게 해서 번 돈을 고스란히 대학 등록금 계좌로 모았다. 중학교까지 내가 받은 선물(좋은 도자기, 트렁크 가방, 사전, 손으로 자수를 놓은 베갯잇 등)은 대부분 훗날 혼수품으로 모아뒀다.

그런 분위기였음에도 의무총감은 흡연에 관한 보고서를 발표해야만 했고 담배는 도처에 널려 있었다. 감리교회 청년회에서 술을 마시거나 대마초를 피우는 사람들이 어떻게 망가지는지 다룬 영상 자료를 봤다. 거기서 특히 여성이 술을 마시면 타락하고 망가진다고 묘사되었다. 이 영상 자료를 본 후 우리는 절대 술을 마시거나 대마초를 피우지 않겠다는 서약서에 서명했다. 대학생이 될 때까지 나는 이 서약을 깨지 않았다.

톨스토이의 말로도 익히 유명하지만, 어느 시대든 어느 장소든 행복한 가정과 불행한 가정이 존재해왔다. 1950년대에는 불행이 대부분 개인적인 일이었다. 이혼은 드물었고 수치스러운 일로 여겨졌다. 친구 중에서 부모가 이혼한 경우는 단 한 명도 없었다. 온갖 고통이 비밀에 부쳐졌다. 신체적 학대나 성적 학대가 발생해도 신고되지 않았다. 학대 가정에서 살아가는 아이들과 여자들은 숨죽여 고통스러워했다. 삶이 악화일로로 치닫는 사람들이 기댈 곳은 어디에도 없었다. 내 친구 수의 아버지는 집 지하실에서 목을 매 자살했다. 수는 일주일간 결석했고, 그러고 나서 학교에 돌아왔을 때 아무 일도 없었던 것처럼 수를 대했다. 스물다섯번째 동창회 때에야 아버지의 죽음에 관해 수와 처음으로 이야기를 나눴다.

어찌 보면 잔인한 시대였다. 알코올중독자와 각종 중독자들은 도움보다는 모욕을 받았다. 정신적 혹은 신체적 장애가 있는 사람들은 놀림을 받았다. 또한 이방인, 행상인, 특히 유색인종처럼 바람직하지 않은 사람들을 마을 밖으로 몰아내는 '그린 리버 조례'가 집행되었다.

대부분의 어머니들은 학교에 다녀온 아이에게 브라우니와 우유를 간식으로 챙겨주는 전업주부였다. 어머니들은 남자, 아이, 공동체에 평생 봉사해야만 하는 삶을 비참해했을지도 모르지만, 대부분의 아이들은 그 사실을 몰랐다.

대부분의 아버지들은 농사를 짓거나 시내에서 자기 소유의 가게를 운영했고 매일 집에 걸어와 점심을 먹었다. 베이비시터는 쉽게 구할 수 없었다. 모든 사람이 똑같은 레스토랑에서 외식을 했고 똑같은 지역 축제에 참석했다. 어른들은 항상 주위에서 모든 것을 감시했다. 한번은 내가 어떤 노부인네 덤불 울타리에서 라일락을 몇 송이 꺾은 적이 있었다. 내가 꽃다발을 들고 집에 도착하기도 전에 그 노부인은 우리 부모님에게 전화를 걸었다.

어른들은 규칙을 합의해 이를 강요했다. 십대 아이들은 대안적인 가치체계에 노출되지 않았고, 덕테일 헤어스타일이나 딱 붙는 치마, 로큰롤 음악 등 온화한 방식으로 기존 체제에 반항했다. 어른들은 골칫거리 십대에 대해 농담을 나눴지만, 대부분의 부모는 자기 자녀를 자랑스러워했다. 그들은 1990년대 십대 부모들처럼 불편한 얼굴로 근심에 찬 대화를 나누지 않았다.

공권력은 대부분 남자들이 쥐고 있었다. 주지사, 상원의원, 하원의원, 시장, 시의회 의원 모두 남자였고, 시내에서 가게를 운영하는 사람들도 모두 남자였다. 엄마는 우리 동네 최초의 '여자 의사'였고 그래서 상당히 고생했다. 어머니는 다른 여자들만큼 여성스럽다고 여겨지지도, 옆 마을 남자 의사들만큼 훌륭한 의사라고 여겨지지도 않았다.

언어는 대놓고 배타적이었다. 지도자는 '그'로, 허리케인과 비서는 '그녀'로, 인류는 '남자 인간mankind'으로 지칭되었다. 남자들은 역사를 만들고, 책을 쓰고, 전쟁에 승리하고, 교향곡을 작곡하고, 불멸의 예술작품을 창조했다. 학교에서는 남자들이 쓴 남자들에 관한 책을 읽었다. 자신이 어떻게 배제되는지 언급하지 않는 여자 교사들이 이런 책을 우리에게 공유해주었다.

켄트와 샘과 나는 성적이 최상위권이었다. 교사들은 켄트와 샘에게는 총명하고 창의적이라고 칭찬했지만 나에게는 열심히 노력한다고 말할 뿐이었다. 켄트와 샘에게는 다른 주의 대학에 가서 법률이나 의학을 공부하라고 격려했지만 나에게는 주립대에 가서 공부한 후 교사가 되라고 권했다.

억눌려 있지만 우리 사회 구석구석에 여성혐오가 스며들어 있었다. 장모, 여자 운전사, 못생긴 여자는 조롱 섞인 유머의 원천이었다. 남자들은 '가족 안에서 주도권을 쥐어야만' 했다. 자기주장이 강한 여자는 곧바로 훈계를 받았고, 남편들 또한 '치마폭에서 놀아났다'며 똑같이 질타를 받았다. 여자들의 대화는 남자들의 중요한 대화보다 열등하다고 취급됐다. 여자아이들은 '똑똑해지는 것은 똑똑한 행동이 아니다'라는 충고를 받았고 '남자아이들이 따라올 때까지 기다렸다가 그들을 붙잡아야' 했다.

중학생이 되면 여자아이들의 활동은 남자아이들과는 완전히 달라졌다. 여자아이들이 바르고 좋은 자세를 익히기 위해서 머리에 책을 얹고 체육관 주위를 걷는 동안 남자아이들은 운동을 했다. 보이스카우트가 야영을 하고 낚시를 하는 동안 걸스카우트는 직접 만든 쿠키를 팔고 바느질하는 법, 빵 굽는 법, 아이를 돌보는 법을 배웠다.

어느 여름, 간호 실습생이 주인공인 『체리 에임스』 시리즈를 탐독했다. 어떤 책을 봐도 체리는 병원이라는 멋진 설정 안에서 새로운 젊은 의사를 만나 순수한 사랑을 나눴다. 다행히도 여자 탐정인 낸시 드루가 나오는 책과 『다나 걸스』 시리즈도 읽었다. 책 속 아마추어 여자 탐정은 유능하고 자신만만하고 용감하고 모험심이 강했다. 이들은 내게 활달하고 적극적인 여자의 역할모델이 되어주었다. 이들에게는 남자친구가 있었지만, 사건을 해결하러 가면서는 항상 그들을 차버렸다.

1950년대와 1960년대 남자아이들은 자신이 모든 면에서 능가할 법한 여자아이와의 데이트를 선호했다. 여자아이들의 성취는 사회적인 매력을 방해하지 않는 한에서만 가치 있었다. 교육을 너무 많이 받거나 야망을 크게 품으면 매력 없다고 여겼다. 고등학교 연합 대회에서 바슈롬 과학상을 수상한 적이 있는데 그때 나는 창피해서 죽는 줄 알았다.

성은 하느님이 규제하는 강력한 힘으로 여겨졌다. 모든 것에는 규칙과 완곡한 어법이 존재했다. "씻을 때를 제외하고는 너의 은밀한 곳을 절대 만져선 안 돼." "남자가 갈 데까지 다 가도록 절대 내버려두면 안 돼. 안 그러면 그가 아침에 너를 존중하지 않을 거야." 섹스는 가장 혼란스러운 문제였다. 여자의 신체에 몇 개의 구멍이 있는지 정확히 몰랐다. 여자아이들이 남자아이들과 어떤 일을 하면 아기가 생긴다는 사실은 알았지만, 그게 정확히 어떻게 이뤄지는지 머릿속에 그릴 수가 없었다. 음담패설을 오해하고 대중가요 가사가 성적인 암시로 가득하다는 사실도 몰랐다. 중학교에 들어가고 한참 후에도 '간통.adultery'이라는 단어가 '어른adult처럼 행동하려고 애쓴다'는 의미인 줄 알았다.

친구의 사촌언니가 로맨스 잡지를 침대 밑에 숨겨두곤 했기에 어느 날 그 언니가 악대 지휘 대회에 참가하느라 집을 비운 사이 그 방에 몰래 들어가 잡지를 읽었다. 아름다운 젊은 여성들이 욕정에 사로잡히고 잘생긴 영웅에게 매료되었다. 하지만 세부사항이 모호했다. 커플은 침대 위로 쓰러졌고 여자의 블라우스 단추가 풀어졌다. 여자의 가슴이 흔들리고 얼굴이 창백해졌다. 작가는 집밖에 폭풍이 이는 모습이나 근처에 놓인 꽃병 속 꽃의 꽃잎이 떨어지는 식으로 상황을 묘사했다. 무슨 일이 정말로 일어난 건지 여전히 혼란스러워하며 그 집을 떠났다.

성의 무서운 측면도 있었다. 어떤 친구는 아버지에게 이런 얘기를 들었다고 한다. "절대 임신하면 안 돼. 하지만 혹시 그러면 나한테 와. 그러면 총을 장전할 테니까." 내 육촌은 임신했기 때문에 결혼해야만 했다. 그녀는 남자친구의 협박에 억지로 섹스했다고 내게 고백했다. 그녀는 동창회의 여왕 후보였는데, 섹스하겠다고 동의해야만 동창회에 함께 가겠다고 남자친구가 뻗댔다고 말했다. 또한 그는 '고환 통증' 때문에 고생하고 있는데, 섹스를 통해서만 이 고통스럽고 해로운 상태에서 벗어날 수 있다고 주장했다.

로이스와 캐럴은 내게 무엇보다 중요한 교훈을 가르쳐주었다. 로이스는 키가 작고 통통하고 눈에 잘 띄지 않는 열네 살 여자아이로 주일학교에 8년 동안 단 한 번도 빠지지 않고 참석한 게 가장 큰 성취인 아이였다. 어느 일요일 오전, 로이스가 주일학교에 나타나지 않기에 내가 이 사실을 언급하자 주일학교 교사는 성급히 화제를 돌렸다. 한동안 아무도 로이스에게 무슨 일이 일어났는지 말해주지 않았다. 하지만 내가 너무 불안해하자 결국 어머니가 진상을 이야기해주었다. 로이스는 자기 아버지 가게에서 일하는 중년 남자와 섹스한 후 임신을 했다. 그들은 결혼했고 마을 남쪽에서 트레일러에 살았다. 로이스는 학교에서 퇴학당했고 교회에도 더는 오지 않을 터였다. 적어도 아기가 태어날 때까지는 말이다. 그후 다시는 로이스를 보지 못했다.

캐럴은 대가족 출신의 깡마르고 주근깨 난 농장집 여자아이였다. 캐럴은 우리 동네에서 하숙을 하며 시내에 위치한 고등학교에 다녔다. 저녁마다 잔심부름을 다 끝마친 뒤에 우리집에 와서 나와 함께 놀았다. 어느 날 밤, 집 앞마당에 서 있는데 남자아이들이 가득 탄 자동차 한 대가 우리 앞에 멈추더니 캐럴에게 드라이브하지 않겠느냐고 물었다. 캐럴은 망설이다가 그러겠다고 했다. 그리고 한 달 후 캐럴은 임신해서 원래 살던 농장으로 돌아갔다. 캐럴에게 아버지가 아이들에게 벨트와 옷걸이를 휘두른다는 이야기를 들었기 때문에 걱정이 되었지만, 우리 아버지는 캐럴의 실수를 교훈 삼으라면서 남자아이들과 자동차를 타지 말라고 했다. 나는 그 말을 액면 그대로 받아들였고 사촌을 제외한 다른 남자아이들과 같은 차에 타도 불편해하지 않는 데까지 상당히 오랜 시간이 걸렸다.

우리 마을에서 남자아이들에 대한 규칙은 명확했다. 남자아이들은 섹스를 좋아하기 마련이었고 기회가 있을 때마다 도전해야 했다. 그들은 분방한 여자아이들과의 섹스는 기대할 수 있었지만 얌전한 여자아이에게는 그럴 수 없었다. 적어도 그들과 오랫동안 데이트를 하기 전까지는 그럴 수 없었다. 자신이 남자라는 사실을 증명할 경험이 남자아이들에게는 무엇보다 중요했다.

여자아이들에 대한 규칙은 더 복잡했다. 우리는 섹스가 우리 인생과 평판을 망칠 것이라고 배웠다. 사람들은 섹시해야 하지만 야해서는 안 된다고 부추겼다. '애만 태우는 년'과 '쌀쌀맞은 년' 둘 다 엄청난 조롱거리였다. 유혹적인 모습과 고지식한 모습 사이에서 적당히 균형을 잡기란 무척 힘들었다.

두 성별에 대한 규칙 때문에 여자아이와 남자아이 모두 토요일 밤데이트를 하면서 씨름했다. 남자아이들은 얻을 수 있는 것을 얻고자노력했고 여자아이들은 그들을 막으려고 애썼다. 그 때문에 땀투성이 레슬링 경기가 벌어졌고 고등학교 졸업 무도회 밤은 엉망진창이되었다. 규칙을 깨는 일에 따르는 가장 큰 위험은 임신이었다. 이때만 해도 경구 피임약과 합법적 임신중단이 존재하지 않았다. 매독과임질은 전염되는 가장 흔한 성병이었고, 둘 다 기적의 신약 페니실린으로 치료할 수 있었다.

성적 개방성과 관용성은 공동체의 가치가 아니었다. 임신한 교사들은 '티가 나면' 바로 학교를 떠나야만 했다. 내 여자친구 중 자신이 성적으로 적극적이라고 인정하는 사람은 아무도 없었다. 친족 간 성폭력과 강간에 대해서는 지역사회 구성원 모두가 그 존재를 부인했다. 공식적인 이야기는 '전체 관람가 등급'을 유지했다.

위선 또한 엄청나게 많았다. 우리 마을에서는 한 부유한 남자가 여자아이들을 꼬집고 희롱하고 다니는 걸로 악명 높았다. 여자아이들끼리는 그를 '바닷가재'라고 부르며 알아서 피했다. 하지만 그의 가족이 부유했기 때문에 아무도 그에게 그렇게 행동하지 말라고 말하지 않았다.

우리 마을에서 남자 동성애자는 인정사정없이 경멸당했다. 동성애자로 알려진 한 남성은 개신교 목사의 아들이었다. 그는 다른 남자아이에게 키스하자고 청하는 엄청난 실수를 저지른 뒤로 영원히 고립되고 놀림받으며 악몽 같은 삶을 살았다. '레즈비언'이라는 단어는 대학생이 되어서야 처음 들어봤다.

사회주의자, 아메리카 원주민 혹은 흑인 같은 외부인은 작은 공동체에서 왕따를 당했다. 식당에서는 "우리는 서비스를 거부할 권리가 있다"라고 적어두어 비백인을 배제했다. 어른들은 인종차별주의적인 농담을 서슴지 않고 해댔고 심지어 생전 마주친 적도 없는 소수민족 집단에게 인종차별적 신념을 가지고 있었다. 아버지는 내게 대학에 입학하면 절대 '검둥이'와 함께 춤을 추거나 대화해서는 안 된다고 경고했다. 안 그러면 사람들이 나를 하층계급이라고 생각할 것이라면서 말이다. 특정한 인종을 비하하는 '유대인처럼 값을 깎다Jew down'나 '아메리카 원주민처럼 보답을 바라고 서비스하는 사람Indian giver' 같은 표현을 일상적으로 사용했다.

우리 마을에서 일어나는 범죄 사건은 핼러윈에 뒤집히는 공중 쓰레기통이나 공중 화장실 정도였다. 아무도 현관문을 잠그지 않았다. 마을 보안관의 주업무는 잃어버린 반려동물 찾기나 속도 위반 단속이었다. 해가 떨어지기 전이든 후든 상관없이 내가 어딜 가든 부모님은 걱정하지 않았다. 가장 고통스러웠던 일은 『안네 프랑크의 일기』를 읽었을 때로, 이때 어딘가에는 믿을 수 없을 정도로 사악한 사람이 있다는 사실을 깨달았다.

어린 시절을 회상할 때마다 마크 트웨인의 말에 주의한다. "나이를 먹어갈수록 절대로 일어나지 않았던 일들이 더 명확히 기억난다." 과거를 기억하는 일이란 컴퓨터 파일을 찾는 것보다 로르샤흐테스트를 받는 일에 더 가깝다. 매우 선별적이면서도 한 사람의 깊은 본성을 드러내는 일이다. 물론 다른 사람들은 나와 다른 일을 겪었겠지만 나는 지금보다 더 느리고 더 안전했다고 생각했던 작은 마을에서의 삶을 기억한다. 마을 사람끼리 모두 서로를 다 알았다. 어떤 때는 그래서 세상이 아늑했지만 어떤 때는 세상이 자그맣고 억압적으로 느껴지기도 했다.

나의 내담자 캐시는 전교생 수가 이천삼백 명인 고등학교에 다녔다. 캐시는 교사들의 자녀나 이웃 사람들의 사촌에 대해서 알지 못했다. 누군가를 만날 때 복잡한 공동체 네트워크 안에서 그 사람의 자리를 구축하려고 애쓰지도 않았다. 가령, 청바지를 사러 갔을 때 판매원이 가족의 안부를 묻는 일은 상상도 하지 않았다.

캐시는 일가친척을 드물게 방문했는데 특히 부모의 이혼 후에는 더욱 그러했다. 캐시의 친척들은 미국 전역에 흩어져 살았다. 캐시네 동네에 사는 어른들은 대부분 일을 했다. 저녁이면 현관 베란다 앞에 앉는 사람이 더는 보이지 않았다. 그 대신 사람들은 뒷마당 테라스를 선호했다. 거기서는 사생활이 노출되지 않았기 때문이었다. 에어컨은 각 가정의 고립에 이바지했다. 무더운 여름이면 사람들은 시원하게 지내기 위해 온종일 실내에만 머물렀다. 캐시는 옆집 사람들보다 미디어에 나오는 유명인사에 대해 더 많이 알았다.

캐시는 내가 어렸을 적의 십대들보다 더 공격적인 방식으로 부모와 다퉜다. 소리를 지르고, 욕을 하고, 자신을 통제하려 든다며 부모를 비난하고, 가출하겠다고 협박했다. 부모는 이러한 노골적인 분노를 이전 세대보다 훨씬 더 기꺼이 참아냈다. 나는 우리 세대 여자아이들이 더 억압받았던 것인지 혹은 그저 더 행복했던 것뿐인지 혼란스러웠다. 어떤 때는 이렇게 분노를 솔직하게 표출하는 게 진전을 의미한다고 생각하지만, 딸에게 몹시 시달리는 엄마들과 대화하다보면 의문에 빠진다.

캐시는 태어났을 때부터 죽 미디어에 둘러싸여 있었다. 캐시네 집에는 VCR, 스테레오 전축, 두 대의 컬러TV, 여섯 대의 라디오가 있었다. 캐시는 라디오 소리를 들으며 잠에서 깼고, 등굣길에 차에서 카스테레오를 들었고, 학교에서 비디오를 봤으며 집으로 돌아와 스테레오, 라디오, TV, 영화 중에 뭘 이용할지 선택했다. 캐시는 하루 온종일 방송중인 마흔 개의 채널에서 무엇을 볼지 선택할 수 있었다.

공부하는 동안에는 음악을 틀어놓았다.

캐시와 친구들은 태어났을 때부터 광고의 홍수에 잠겨 있었고, 브랜드명과 상업광고를 줄줄이 꿰었다. 이들 중 대부분은 네브래스카주의 꽃인 미역취가 고속도로를 따라 도랑에 피어 있어도 그게 뭔지 몰랐지만, 탄산음료 캔의 브랜드명은 100미터 밖에서 보고도 외칠 수 있었다. CM송도 한없이 부를 수 있었다.

캐시는 행복이란 적절한 제품을 소비하는 데서 온다고 주장하는 세련된 광고에 오랫동안 노출됐다. 캐시는 작은 거짓말을 잡아낼 줄 알았고 어른들이 돈을 벌기 위해 아이들에게 자주 거짓말한다는 사실 또한 잘 알았다. 하지만 그것을 잘못이라고 생각하지 않고 마케팅이라고 불렀다. 그렇긴 하나 소비가 행복의 필수 요소라는 큰 거짓말까지 간파했는지는 잘 모르겠다.

캐시는 나보다 책을 더 많이 접할 수 있었다. 나는 퀵숍 크기만한 동네 도서관과 매주 찾아오는 이동도서관만 이용할 수 있었다. 하지만 캐시는 여섯 곳의 공공 도서관, 체육관만큼이나 커다란 학교 도서관을 이용하고 다양한 인기 잡지를 정기 구독할 수 있었다. 그렇지만 캐시는 나보다 책을 덜 읽었다. 특히 내가 사랑했던 『제인 에어』『모비딕』『귀향』 같은 고전을 이상하고 장식적인 지루해빠진 글이라고 생각했다. 시간을 어떻게 보낼지 캐시에겐 선택권이 더 많았다.

1990년대 소녀 잡지는 십대 때 내가 샀던 것과 거의 비슷했다. 화장, 여드름 제품, 패션, 다이어트, 남자아이들의 관심을 끄는 방법을 주로 다뤘다. 어떤 기사의 제목은 예전과 거의 똑같았다. '진실 게임' '남자아이들의 관심을 끄는 외모를 가져라' '머리카락 관리 십계명'

등이었다. 하지만 어떤 제목은 1990년대에 발맞추어 업데이트되었다. '옥스퍼드대의 휴식 시간에 숨겨진 두 가지 비밀' '에이즈 검사를 받아야 할까?' '스트레스가 쌓일수록 당신의 외모를 더 가꾸어라' 등등.

캐시는 데드 밀크맨, 텐 사우전드 매니악스, 너바나, 데이 마이트 비 자이언츠의 음악을 들었다. 마돈나의 〈에로티카Erotica〉의 사도마도히즘적 노랫말에 맞춰 춤을 추기도 했다. 성차별적 가사와 젊은 여성의 나체를 이용한 마케팅은 캐시를 둘러싼 환경의 일부였다. 캐시가 가장 좋아하는 영화는 〈크라잉 게임〉과 〈아이다호〉였다. 둘 다 우리 고향의 극장 주인이라면 절대 극장에 걸지 않았을 영화였다.

1990년대가 되자, 우리 문화는 성에 관한 정보를 얻기 힘든 문화에서 성에 관한 정보를 피하기 불가능한 문화로 바뀌었다. 억제와 수치심은 종적을 감췄다. 1950년대만 해도 TV 속 부부는 싱글침대 두 개에서 따로 잠을 잤다. 이인용 침대가 너무 외설적이라는 이유에서였다. 하지만 1990년대에는 근친상간, 생리, 살백선증, 질 냄새 등 뭐든 방송을 통해 이야기되고 그려졌다.

로맨스 영화의 플롯도 달랐다. 1950년대에는 말다툼을 벌이고, 사랑에 빠지고, 그다음에 키스를 했다. 1970년대에는 말다툼을 벌이고, 사랑에 빠지고, 그다음에 섹스를 했다. 1990년대에는 만나고, 섹스를 하고, 말다툼을 벌이고, 그다음에 아마도 사랑에 빠졌다. 할리우드에서 연인들은 피임에 대해서나 과거의 성관계 혹은 성경험이 어떤 식으로 두 사람에게 영향을 미칠 수 있는지에 대해 절대 논의하지 않았다. 그들은 그냥 섹스를 했다. 성적인 행동에 관한 할리우드식 모델은 매우 해로웠고 사람들을 잘못된 길로 인도했다.

캐시는 동네 편의점과 퀵숍 가판대에서『플레이보이』와『펜트하우스』를 봤다. 우리 도시에는 성인 영화관과 성인 전용 서점이 있었다. 캐시는 호텔방에서 성인 채널을 보면서 전동 침대 위에서 깡충깡충 뛰었다. 성적 묘사 때문에 나를 불편하게 만들었던 광고가 캐시에게는 아무 문제도 없었다. 캐시에게 '오르가슴'이라는 단어를 스무 살 때 처음 들었다고 얘기해주자 캐시는 믿을 수 없다는 눈빛으로 나를 쳐다봤다.

캐시의 세계는 나 때보다 성에 관해 더 관용적이고 더 개방적이었다. 캐시 친구들은 〈소돔의 흡혈귀 레즈비언〉이라는 연극을 만들기도 했다. 장난삼아 캐시는 자기 방 사탕 접시에 민트맛 콘돔을 쌓아두기도 했다. 캐시의 세계는 아기를 낳은 여자아이들에게 더 친절하고 더 부드러웠다. 1994년에 태어난 아기 중 오분의 일은 싱글맘에게 자랐다. 캐시의 학교 친구 중에는 교내 보육센터에 아기를 맡기는 경우도 있었다.

어떤 면에서 캐시는 나보다 섹스에 관해 더 많이 알았다. 사춘기와 성에 관한 책을 읽고 학교에서 출산 관련 영상 자료를 봤다. 캐시는 성적 장면이 노골적으로 등장하는 영화를 보고 노골적인 가사가 담긴 음악을 여러 시간 동안 들었다. 그럼에도 캐시가 가장 관심을 둔 질문에 대한 대답은 찾지 못했다. 언제 섹스를 해야 하는지, 어떻게 거절해야 하는지, 좋은 성경험에는 무엇이 수반되는지에 대해서는 그다지 큰 도움을 받지 못했다.

캐시는 예전의 나처럼 남자아이들 앞에서는 긴장해서 말을 잘하지 못했다. 게다가 무엇이 적합한 행동이냐에 대해서 예전 세대보다 더 혼란스러워했다. 캐시가 가정과 교회에서 배운 가치는 미디어에 의해 널리 퍼진 가치나 친구들이 권하는 가치와 상충했다. 캐시는 자기 자신을 사랑하고 귀하게 여기라고 배웠지만, 거대한 포르노물 산업이 여성을 신체 부위로 축소시키는 사회에서 자랐다. 영화와 TV를 통해 세련된 사람들은 성적으로 자유롭고 자발적이라고 배웠지만 일회성 섹스를 하면 목숨을 잃을 수도 있다는 경고도 받았다. 캐시는 강간을 당한 적도 있었다.

캐시는 잘 알지도 못하는 남자아이와 섹스를 한 여자아이들을 알고 있었다. 어떤 여자아이는 '빨리 그 일을 해치워버리려고' 섹스를 했다고 말했다. 또다른 학교 친구는 절친한 친구 둘이 섹스를 경험했기 때문에 소외감을 느끼고 싶지 않아서 자기도 했다고 말했다. 내가 어렸을 적보다 더 많은 성희롱이 캐시네 학교 복도에서 일어났다. 그리고 여자아이들은 나쁜 년, 창녀, 잡년으로 불렸다.

캐시는 폭력에 둔감해졌다. 캐시는 친족 간 성폭력과 성폭행이 등장하는 TV드라마를 보고 스마트폰을 통해 수천 번의 살인 장면을 봤다.

캐시는 어두워지면 밖에 혼자 나갈 수 없었다. 가족들은 현관과 자전거를 걸어 잠갔다. 캐시는 가방에 호신용품을 넣어다니고 차 열쇠에는 호루라기를 걸어뒀다. 캐시가 늦으면 부모는 그 즉시 불안해했다. 물론 1950년대에도 트라우마를 입은 여자아이들이 있었고, 1990년대에도 안전하게 사는 여자아이들이 있었으나 그 비율은 현격히 변했다. 우리는 이 사실을 뼛속 깊이 느꼈다.

『내 딸이 여자가 될 때』 초판을 내면서 나와 캐시의 어린 시절을 비교했는데, 그렇다더라도 우리의 유년기로 미국 내 모든 여성의 유년기를 대표할 수는 없다. 어떤 면에서 봤을 때 우리 둘 다 흔치 않은 어린 시절을 보냈다. 나는 고립된 시골 지역에서 자랐기 때문에 그 시대의 평균적인 아이들보다 TV에 훨씬 덜 노출되었다. 캐시는 대부분의 지역보다 더 안전한 도시 지역에서 살았고 휴가와 음악 레슨을 위해 충분히 돈을 쓸 만한 가정 출신이었다. 강간을 당한 일을 따져보아도, 캐시의 상황은 최악의 시나리오까지는 아니었다. 또한 캐시의 부모는 정신질환자도 아니었고 학대를 하지도 않았으며 약물에 중독되지도 않았다.

나는 좋았던 옛 시절에 살았고, 캐시는 사악한 현재를 살아간다는 얘기도 아니다. 1950년대를 미화하려는 것도 아니다. 그 시절도 황금기는 아니었다. 조 매카시와 짐 크로의 시대였다. 성적으로, 종교적으로, 인종적으로 상당히 편협한 시대였다. 많은 가족에게 수치스러운 비밀이 있었고, 그게 밝혀지면 지역 공동체 사람들에게 도움받기보다 공공연하게 망신을 당했다. 나는 가능한 한 빨리 마을을 떠났고 어른이 되자 더 크고 덜 카르텔화된 환경 속에서 훨씬 행복해졌다. 내 친구 중 상당수가 작은 마을 출신으로 똑똑할수록 자신과 맞지 않는 환경에서 끔찍한 일을 많이 겪었다.

내가 **정말로** 주장하려는 것은, 나와 캐시의 이야기를 통해서 청소년기 여자아이들에게 세상이 어떻게 여전한지, 그리고 어떻게 달라졌는지다. 청소년기에 우리는 공통적으로 신체가 변화하고 그러한 변화 때문에 불안해졌다. 사춘기가 찾아오면서 우리 두 사람 모두 여자아이들 그리고 남자아이들과 새로운 방식으로 관계를 맺기 위해 애썼다. 매력적인 사람이 되려고 노력하고 성적 충동을 이해하려고 시도했다. 남자아이들이 주변에 있으면 어색해졌고 여자아이들에게 상처를 받았다. 점차 성장하고 스스로를 성인으로 규정하기 위해 노력하면서 부모와 거리를 두었고, 그 결과 어느 정도 외로워졌다. 자아정체성을 찾아 헤매면서 점점 혼란스러워지고 슬퍼졌다. 또한 둘 다 감정 기복이 심하고, 비밀이 많고, 자기표현을 제대로 못하고, 내면에 몰두하는 시기를 겪었다.

하지만 일부 유사한 경험을 했으나 많은 경험이 철저히 달랐다. 캐시의 공동체는 전 세계적인 공동체였고, 나의 공동체는 작은 시골 마을이었다. 1950년대 청소년기 여자아이에게 충격적이었던 일이 1994년 들어 하품만 나오게 됐다. 사람들이 '새가슴'이라는 말에도 얼굴을 붉히던 시대에서 〈귀여운 여인〉 같은 영화를 가족 영화로 즐기는 시대로 변했다. 또한 현관에 자물쇠가 없던 세상에서 현관에 빗장이 걸리고 집에 권총을 구비해두는 세상으로 이동했다. 언제 섹스를 해야 하는지, 술을 마시거나 담배를 피워도 되는지 등 내가 대학생 시절에 했던 고민을 이제는 청소년기 초기에 숙고해야만 한다.

1950년대도 1990년대도 어린 청소년들의 욕구를 완전히 충족시켜주는 환경은 아니었다. 나의 유년기는 체계가 잡혀 있고 안전했지만, 다양성의 수용 제한, 적합한 행동에 대한 엄격한 규칙, 프라이버시의 부족 등을 그 대가로 치렀다. 작은 시골 마을 출신의 한 남자가 이렇게 말했듯이 말이다. "사업체를 경영하는 일은 별로 걱정할 게 없어요. 너무나 많은 사람이 저 대신 신경써주니까요." 내가 자란 공동체에서는 양부모 역할을 하는 많은 대리 부모와 옳고 그름에 관한 명확한 규칙을 제공해줬지만, 이러한 구조는 엄격한 사회 및 계급의 규율을 강요하고 사람들을 자기 자리에 묶어두기 위해 사용될 때가 많았다.

캐시는 역할에 대한 규칙이 덜 엄격하고 자율성을 더 존중하는 동네에서 살았지만, 안전한 공간이 거의 없었다. 캐시는 나보다 더 많은 선택권을 쥐고 있었다. 하지만 어떤 면에서는 나보다 덜 자유로웠다. 캐시는 여름밤에 은하수를 올려다보며 혼자 산책할 수 없었다. 이상적인 공동체라면 작은 마을이 제공하는 소속감과 가끔 억제하는 개인적 자유를 어떤 식으로든 조화시켜야 할 것이다. 십대 여자아이들이 안전하고 자유로우며, 관용적이고 다양함이 인정받는 분위기 속에서 성장하고 발전할 수 있는, 십대에게 가장 관심을 쏟는 어른들에 의해 보호되는 곳이 십대의 유토피아일 것이다.

1960년대 1990년대 2010년대 이렇게 세 세대에 관해 쓰면서 일반화를 하지 않기란 대단히 힘들다. 게다가 수십 년에 걸쳐 변화하고 있는 문화가 여자아이들에게 어떠한 영향을 미치는지 짚지 않는다면 이 책이 무슨 의미가 있겠는가? 이번 개정판을 준비하면서 퓨 연구협의회와 『#i세대』뿐만 아니라 친구, 이웃, 인터뷰 등에서 들은 정보에서도 많은 도움을 받았다. 지금까지 읽고 본 것에 기반하여 결론을 도출한대도, 일반적인 추세에는 항상 예외가 존재하기 마련이라는 사실을 유념하면 좋겠다.

1960년대와 1990년대, 그리고 2010년대는 수백 가지 면에서 서로 다르다. 어떤 차이점은 대단히 중요하지만 어떤 차이점은 비교적 사소한 문제다. 가령, 오늘날 중년 남성이 중학교 2학년 여학생과 섹스를 한다면 미성년자 강간 혐의로 구속될 것이다. 앞에서 언급했던 열네 살 로리는 오늘날이었다면 학교에서 강제로 퇴학을 당하지도, 자신과 섹스한 중년 남성과 결혼하지도 않았을 것이다. 그 대신 로리는 심리 치료를 받았을 것이다.

하지만 이 세 세대는 놀라울 만큼 서로 유사하기도 하다. 지난 60년 동안 줄곧 여자아이들은 외모와 패션을 의식해왔다. 여자아이들은 인기나 사회계층 내에서의 위치를 늘 걱정했다. 여자아이들은 인기 있는 밴드와 좋아하는 유명인사를 우상화했다. 이들은 부모에게 비밀을 감추면서도 부모의 도움을 대단히 필요로 했다. 이들은 남자아이들을 어떻게 대해야 하는지 잘 몰라 당혹스러워했다. 지난 60년 동안 청소년기 여자아이들은 자기중심주의와 이상주의가 희한하게 뒤섞인 모습이었다.

이번에 개정판을 준비하면서 좋고 나쁨을 비교하거나 과거에 대한 향수를 드러내지 않으려고 최선을 다했다. 어떤 시대든 간에 긍정적인 면과 부정적인 면이 공존한다. 예를 들어, 1959년에는 흑인 차별 정책이 여전히 합법이었다. 또한 투표권법은 1965년 이후에야 통과됐다. 1994년에는 공공장소에서 흡연을 해도 문제없었다. 마찬가지로 1960년대에는 가정에서 신체적 학대나 성적 학대를 당하는 아동을 보호해주는 법이 거의 존재하지 않았다. 2019년이 되자 가정폭력 신고를 훨씬 더 많이 받고 가족 구성원을 폭력으로부터 보호하는 더 나은 법률이 갖춰져 이를 집행했다.

2019년에는 그 이전 시대보다 경제적 불안과 불평등을 겪는 사람이 더 많아졌다. 1960년대에는 외벌이 가정이어도 가족을 부양하고, 집을 소유하고, 차를 살 수 있었다. 1994년이 되자 맞벌이 가정이 일반적인 모습이 됐고 많은 커플이 꽤 여유롭게 생활했다. 하지만 2019년이 되자 맞벌이 가정임에도 주택을 마련하고, 질 높은 의료 혜택을 받고, 대학 등록금을 충당하기가 힘에 부치는 경우가 많아졌다.

1965년에 미국 인구 중 84퍼센트는 비히스패닉계 백인이었다. 1994년에 미국은 더 다양해졌다. 그리고 오늘날, 미국 인구 중 53퍼센트만이 비히스패닉계 백인이다. 요즘 여자아이들은 다양한 인종과 민족 출신의 친구를 사귈 가능성이 더 크다. 이들은 유색인종에게 고정관념을 갖거나 부정적인 태도를 보이는 경우가 더 적다.

1990년대와 오늘날을 비교해본 뒤, 테크놀로지가 우리 삶의 사실상 모든 측면을 뒤바꾸어놓았음에 큰 충격을 받았다. 1990년대에 가족 여행을 하면 십대들은 책을 읽거나 라디오에서 나오는 음악을 따라 불렀다. 차에서 가족끼리 대화를 나누거나, 지루하면 창밖 풍경을 보거나, 마지못해 동생들과 함께 단어 게임을 했다. 하지만 태블릿피시와 무선 이어폰이 생긴 뒤로 오늘날 장거리 자동차 여행을 하는 십대들은 가족과 상호작용을 할 필요도, 창밖으로 지나가는 세상을 구경할 필요도 없다.

우리 세대 때는 많은 여자아이가 주말과 여름방학 동안 일을 했다. 열여섯 살이 되면 모두 운전면허 시험을 봤다. 나는 열여섯 살 생일 때 직접 차를 몰고 친구들과 함께 로키산맥으로 짧은 여행을 떠나면서 생일을 자축했다. 내 딸 새러 세대도 대부분 열여섯 살에 운전면

허증을 취득했다. 하지만 이들은 우리 세대보다 일을 할 가능성이 더 낮았다. 오늘날 학생 중에는 사분의 일 정도가 운전면허를 따지 않고 고등학교를 졸업할 뿐 아니라 고등학생 시절에 일을 하는 경우가 거의 없다.

차를 몬다는 것은 독립성과 자유를 보여주는 중요한 지표였다. 자동차가 없으면 여자아이들이 집에만 붙어 있기가 더 쉽다. 진 트웬지가 말했듯이, 데이트, 음주, 어른에게 감독받지 않는 시간 등의 측면에서 볼 때, 2019년의 열여덟 살 여자아이들은 2009년의 열다섯 살 여자아이들처럼 행동하고, 오늘날의 열다섯 살 여자아이들은 과거의 열세 살 여자아이들과 유사한 모습이다.

만약 논의중인 세 세대를 각각에 걸맞게 표현해야만 한다면, 우리 세대는 '자신감 있다'라고, 새러가 속한 1994년 세대는 '반항적이다'라고, 2019년 여자아이들은 '조심스럽다'라고 표현하고 싶다.

오늘날 여자아이들은 스스로 연약하다고 느낄 만한 수많은 상황에 노출된다. 경제 상황은 혹독하고, 기후 변화는 압도적인 위협거리이며, 학교에서는 집단 총기 난사 사건이 흔히 벌어진다. 십대들은 학교나 공동체 내에서 벌어지는 위협적인 사건에 관해 이야기한다. 어떤 여자아이는 한 남자아이가 파티장에서 성폭행을 저지르려다가 칼에 찔렸다고 얘기해줬다. 그렇지만 통계로 보면 미국은 1994년보다 오늘날 훨씬 더 안전하다. 오늘날 십대들은 살해나 강도를 덜 당하고, 자동차 사고나 음주로 덜 죽는다. 하지만 우리가 매일 맞닥뜨리는 정보에 비추어볼 때, 대부분의 십대는 물론이고 어른들은 이러한 통계를 접하면 깜짝 놀랄 수밖에 없다.

일반적으로, 요즘 세대는 이전 세대보다 더 젠더 유동적이다. 여자아이들은 보이시하게 옷을 입거나 남자아이처럼 행동해도 예전보다는 괜찮다. 사실 요즘에는 지나치게 소녀처럼 굴면 오히려 놀림을 받는다. 온라인 작명 사이트인 네임베리닷컴에는 중성적인 이름만 따로 정리된 카테고리가 있다. 요즘 여자아이들에게 붙이는 할리, 엘리엇, 서턴 같은 이름을 보면 젠더 유동성이라는 새로운 흐름이 드러난다. 마치 부모들이 "저희는 이 아이가 자유롭게 원하는 모습대로 살길 바랍니다"라고 선언하는 것 같다.

여자아이들은 여전히 성과 타협해야 하지만, 젠더 유동적 흐름 속에서 성정체성을 탐색할 기회를 더 많이 얻는다. 이들은 무성애자, 양성애자, 범성욕주의자, 동성애자 혹은 성전환자가 될 수 있다. 그랬다가 마음을 바꿔서 다른 정체성도 시도해볼 수 있다.

성정체성에 대해서는 많은 논의가 이루어진다. 한 포커스 그룹에서 고등학교 3학년생 조던은 이렇게 말했다. "제가 아는 모든 사람이 성정체성에 대해 질문해요. 두 젠더 중 어떤 젠더로도 규정하고 싶지 않다는 사람도 있고요."

"저희 세대는 '모든 알파벳 사람들LGBTQA'을 수용해요." 애스펀이 동의했다. "저희 졸업 파티는 젠더 유동적인 분위기로 진행돼요. 여자아이들은 턱시도를, 남자아이들은 드레스를 원하는 대로 입을 수 있죠. 제 친구들은 완전한 평등이 존재한다고 믿고 동성혼을 지지해요."

내가 어렸을 때만 해도 동성혼은 생각조차 할 수 없었고, 1994년까지만 해도 불법이었다. 2016년이 되자 미국인 중 65퍼센트가 동성혼을 지지했다. 하지만 동성애자 아이들은 여전히 많은 학교에서 괴롭힘을 당한다. 많은 여자아이가 중학교 때까지는 성적 성향에 대해 침묵하다가 주변에서 수용해줄 가능성이 더 커지는 고등학교 때에야 커밍아웃을 한다.

트랜스젠더라는 말은 1965년에는 거의 듣지 못했고 1994년에도 드물게 사용됐다. 하지만 현재, 우리가 인터뷰한 여자아이 중 대부분이 트랜스젠더 고등학생을 적어도 한 명은 알았다. 심리학자 마거릿 니컬스는 『사이코테라피 네트워커』에 젠더 스펙트럼에 관해 기고했다. 이에 따르면, 오늘날 많은 십대들이 젠더를 엄격하게 규정하는 걸 좋아하지 않는다. 이들은 젠더 역할을 자유롭게 가지고 놀고 젠더 유동성을 더 잘 수용한다. 하지만 이렇게 젠더에 대해 수용하고 옹호하는 트렌드는 실제보다 과장되게 인식될 수도 있다. 니컬스 박사에 따르면 트랜스젠더 십대의 자살률은 계속해서 또래 친구들보다 더 높다.

오늘날 많은 여자아이가 자신을 트랜스젠더라고 규정한다. 부모와 친구들에게 트랜스젠더로 인정받기를 간절히 원하는 여자아이들의 이야기를 들을 때도 있고 딸이 너무 빠르게 삶의 중대한 변화를 향해 가는 게 아닌지 걱정하는 부모들의 이야기를 들을 때도 있다. 많은 심리 치료사가 성전환과 가족 문제로 고민중인 개인을 상담한다. 또한 이 주제에 관한 안내서도 많다(뒤의 '참고 도서' 부분을 참고하라). 매우 복합적인 이 분야의 권위자는 아니지만, 우리 입장에서 여러 가지 유의미한 관찰을 할 수 있다.

트랜스젠더로 자신을 규정하면 여자아이와 그 가족은 발견이라는 항해를 시작한다. 물론 모든 여자아이가 이러한 문제 때문에 고심한다고 일반화할 수는 없다. 하지만 부모들이 열린 마음으로 아이의 이야기를 들어주고, 아이에게 그 문제를 고심하고 감정을 솔직하게 표현하라고 격려해주면 무엇보다도 도움이 된다는 건 안다. 섣부르게 판정하지 않는다면 생각을 더 솔직하게 교환할 수 있고 신뢰와 존중이 싹틀 것이다.

여자아이들이 처음으로 자아정체성을 규정할 때, 결과보다는 과정에 더 관심을 기울여야 한다. 시간, 교육, 심리 치료, 강한 지지 네트워크가 사려 깊은 과정에 포함된다. 딸이 또래 친구, 멘토, 토론 그룹을 찾도록 부모가 도울 수 있다. 그 과정에서 여자아이들을 그들이 선택한 이름(혹은 이름들)으로 불러주라고 권하고 싶다. 특히 십대 초반이라면 시간이 흐르면서 정체성은 달라질 수 있다. 하지만 자신만의 정체성을 주장하려는 모든 청소년의 욕구를 긍정해주는 게 존중의 표시다. 이러한 여정에 부모들이 불안해질 수 있다는 사실을 잘 안다. 그렇기에 딸이 자기 성정체성을 탐색하는 과정을 돕는 동안 부모를 지지해줄 공동체를 찾아보라고 부모에게 권한다.

종교와 민족성은 젠더 이슈를 바라보는 관점에 영향을 미친다. 복음주의적이고 보수적인 성향인 교회에서는 이성애를 제외한 다른 성정체성은 모두 죄악이라고 가르친다. 반면, 어떤 교회에서는 LGBTQ 사람들을 옹호하고 그들에게 영혼의 안식처를 제공한다.

"사람들한테 동성애자가 되기에는 너무 예쁘다는 얘기를 들어요. 남자아이들은 자기랑 데이트하지 않겠다고 거절하면 화를 내고요." 포커스 그룹에서 마르타가 말했다. "독실한 기독교인이라는 게 저한테는 큰 힘이 됐어요. 저희 교회의 지지 그룹 덕에 모든 비난을 헤쳐 나갈 수 있었고, 자랑스럽고 자신감 있는 레즈비언으로 커밍아웃할 수 있었어요."

당연한 얘기지만 공화당 지지 지역과 민주당 지지 지역은 LGBTQ 공동체를 향한 태도 면에서도 서로 다르다. 네브래스카주 작은 마을 출신인 올리비아가 씁쓸하게 말했던 것처럼 말이다. "마을이 작으면, 마음도 좁죠."

부모가 동성애를 혐오하는 경우 여자아이들은 불안해하거나 고등학교 때까지 비밀을 숨기곤 한다. 한 여자아이는 본인이 레즈비언이라는 사실을 알았지만 침묵을 지켰다고 말했다. 영화관에 갔을 때 어머니가 동성애자 캐릭터를 조롱하고 그러한 '라이프스타일'을 심하게 말한 적이 있다고 했다. 이 여자아이는 엄마에게 아무 말도 하지 않았지만 집에 돌아와서 베개에 얼굴을 파묻고 흐느꼈다고 했다.

아이의 성적 성향을 상당히 관대하게 받아들이는 부모도 있다. 애스펀이 부모에게 양성애자라고 고백하자 아버지는 물을 마시다가 사레들려서 콜록거렸다. 하지만 그런 다음 호탕하게 웃으며 이렇게 말했다. "그래, 좋아. 하지만 좀더 클 때까지는 남자친구든 여자친구든 사귀어선 안 돼."

마르타의 부모는 열네 살 때 마르타가 커밍아웃을 하자 어안이 벙벙했다. "부모님은 전혀 짐작도 못하셨거든요. 그분들에게 저는 이성애자처럼 보였고 이성애자처럼 행동했으니까요." 그렇지만 몇 주 동안 이야기를 나눈 후 어머니는 마르타에게 이렇게 말했다. "너의 성적 성향은 우리에게 문제가 되지 않는단다. 너를 사랑하고 존중해주는 파트너를 만나면 좋겠어."

1960년대 초반 이후 서로 관계를 맺는 방식에서 가장 중대한 변화
가 일어났다. 나는 조용하고 느릿느릿한 세상에서 자랐다. 조상들과
거의 비슷한 방식으로 다른 사람들과 관계를 맺었다. 새러 세대도 여
전히 많은 공동체와 공존하며 살았다. 부모들은 가까운 친구, 이웃,
합창단이나 야구팀, 직장 동료 같은 그룹과 확대된 '가족'을 형성했
다. 하지만 오늘날에는 여전히 대면 공동체를 갈망함에도 대부분의
관계가 디지털 세상에서 생긴다.

지난 50년 동안 사람들은 점점 더 외로워졌다. 1950년대에는 외롭
다기보다는 북적댄다고 느끼는 사람이 많았고, 상당수가 평생 함께
해온 친구와 가족에게 둘러싸여 있었다. 1970년대에 사람들은 평균
적으로 가까운 친구가 세 명은 있다고 말했다. 이 숫자는 꾸준히 줄어
들어 현재 많은 미국인이 가까운 친구가 한 명도 없다고 말한다.

오늘날 대부분의 여자아이들은 섹스의 역학을 완전히 이해하며 엄
청난 양의 온라인 성 콘텐츠에 노출된다. 하지만 내가 1950년대에 그
러했고 새러 세대가 1990년대에 그러했듯이 이들은 사랑, 섹스, 관계
에 대해 여전히 잘 모른다. 오늘날 어떤 여자아이들은 헌팅 문화에
참여하지만, 잠재적 데이트 상대와 대화를 나누는 일에도 도움이 필
요하다. 이들은 대화를 겁낸다.

아이들이 사회화되고 다른 사람과 의사소통하는 근본적 방식은 매
우 다양하다. 우리는 새로운 종류의 인간을 만들어내는 중이다. 인류
역사상 처음으로, 십대 여자아이들은 서로 얼굴을 마주보고 상호작
용을 하면서 관계를 맺지 않는다. 이들은 소셜미디어 사이트와 이모

티콘으로 구성된 가상 공동체에서 소통한다.

한편, 가상 공동체가 현실 공동체의 빈약한 대체물이라는 사실은 이미 충분히 알려져 있다. 연결감과 집단 내 유대감에 대한 욕구는 최소한 200만 년 이상 존재해온 인류의 기본 욕구다. 인간이라는 종이 등장한 이후로 인간은 음식을 공유하고, 이야기를 나누고, 따뜻하고 안전하다고 느끼기 위해 함께 모여 살았다.

우리의 행동이 변화한대도 그게 우리를 어디로 이끌지는 아무도 모른다. 하지만 비가상현실에서의 삶을 되찾고 과거 공동체의 외관을 일부라도 재정립하지 않는다면, 인간성 중 가치 있는 요소를 상당 부분 잃을지도 모른다.

5장
가족: 뿌리 조직

자아정체성을 찾아 나서다_프란체스카(14)

베티와 로이드 부부는 네브래스카주 서부에 위치한 라코타 수족 원주민 보호구역에서 태어난 딸 문제로 상담실을 찾았다. 두 사람은 프란체스카가 생후 3개월 되었을 때 가톨릭 사회복지회를 통해 아이를 입양했다. 베티는 요람에 누운 프란체스카 사진을 보여주며 말했다. "처음 보자마자 이 아이에게 반했어요. 이 윤기나는 머리칼과 검은 올리브색 눈동자를 보고요."

로이드가 말했다. "베티의 집에서는 입양을 꺼렸어요. 편견은 아니라고 하면서도 나쁜 유전자를 가진 아이가 집안에 들어올까봐 신경 썼고 프란체스카가 잘 적응할지 의문스러워했어요."

베티가 가족에 대해 사과했다. "그분들은 작은 시골 마을 분이시거든요. 그분들께 '인디언'이 아니라 '아메리카 원주민'이라고 해야 한다고 가르치는 데도 한참 걸렸어요. 하지만 일단 아이를 보자마자 그분들도 사랑에 빠졌어요."

불룩한 배 앞에 팔짱을 낀 로이드는 진지해 보였다. "모두가 정말로 최선을 다했어요. 그분들을 탓하지 않아요."

"정확히 무슨 일이 생겼나요?" 내가 물었다.

두 사람 말에 따르면 프란체스카는 평범한 어린 시절을 보냈다. 로이드는 자기 약국을 운영하는 약사였다. 베티는 프란체스카가 초등학교 1학년이 될 때까지는 전업주부로 지내다가 그후로는 로이드의 약국에서 시간제로 일했다. 프란체스카는 초등학교 2학년 때 자전거를 타다가 넘어져 다리가 부러졌다. 약간의 언어장애도 있었지만, 초등학교 3학년 때 언어 치료를 받으면서 교정을 했다. 이들은 또래 아이들이 많은 조용한 주택가에 살았다. 프란체스카는 다른 아이들처럼 생일 파티를 하고, 여름휴가를 가고, 걸스카우트 활동을 하고, 도예 수업도 들었다.

로이드가 덧붙였다. "초등학교 때는 성적도 좋고 반 친구들에게 인기도 많았어요. 다정한 아이라 항상 미소 짓고 있었죠."

베티가 동의했다. "저희는 프란체스카가 입양됐다거나 수족 출신이라고 다르게 대한 적이 한 번도 없어요. 그때만 해도 그래야 옳다고 생각했죠. 지금 돌아보면 논의했어야 할 사안을 얼버무리고 넘어간 게 아니었을까 싶어요."

로이드가 깜짝 놀랐다. "당신, 무슨 말을 하는 거야?"

"프란체스카는 학교에서 아메리카 원주민이라고 놀림받았어요. 그 사실을 알았을 때 바로 개입해서 저지했지만 저희가 모든 걸 다 알았을까 싶어요. 프란체스카에게 입양 사실은 전혀 문제될 일이 아니고 우리 가족도 다른 가족과 똑같다고 얘기해줬어요. 하지만 사실은 그렇지 않았죠. 프란체스카 피부색은 갈색인데 저희는 백인이니까요."

1980년대 이전에 입양이 어떻게 취급되었는지 생각해봤다. 입양 문제는 폐쇄적으로 다뤄졌다. 사회복지단체에서는 입양아가 친자식처럼 느껴질 것이라며 부모들을 안심시켰다. 하지만 이는 아이보다 부모에게 더 맞아떨어졌다. 부모들은 입양하자마자 유대감을 형성했지만, 아이들은 입양됐기 때문에 남과 다르다고 거의 줄곧 느꼈다.

특히 자아정체성 문제에 몰두하는 십대들은 입양의 의미를 심각하게 고민했다. 하지만 때때로 배은망덕한 아이가 될까봐 고민에 대해 침묵했다. 다른 인종을 입양하는 경우 문제는 훨씬 더 커졌다. 미국에서는 인종 간의 차이가 충분히 다뤄지지 않는다. 심지어 차이가 있다는 사실을 인정하는 것만으로도 대부분의 미국인은 죄책감을 느낀다. 그 결과 인종 간의 차이는 간과되고 그 차이점에 대한 감정을 수치스러워하거나 개인적인 비밀로 여긴다.

"중학교 1학년 때 프란체스카는 생리를 시작했고 항상 짜증을 냈어요." 베티가 말을 이었다. "저는 그게 호르몬 문제라고 생각했죠. 그전에는 항상 모든 일을 저희에게 다 말해줬거든요. 하지만 중학교 1학년이 되자 자기 방에 숨어서 밖으로 안 나왔죠. 저희 언니에게 상의해봤더니 십대들은 다 비슷한 단계를 겪는다더라고요. 그 당시 언니네 딸들도 속을 썩였거든요. 그래서 저희는 대수롭지 않게 넘겼어요. 그러다가 아이의 성적이 갑자기 떨어지자 걱정이 많이 됐죠."

베티가 한숨을 쉬었다. "학교 상담교사에게 전화를 걸었더니 많은 아이들이 중학교 1학년 때 힘들어한다더라고요. 매일 밤 두 시간씩 공부시켰더니 성적은 약간 올랐어요. 프란체스카는 옛친구들을 전혀 만나지 않았지만 이 문제 역시 대수롭지 않게 넘겼어요."

"너무 많은 문제를 대수롭지 않게 여겼어요." 로이드가 말했다.

"올해는 정말 끔찍했어요." 베티가 고백했다. "이이가 규율을 담당했지만 대단히 엄격하게 굴지는 않았어요. 그저 어디 가든지 알려야한다, 술을 마시면 안 된다, 낙제하면 안 된다, 뭐 이런 평범한 규칙만 지키라고 했죠. 하지만 남들 눈에는 이이가 프란체스카를 체벌한다고 보였을지도 몰라요. 아이가 거의 말을 걸지 않아서 로이드는 가슴이 찢어졌죠. 제게는 조금 더 말을 걸었지만 그렇게 많이는 아니었어요. 저희랑 교회에 같이 가지 않으려 해요."

로이드가 자리에 앉은 채 몸을 틀었다. "프란체스카는 거친 아이들과 어울리고 술도 마셔요. 술냄새를 풍기더라고요. 하지만 거짓말을 하고는 몰래 나다녀요."

"지난주에 친구들과 야구 경기를 보러 간다기에 허락해줬더니 그날 밤 집에 안 돌아오더라고요. 걱정돼서 미칠 지경이었죠." 베티가 말했다. "이이가 해 뜰 때까지 차를 몰고 온 동네를 돌아다녔어요. 다음날 아이는 집에 돌아와서도 어디에 있었는지 말하지 않더군요."

"프란체스카를 만나보고 싶군요." 내가 말했다.

로이드가 대답했다. "여기에 오고 싶어하지 않아 하지만 데려와보겠습니다."

"딱 한 번이면 됩니다. 다시 올지 안 올지는 아이들에게 직접 맡기거든요."

　그다음주 프란체스카는 내 상담실에 와서 뻣뻣한 자세로 앉아 있었다. 초록색 청바지와 '월드 오브 펀'이라고 적힌 티셔츠를 입은 프란체스카는 검은 긴 머리를 뒤로 넘겨 하나로 묶었고 두 눈에는 눈물이 그렁그렁했다. 처음에는 조용하고 거의 침울해 보였다. 내 머리 너머 벽에 걸린 다양한 학위 증서를 보면서 내 질문에 고개만 끄덕였다. 우리가 연결될 만한 주제를 찾으려 애썼다. 학교, 친구, 책 혹은 부모 등에 대해 물었다. 프란체스카는 내 질문에 거의 대답하지 않았다. 입양에 관해 묻자 프란체스카의 숨소리가 갑자기 변하는 것을 눈치챘다.

　프란체스카는 눈을 치켜뜨더니 나를 살폈다. 그러고는 숨을 깊이 들이쉬고 말했다. "저는 좋은 분들과 함께 살고 있긴 하지만 그분들은 제 가족이 아니에요." 프란체스카는 잠시 말을 멈추고서 내가 이 말을 어떻게 받아들이는지 살폈다. "매일 아침 일어날 때마다 진짜 엄마 아빠는 뭘 하고 계실까 상상해요. 출근 준비를 하실까? 거울로 나랑 비슷한 얼굴을 들여다보실까? 무슨 일을 하실까? 내 이야기를 나누실까, 내가 행복한지 궁금해하실까?"

　커다란 눈물방울이 티셔츠 위로 후드득 떨어지기에 휴지를 건넸다.

　프란체스카는 뺨과 턱을 닦고는 말을 이었다. "제가 잘못된 가족과 함께한다는 기분이 자꾸만 들어요. 엄마 아빠가 이 말을 들으면 가슴이 찢어지시겠지만요. 하지만 그런 생각을 떨칠 수가 없어요."

　프란체스카에게 생모에 대해 아는 게 있느냐고 물었다.

"그분은 제가 3개월일 때 저를 포기하셨대요. 아마 가난하거나 미혼모였을 거예요. 그분이 절 상처 주려던 건 아니었다고 확신해요. 저를 사랑한다는 게 가슴속에서 느껴져요."

창밖으로 눈송이가 흩날렸다. 우리는 눈 내리는 풍경을 바라보았다.

"북아메리카 원주민으로 사는 건 어떠니?"

"오랫동안 그 사실이 별로 중요하지 않은 척했어요. 하지만 어느 날 갑자기 그게 세상에서 가장 중요한 일이 되어버리더라고요." 프란체스카가 한숨을 쉬었다. "어릴 때부터 북아메리카 원주민이라고 놀림을 받았어요. 부족 사람들은 저란 존재도 모르는데 말이죠." 프란체스카는 오랫동안 받은 놀림에 대해, 레드스킨이나 스쿼로 불린 일에 대해, 주정뱅이 인디언이니 복지 사기니 계산적인 인디언이니 하는 표현을 들은 일에 대해 이야기했다. 그리고 이렇게 말을 끝맺었다. "이 말이 최악이에요. '유일한 좋은 인디언은 죽은 인디언이다.'"

프란체스카에게 북아메리카 원주민에 관해 어느 정도 아느냐고 물었다.

"영화 〈라스트 모히칸〉과 〈늑대와 춤을〉을 봤어요. 그전에 나온 북아메리카 원주민에 관한 영화는 죄다 엉망이었죠. 〈론 레인저〉 혹시 보셨어요? 거기에 주인공 친구로 나오는 톤토 기억나세요? 톤토가 스페인어로 '바보'라는 의미인 건 아세요?"

프란체스카는 잠시 말을 멈췄다. "때때로 시내 노숙자들 사이에서 북아메리카 원주민을 발견해요. 그들이 수족일지도 모르죠. 제 친엄마도 그중 하나일지 모르고요."

"너희 부족에 대해 더 많이 알고 싶니?"

프란체스카가 창밖에 내리는 눈을 내다봤다. "어떤 면에선 아니고 어떤 면에선 그래요. 더 많이 알게 되면 더 화가 나고 더 슬퍼질 거예요. 하지만 제 부족에 대해 알게 될 때까지는 제가 어떤 사람인지 모를 것만 같아요."

북아메리카 원주민 작가인 지트칼라사의 이름을 종이에 적어주며 말했다. "이 작가가 쓴 책을 몇 권 읽어보면 좋을 것 같구나."

"선생님은 제가 배은망덕하다고 생각하세요?"

어떻게 대답해야 할지 잠시 망설였다. "네가 과거에 관심을 갖는 일은 눈이 내리는 것만큼이나 자연스러운 일이란다." 프란체스카가 그날 처음으로 미소를 지어 보였다.

프란체스카는 지트칼라사의 책을 좋아했다. 1896년에 태어난 지트칼라사는 양크턴 일대에 사는 수족 작가였다. 그녀는 원주민 보호구역에 사는 가족과 떨어져서 원주민 학교에 다니며 겪은 일을 소재로 글을 썼다. 지트칼라사가 겪은 일을 책으로 읽고 나서 프란체스카는 베티와 로이드에게 지금은 폐교된 북아메리카 원주민 학교인 제노아로 데려가달라고 부탁했다.

여행은 순조로웠다. 그들은 3층짜리 벽돌 건물 주변을 걸어다니면서 먼지투성이 창문 너머로 낡은 재봉틀과 작업대를 들여다봤다. 그후 시내 카페에서 로스트비프 샌드위치를 먹고 다른 어디를 갈지 의논했다. 그후 몇 달 동안 이들은 북아메리카 원주민의 사교 모임인 파우와우에 가고 '신성한 땅을 치유하기'라는 이름을 내건 평야 부족을 위한 콘퍼런스에도 참여했다.

그후 몇 달 동안 프란체스카는 북아메리카 원주민 센터를 방문해 시간제로 자원봉사활동을 했다. 노인들에게 커피를 만들어주거나 과자를 대접하는 일을 맡았다. 프란체스카는 그들과 농담을 나누고 그들의 이야기에 귀를 기울였다. 그들에게 수족과 북아메리카 원주민 보호구역 생활에 대해 많은 것을 배웠다.

상담 시간 중 일부는 가족 상담으로 진행했다. 우리는 입양과 인종과 청소년기의 문제를 구분하려 애썼다. 프란체스카는 아버지가 너무 엄격하고 어머니는 지나치게 사생활을 침범한다고 생각했다. 프란체스카는 부모님이 여전히 자신을 어린 소녀로 여기며 아버지는 자신을 엄격하고 융통성 없게 다루는 것 같고 어머니는 신경에 거슬렸다. "아무 이유 없이 그냥 엄마한테 소리를 지르고 싶어요."

로이드는 통금 시간에 대해서는 타협했지만 프란체스카가 어디 있는지는 알아야겠다고 확고한 태도를 고수했다. 베티는 프란체스카 방에 불쑥 들어가지 않겠다고 약속했다. 이런 대화를 나눈 후 프란체스카는 다시 아빠와 농담을 주고받았다. 방과후에는 주방에 앉아서 엄마에게 하루 동안의 일을 이야기했다.

우리는 이 가족 구성원이 입양에 관해 아무 감정이 없다고 간주하기를 그만뒀다. 모두가 신경을 썼다. 로이드는 프란체스카가 알코올 중독에 더 취약할까봐 걱정했다. 베티는 언젠가 프란체스카가 생모를 찾아서 그들을 떠나버릴까봐 두려워했다. 프란체스카는 황인종과 백인종의 세계 중간에 끼어 살며 둘 중 어느 쪽에서도 전적으로 받아들여지지 못한다고 느꼈다. 프란체스카는 양부모를 사랑했지만 그들에게서는 자신의 정체성에 관한 실마리를 찾을 수 없었다.

프란체스카는 부모에게 생모에 관해 알고 싶다고 말했다. 부모는 양가감정이 일었지만 결국 프란체스카가 출생 정보와 부족에 대해 알아보도록 허락했다. 프란체스카는 약간의 정보를 얻어서 기뻐했지만, 더 많은 정보를 원했다. 프란체스카는 부모에게 "언젠가 생모를 찾을 거예요"라고 말했다.

개별 상담 시간에 프란체스카는 많은 문제와 씨름했다. 프란체스카는 누구를 친구로 사귀어야 하는지 확신이 서지 않는다고 했다. "예전 친구들과의 관계는 깊이가 없어요. 새로 사귄 친구들은 문제가 많고요."

친한 친구를 한두 명 사귀고 패거리에 속하는 일로는 고민하지 말라고 충고해줬다. 북아메리카 원주민 센터 사람들도 친구라고 상기시켰다.

프란체스카는 북아메리카 원주민의 위대한 정령에게 자신을 잘 이끌어달라고 기도했다. 프란체스카는 두 세계를 통합하고 두 역사를 하나로 합쳐야 했다. 양쪽 세계에서 무엇을 취할지 의식적으로 선택했다. 프란체스카는 양부모와 함께 살 테지만 북아메리카 원주민 보호구역을 방문하고 수족에 관해서도 더 많이 알아볼 것이다. 부모가 다니는 교회에 다시 나갈 테지만 위대한 정령을 계속 숭배할 것이다.

자기 문제를 해결해나가면서 프란체스카는 백인 아이들 일색인 중학교에서 북아메리카 원주민 학생들의 대변인이 되었다. 프란체스카는 인종차별주의적인 모든 발언에 맞서기로 마음먹었다. 학구 전체 커리큘럼에 북아메리카 원주민 문학과 역사를 더 많이 반영해야 한다는 민원도 넣었다.

마지막 상담 시간에 프란체스카는 청바지와 털실로 짠 상의를 입

180

고 왔다. 흰 약사 가운을 입은 로이드와 폴리에스테르 바지 정장을 입은 베티가 그 양옆에 자랑스럽다는 표정으로 앉아 있었다. 로이드가 말했다. "저는 라코타어를 몇 마디 배웠답니다." 베티가 덧붙였다. "이번 일로 저희 가족에게 새로운 세계가 열렸어요." 프란체스카가 말했다. "저는 두 개의 가족에 속해 있어요. 하나는 백인 가족이고 하나는 황인 가족이죠. 하지만 신성한 땅에는 제 모든 가족을 위한 공간이 있어요."

프란체스카의 사례는 1990년대 가족생활이 얼마나 복잡했는지 잘 보여준다. 프란체스카는 열네 살의 나이에 술, 섹스, 종교, 학교 문제뿐 아니라 인종과 입양 문제에도 대처해야 했다. 프란체스카는 자아정체성을 탐색했지만 반항하고 비밀을 간직하면서 부모와 거리를 두었다. 하지만 부모를 사랑하고 그들의 지지를 필요로 했다. 바깥에서 보면 프란체스카는 약간 비행을 저지르는 듯했지만 이는 자기 자신을 찾기 위한 내면의 싸움을 보여주는 신호였다.

프란체스카와 그 가족은 로이드의 표현에 따르자면 '몹시 화가 나 있었다'. 다행히 이 가족은 도움을 구했다. 이들은 적절히 체계적이면서도 유연한 애정 넘치는 가족이었다. 부모는 규칙과 기대, 그리고 이를 강제할 힘을 가지고 있었지만 딸의 변화에 맞춰 자신들도 변화하고 성장할 능력을 갖추고 있었다. 프란체스카가 자기 종족 사람들과 접촉할 필요가 있다는 걸 깨닫자 이들도 북아메리카 원주민 문화에 흥미를 가졌다. 다양성을, 심지어 종교적 신념의 다양성까지 인정했다. 시간이 흐르고 모두가 각자 노력하면서 이들 가족의 삶은 점차 안정되었다. 프란체스카는 자신만의 정체성을 발달시켰지만, 부모와 계속 이어져 있다. 프란체스카는 자신이 어떤 사람인지 탐색했지만, 더이상 전처럼 자기파괴적으로 행동하지 않았다.

1990년대에 뉴욕에서 열린 휘트니 비엔날레에 갔을 때 〈가족 로맨스〉라는 작품을 본 적이 있다. 어머니, 아버지, 아들, 딸로 구성된 네 개의 형상이 알몸으로 서 있었다. 스펀지 같은 황갈색 재료와 진짜 머리카락으로 만든 아기 인형 같은 형상이었다. 모두 키가 같고 성적 발달 수준도 같았다. 나는 〈가족 로맨스〉가 1990년대의 삶을 논평한 작품이라고 해석했다. 이 작품은 내게 이렇게 말했다. "더는 유년기도, 성인기도 존재하지 않는다. 아이들은 안전하지 않고 어른들은 자신이 무엇을 해야 하는지 모른다."

1990년대의 가정이라고 하면 여전히 대개는 전통적인 가정을, 그러니까 일하는 아버지와 최소한 아이들이 초등학교에 입학할 때까지는 집에 있는 어머니로 구성된 가정을 떠올린다. 그렇지만 실제로 이렇게 구성된 가정은 겨우 14퍼센트다. 가정 인구통계학은 1970년대 이후로 급격하게 변화했다. 1970년대에는 전체 가정 중 13퍼센트 미만이 한부모가정이었지만 1990년대에 들어서자 전체의 30퍼센트가 한부모가정이었다(한부모가정 중 90퍼센트는 편모가정이었다).

우리 문화는 이러한 수치가 보여주는 현실을 아직 인정하지 못했다. 1990년대에는 다양한 가정이 있었다. 레즈비언이나 게이 커플과 그들의 생물학적 자녀 혹은 입양 자녀로 이루어진 가정, 도시 아파트에 사는 열네 살 어머니와 그 아기로 이루어진 가정, 게이 남성과 그의 아들로 이루어진 가정, 최근 결혼한 두 성인과 그들이 다른 관계에서 낳은 십대들로 이루어진 가정, 에이즈로 사망한 딸이 남긴 쌍둥이 아기를 기르는 할머니로 이뤄진 가정, 위탁모와 마약중독인 아이로 이루어진 가정, 전통적인 문화권에서 온 다세대 가정, 혈연관계는 아니지만 서로 사랑해서 함께 사는 사람들로 이루어진 가정 등 매우 다양한 형태의 가정이 있었다. 그 구성이 어떻든 간에 이들은 여러 가지 문제에 계속 시달렸다. 부모들은 과로하고 무리하고 피곤하고 가난했다. 게다가 외부에서 지원받을 가능성이 낮았다.

돈은 중요한 문제였다. 우리 사회는 점차 계층화되었기에 어떤 아이들은 유명 상표가 달린 옷을 입고, 사립학교에 다니면서 캠프를 가며 호화롭게 사는 한편 어떤 아이들은 위험한 길거리를 지나야만 하는 열악한 학교에 들어갔다.

1990년대에는 감독 또한 문제였다. 가정에서 아이를 양육할 때 이를 도와주던 작고 촘촘한 공동체가 점차 사라졌다. 그 대신 TV가 많은 집의 보모 자리를 맡았다.

독립성을 중시하는 미국인의 경향 때문에 가정에서 특정한 문제가 생겼다. 그 당시에 한 철학자 친구가 내게 말했다. "네 딸이 자랑스럽지 않니? 걔는 너나 네 남편이랑 완전히 다르잖아. 그것보다 더 성공적인 양육이 어딨겠어?" 내가 딸 새러와 거리감이 생겼다고 슬퍼하자 또다른 친구가 이렇게 말했다. "그럼 다른 방식을 원하는 거야?"

미국은 독립선언과 독립전쟁으로 시작된 나라다. 이 사회는 전투적인 개인주의자를 찬양하고 탐험가, 개척자, 우상 파괴자를 영웅으로 받든다. 해리엇 비처 스토, 소저너 트루스, 로자 파크스, 어밀리아 이어하트, 루스 베이더 긴즈버그를 존경한다.

미국 문화는 자유에 가치를 두는데 이는 가정에서도 중시된다. 미국인은 청소년기에 아이가 부모로부터 정서적으로 독립한다고 믿는데 이는 자기실현적 예언이 될 수 있다. 1990년대 딸들은 어떻게 행동할 것이라고 예상받는 대로 행동했다. 아이러니하게도 반항할 것이라고 예상되면 이들은 실제로 반항했다. 이들은 부모와 거리를 두고, 부모의 행동을 비판하고, 부모가 주는 정보를 거부하고, 비밀을 간직했다.

이러한 거리두기 때문에 가정 안에서 커다란 긴장이 일었다. 부모는 딸을 안전하게 지키기 위해 한계를 설정했고, 딸은 권리를 주장하면서 부모가 자신을 어린아이로 지키려고만 한다고 분개했다. 딸이 스스로의 독립성을 증명하기 위해 엄청난 위험을 감수하면 부모는 두려워하고 화를 냈다. 대부분의 가정에서 중학교 때 가장 격렬한 전투가 벌어진다.

부모는 아이와 가치관이 다르고 다른 시대에서 자랐기 때문에 딸이 배우는 것들을 불만스러워했다. 본인들이 자기 부모 세대보다 더 열심히 노력함에도 딸이 예전보다 더 많은 문제를 겪는다고 느꼈다. 이들이 십대 시절에 효과적이었던 방법이 더는 유효하지 않았다. 딸이 술을 마시고, 너무 이른 나이에 성관계를 갖고, 반항적으로 행동하는 것을 자신이 부모로서 불충분하다는 증거로 해석했다. 이들은 자기네 가정이 역기능적이라고 판단했다.

나는 오히려 그 당시 우리 문화 자체가 역기능적이라고 상정했다. 거의 모든 부모가 자기 딸이 건강하고 재미있는 사람으로 성장하기를 바랐다. 딸을 도우려는 이들의 노력은 우리를 둘러싼 위험한 문화, 우리 문화가 젊은 여성들에게 보내는 메시지, 그리고 성장하려면 심지어 사랑하는 부모일지라도 반드시 떨어져야 한다는 우리의 윤리관에 방해받았다.

1990년대에 우리 가족은 3층짜리 주택과 아름다운 참나무와 단풍나무로 가득한 동네에 살았다. 대부분의 부모는 양육에 최선을 다했지만, 십대 자녀 때문에 미칠 노릇이었다. 한 변호사가 동네 파티에서 "제 인생에서 유일하게 제가 무능하고 통제 불능이라고 느끼는 영역이 부모 노릇이에요. 항상 완전한 실패자 같거든요."

새해 전야 파티에서 만난 어떤 부부에게 십대 딸들은 잘 지내느냐고 묻자 남편이 웃음기 없는 얼굴로 답했다. "걔들이 안 태어났더라면 싶어요."

여자아이를 부모와 분리시키는 또하나의 요소는 불만감이다. 중학교 때 많은 여자아이가 어린 시절의 유쾌함과 열정을 잃는다. 발달단계상 여자아이들은 이 문제를 부모 책임이라고 여겼다. 부모가 자신을 보호하고 행복하게 지켜줄 것이라고 기대할 정도로 아직 너무 어린 상태이기에 커다란 벽에 부딪쳐 비참해질 때마다 문화가 아닌 부모를 책망했다.

1990년대 부모는 청소년 여자아이에게 주요한 영향을 끼치는 존재가 아니었다. 여자아이들은 그보다 대중매체에서 큰 영향을 받은 자기 친구들에게 심하게 좌지우지됐다. 평균적인 십대 아이는 일주일에 21시간 동안 TV를 시청하고 5.8시간 동안 숙제를 하고 1.8시간 동안 책을 읽었다. 청소년기 사회는 록 음악, TV, 비디오, 영화로 이루어진 전자 공동체였다. 이러한 공동체로 들어가기 위한 통과의례는 매우 위험했다. 미디어에서 제시하는 바에 따르면, 성인기는 술을 마시고 소비를 하고 성적으로 왕성한 모습이었다.

대중매체가 십대를 통해 이익을 얻고자 했다면 부모들은 아이를 행복하고 정서적으로 안정된 어른으로 키우고자 했다. 이러한 두 가지 목표는 양립할 수 없었다. 대부분의 부모는 미디어에서 유도하는 가치를 딸아이가 받아들이려고 하면 이를 거부했다. 여자아이들은 부모나 부모가 가진 상식과 충돌했다.

가령, 제이나는 전문직에 종사하는 나이가 많은 부모의 외동딸이었다. 중학교에 입학하기 전까지 제이나는 부모를 사랑했고 부모에게 사랑받는다고 느꼈다. 하지만 중학생이 되자 부모의 기대에 부응하는 착한 딸이 되느냐, 인기 많고 남자친구가 있는 아이가 되느냐 중에서 하나를 선택해야 했다.

"중학생 때는 내내 적응하느라 최선을 다했어요. 다양한 맛의 아이스크림을 먹어보듯 많은 친구를 두루 사귀다가 결국 제일 인기 있는 무리에 정착했어요. 저는 가톨릭 학교에 다녔는데 수녀님들은 저희에게 만약 욕을 하면 지옥에 갈 거라고 하셨어요. 하지만 쿨해지려면 욕을 해야 했어요. 영원히 지옥살이를 할지, 인기 없이 살지 정해야만 했죠."

유감스럽다는 듯한 제이나의 얘기에 함께 웃음을 터뜨렸다. "중학교 때 수학 수업을 같이 듣는 어떤 남자아이가 저를 좋아했는데 저도 개가 좋았어요. 하지만 인기 없는 애라 개랑 사귀지는 않았죠."

한번은 친구들을 만나려고 밤늦게 몰래 집을 빠져나가려다가 아버지에게 붙잡혔다. "아빠는 소파에 앉아서 펑펑 우셨어요. 제게 강간이니 온갖 위험한 일에 대해 설교하셨죠." 칵테일 '퍼플 패션'을 마시고 취해서 집에 온 적도 있었다. 인터뷰가 끝날 때 제이나는 내게 이렇게 속삭였다. "부모님은 제가 어떤 곤경에 처해 있는지 상상도 못하실 거예요. 그걸 아시면 완전히 충격받으실걸요."

청소년과 이들의 가족은 정신건강 전문가에게 도전해왔다. 정신건강 전문가 입장에서는 아이를 보호하려는 부모의 책임감을 존중하면서도 한 개인으로서 성장하여 더 넓은 세상으로 나아가려는 청소년의 욕구를 지지해야 하기에 그 사이에서 균형을 잡아야 했다.

엘리너 매코비와 존 마틴은 어떤 유형의 가정에서 어떤 유형의 아이가 나오는지 연구했다. 이들은 두 가지 광범위한 차원에 집중했다. 첫번째 차원은 애정이었다. 연속선의 한쪽 끝에는 아이들의 의견을 잘 받아들이고, 반응을 잘해주며, 자녀를 중심에 두고 행동하는 부모가 놓였다. 그리고 다른 한쪽 끝에는 아이들의 의견을 묵살하고, 반응을 보이지 않으며, 자기중심적인 부모가 놓였다. 두번째 차원은 통제 전략이었다. 연속선의 한쪽 끝에는 요구가 많지 않고 아이를 거의 통제하지 않는 부모가, 다른 한쪽 끝에는 요구도 많고 통제도 많은 부모가 자리했다.

이 두 차원은 상호작용하여 십대에게 다양한 결과를 낳았다. 통제도 안 하고 수용도 하지 않는 부모 밑에서는 비행이나 약물 의존을 포함하여 다양한 문제를 가진 십대가 나타났다. 통제는 많이 하나 수용은 적게 하는 부모(권위적인 부모) 밑에서 자란 아이는 사회성과 자신감이 부족했다. 통제를 별로 하지 않고 많이 수용하는 부모(관대한 부모) 밑에서 자란 아이는 충동적이고, 무책임하고, 자신감이 부족했다. 통제를 많이 하면서도 수용도 많이 하는 부모(엄격하지만 사랑이 넘치는 부모) 밑에서 자란 아이는 독립적이고, 사회적으로 책임감이 강하고 자신감이 넘쳤다. 이 연구에 따르면, 이상적인 가정에서 자란 아이들은 부모에게서 "우리는 너를 사랑한단다. 하지만 너한테 거는 기대도 크단다"라는 메시지를 받는다.

자기발견의 순간_루시(15)

십대인 루시는 백혈병에서 회복하는 중이었다. 투병생활을 한 아이가 대개 그러하듯이 루시도 질병과 싸울 때 생기는 여러 상황에 적응하느라 부모와 가까웠다. 이제 병에서 회복했지만, 부모와의 밀착관계 때문에 자신만의 자아감을 형성하지 못하고 있었다.

루시는 통통하고 만성질환을 앓는 사람 특유의 부드럽고 창백한 피부를 가진 아이였다. 방사선 치료와 항암 화학 치료 때문에 머리카락이 많이 빠졌지만 상담실에서 처음 만났을 때는 막 삐죽삐죽 새 머리카락이 자라는 참이었다. 학교에 가거나 쇼핑하러 갈 때는 뜨개질한 보라색 모자를 썼지만 상담실에서 만난 첫날 루시의 맨머리를 볼 수 있었다.

부모가 병력을 설명하는 동안 루시는 부모 사이에 암전히 앉아 있었다. 2년 전 백혈병 진단을 받고 계속 입원과 퇴원을 반복했다. 의사들은 장기적 예후를 낙관하는 상황이었다.

이러한 모든 의학적 소란이 가족에게 어떠한 영향을 미쳤느냐고 묻자 어머니 실비아가 말했다. "저희는 이애를 살리려고 해야 할 일을 했어요. 이애가 병원에 입원해 있을 때는 늘 옆을 지켰죠. 이이는 매일 밤 퇴근하고 병원에 왔어요." 실비아는 남편 프랭크를 쳐다봤다. "이이는 경찰이에요. 올해 승진 대상에서 제외됐죠. 서장님은 이이가 해야 할 일이 너무 많다고 생각하신 것 같아요. 하지만 앞으로 기회가 더 있으니까요. 병원이라면 신물이 나지만 어쨌든 루시는 살아 있으니 다른 불만은 없어요."

프랭크가 조심스럽게 말했다. "저희 아들은 힘든 시기를 겪었죠. 그 아이는 고모네에서 지냈어요. 루시가 우선이었거든요."

"마크는 제가 집에 온 이후로 버릇없이 굴어요." 루시가 끼어들었다.

루시에게 병원생활에 관해 물었다. "항암 치료 때문에 엄청 아프긴 했지만 그거 빼곤 그렇게 나쁘지 않았어요. 엄마는 제게 책을 읽어주시고 게임도 함께했어요. 전 모든 퀴즈 질문의 답을 알아요."

루시가 학교로 돌아가자 힘든 일이 이어졌다. 모두가 루시에게 친절했지만 루시가 다른 행성에서 온 외계인인 양 지나치게 그랬다. 루시는 너무 많은 일에서 배제되었다. 예전에 친했던 친구들에겐 남자친구가 생겼고 아이들은 새로운 활동에 참여하고 있었다. 병원에 입원해 지낼 때 꽃과 잡지를 들고 문병을 왔던 친구들이었지만, 루시가 회복하고 나니 이제 무엇을 해야 할지 모르는 것처럼 보였다.

프랭크가 말했다. "이애는 성격이 변했어요. 더 조용해졌죠. 한때는 촐랑거리며 돌아다녔는데 이제는 더 진지해졌어요. 어떤 면에서 보면 성숙해진 것처럼 보여요. 고통을 겪었고 다른 아이들이 고통을 겪는 모습을 봤으니까요. 하지만 어떤 면에서는 더 어려진 것 같아요. 많은 것을 놓쳤으니까요."

루시는 중학교 졸업식, 고등학교 입학식, 파티, 데이트, 운동, 학교 활동, 심지어 사춘기까지(백혈병 때문에 첫 생리와 신체 발달이 늦어졌다) 놓쳤다. 루시에게는 따라잡아야 할 일이 많았다. 루시는 매우 허약했기 때문에 부모는 당연히 루시를 보호하려 애썼다. 이들은 루시가 피곤해지거나 정크푸드를 먹거나 약 먹기를 까먹거나 불필요한 위험을 감수하는 상황을 바라지 않았다. 루시의 면역체계는 약해져 있었으므로 아주 작은 상처만 생겨도 큰 문제가 될 수 있었다. 대부분의 십대와 달리 루시는 부모가 걱정해도 얼굴을 찡그리지 않았다. 부모의 걱정을 생존과 연관지었다.

단둘이 처음 만났을 때, 루시는 수줍어하며 거의 입을 열지 않았다. 앉아서 창밖을 내다보는 루시의 이마는 근심으로 주름져 있었다. 자신이 어떻게 사고하고 행동해야 하는지 루시는 어머니나 의사들에게 들은 얘기를 잘 인용했다. 또한 TV 프로그램을 보노라면 거기 나오는 사람들의 에너지에 깜짝 놀란다고 자진해서 말했다. "그들은 엄청나게 많이 돌아다니고 목소리도 힘이 넘쳐 보였어요. 그들을 보기만 해도 진이 다 빠지고 질투가 나더라고요."

루시에게 뭐가 제일 재미있느냐고 묻자 아무 반응을 보이지 않았다. 다음 상담 시간까지 알아오면 좋겠다고 제안했다. 루시는 하루에 10분씩 혼자 앉아서 자신이 무엇을 즐기는지 생각해보겠다고 약속했다.

다음 상담 시간에 온 루시는 다소 풀죽은 모습이었다. 내 지시를 세심하게 따랐지만, 자신만의 생각이 없다는 사실만 발견했다고 말했다. "제가 뭘 해야 하는지 말고는 다른 생각이 안 들더라고요."

그 사실만 깨달아도 자기 생각을 찾는 과정을 시작한 셈이라고 말해줬다. 루시가 부모 그리고 남동생과 어떤 면에서 다른지 이야기를 나눴다. 처음에는 이야기가 쉽게 풀리지 않았지만, 이야기를 주고받을수록 루시는 흥미로워했고 우리가 만난 후 처음으로 생기가 돌았다. 루시가 말하는 차이점은 사소한 것이었다. "저는 사탕을 좋아하지만, 엄마는 좋아하지 않아요. 저는 록 음악을 좋아하지만 동생은 컨트리 음악을 좋아해요." 하지만 점차 루시는 더 중요한 차이점을 발견했다. "엄마는 불평하지 않고 묵묵히 견디는데, 전 다른 사람에게 털어놓는 걸 좋아해요. 저는 화가 나면 울지만, 동생은 길길이 날뛰어요. 저는 걱정스러운 일이 생기면 다른 사람 곁에 머무는 걸 좋아하지만, 아빠는 혼자 있는 것을 좋아해요." 아무런 평가도 하지 않으면서 이러한 차이점에 대해 차분히 이야기를 나눴다. 루시는 가족과 매우 다르면서도 동시에 친밀할 수 있다는 사실에 기뻐하는 듯했다.

그다음주에 루시는 의기양양하게 웃으며 상담실에 들어섰다. "제가 뭘 좋아하는지 알아냈어요. 지난 목요일에 식구들이 컵스카우트 모임에 가서 저 혼자 집에 남아 있었거든요. '오늘 저녁을 어떻게 보낼까?' 하다가 옛날 영화를 봐야겠다 싶었어요. TV에서 〈카사블랑카〉가 방영되고 있어서 봤는데 정말 재밌었어요."

루시가 자랑스럽게 말했다. "아무도 그러라고 시키지 않았어요. 제가 영화를 좋아하는지 싫어하는지 신경도 안 썼고요. 그냥 저 혼자서 해냈어요."

루시의 새로운 발견을 축하해줬다. 비록 자기발견의 내용은 소박

했지만, 그 과정은 중요했다. 루시는 자기 자신에 관해 뭔가를 발견했고 그 발견을 존중할 수 있었다.

처음으로 자기 생각을 발견한 후 루시는 서서히 더 독립적인 성격을 구축해나갔다. 루시는 병원생활에 관해 글을 썼다. 처음에는 의례적인 감정을 적었다. 의사와 간호사에게 감사를 표하고 그토록 가까이서 지켜준 부모님께 고맙다고 했다. 하지만 점차 죽음에 대한 공포, 암환자가 된 것에 대한 노여움, 고통스러운 항암 치료에 대한 분노, 살아남지 못한 다른 아이들에 대한 슬픔을 글로 써갔다.

루시는 친구들과 학교가 있는 세상으로 되돌아가기 위해 노력했다. 학교에서 스페인어 동아리에 가입했다. 예전 친구를 초대해 집에서 함께 밤을 보내기도 했다. 실비아는 이러한 활동 때문에 루시가 피곤해질까봐 걱정했다. 백혈병과 싸우는 동안에는 엄마가 걱정해도 루시는 너무나 쉽게 받아들였으나 회복한 지금은 이를 전보다 거슬려 했다. 다섯번째 상담을 마친 뒤 루시는 밤늦게 친구와 전화하는 일로 엄마와 말다툼을 벌였다고 말했다. 나는 안도의 미소를 지었다.

가족 치료를 통해 이들 가족은 외상 후 스트레스를 복기했다. 루시의 백혈병은 가족 모두에게 영향을 미쳤다. 실비아는 루시가 항암 치료를 받고 15분마다 구토를 했던 날, 병원에서 집으로 돌아왔을 때 어떤 심정이었는지 말했다. 실비아는 루시의 텅 빈 침실로 들어가 여전히 유니콘 장식이 붙은 캐노피 침대에 누워서는 루시의 자그마한 조랑말 인형을 들고서 더이상 흘릴 눈물이 남아 있지 않다고 느껴질 때까지 펑펑 울었다.

프랭크는 직장에서 일을 하다가 얼마나 힘들었는지 이야기했다.

프랭크는 속도 위반자에게 딱지를 발부하면서 병원 침실에 누워 있는 루시를 생각했다. "어쩌다가 속도 위반자가 무례하게 굴거나 시비를 걸 때면 그 녀석의 입을 주먹으로 한 대 쳐버리고 싶었어요."

마크는 루시의 투병생활에 화를 냈다. "전 누나가 관심을 끌려고 그런다고 생각해요. 어떤 때는 연기를 한다고 생각하다가도 어떤 때는 죽을지도 모른다 싶었어요. 누나는 선물도 잔뜩 받았고 엄마 아빠는 누나가 원하는 건 뭐든지 다 해줬어요. 저도 아프면 좋겠어요."

8개월이 지나자 루시는 심리 치료를 마쳐도 될 정도였다. 목소리는 더 당당해지고 더 활기차졌다. 머리카락은 꽤 자라서 윤기나는 갈색 머리카락이 머리를 뒤덮었다. 운동 프로그램을 시작했고 더 날씬해지고 더 튼튼해졌다. 생리 또한 시작했다. 예전 친구 중 몇몇과 다시 친해지고 새로운 친구들도 몇몇 사귀었다. 환자 특유의 진지한 태도가 사라져갔다. 루시는 부모 뜻에 동의하지 않더라도 피해자가 전혀 생기지 않는다는 사실도 배웠다. 루시는 자기 생각을 말할 수 있게 됐고 자신이 되고자 하는 사람으로 성장할 수 있었다.

서로 충성하는 가족 공동체 _ 레아(18)

레아는 가족에 대한 인식이 미국과 다른 나라에서 태어났다. 베트남에서 청소년들은 평생 함께 살아갈 대가족 안에서 자기 보금자리를 만든다. 또한 베트남은 빈곤했기 때문에 레아는 서구 세계에 대한 급증하는 정보를 얻지 못했다.

나는 고등학교 2학년인 레아를 학교에서 인터뷰했다. 레아는 가필드 스웨터와 청바지를 캐주얼하게 입었지만 긴 담청색 손톱은 잘 손질돼 있고 헤어스타일도 정성 들인 모습이었다. 삐뚤삐뚤한 치열만이 레아가 베트남에서 겪었을 빈곤을 드러냈다.

레아는 1975년에 태어났다. 미국 해병대 아버지와 전쟁 때 남편을 잃고 자식 넷을 부양하기 위해 고군분투하던 베트남인 어머니 사이에서 태어났다. 아버지는 레아 어머니의 임신 소식을 모른 채 베트남을 떠났고 레아는 그후 한 번도 아버지를 만나지 못했다. 그는 어머니에게 자기 집 주소를 적어주었다는데 레아는 애석한 듯이 그 주소를 내게 불러줬다. 레아는 만트라를 읊듯 그 주소를 크게 읽더니 이렇게 덧붙였다. "절대 아버지를 귀찮게 하지는 않을 거예요. 아버지는 결혼하셨을 테고 제가 나타나면 곤혹스러워하실 테니까요."

레아는 가족에게 사랑받으면서 베트남에서 자랐다. 어머니는 자식들을 부양하기 위해 매일 오랜 시간 일했다. "창가에 앉아서 엄마가 퇴근해서 돌아오시기만을 울면서 기다렸어요. 엄마가 오시면 그 뒤를 졸졸 따라다니면서 무릎에 앉게 해달라고 졸라댔죠."

레아는 어린 시절이 행복했다고 말했다. 가족이 한집에서 모여 살았고 오빠들이 결혼하자 새언니들도 한집에서 같이 살았다. 레아는 일할 필요가 전혀 없었고 원하는 장난감은 뭐든 가졌다. "오빠들과 언니들은 저를 보호해줬고 저를 안으려고 다투기도 했어요."

어머니와 싸운 적은 없느냐고 묻자 레아가 말했다. "왜 엄마와 싸우겠어요? 제게 삶을 선물하셨는데요."

어머니의 규칙에 불복종한 적은 없는지, 싫다고 말한 적은 없는지 묻자 레아가 설명했다. "그분은 제 엄마예요. 엄마 말을 따라야 하죠. 하지만 단순히 엄마라서 그런 것만은 아니에요. 엄마는 제게 뭐가 좋은지 잘 아세요. 엄마의 규칙을 따르는 게 저한테 도움이 돼요."

레아에게 미국인의 피가 흘렀기 때문에 우리가 인터뷰를 하기 3년 전 레아와 어머니는 미국에 올 수 있었다. 가족들이 그리웠지만 자신들의 결정을 레아는 이렇게 설명했다. "베트남은 공산주의 국가예요. 자유도 없고 돈도 없죠. 중학교를 졸업하면 학교에도 다닐 수 없어요."

처음에 두 사람은 가구 하나 없는 작은 아파트에서 구호단체가 구해준 옷을 입고 생활했다. 난민보호센터에서 어머니가 동네 통조림 공장에서 일하도록 알선해준 덕에 충분한 수입이 생겼고 심지어 베트남에 사는 가족들에게 송금까지 했다.

밤에 어머니가 잠들면 레아는 오빠들과 언니들에게 편지를 썼다. 명절이면, 특히 베트남의 설날 같은 날이면 더욱 외로웠다. 그럼에도 미국에 살게 되어서 행복했다. 레아는 베트남 학교보다 훨씬 좋은 고등학교에 다녔다. 레아는 몇몇 베트남인 학생들과 친구가 되었다. "선생님들도 더 친절하시고 컴퓨터도 있어요."

레아에게 하루를 보통 어떻게 보내는지 설명해달라고 말했다.

"아침 일찍 일어나서 엄마에게 아침식사를 차려드려요. 엄마가 일하는 걸 보면 마음이 아파서 엄마를 도우려고 최선을 다해요. 그런 다음 학교까지 걸어가요. 방과후에는 집을 청소하고 저녁식사를 준비해요. 저녁에는 공부를 하고 엄마가 영어 공부를 하는 걸 도와드려요."

취미에 관해 묻자 레아가 말했다. "베트남 음악을 즐겨 들어요. 특히 슬픈 음악이요. 조국에 관한 시도 쓰고요."

레아는 데이트하기에는 너무 어리다고 생각했다. "결혼 전까지는 절대 섹스하지 않을 거예요. 저희 가문에 커다란 수치가 될 테니까요."

레아는 이십대가 되면 언제까지나 어머니와 함께 살게 해주겠다고 약속하는 베트남 청년과 데이트를 할 계획이었다. 레아가 학급 반지와 은팔찌를 보여주었다. "엄마가 이걸 사주셨어요. 안 그래도 된다고 애원했지만, 엄마는 제가 여느 미국 십대처럼 보였으면 하세요. 엄마를 떠나지 못할 것 같아요. 엄마는 제게 모든 것을 다 주시면서 본인은 아무것도 안 가지세요. 지금 엄마가 가진 건 제가 전부예요."

레아와 친구들은 대부분 베트남어로 대화했고 미국인 십대들은 이들을 따돌렸다. 레아는 미국 영화를 아직 본 적이 없었다. 미국 십대들에 관해 이야기를 나눌 때 레아는 주저하며 말했다. 무례해 보일까 봐 걱정하는 듯했다. "미국 아이들이 열여덟 살이 되면 집을 떠나는 게 마음에 안 들어요. 자기 부모를 버리는 거잖아요. 게다가 본인도 많은 곤경에 처하고요. 그게 바람직한 것 같지 않아요."

레아는 미국의 자유와 번영을 좋아했다. "여기서는 생계를 해결하기가 더 쉬워요. 빨리 졸업하고 취직해서 엄마를 모시고 싶어요."

레아의 고국인 베트남 문화에서 자율성과 독립성은 미덕이 아니었다. 베트남인 가족은 화목해야 하고 서로에게 충실해야 했다. 가족 전체의 안녕이 가족 구성원 개개인의 만족보다 더 중요했다. 아이들은 평생 가족과 한집에서 살도록 기대됐다(아들은 그들의 부모와, 딸은 남편의 부모와 함께). 누구도 아이들이 반항하거나 부모의 뜻을 거역할 거라 생각지 않았고 다른 뜻을 펼치는 아이도 드물었다. 권위에 아무도 의문을 제기하지 않았다. 권위를 가진 사람이 현명하고 자비로우면 웬만큼 괜찮았고, 만약 악의적이거나 잘못된 생각을 가지면 비극이 일어날 수 있었다.

복종과 충성에 대한 이러한 신념 때문에 레아는 덜 난폭한 청소년기를 보냈다. 레아는 성장하기 위해 가족과 거리를 두거나 가족의 신념을 거부할 필요가 없었다.

이 인터뷰를 진행하며 생겨난 질문을 두고 나는 씨름했다. 전통적인 문화에서, 미국의 기준에 따르면 통제적인 문화에서 자란 여자아이가 왜 이렇게 삶에 만족할까? 왜 레아는 그렇게 사랑이 넘치고 어른을 존경할까? 왜 레아는 그렇게 삶에 만족하고 자신만만할까?

나는 레아가 내린 많은 선택이 스스로를 위한 선택이었음을 깨달았다. 레아의 삶은 문화적 전통과 가족적 전통에 의해 굳건하게 지지받았다. 1990년대 미국 주류 문화의 다양성은 복잡한 선택을 내리라고 십대들을 압박했으나 대부분의 청소년은 그럴 만한 인지 능력을 아직 갖추지 못한 상황이었다. 어린 청소년들은 모호한 상황에 잘 대처하지 못했다. 부모가 애정이 많고 아이중심적으로 행동하면 십대들은 명료함을 편안하게 여기고 규칙에 안도했다. 레아 같은 십대들은 그 또래들이 겪는 일부 경험에서 보호받았다. 레아는 학교생활, 집안일, 그리고 가족에 대한 충성 같은 레아가 잘 대처하리라 예상되는 문제만 헤쳐나가면 됐다.

최소한의 통제에 감춰진 이면_애비(18)와 엘리자베스(14)

내가 매우 좋아하는 가족 중에 보이즈 일가가 있다. 우쿨렐레를 연주하는 인정 많은 빌은 우리 주에서 '성폭력에 반대하는 남성들' 모임을 결성하기도 했다. 낸은 유기농 채소를 재배해 정치적 포트럭 파티에 별미를 가져오곤 했다. 한번은 쐐기풀로 만든 캐서롤을, 한번은 곰보버섯과 야생 양파로 만든 샐러드를, 그리고 한번은 오디 치즈케이크를 만들어서 가져왔다.

빌과 낸은 지역사회 조직자이자 정치활동가로 자신들은 낡은 배달 트럭을 타고 다니면서 좋은 일에는 돈을 아끼지 않았다. 인권이나 환경을 위한 시위 현장이나 평화 워크숍, 나무 심기 행사 등에서 이들과 마주치곤 했다. 이들에게는 외국에서 온 교환학생, 우리 주를 운전해 지나가는 친구의 친구, 친척, 정치적 동지 등 친구가 많았다. 매해 여름, 이들은 딸들과 함께 한 달짜리 캠핑 휴가를 떠났다.

빌은 사람들을 웃길 줄 알았다. 잔뜩 화가 난 사람들이 모인 방에서 농담을 던지거나 노래를 불러 긴장감을 풀 줄 아는 사람이었다. 빌은 모든 사람에게 평생 간직하고 싶은 별명을 지어주었다. 낸은 직접 키운 채소를 7월 말쯤이면 온 동네 사람들에게 나눠줬다. 집집마다 다니며 직접 키운 주키니호박과 피망을 권했다. 한번은 이 집 고양이 팬더가 까만 새끼 고양이 여섯 마리를 낳자 이들은 친구들이 데려다 키우게 하려고 새끼 고양이에게 친구들의 이름을 붙였다. 당연히 이 작전은 효과 만점이었다.

금발 머리에 호리호리한 애비는 이 가족 중에 가장 진지한 사람이었다. 초등학교 때 애비는 우리 주에서 열린 철자법 대회에서 우승했다. 엘리자베스는 키가 더 작고 빨간 머리인 아이였다. 여자아이였지만 엘리자베스는 '못 말리는 꼬마들'이라고 불렸던 모험심 강한 장난꾸러기 일당의 우두머리였다. 애비와 엘리자베스는 정치 행사며 연극, 음악, 운동, 캠프, 교회 활동 등 모든 활동에 참여했다. 이 가족은 첫눈이 내린 날, 봄의 첫날, 모든 과목에 A학점을 받은 날, 혹은 노동절 등을 기념하여 파티를 열었다. 부모는 사랑이 넘치고 차분했다. 문제가 생기면 토론을 통해 해결했다. 부모는 아이들이 스스로 선택하도록 신뢰해주었다. 아이들은 어떤 모습이든 자신이 원하는 사람으로 성장할 자유가 있었다.

하지만 두 아이 모두 청소년기 들어 문제가 생겼다. 애비는 중학교 2학년 때 우울증에 걸렸다. 애비는 알레르기와 복통 때문에 학교를 몇 주 결석했다. 성적은 떨어졌고 여러 활동에서 중도하차했다. 가족 파티에 참석하지 않았고 더는 부모 옆에서 시위대를 따라 행진하지 않았다.

애비는 동네 친구들과 갈라서고 약물을 복용하는 아이들 집단에 들어가 부모를 경악시켰다. 어디에 가는지 비밀에 부쳤고 방문을 걸어 잠갔다. 애비가 술을 마시거나 담배를 피울까봐 부모는 걱정했다. 한번은 애비가 눈이 빨개지고 혼란스러운 듯한 모습으로 집에 돌아왔기에 부모가 응급실에 데려가서 마약 검사를 했다. 다행히 음성이었지만 다시는 이 검사를 하지 않았다. 모두에게 너무 큰 상처를 주었기 때문이다.

애비가 청소년기를 겪는 동안 빌은 자전거를 타보자고 제안했지만 애비는 경멸스럽다는 듯 아버지를 바라봤다. 낸이 구스베리 파이를 구우면 애비는 '히피 음식'이라며 안 먹겠다고 거부했다. 애비는 가족과 함께 식사도 하지 않았다. 부모가 애비의 변화에 관해 대화를 나눠보려고 하면 애비는 입을 꼭 다물거나 불합리하게 군다며 그들을 공격했다.

부모 입장에서는 무엇이 잘못되었는지 이해할 수 없었다. 우울증 가족력이 있긴 했지만 그 문제로 한 번도 걱정해본 적이 없었다. 어렸을 때만 해도 애비는 차분하고 안정적이었다. 심리 치료사에게 애비를 데려가봤지만 애비는 입을 열지 않았다. 애비는 자기 힘으로 자기 삶을 끌어나가겠다고 주장했다.

2년 후 엘리자베스 또한 곤경에 처했다. 엘리자베스는 '못 말리는 꼬마들' 모임에서 탈퇴하고 어두컴컴한 동굴처럼 바뀐 자기 방에만 머물렀다. 엘리자베스는 음악을 듣고 과학 소설을 읽었다. 학교를 증오했고 중학교 2학년 때는 세 과목에서 낙제했다. 과학 소설을 좋아하는 콜린하고만 가까이 지냈다.

엘리자베스는 가까스로 성적을 다시 끌어올려 고등학교에 입학해 다시 우등생 명단에 오르지만 다른 학생들과 여전히 거리를 뒀다. 엘리자베스와 콜린은 커플이 되었고 자신들만의 작은 세계를 만들었다. 엘리자베스는 다른 친구와도 어울리라고 권하는 부모와 말다툼을 벌였다. 애비와 달리 엘리자베스는 약물에 손대지 않았지만 더 분노에 가득차 있었다. 부모에게 모욕을 퍼붓고 자기 삶에 관해서는 아무것도 알려주지 않았다.

엘리자베스가 처음 곤경에 처했을 때 부모는 다시 심리 치료사를 찾았다. 그는 엘리자베스와 단둘이 대화를 나눈 다음 부모에게 모든 것이 올바르게 돌아가니 괜찮다며 안심시켰다. "이렇게 건강한 가족이 이렇게 많은 문제를 가진 경우는 한 번도 본 적이 없어요." 낸은 이 말에 기분이 좋아야 할지 나빠야 할지 잘 모르겠더라고 말했다.

심리 치료가 조금은 유용했을지 모르지만, 두 아이는 자기 문제로 부모를 탓했다. 완벽한 부모였다면 자신이 혼란스러운 세계에 들어서지 않게 어떻게든 지켜줬어야 한다고 주장했다. 높은 지능 지수에도 애비는 고등학교를 가까스로 졸업했고 대학에 진학하지 않았다. 엘리자베스는 고등학교 2학년 때 임신을 했고 아기를 낳기로 했다.

처음에 이 가족의 문제를 보고 완전히 당황했다. 내가 모르는 문제가 존재하거나 아이들이 친척이나 가족의 친구에게 성폭행을 당한 게 아닐까 의심했다. 하지만 다양한 통제 전략과 애정 수준이 가족에 어떤 영향을 미치는지에 관한 연구 결과를 공부하자 비로소 이 가족을 이해할 수 있었다.

보이즈 가족은 애정이 넘쳤지만 부모가 최소한으로만 통제했다. 이들은 혼란스러우면서도 찬란한 세상을 딸들이 있는 그대로 모두 경험하기를 바랐다. 이들의 딸들은 연구 결과에서 예측한 대로 되었다. 자존감이 낮고 충동성 조절에 문제가 있었다. 청소년기 초기에 가족 내에서 좀더 체계를 갖췄더라면 이들에게 도움이 되었을 것이다.

보이즈 가족은 자율성, 관용, 그리고 호기심을 중시했다. 이들은 다양한 경험에 개방적이고, 새로운 일을 열심히 시도하고, 사회적으로 의식이 깨어 있고, 독립적인 사람이 되도록 딸들을 키웠다. 하지만 1990년대를 살아가기에는 너무 개방적이고 의식적으로 자랐기에 중학생 때쯤 허리케인의 강풍을 있는 그대로 직격탄으로 맞았다. 그러한 거대한 힘이 강타할 때 이들은 일시적으로 압도당했다. 너무 많은 것을 너무 빨리 처리해야만 했다. 많은 경우 이 아이들처럼 뒤로 물러나거나 우울함에 빠지는 식으로 문제에 대처했다. 이들은 온갖 복잡한 문제를 처리할 시간을 벌고자 세상과 담을 쌓았다.

애비와 엘리자베스는 이제 이십대 초반이다. 둘 다 청소년기의 경험으로부터 '회복하는 중'이었다. 애비는 식량협동조합에서 생산 관리자로 일했고 '오늘의 생태'라는 단체에서 활동했다. 애비는 약물이라면 카페인까지도 싫어했고 허브차만 마셨다. 애비는 비슷한 생각을 가진 사람들이 모인 협동조합에서의 일을 즐겼다. 애비와 낸은 봄이면 정원에 심을 약초와 채소 모종을 사러 함께 다녔다. 이들은 협동조합 식품 코너에서 팔 자연식 레시피를 함께 만들었다. 애비와 빌은 자전거를 타고 아이오와주를 횡단했다.

엘리자베스는 빨간 머리의 사랑스러운 딸을 둔 좋은 엄마였다. 엘리자베스와 콜린은 임신 기간 동안 많이 성숙해졌고 함께 노력해서 아기를 키우며 같이 살기로 했다. 이들은 마을 바깥에 농장을 빌려 딸과 함께 살았다. 엘리자베스가 농장에서 염소와 닭에게 모이를 줄 때면 동네 꼬마들이 그 뒤를 졸졸 따라다녔다. 엘리자베스는 딸아이가 더 크면 학교로 돌아가서 생물학을 공부할 생각이었다.

남의 눈을 의식하는 사람_로즈메리(14)

게리는 실크스크린인쇄 업체를 운영했고 캐럴은 방과후에 아이들에게 바이올린을 가르쳤다. 이들에게는 세 아이가 있었다. 중학교 2학년생 로즈메리와 그보다 세 살 어린 쌍둥이 아들이었는데 쌍둥이들은 지역 축구팀의 스타였다.

캐럴과 게리는 뉴에이지 부모였다. 게리는 비즈 장신구를 하고 머리를 하나로 묶었다. 캐럴은 수정을 수집했고 뉴에이지 서점에서 많은 시간을 보냈다. 이들은 로즈메리가 자신만의 개성을 가진 고유한 인간이 되도록 키웠다. 로즈메리를 특정한 유형의 사람으로 만들기보다는 자연스레 자기 성격을 표출하도록 내버려둬야 한다고 믿었다. 게리가 말했다. "저희가 가장 두려워하는 건 로즈메리의 영혼이 상처받는 일이에요."

이들 부부는 자신들의 관계를 통해 평등이 무엇인지 몸소 보여주려고 애썼으며 성역할의 고정관념에서 벗어나 아이들을 자유롭게 키우려고 애썼다. 로즈메리는 잔디를 깎고 쌍둥이들은 설거지를 하고 식탁을 차렸다. 게리는 로즈메리에게 야구와 그림을, 캐럴은 타로카드 읽는 법과 역점 보는 법을 가르쳐주었다.

이 가정은 아이중심적이었으며 순응과 통제보다는 자유와 책임을 강조하는 매우 민주적인 모습이었다. 이들 부부는 아이들에게 제약을 많이 가하면 좋지 않다고 판단했다. 그보다 아이들이 시행착오를 겪으며 자기 한계를 파악할 것이라고 믿었다. 이들은 자신을 아이들의 친구라고 표현하기 좋아했다. 로즈메리에게 자기주장을 하라고 가르쳤고 로즈메리가 어른들과 또래들에게 얼마나 자기주장을 잘하는지 보여주는 많은 일화를 들려주었다. 캐럴과 게리는 아이들에게 풍부한 기회를 제공하기 위해 노력을 아끼지 않았다. 로즈메리는 그 도시에서 가장 뛰어난 교사에게 미술 수업을 받았고 매해 여름 야구 캠프에 참여했다. 쌍둥이들은 야구단에 가입했고 YMCA 캠프에 갔으며 요가 수업을 받았다.

상담실에서 처음 만났을 때 두 사람은 매우 상처받기 쉽고 불안정해 보였다.

"딸아이를 돌려받고 싶어요." 캐럴이 말했다. 캐럴은 로즈메리가 초등학교 때 얼마나 행복하고 자신감 넘쳤는지 얘기했다. 로즈메리는 훌륭한 학생이었고 6학년 때는 학생회장으로 활동했다. 로즈메리는 모든 것에 그리고 모두에게 관심을 뒀다. 두 사람은 로즈메리가 휴식을 취하고 음식을 먹을 수 있도록 속도를 늦추느라 애를 먹었다. 한번은 로즈메리가 미술 교사에게 "선생님께 저는 최고의 학생이죠? 안 그래요?"라고 한 적도 있었다.

사춘기가 찾아오면서 로즈메리는 변했다. 로즈메리는 가늘고 긴 자기 몸이 '밀가루 반죽처럼 변하는' 상황을 싫어했다. 여전히 부모에게는 자기주장이 강해서 심지어 입이 거칠고 공격적이기까지 했지만 또래들에게는 조용하고 다소곳했다. 로즈메리는 모두를 기쁘게 해줘야 한다며 안달하고 별것 아닌 거절에도 크게 상처받았다. 점심 시간에 혼자 밥을 먹었다거나 누군가에게 외모를 비판받았다며 울면서 집에 돌아오기 일쑤였다.

로즈메리는 성적을 더는 중시하지 않았기 때문에 성적이 떨어졌

다. 인기만 신경쓰고 몸무게와 외모에 집착했다. 운동을 하고 다이어
트를 하고 거울 앞에서 많은 시간을 보냈다.

운동선수가 되기보다 운동선수에게 사랑받고자 했다. 부모가 '남자
에게 미쳤다'라고 표현하는 부류의 아이로 로즈메리는 변했다. 부모는
성적 농담으로 가득한 딸의 노트를 발견했다. 로즈메리는 항상 남자아
이 이야기를 하고 남자아이들과 전화 통화를 했다. 섹스와 음주를 실
험하는 중학교 3학년 남자아이들의 파티에 초대받기도 했다.

"로즈메리를 이해할 수가 없어요." 게리가 인정했다. "그앤 대학에
가서나 하겠거니 했던 행동을 지금 해요. 저희가 그애를 제대로 보호
할 수 있을지 잘 모르겠어요."

"안전한 곳을 물색해서 개가 다 자랄 때까지 6년쯤 거기 두면 좋겠
어요." 캐럴이 거들었다. 우리는 함께 웃음을 터뜨렸다.

"저희는 둘 다 작은 마을에서 자랐어요." 캐럴이 말을 이었다. "로
즈메리 나이였을 때 저희는 이러한 유혹을 받지 않았죠. 어떻게 해야
할지 모르겠어요."

캐럴이 로즈메리 방에서 발견한 CD를 내게 건넸다. "그애가 뭘 듣
는지 한번 보세요. 이스티걸스가 부른 〈입 닥치고 노래나 해Reckon You
Should Shut the Fuck Up and Play Some Music〉 〈코카인 파는 곳Crackhouse〉 〈빌
어먹을You Suck〉 같은 걸 들어요." 게리가 말했다. "저희 집은 누구든
욕을 하면 25센트를 통에 넣는 규칙이 있어요. 통이 가득차면 그걸로
외식을 하죠. 이 CD를 들어본 후 저희가 새로운 국면에 접어들었다
는 것을 깨달았어요."

게리가 손을 내려다봤다. "저희는 그애에게 자기주장을 확실히 하

고 스스로를 잘 돌보라고 가르쳤지만 걔는 저희에게만 자기주장을 펼치는 것 같아요. 항상 소란을 일으키죠. 극적 효과를 일으키는 데 천부적인 재능이 있어요. 타이밍도 기가 막히죠. 제가 명상을 하거나 전화로 고객을 상대할 때 감정을 폭발하거든요."

지난해 내내 이들은 로즈메리를 걱정했다. 그러던 중 지난주 토요일 밤, 로즈메리는 콘서트를 보고서 어떤 남자아이와 호텔방에서 밤을 보냈다. 그러고는 여자친구들과 밤샘 파티를 했다고 거짓말을 했다.

로즈메리를 만나보기로 했다. 키가 작고 검은 머리에 풍부한 감정이 담긴 눈을 가진 아이였다. 유명 브랜드 청바지를 입고 나이키 신발을 신고 『무정부주의자의 요리책』을 손에 들고 있었다. 로즈메리는 나를 보자마자 제발 자기 부모에게 현실을 일깨워줬으면 한다고 부탁했다.

가만히 이야기를 들었다. 어떤 조언을 하든 부모의 잔소리처럼 들릴 것이므로 받아들이지 않을 터였다. 로즈메리에게 무슨 걱정거리가 있는지 물었다. 로즈메리는 몸무게와 신체적 결점 때문에 고민이라고 했다. 몸무게를 5킬로그램 정도 줄여야 하며, 왼쪽 옆얼굴은 '흉측하고' 피부는 너무 얼룩덜룩하다고 했다. 다이어트를 시도했지만, 그것도 엄청나게 싫었다. 로즈메리는 괴팍해지고 우울해졌으며 결국 완전히 굴복하고 음식을 먹었다.

친구들은 외모로 사람을 판단하고 자신도 마찬가지라고 했다. 충분히 예쁘지 않을까봐 두려워했다. "어디 가든 주변부터 둘러봐요. 항상 저보다 예쁜 누군가가 있죠. 정말 짜증나요."

모델들이 얼마나 성적 대상화되어 있고 부자연스러워 보이는지,

여성들이 MTV와 영화 속에서 어떻게 그려지는지 이야기했다. 로즈메리는 한편으로는 그러한 압박을 몹시 싫어했지만, 한편으로는 적절한 외모를 가져야 한다는 강박에 사로잡혀 있었다. 한편으로는 외모지상주의를 경멸했지만, 한편으로는 모든 사람을 외모로 평가하는 일을 멈출 수 없었다.

초등학교 이후로 삶이 어떻게 변했는지 이야기를 나눴다. 로즈메리는 아버지와 함께 야구 연습을 하거나 그림을 그렸던 일을 말하며 미소 지었다. 그때만 해도 부모를 사랑했고 그들과 가깝다고 느꼈지만, 지금은 그렇지 않았다. "그분들은 제가 어떤 일을 겪는지 모르세요. 항상 바보 같은 조언만 하시죠. 그분들은 어린 딸이 자라는 걸 바라지 않으세요."

로즈메리는 친구들과 가깝다고 느꼈지만 우정을 쌓기가 어렵다고 인정했다. 배신당하거나 거부당할까봐 걱정했다. 사교관계는 시시각각 변했다. 로즈메리는 남자아이들에게 자기주장을 내놓는 걸 불편해했다. 또한 인기 있는 무리에 들기 위해서 자기 뜻에 맞지 않는 행동을 했다.

우리는 로즈메리보다 친구들의 경험담을 더 많이 주고받았다. 어떤 친구들은 남자친구와 섹스한 후에 차였다. 어떤 친구들은 강간을 당하거나 임신중단 수술을 받았다. 자신은 그러한 곤경에 처하지 않으리라 생각하면서도 아슬아슬하게 위기를 모면했다고 인정했다.

남자아이들에 대해 이야기할 때 로즈메리는 놀라운 통찰력을 선보였다. 남자친구가 생기기를 엄청나게 갈망했기에 그들의 환심을 사려 뭐든지 했다. "남자가 저를 좋아하지 않으면 저한테 실망해요. 필요한 일은 뭐든 할 거예요."

상담은 엉뚱하게 흘러갔다. 무정부주의자를 심리 치료하기란 어려웠다. 부모와 마찬가지로 나 또한 로즈메리가 성장하는 동안 그 아이를 안전하게 지키고 싶었다. 부모와 마찬가지로 나도 말실수를 하지 않는지 조심해야 했다. 로즈메리가 팔짱을 끼고 상담실 창밖을 내다보면 그날 상담은 다 끝났다는 뜻이었다.

로즈메리는 세상을 편협한 범주로 나누어 바라보았다. 세상사를 지나치게 일반화하거나 단순화했고 자신이 이해할 수 없는 것은 부정했다. 감정은 혼란스럽고 통제할 수 없을 때가 많았으며 또래의 인정, 특히 또래 남자아이에게 인정받고자 하는 욕구 때문에 위험한 상황으로 몰렸다. 로즈메리는 섹스하자고 졸라대는 남자아이들에게 싫다고 말하기 힘들어했다. 게다가 모든 일을 혼자 힘으로 해결하겠다는 의지가 강했다. 의견을 제시해주면 로즈메리는 앞서 말한 드문 경우의 사례를 듣고 말 그대로 움찔했다.

이 가족 안에서 많은 아이러니를 봤다. 영적 가치를 추구하는 뉴에이지 부모에게는 자기 몸무게를 가장 신경쓰는 딸이 있었다. 이 부모의 자유방임적 접근법은 에이즈와 약물중독이 만연한 시대에 효과가 없었다. 부모는 관습적인 성역할을 따르지 않는 환경에서 딸을 키우려고 애썼지만 딸은 남자아이들을 매료하고 붙잡기 위해 지나치게 여성화되었다. 부모는 딸아이에게 자기주장을 하는 법을 가르쳤지만 딸은 그 기술을 어른들에게만 사용했다. 무엇보다 아이러니한 점은, 명상실이 딸린 가정에서 자란 로즈메리가 정신 집중이 부족하다는 점이었다.

앞서 말한 내담자들의 가족은 모두 사랑이 넘쳤지만, 부모들은 각자 다른 방식으로 기대하고 통제했다. 레아는 엄격하게 통제하는 가정에서, 프란체스카와 루시는 적절하게 통제하는 가정에서, 로즈메리와 애비, 그리고 엘리자베스는 통제 수준이 낮은 가정에서 자랐다.

레아의 가족은 나쁜 생각을 막으려면 엄격한 검열이 최상의 방어책이라 믿었다. 아이의 발달과정은 가족의 가치에 어긋나지 않도록 신중하게 조율되었다. 폭풍우에서 보호받으며 레아는 감당할 만한 수준의 문제를 경험했다. 하지만 이러한 보호에는 대가가 따랐다. 레아는 자유와 통제력 일부를 희생해야 했다.

루시와 프란체스카의 가족은 딸을 합리적인 수준으로 보호하면서도 딸이 자신만의 방향으로 성장하도록 자유를 허용했다. 당연히 이들은 애비와 엘리자베스, 로즈메리보다 스트레스를 덜 받았지만, 레아보다는 품행이 덜 발랐다.

로즈메리의 가족뿐 아니라 애비와 엘리자베스의 가족 또한 나쁜 생각을 막으려면 더 나은 생각을 제시하는 게 최선이라고 믿었다. 이들은 더 자유롭고 더 민주적이며 쉽게 타협했다. 이들은 체계보다는 경험에, 복종보다는 자율성에 더욱 가치를 뒀다. 이러한 가족은 많은 강점을 가진다. 각 개인의 차이를 존중하고 딸아이의 잠재력을 키우기 위해 헌신을 다한다. 하지만 이들의 딸은 실존적인 선택을 할 준비가 안 되어 있기에 종종 나쁜 결정을 내렸다. 청소년기 초기에 이 여자아이들은 비참해 보이고 통제불능인 양했다. 그렇지만 시간이 지나자 자립적이고 자신감 넘치는 성인이 되었다.

완벽한 세상에서는 모든 소녀가 사랑받을 것이다. 청소년기 여자아이들은 가족에게 보호받으면서도 한 개인으로 성장하고 꽃필 것이다. 가정에서는 개인의 자유를 지나치게 희생하지 않으면서도 확실하고 분명한 도덕적 잣대를 제시할 것이다. 하지만 현실에서 이러한 완벽함은 불가능한 얘기다. 각 가정에서는 선택을 해야 한다. 덜 엄격한 가정은 단기적으로 볼 때 여자아이들에게 더 위험할 수 있지만, 시간이 흐르면서 개인의 잠재력은 더 향상될 것이다. 반대로 더 엄격한 가정은 단기적으로 볼 때 위험이 줄어들겠지만, 나중에는 순응적이고 개성 없이 살 위험이 더 커진다. 청소년기 여자아이를 둔 가정은 안전과 자유 사이에서, 가족의 가치에 대한 순응과 자율성 사이에서 균형을 잡느라 안간힘을 쓴다. 이러한 균형점을 찾는 데 많은 판단이 뒤따른다. 문제는 복잡하며 실수는 큰 대가로 이어질 수도 있다. 부모들은 이런 문제의 강도에 압도될 수도 있다. 완벽한 균형이란 중용이라는 표현과 마찬가지로 관념으로만 존재한다.

오늘날 부모와 십대 자녀 사이의 역학관계는 1994년과 상당히 달라졌다. 다소 놀랍게도 십대의 반항은 더는 문화적으로 예상되는 현상이 아니다. 부모들은 십대를 덜 감독하게 됐는데 이들이 전보다 말을 잘 듣기 때문이다. 2019년에 이혼은 1994년보다 덜 흔하다. 실제로 2019년 이혼율은 지난 40년 중 가장 낮은 수치다. 가정은 더 민주적으로 변하고 부모 자식 사이도 더 공평해졌다. 아버지들은 딸의 일에 더 많이 관여하고 어머니들은 가정과 직장에서 더 많은 권력이 생겼다.

1960년대 초반 대부분의 부모는 미국을 좋은 사회로 여겼기에 자기 아이에게 그 안에서 사는 법을 가르치려 애썼다. 1994년 부모들은 반항적인 십대 자녀를 위해 더 다채로워진 유독한 문화에 맞서 싸워야 했다. 이제 부모와 십대 자녀 모두 우리 문화를 헤쳐나가기 힘들다고 인정한다. 여자아이들이 너무 이른 나이에 혹은 혼자서 세상에 나가는 걸 바라는 사람은 아무도 없다. 부모들은 자기 딸을 미래에 어떻게 대응시킬지 신경쓴다.

1994년에는 매우 중요해 보였던 측면이 오늘날에는 덜 중요해진 것처럼 보인다. 전반적으로 가정은 더 화기애애해지고 더 편안해졌다. 하지만 전자기기 사용에 있어서는 명확한 합의와 제한이 필수적이다. 부모는 스마트폰 사용과 컴퓨터 사용 시간을 제한할 필요가 있다. (디지털 미래를 위한 센터에 따르면 성인은 평균적으로 하루에 여섯 시간 이상 온라인상태이고 7분마다 이메일을 확인한다.) 가정에서는 전자기기를 사용하지 않는 시간을 두고 협상할 수 있다. 정책을 마련하는 편이 처벌하는 것보다 더 낫다. 선행해서 계획을 세우는 편이 피해에 반응해서 통제하는 것보다 더 수월하다.

십대들은 여전히 부모가 많은 애정과 통제를 쏟을 때 가장 잘 자란다. 하지만 오늘날 이러한 가정을 찾기란 쉽지 않다. 대부분의 가정에서 애정은 많이 쏟지만 통제는 많이 하지 않는다. 의사소통이 열려있고 함께 대화하거나 일을 하며 시간을 보내거나 관점을 세우는 법을 배우고 회복탄력성을 중시하는 태도는 건강하고 균형잡힌 아이와 청소년으로 키우는 데 핵심이다. 앞으로 이야기할 1세대 미국 시민인 리베카는 이러한 긍정적인 특징 중 많은 부분을 실행하고 있다.

오늘날 미국 내 중대한 변화를 들자면, 예전보다 훨씬 더 많은 부

모가 해외에서 태어났다는 사실이다. 미국은 다문화국가이기에 미국
이라는 새로운 문화에 적응하면서도 고국의 전통을 지켜나가는 가정
이 많다. 이러한 환경에서 자란 여자아이들은 미국인다운 어떤 '전형
적인' 특징을 가지면서도 토착 전통을 따르는 경우가 많다.

수많은 도전 과제 속 회복탄력성_리베카(16)

"저희 부모님이 타신 비행기는 눈보라를 뚫고 뉴욕에 착륙했어요.
부모님은 케냐 난민 캠프에서 나와 거의 이틀 걸려 도착하셨죠. 엄마
는 저를 임신중이셨지만 모르셨대요. 겨우 열여섯 살이셨거든요."

리베카는 마음을 사로잡는 무언가를 가진 아이였다. 피부가 검고
허리까지 머리를 길게 땋은 예쁜 여자아이였다. 차분하면서도 활기
찬 에너지를 내뿜었기에 친구들에게 인기가 많겠구나 싶었다.

미국 정부가 마련해준 네브래스카주 링컨의 작은 아파트에 수단
난민인 부모가 재정착하고 겨우 몇 달 후 리베카가 태어났다. 사미아
와 존 부부는 '수단의 잃어버린 소년들'(많은 소녀와 젊은 여성도 이주
했으므로 이러한 명칭은 부적절하다)의 이주 물결과 함께 2002년 미국
에 도착했다.

의사나 간호사와 영어로 제대로 의사소통을 못한 채 사미아는 봄
의 첫날 여자아기를 낳았다. 독실한 기독교인인 이들 부부는 딸 이름
을 리베카라고 지었다. 성서 속 인물의 이름이자 새로운 문화에 잘
동화됐으면 하고 붙인 이름이었다.

사미아와 존은 연달아 사 남매를 더 낳았다. 그러고 나서 리베카가 초등학교 1학년 때 존이 눈보라 속에서 자동차 사고를 당해 세상을 떠났다. 영어를 읽거나 쓸 줄 모르지만 오 남매를 키워야 했던 사미아는 빨리 일자리를 찾아야 했다. 리베카는 어머니가 닭고기 가공 공장에서 하루 열두 시간씩 일하는 동안 동생들을 돌봤다.

"아빠가 돌아가신 이후로 책임감이 강해졌어요. 전 항상 동생들에게 믿음을 주면서도 엄격했어요. 마치 엄마처럼요. 남동생들과 여동생들이 원하는 만큼 TV를 보게 내버려두지 않았고 아이들에게 건강한 음식을 챙겨줬죠."

"넌 정말 책임감이 강해 보여. 솔직히 가끔 걱정되는구나. 넌 '전형적인' 미국 아이들처럼 유년기를 보내지 못했잖니. 여름에 수영장에 가지도 않고, 자전거를 타지도 않고, 집을 떠나 자고 오는 캠프도 가지 못했잖아. 항상 동생들을 돌봐왔는데 그게 화난 적은 없니?"

"저는 그게 좋아요." 리베카가 어깨를 으쓱하더니 미소 지었다. "친구들을 집에 초대할 필요가 없어요. 이미 주변에 친구가 잔뜩 있거든요, 항상요. 동생들이 제겐 가장 좋은 친구예요."

"중학교 생활은 어땠니?"

"중학교에 입학하고 첫째 주에 생리를 시작했던 게 가장 기억에 남아요. 정말 타이밍이 최악이었죠! 생리통이 너무 심해서 며칠 결석해야 했어요. 학교 친구들은 대부분 미국인이고 대개 흑인 아이들이었어요. 별다른 사건은 없었어요."

"중학교에 입학하기 직전에 엄마가 재혼했어요. 저희 가족은 모두 제이콥 아저씨를 사랑했어요. 아저씨는 양아버지가 되기 전부터 저희를 조카처럼 대해주셨어요. 하지만 여전히 대처해야 할 문제가 많았죠. 갑자기 새 학교로 전학 가야 했고 엄마는 다시 임신하셨거든요."

"새로 생긴 형제들도 네가 돌봐줬니?" 내가 물었다.

"그렇기도 하고 아니기도 해요. 아저씨는 좋은 직장에 다녔기 때문에 엄마가 일을 쉬면서 육아를 할 수 있었어요. 위의 동생들은 여전히 제가 주로 돌봤지만요. 한 가지 불만이 있긴 했어요. 중학교 동아리 모임은 늦은 오후에 진행되어서 어떤 동아리에도 들 수 없었어요. 저희 학교에서 동생들이 다니는 초등학교까지 걸어가서 애들을 집에 데려와야 했거든요. 스윙 합창단 활동을 못해서 지금도 아쉬워요."

리베카가 웃음을 터뜨렸다. "제가 스윙 합창단을 뒤집어놨을 텐데 말이죠."

계속 킥킥거리며 리베카가 말을 이었다. "고등학생이 되는 게 정말 무서웠어요. 학교 건물이 거대하더라고요. 처음에는 엄청 초조했어요. 하지만 그후 음악 수업을 들었고 거기서 '제 사람들'을 찾았어요. 현재 교내 합창단 세 곳에서 활동중이에요. 합창단 친구들이 너무 좋아요. 우린 항상 우스꽝스럽죠."

리베카가 화면에 금이 간 아이폰을 꺼내더니 인스타그램 계정을 보여줬다. 합창단 친구들과 함께 만든 계정이었다. 기쁘게도 대부분의 사진 속에서 리베카는 우스꽝스러운 표정을 짓고 과장된 포즈를 취한 채 친구들에게 둘러싸여 있었다.

"십대가 된 지금은 엄마와 어떻게 지내니?"

"엄마는 저의 제일 좋은 친구죠. 엄격하시지만 저희는 어떤 일로도 절대 싸우지 않아요. 엄마는 항상 저를 지지해주시고 긍정적이시죠. 솔직히, 엄마가 안 좋은 하루를 보내신 적이 있을까 싶어요. 만약 그렇대도 저희에게 숨기셨겠죠. 저희는 네브래스카대 캠퍼스 구내식당에서 함께 일해요. 엄마는 음식을 조리하고 저는 샐러드바를 채우고 귀여운 남자 대학생들을 쳐다보죠. 함께 일해서 좋아요."

"엄마를 묘사한다면 어떤 단어가 떠오르니?"

"아름답다. 긍정적이다. 기쁨을 준다. 누구든 울적해하면 엄마는 친절을 베풀어요. 저희는 엄마와 딸의 관계이면서도 친구처럼 지내요."

"친구들이 자기 엄마 때문에 불평해도 이해가 안 가요. 엄마는 저한테 어디 가느냐고 묻지 않아요. 저를 믿으시니까요. 성적 문제로도 괴롭히지 않으시죠. 제가 학교에서 최선을 다한다는 사실을 아시니까요. 레깅스를 입는 문제로 의견이 부딪쳤지만 별일 아니었어요."

"지금 레깅스를 입고 있구나." 내가 언급했다.

리베카가 윙크했다. "보셨죠?"

"넌 네 정체성을 어떻게 생각하니? 수단인이라고 느끼니? 미국인? 아프리카계 미국인?"

"전 네브래스카 소녀라고 생각해요. 수단 문화는 조금 알지만 수단어는 할 줄 몰라요. 그래서 이모나 삼촌이 오면 대화를 못 나눠요." 리베카가 인정했다. "친구들에게 수단의 배경에 관해 들은 적도 없어요. 친구들은 저를 아프리카계 미국인으로 보는 것 같아요. 엄마는 저희가 '반반 섞이기를' 바라시죠. 엄마의 모국어인 수단어를 할 줄 알면서 여기 잘 어울렸으면 하세요."

"곤혹스러운 질문 하나 할게. 데이트하는 사람 있니?"

"고등학교 다니는 동안에는 데이트를 하면 안 돼요. 엄마가 너무 어린 나이에 임신하셨기 때문일 거예요. 대학에 가기 전까지는 데이트를 하지 말라고 엄마가 말씀하셨어요. 상관없어요. 저는 남자아이에게 추파를 던지거나 '말을 거는' 일에는 관심이 없거든요. 그냥 친구로 지내면 되죠. 인스타그램과 스냅챗을 하다보면 친구들이 요즘 뭘 하는지 볼 수 있어요. 저는 그냥 여기 앉아서 남자아이와 여자아이 그리고 데이트를 둘러싼 이야기를 즐겨요. 그게 제 인생에 들어오길 원하진 않고요!"

"공부를 열심히 하면서 일주일에 스무 시간이나 일을 하잖니. 재미를 위해선 뭘 주로 하니?"

"집에서 동생들과 노래 부르는 게 좋아요. 개들과 떨어질 수가 없어요. 아이들 옆에 있으면 너무 즐겁거든요!" 리베카는 다시 스마트폰을 꺼내서 어린 동생들이 카디 비 노래에 맞춰 랩을 하고 춤을 추는 모습이 담긴 동영상을 보여줬다. 카메라 방향을 아이들 쪽으로 향하게 한 뒤 아이들이 코러스를 따라 부르도록 유쾌하게 이끌었다.

"정말 사랑스럽구나."

"그쵸? 이보다 더 재밌는 일이 뭐가 있겠어요?" 리베카가 말을 이었다. "소아과의사가 돼서 항상 아이들 옆에 머물고 싶어요. 오마하에 아동 병원이 있는데 거기서 일하면 좋겠어요. 하지만 가족과 가까이 링컨에 계속 살고 싶기도 해요. 가족은 제 전부니까요."

상대적으로 가난한 환경에서 자라고 공립학교 밖에서 풍부한 경험을 쌓지 못했음에도 불구하고 리베카는 운이 좋았다. 리베카에게는 사랑이 넘치는 가족이 있고 많은 책임과 도전 과제가 주어졌다. 리베카는 스스로 쓸모 있고 가치 있다고 여겼고 미래에 무엇을 원하든 성취하리라고 확신했다.

오늘날 많은 여자아이가 관여를 매우 많이 하고 극도로 보호하는 부모 밑에서 자란다. 교과서에서는 이를 헬리콥터 부모라고 부른다. 이들은 스마트폰과 문자메시지를 통해 딸과 항상 연결되어 있다. GPS 추적 애플리케이션을 이용해 아이가 어디에 있는지 항상 파악한다. 십대 여자아이들은 언제든 부모에게 도움을 청하는 전화를 걸 수 있다. 이는 십대들에게 안전감을 주었으나 자기효능감은 앗아갔다.

아이러니하게도 딸을 학교까지 차로 태워다주고 딸과 자주 접촉함에도 부모들은 정작 딸이 온라인에서 뭘 보는지 뭘 하는지 잘 모른다. 한 어머니는 내게 이렇게 말했다. "딸에게 손톱으로만 간신히 매달려 있는 것 같아요."

"남편과 저는 딸과 함께하면 외국에 있는 느낌이에요." 그녀가 말을 이었다. "저희에겐 지도 한 장 없고 그 나라 말을 할 줄도 모르죠. 딸아이가 마주한 온갖 복잡한 문제에 어떻게 대응해야 할지 잘 모르겠어요."

요즘 여자아이들은 집을 떠나 독립할 때 1994년 여자아이들보다 문제 대처 기술과 회복탄력성이 더 부족하다. '어른처럼 행동하기'라는 새로운 표현이 생겼지만 많은 십대들은 그러기를 원하지 않는다. 이들은 더욱 위험을 회피하며 자기 기본 능력에 의구심을 품는다. 자신에게 기술이 부족하다는 사실을 상당히 정확하게 인지한다. 요즘 아이들은 1990년대 여자아이들보다 범죄의 희생자가 될 가능성이 낮지만 예전보다 더 취약하다고 느낀다. 혼자 힘으로 문제에 대처해본 경험이 부족하기 때문이다.

모든 스트레스로부터 보호받는다면 아이들은 잘 자랄 수 없다. 스트레스는 발달의 필수 요소다. 인간은 도전 과제를 해결하면서 성장한다. 스트레스가 어느 정도여야 적절하고 괜찮은지 알아내는 것이 중요하다. 아이들이 적절한 스트레스를 경험하여 다양한 기술과 좋은 대처 메커니즘을 갖춘, 정서적으로 튼튼한 어른으로 성장하는 게 이상적이다. 하지만 그런 경우는 드물고 아이들은 스트레스에 압도당하거나 제대로 대처하지 못한다.

빠르게 변화하는 문화 속에서 아이들이 회복탄력성 높은 독립적인 성인으로 자라도록 돕는 게 부모의 주임무다. 말로는 쉽다. 언제 딸을 보호하고 언제 딸이 두려움을 극복하도록 밀어붙여야 할까? 많은 여자아이가 극심한 스트레스를 견디지 못하고, 부모들은 딸에게 그러한 스트레스를 가할까봐 초조해한다. 하지만 스트레스는 우리 삶에서 일상적이면서도 필수적인 측면임을 잊지 말자.

특히 공황발작, 자살 시도나 자해를 겪은 여자아이라면 부모는 뒤로 물러서기가 힘들 것이다. 그렇지만 과잉보호는 '보호 부족'만큼이나 위험하다. 과잉보호를 받은 십대들은 직장생활이나 대학생활을 하면서 어려움을 겪는다. 내면의 방향성이 없거나 다른 사람이 지지해주지 않으면 폭음, 약물 복용, 낙제, 면접 실패 등의 위험을 겪는다.

아이가 삶을 살아갈 준비를 하도록 돕는 게 부모가 줄 수 있는 가장 좋은 선물일 것이다. 아이에게 비판적 사고 능력과 대인관계 기술을 가르쳐주고, 아이가 어려운 도전 과제를 정복하면서 세상으로 나아가도록 격려해주고, 인간관계, 정치, 사회가 어떻게 움직이느냐에 관해 아이와 대화를 나눔으로써 말이다.

약한 사람인 양 취급받은 아이는 약해질 수밖에 없다. 반면 강인함을 요구받은 아이는 실제로 강인해진다. 하지만 시기가 무엇보다 중요하다. 무엇이 적절한 도전 과제인지 매일 평가해야 한다. 딸이 성취하고 싶은 일의 지표를 부모 자식이 서로 논의해서 정할 수 있다. 예를 들어, 몇 살이면 집에 혼자 있을 수 있을까, 몇 살이면 식료품 쇼핑을 할 수 있을까, 몇 살이면 가족 식사를 준비할 수 있을까, 몇 살이면 사회활동 일정표를 짤 수 있을까? 그리고 몇 살이면 어린아이들을 돌보거나 시간제로 일할 수 있을까? 여자아이들 스스로 목표를 설정할 수도 있다. 가령 몇 살부터 대중교통으로 거주중인 도시를 돌아다니고 싶은지 스스로 결정할 수 있다.

물론 모든 부모가 항상 아이 옆에 있어주는 것은 아니다. 특히 경제적으로 어려운 부모는 장시간 일해야 하기 때문에 아이 곁에 있어주지 못한다. 포커스 그룹의 조던은 차로 학교에 데려다줄 때만 어머니를 볼 수 있었다. 조던의 어머니는 주야 교대 근무를 했기에 조던은 다음날 아침까지 어머니를 못 볼 때가 많았다. 하지만 오랜 시간 일하는 어머니를 둔 많은 여자아이와 마찬가지로 조던은 과잉보호받는 또래보다 더 자립적이고 더 유능했다.

어떤 부모들은 군복무 때문에 해외 파병을 나가 있다. 이민자 부모들은 때때로 미국 정부의 명령에 따라 아이들과 떨어져 지낸다. 어떤 부모들은 정신건강이나 신체건강이 좋지 않거나, 감옥에 수감중이거나, 술이나 약물에 중독되었거나, 그냥 아이를 지지해주지 못한다. 하지만 어떠한 상황이든 간에 모든 부모는 이중의 도전 과제에 직면해 있다. 아이를 사랑하면서도 제한을 가해야 하고, 아이가 성장하도록 도우면서도 독립적으로 발달하도록 허용해줘야 한다. 오늘날 부모는 시간과 전자기기라는 두 축을 중심으로 통제를 가하나 둘 다 다른 것보다 관리하기가 훨씬 더 힘들다.

6장
어머니들

우리 어머니는 캔자스주와 네브래스카주의 소도시에서 일반의로
일했다. 그 시대에는 대부분 집에서 임종했기에 의사는 환자와 그 가
족 옆에서 함께 앉아 있어주기만 해도 됐다. 어머니가 한번은 내게
말씀하셨다. "노인들은 죽기 직전에 섬망 증상을 보인단다. 현실세계
를 떠나서 어딘가 다른 곳으로 이동하지. 남자들은 다시 농부가 되어
눈보라를 뚫고 집으로 말을 몰고 온단다. 그들은 이렇게 외쳐. '이랴,
이랴. 얼마 안 남았어.' 그러다가 창밖으로 새어나오는 불빛을 보고
숨을 돌리는 거야. 창밖을 내다보는 아내를 보고 안도의 미소를 지으
면서 '가고 있어' 하고 소리칠 거야. 그들은 눈보라를 뚫고 말을 채찍
질하며 침대 위에서 마구 몸을 흔들면서 이렇게 말한다. '이랴, 이
랴. 집에 거의 다 왔어.'"

"그럼 여자들은 뭐라고 해요?"

"여자들은 자기 엄마를 찾는단다."

열 살 때 어머니는 밤늦게야 퇴근하셨다. 어머니는 어두운 맞춤 정장을 입고 붉은 립스틱을 바르고 검은 하이힐을 신었다. 머리카락은 짧고 곱슬곱슬했고 눈은 항상 피곤해 보였다. 트렌치코트를 입고 왕진 가방을 든 어머니가 집에 들어오면 달려가서 잠자리에 들 때까지 곁에 머물렀다. 어머니가 따뜻하게 데운 스튜를 드시고 우편물을 살피고 실내복으로 갈아입고 슬리퍼로 바꿔 신는 모습을 지켜보았다. 아픈 발을 주물러드리며 어머니께 오늘 하루는 어땠는지 묻곤 했다.

왕진 갈 때나 동네에서 26킬로미터 정도 떨어진 병원에 갈 때 어머니를 따라나섰다. 그럴 때면 어머니는 목장에서 보낸 유년 시절 이야기를 들려주었다. 방울뱀을 죽이기도 하고, 시냇가에서 화석을 발견하기도 하고, 우박을 동반한 폭풍이 불 때면 건초 더미에 몸을 숨기기도 하고, 고등학교 농구부 선수로 나가 우승 경기를 뛰기도 했다고 하셨다. 대공황 시절에는 땔감으로 쓰려고 마른 쇠똥을 모으기도 했다. 나는 더 얘기해달라고 졸랐다. "밭에서 수박을 따서 먹었던 이야기를 해주세요. 동네를 지나간 집시 이야기도 해주세요. 닭장 안에 있는 물을 마시고 죽은 쌍둥이 이야기도 해주세요. 아니면 박람회 때 추락했던 곡예비행 조종사 이야기요."

중학교에 입학하자 어머니에게 짜증이 났다. 배가 불룩하고 머리카락이 가늘고 친구들 어머니만큼 예쁘지 않았기 때문이다. 어머니가 집에서 참치 캐서롤을 구워주고 바느질하는 법을 가르쳐줬으면 했다. 어머니를 찾는 전화가 울리지 않았으면 했다.

1965년 고등학교 졸업 선물로 어머니는 나를 샌프란시스코에 데려갔다. 우리는 비트세대 시인들이 직접 시를 낭독하는, 노스비치에 위치한 카페에 갔다. 모두가 어머니를 뚫어져라 쳐다본다고 확신했기에 시를 좋아함에도 얼른 나가자고 주장했다.

성인이 된 후 우리 가족을 데리고 어머니 집에 명절 저녁을 먹으러 갔다. 어머니는 내가 좋아하는 야채수프와 피칸파이 같은 음식을 준비하셨다. 어머니는 우리 아이들에게 사탕과 선물을 잔뜩 안겨주셨다. 자정이 되어 잠자리에 들라치면 어머니는 스테이크를 구워주겠다거나 함께 산책하러 나가자고 제안하셨다. 조금이라도 나와 더 대화하고 싶으셔서 말이다. 집에 돌아갈 때면 차까지 배웅하시고는 자동차 문 손잡이를 꽉 잡고 이렇게 물으셨다. "언제 또 올 거니?"

어머니가 인생의 마지막 달을 보내실 때, 병원에서 어머니 곁을 지켰다. 머리를 빗겨드리고 이를 닦아드리고 포도알을 한 알씩 먹여드렸다. 어떤 밤에는 독한 약물 때문에 섬망 증세를 보이셨다. 어머니는 스파게티 12인분을 준비한다고 생각하셨다. "그 토마토를 건네주렴. 양파를 빨리 썰어. 사람들이 곧 도착할 거야." 어느 날 밤에는 아기를 받으셨다. "힘을 줘요, 지금이에요. 아기를 포대기로 싸세요." 내가 어머니 옆에서 잠들자 어머니도 주무실 수 있었다.

다른 모녀관계가 모두 그러하듯이, 어머니와 내 관계는 놀랍도록 복잡했고, 사랑과 그리움, 가까워지고픈 욕구와 멀어지고픈 욕구, 분리와 밀착이 뒤엉켜 있었다. 나는 어머니를 존경하면서도 무시했고, 부끄러워하면서도 자랑스러워했으며, 어머니와 즐겁게 웃기도 했지만 매우 사소한 결점 때문에 짜증도 났다. 어머니 집에서 하루만 지내면 신경질이 머리끝까지 났다. 하지만 어머니를 행복하게 해드리는 것보다 더 행복한 일은 없었다.

어머니의 장례식을 마치고 그다음날부터 『내 딸이 여자가 될 때』를 집필했다. 어머니와의 일들 때문인지 어머니에게 깊은 연민을 느꼈다. 어머니를 닦아세우던 1990년대 여자아이들과 그들의 어머니가 더 친밀해지게 도울 만한 책을 쓰고 싶었다. 어머니들을 지지하는 목소리가 될 만한 책을 쓰고 싶었다.

서구 문명은 어머니들에 대해 비현실적인 기대를 해왔다. 어머니들은 자녀가 행복해하고 가족이 사회적으로 정서적으로 잘살아가도록 이끌 책임이 있었다. 어머니들은 옛이야기나 현대 미국 소설에서 성모마리아처럼 이상화되거나 맹비난을 받았다. 모두 프로이트가 1차 과정 사고라고 지칭한 유아식 사고방식으로 어머니들을 생각했다. 어머니를 한 인간으로 볼 만큼 충분히 성장하지 못했다.

서구 문명은 양육에 대해 이중잣대를 가졌다. 아버지와의 관계는 생산적이고 성장지향적으로 여겨지나 어머니와의 관계는 퇴행적이고 의존적으로 그려진다. 아버지들은 아이의 일에 개입하면 칭찬을 받는다. 반대로 어머니들은 철저하게 적절하고 적당하게 개입하지 않으면 비판을 받는다. 냉담한 어머니는 경멸받지만, 아이들과 너무 밀착되면 아이를 숨막히게 만들고 과보호한다고 비난받는다.

청소년기 딸을 둔 어머니에게는 말도 안 되게 모순된 메시지가 주어진다. 어머니들은 딸이 문화에 적응하도록 도우면서 그 문화로부터 딸을 보호해야 한다. 또한 딸이 어른으로 성장하도록 격려하는 한편 상처받지 않도록 지켜줘야 한다. 어머니들은 딸에게 헌신하는 한편

224

딸이 독립하도록 격려해야 한다. 완전한 사랑을 주면서도 정서적으로 신체적으로 정확히 언제 딸과 거리를 두어야 할지 알아야 한다.

우리 문화가 기대하는 딸의 역할도 어머니 역할만큼이나 혼란스럽다. 우리 문화는 어머니로부터 떨어져나와서 어머니와의 관계에 가치를 덜 둬야 한다고 딸들을 부추긴다. 어머니를 존경하되 그들과 닮아서는 안 된다고도 가르친다. 우리 문화에서 어머니를 사랑하는 것은 의존성, 수동성, 퇴행과 연관되는 반면, 어머니를 거부하는 것은 개성화, 활동성, 독립성과 연관된다. 어머니와 거리두기는 어른으로 성장하기 위한 필수적인 단계로 인식된다.

내 딸 새러가 열다섯 살 때 고통스럽지만 웃긴 농담을 던졌다. 수영장에 가거나 산책하러 가거나 점심 먹으러 갈 때 새러를 데려가기 좋아해서 이런 외출을 우스갯소리로 '엄마와 딸의 유대 강화 체험'이라고 불렀다. 그러던 어느 날 새러가 이 외출을 엄마와 딸의 '속박' 체험이라고 했다. 우리 둘 다 배꼽이 빠져라 웃었다. 우리는 최근까지도 이 외출을 '엄마와 딸의 속박'이라고 부른다.

성장과정에서 청소년기 여자아이들은 그들이 가장 밀접하게 동일시했던 사람을 거부하도록 요구받는다. 딸들은 어머니처럼 되는 일을 엄청나게 두려워하도록 사회화된다. 대부분의 여성에게 "어머니와 똑 닮았다"라는 말만큼 모욕인 말은 없다. 그렇지만 어머니를 미워한다면 자기 자신을 미워하는 것과 같다.

미국 여자아이들은 5장 「가족」에서 소개했던 레아와는 매우 다른 경험을 했다. 레아는 모녀간의 유대관계를 존중하는 문화에서 자랐다. 서구 문화권에서는 어른이 되고자 하는, 어머니와 다르고 어머니에게 더는 의존하지 않는 개인이 되려는 딸의 시도 때문에 모녀간의 갈등이 일어난다. 우리 문화 안에 존재하는 모순된 메시지 때문에 어머니와 딸 사이의 갈등은 불가피하다. 딸들이 자아를 형성하려면 어머니의 어떤 부분을 거부해야 한다. 어머니와 딸은 거리 문제로 항상 싸워야만 한다. 너무 가까우면 잡아먹힐 것만 같고 너무 멀면 버림받은 것만 같다.

이러한 갈등은 오래 이어져왔는데 1990년대에 여러 문제 때문에 더 악화되었다. 내 상담실은 자신들의 관계를 긍정적인 방식으로 정의 내리려는 어머니와 딸로 가득했다. 부분적으로 문제는 어머니들이 딸이 사는 세계를 이해하지 못한다는 데 있었다. 둘은 서로 다른 일을 겪었다. 가령, 대부분의 어머니는 몸매와 성에 대해 중학교 때 남자아이들에게 놀림을 받았다. 이들은 딸이 학교에서 일어난 일 때문에 불만을 터뜨려도 이를 자신이 겪은 일과 비슷한 일이겠거니 했지만 그렇지 않았다. '놀림'은 더 노골적이고, 비열하고, 끊임없었다. 놀림보다는 성희롱에 가까웠기에 많은 여자아이가 등교를 꺼렸다.

어머니들이 딸의 행동방식에 대처할 준비를 못한 경우가 종종 있었다. 어떤 딸들은 어머니에게 욕을 하고, 나쁜 년이라고 부르고, 입 닥치라고 소리질렀다. 한 번도 자기 어머니에게 욕해본 적 없는 요즘 어머니들은 충격을 받았다. 1990년대 딸들은 예전보다 훨씬 더 어린 나이에 성생활을 시작했다. 미래를 약속한 관계에서도 성적 문제를 두고 고민했던 어머니들은 섹스를 가볍게 여기는 딸의 태도에 정말로 어안이 벙벙해졌다. 어머니들 또한 자기 어머니에게 비밀이 많았지만, 자신과 얼마나 다른 비밀이 딸에게 있는지 상상조차 못했다.

1990년대 어머니들은 대부분 딸을 건강한 사람으로 키우기 위해 최선을 다했으나 어찌해야 할지 확신하지 못할 때가 많았다. 예를 들어, 딸에게 스스로의 권리를 위해 싸우고 자신을 통제하려드는 모든 사람에게 저항하라고 가르친 이웃이 있었다. 그런데 열한 살이 되자 그 아이는 학교에서 문제를 자주 일으켰다. 아이는 자기 기준에서 교사들이 부당하면 싸웠고, 다른 아이들을 괴롭히는 아이들을 때렸다. 그런 강경한 태도는 페미니스트의 관점에서 보면 칭찬받을 만했지만, 그 때문에 자꾸 곤경에 빠졌다. 다른 아이들은 그 아이를 싸움꾼이라고 생각했고, 작은 충돌이 생길 때마다 끌어들였다. 아이의 어머니는 자신이 올바른 행동을 한 것인가 회의감이 들었다.

한 친구는 딸들에게 운동을 열심히 하고, 화장은 삼가고, 배부르게 먹고, 수업시간에 답을 알면 큰 소리로 말하라고 가르쳤다. 하지만 청소년기 동안 그 아이들은 더 여성스러운 여자친구들에게 놀림받고 거부당했다.

내 사촌은 자기 상식으로는 중학교 2학년 마지막 파티에 200달러짜리 깊게 파인 드레스를 입고 가겠다는 딸을 이해할 수 없다고 말했다. 하지만 아이의 친구들은 모두 그런 드레스를 입었다. 아이는 파티장에서 자기 혼자 괴짜처럼 보일까봐 두려워서 어머니에게 그런 옷을 사달라고 조른 것이었다.

이 사촌은 십대가 술을 마시면 안 된다는 신념이 강해서 술이 제공되는 파티는 절대 딸에게 허락하지 않았다. 하지만 인기 있는 아이들은 모두 그런 파티에 가기 때문에 거기 안 가면 어울리는 무리에서 따돌림당할 것이라고 딸은 주장했다. 내 사촌은 술에 대한 두려움과 딸아이가 학교에서 받아들여졌으면 하는 욕구 사이에서 갈팡질팡했다.

어머니들은 딸이 데이트를 하길 바랐지만, 한편으로 데이트 강간이나 십대 임신, 에이즈, 다른 성병을 무서워했다. 딸이 독립적이기를 원했지만, 한편으로 세상이 여성에게 얼마나 위험한지 깨닫기를 바랐다. 딸이 외모 때문에 덜 부담을 가졌으면 했지만, 매력적이지 않으면 사회적으로 고통받는다는 사실도 잘 알았다.

딸들은 개성을 가진 한 개인이 되려고 분투했지만, 동시에 어머니의 보살핌과 사랑을 필요로 했다. 이들은 위험한 물가에 갈 때조차 어머니의 보호에 저항했다. 또한 자신이 어머니보다 더 잘 이해한다고 믿는 위험에 대해 어머니가 경고하면 분노를 표출했다.

1990년대 여자아이들은 대부분 어렸을 때 어머니와 가까웠고, 성인이 된 후 그러한 친밀함을 되찾았다. 하지만 중학교나 고등학교 시절 동안 어머니와 가까이 지내는 여자아이는 거의 없었다. 가장 상처받기 쉬운 시기를 보내면서도 여자아이들은 자기 욕구를 이해하려고 애쓰는 한 사람의 도움을 거부했다. 어머니와 딸은 친밀함의 적정선을 찾기 위해 노력하면서 서로를 끊임없이 밀쳤다. 제시카와 브렌다는 매우 가깝게 지냈지만, 청소년기가 찾아오면서 제시카는 어머니 브렌다가 제공하는 모든 것을 거부했다. 소렐과 페이는 서로 존중하고 공감하며 좋은 관계를 유지했다. 휘트니와 에블린은 갈등의 골이 깊었다. 휘트니는 자기 어머니보다 더 어른스러웠다.

모녀간의 거리두기_제시카(15)와 브렌다

제시카와 브렌다는 정반대 성향을 보이는 모녀였다. 브렌다는 삼십대 후반의 사회복지사였다. 캐주얼한 옷차림에 통통했으며 희끗희끗한 흐트러진 금발 머리를 있는 그대로 자연스럽게 두었다. 그녀는 자기 이야기를 강조하기 위해 손짓을 곁들여 빠른 속도로 솔직히 말했다. 감정을 다양한 어휘로 표현했고 자신과 제시카가 겪는 모든 문제에 대해 정교한 이론을 가지고 있었다. 푸른 눈 주변에는 많이 웃어서 생긴 주름이 깊게 파여 있었다. 브렌다 옆에 제시카가 앉아 있었는데 얼음 조각처럼 미동도 하지 않고 세상과 동떨어진 분위기였다. 제시카는 긴 검은 머리에 안색이 창백했고 검은 실크 셔츠와 바지 차림이었다.

브렌다가 말했다. "저는 애 때문에 어찌할 바를 모르겠어요. 애는 학교에 안 가려 하고 학교에선 저한테 뭐라 그러죠. 제가 사회복지사라서 이럴 때마다 정말로 곤혹스러워요. 하지만 학교에 가라고 물리적으로 강요할 수는 없는 노릇이잖아요."

브렌다가 한숨을 쉬었다. "전 애한테 아무 일도 시킬 수가 없어요. 애는 날마다 잠을 자고 MTV를 보고 잡지를 읽는 게 다예요. 집안일을 하지도 않고 밖에 나가서 친구들을 만나지도 않아요. 앤 자기 삶을 낭비하고 있어요."

제시카에게 어떻게 시간을 보내느냐고 묻자 제시카는 눈길을 돌렸고 브렌다가 대신 대답했다. "제 침실에서 TV를 봐요. 제가 일하는 동안 애는 제 침대에 누워서 잔뜩 어질러놓아요. TV를 따로 사줬는데도 여전히 제 침실로 와요. 제 침대가 더 편안하다나요."

제시카가 과장되게 콧방귀를 뀌었지만 브렌다는 말을 이었다. "애가 태어났을 때 전 미혼이었어요. 앤 아빠를 갖길 바랐죠. 그게 얘 자아상에 영향을 미친 것 같아요."

어머니가 자기 이야기를 하자 제시카가 노려보았지만 나서서 자신을 대변하지는 않았다.

"저희는 모든 걸 함께하곤 했어요. 얜 훌륭하고 열정이 넘치는 여자아이였죠. 지금 일어나는 일에 놀랄 뿐이에요." 브렌다가 한숨을 쉬었다. "지금은 그 무엇도 제대로 할 수가 없어요. 제가 뭘 물어보면 앤 그걸 멍청한 질문이라고 생각하죠. 제가 아무 말 없으면 얜 왜 노려보느냐고 뭐라고 해요. 뭐든 말을 하면 설교밖에 안 되죠. 얘를 상대하려면 단단히 긴장해야 해요. 항상 저한테 소리를 지르거든요."

브렌다가 딸의 다리를 툭툭 쳤다. "얘가 자존감이 낮다는 건 알지만 어떻게 도울지 모르겠어요. 제가 뭘 더 할 수 있을까요?"

제시카에게 잠시 상담실을 나가달라고 요청했다. 대화에 넌더리난 사람치고 제시카는 나가기를 썩 떨떠름해했다. 그다음 30분 동안 브렌다는 제시카가 어떻게 살아왔는지 말해주었다. 그렇게 30분이 지나고 제시카가 상담실 문을 두드렸다. "아파요. 집에 가야겠어요."

제시카에게 예약 카드를 건넸다. "화요일에 우리 둘이서 보자."

이 모녀가 상담을 받으러 와서 기뻤다. 브렌다는 사회복지사이기 때문에 딸을 평가하는 상황이 주저될 것이다. 브렌다는 제시카를 거부하는 걸 두려워했기에 단호하게 굴지 못했다. 그녀는 무엇이 양육이고 무엇이 학대인지 혼동했다. 그래서 딸에게 잘해주려고 너무 애쓰다가 딸이 성장할 기회를 막는 꼴이 되었다. 브렌다는 제시카가 소년법원에 가더라도 '이해할' 위험에 처해 있었다.

화요일에 제시카가 검은 청바지와 검은 터틀넥스웨터를 입고 상담실에 왔다. 제시카는 말없이 소파에 앉아서 내가 입을 열기만 기다렸다. 한 시간 동안 상담을 잘해낼 수 있을까 비관적인 감정을 떨치려고 애썼다. 제시카와 함께한 지 3분밖에 지나지 않았는데도 사막에서 바지선을 끌고 가는 기분이었다.

"여기 오니까 기분이 어떠니?"

"좋아요."

"정말로 좋으니?"

"상담이 왜 필요한지는 모르겠지만, 어쨌든 아침 TV프로그램은 별로 재미가 없거든요."

"너는 어머니와 어떻게 다르니?"

제시카가 검은 눈썹 한쪽을 치켜올렸다. "무슨 말씀이세요?"

"인생에 대해 어머니와 다른 가치관이나 생각을 가지고 있니?"

제시카가 피식 웃었다. "저는 모든 일에 대해 엄마와 뜻이 전혀 달라요. 전 학교를 싫어하고 엄마는 좋아하죠. 전 일하는 걸 싫어하고 엄마는 좋아하죠. 전 MTV를 좋아하고 엄마는 질색해요. 전 검은 옷을 자주 입지만 엄마는 절대 안 입어요. 엄마는 제가 잠재력을 발휘했으면 하고 바라시지만 터무니없는 얘기라고 생각해요."

제시카에게 '너의 인생 목표는 어머니를 실망시키는 데 있는 것 같구나' 하고 말하려다가 대신 이렇게 물었다. "넌 하고 싶은 게 뭐니?"

제시카의 눈이 커졌다. "모델 일이요. 엄마는 싫어하세요. 엄마는 모델 일이 성차별적이고 천박하다고 생각하세요."

제시카에게 직접 모델 일에 대해 알아보라고 권했다. 그 직업에 대해 조사해보라고. 모델이 될 준비를 하려면 지금 무엇을 공부해야 할까? 어디에서 훈련을 받을까? 지역에 모델 일자리가 있을까? 돈을 얼마나 벌까?

제시카가 상담실을 떠난 후, 이 가족에 대해 생각해보았다. 브렌다는 제시카의 행복을 위해 자기 삶을 헌신했다. 그런데 청소년기가 찾아오면서 그 친밀감이 문제가 되었다. 제시카는 반항함으로써 어머니와 거리를 두려고 애썼지만 브렌다는 지나치게 이해심이 강했다. 브렌다는 딸을 용서하고 계속 사랑하려 했다. 그래서 제시카는 더욱 비협조적으로 굴었고 브렌다는 더 많이 이해해야 했다. 우리가 만났을 때쯤 제시카는 너무 숨이 막혀 엄마에게서 분리될 수 있다면 뭐든 할 태세였다. 제시카는 '브렌다가 아닌 사람'으로만 자신을 규정했다.

며칠 뒤 브렌다를 만나서 이렇게 경고했다. "뭘 하시든 제시카가 모델 일을 조사하는 데 관심을 보이지 마세요. 도와주겠다고 제안하지도 마시고 뭔가 생산적인 일을 해서 기쁘다고 말씀하셔도 안 돼요."

브렌다에게 어떻게 지내는지 물었다. "저한테는 제시카와 일이 전부죠. 다른 걸 할 시간이 없어요. 제시카가 십대가 되면 시간이 좀 나겠지 했는데 안 그렇더라고요. 항상 제시카 주변에 있어야 해요. 아침마다 제시카를 깨우고 점심시간이면 먹을 걸 만들어주려고 집에 가죠. 안 그러면 아예 안 먹거든요. 걔가 얼마나 말랐는지 선생님도 보셨죠. 밤에는 이야기 상대가 돼줘야 해요. 불쌍한 그애한테는 저 말고 아무도 없다니까요."

"당신에게는 당신만의 삶이 필요해요."

브렌다가 고개를 끄덕였다. "선생님 말씀이 맞아요. 하지만……"

"당신을 위해 뭔가 재미있는 일을 계획해봅시다."

계속 브렌다와 제시카를 따로 만났다. 이들은 서로 무서우리만치 연결되어 있었고 외부인을 꺼렸다. 이들을 심리 치료하면서 오래된 농담이 떠올랐다. 질문: "전구를 가는 데 몇 명의 심리 치료사가 필요할까?" 대답: "한 명. 단, 전구가 변화하기를 원한다면."

브렌다에게 딸과 떨어져 지내라고 계속 얘기했다. 때때로 친구와 점심을 먹거나 이웃과 저녁 산책을 할 수 있지 않을까? 책을 읽거나 음악을 듣거나 손으로 뭔가를 만드는 걸 좋아하진 않는가? 브렌다는 학부모회 일을 하기로 결정하고 일주일에 한 번 제시카를 혼자 두고 모임에 참석했다. 모임에 간 첫날, 제시카에게 아프다는 전화가 걸려왔다. 하지만 두번째 날에는 멀쩡한 상태로 저녁을 보냈다. 브렌다가 돌아왔을 때 제시카가 팝콘과 레모네이드를 만들어주기도 했다.

처음에 브렌다는 온통 제시카 걱정만 했다. 제시카가 아프지 않을까, 외롭지 않을까, 곤경에 처하지 않을까? 딸을 저녁에 혼자 두면 죄책감이 들고 초조해졌다. 나중에 브렌다는 자신에게도 걱정거리가 있다고 인정했다. 수년간 경험이 없었기 때문에 사교활동이 불편하고 남성이 데이트 신청을 할까봐 걱정했다.

브렌다가 과장되게 말했다. "누구와도 데이트하러 가지 않는다고요."

"그게 두 분이 비슷한 부분이에요. 둘 다 이성을 만나고 싶어하지 않죠."

제시카에게는 어머니로부터 분리되어 스스로를 규정하는 일을 도울 만한 질문을 던졌다. 제시카는 어머니의 견해가 멍청하다면서도 그게 무엇인지 정확히 이해했다. 우리는 모델이라는 직업에 대해 조사하면서 큰 성공을 거두었다. 제시카는 상담을 받으면서 이 일을 했다. 강습소와 학교에 정보를 보내달라고 요청하고 유명 모델의 자서전이나 직업 모델이 되는 법을 알려주는 책을 읽었다. 그리고 자기 머리카락과 화장으로 직접 다양한 시도도 해봤다. 어느 날 제시카가 상담 시간에 감청색 옷을 입고 왔다. 놀란 표정을 짓자 제시카가 말했다. "검은색은 제게 안 어울려요."

3주 동안 결석한 끝에 제시카는 학교로 돌아갔고 사진부에 가입했다. 모델이 되고자 하는 제시카가 자기 욕망에 집중하도록 상담 시간에 이끌어줬을 뿐이었다. 근육질 모델이 인기가 많다고 알려주며 운동도 권유했다. 운동을 시작하자 제시카는 덜 우울해지고 더 활기차졌다.

나는 온갖 경쟁에 대처하려면 모델은 자신감이 필요하다고 말했다. 제시카는 이에 동의하고 이를 위해 노력했다. 제시카는 매일 자랑스러운 일을 세 가지씩 기록했다. "길고양이에게 밥을 주고, 학교에 가고, 엄마에게 소리지르지 않아서 자랑스럽다." "머리를 감고, 숙제를 제출하고, 체육 수업을 같이 듣는 여자아이에게 웃어줘서 자랑스럽다."

나중에는 잡화점에서 계수기를 사서 아무리 사소하더라도 뭔가 자신을 기쁘게 하는 일을 할 때마다 한 번씩 눌렀다. 이렇게 함으로써 제시카는 자기 행동 중 마음에 드는 부분을 긍정적으로 탐색했다. 또한 어머니나 다른 사람과 달리 자신에게 무엇이 가치 있는 일인지도 스스로 결정했다. 제시카의 자기 가치감은 내면에서부터 나왔다. 얼마 지나지 않아 제시카는 하루에 오륙십 번씩 계수기를 눌렀다. 제시카는 장기 목표를 성취하기 위해 노력할 때마다 이를 승리로 규정하고 규칙적으로 승리를 보고했다. YWCA의 에어로빅 교실에 등록하고 모델 일에 관심 있는 한 친구와 대화를 나눈 뒤 지역의 모델 대회와 패션쇼에 관해 서로 정보를 주고받기로 약속했다. 자기 사진들로 포트폴리오도 구성했다.

제시카에게 자기 생각과 감정을 글로 써보고 어머니의 가치관 중에서 어떤 것을 유지하고 싶고 어떤 것을 거부하고 싶은지 분류해보라고 권했다. 점차 제시카는 어머니 브렌다에 대해 단순히 반응 차원을 넘어서서 의견을 갖게 됐다. 제시카는 어머니에게 반항하기보다는 자기만의 생각을 발전시키는 게 더 즐겁다는 걸 깨달았다.

어느 날 제시카가 말했다. "제가 선택한 일을 엄마가 존중하지 않으면 화가 나요. 저를 사랑하지 않는 것보다 그게 더 나빠요." 이 말을 듣고 어머니가 자신을 어떻게 취급하는지가 얼마나 중요한지 제시카와 논의했다. 제시카는 자신이 고유한 인간으로 성장중이라는 사실을 어머니가 인정해주기를 간절히 바랐다.

이러한 사례에서는 나만의 판단을 제쳐두고 겸허한 자세를 취해야 했다. 모델 일에 대한 브렌다의 반감에 상당히 동의했고, 보통은 상담 시간에 외모에 대한 강조를 최소화하면서 내담자가 다른 자질을 키우도록 도와왔다. 하지만 제시카가 자신에게 옳은 일을 할 거라고 믿어야 했다. 모델 일에 관심을 가짐으로써 궁극적으로 제시카는 세상으로 다시 나가고 자아를 형성할 수 있었다.

마지막 상담 시간에 제시카는 몸에 달라붙는 초록 셔츠와 형광노란색 레깅스를 입고 왔다. 눈에는 생기가 가득차 있었고 말도 수월하게 잘했다. 제시카는 지역 옷가게에서 의류 모델로 일할 기회를 얻었다. 성적은 평균이었지만 경영수학과 머천다이징 과목에서 B학점을 받았다며 자랑스러워했다.

"모델 일이 맘에 쏙 들지는 않지만 얘가 행복해하니까 저도 행복해요." 브렌다가 인정했다. "제 선택대로 얘가 움직일 필요는 없지요. 이 아이가 성장중이고 고유한 한 인간이 되어간다는 걸 인정하려고 애쓰고 있어요. 저도 얘가 그러기를 바라고요."

"엄마에게도 엄마만의 삶이 필요해요." 제시카의 말에 브렌다가 고개를 끄덕였다. "노력해볼게."

옛 속담을 인용해 두 사람에게 이렇게 말해주었다. "벨벳의 날줄이 끊기 가장 힘든 법이죠."

함께 세상에 맞서다_소렐(16)과 페이

페이와 딸 소렐은 어느 겨울날 늦은 오후 내 상담실을 찾았다. 일주일 전 소렐은 페이에게 레즈비언이라고 털어놓았고 페이는 이것이 소렐의 삶에 어떤 의미인지 이해하는 데 도움을 청해보자고 권했다. 어머니와 딸은 둘 다 청바지와 검은 스웨터 차림에 낡은 하이킹화를 신고 있었다. 소렐에게 레즈비언으로 사는 것이 어떠냐고 물었다.

"저는 오래전부터 남과 다르다고 생각했어요. 하지만 정확히 어떻게 다른지는 몰랐죠. 초등학교 6학년 때 치어리더나 예쁜 선생님과 키스하는 상상을 했어요. 하지만 그때까지 아는 레즈비언도 없었고 욕으로만 이 단어를 들어봤어요. 그래서 여자아이들에게 끌리면서도 저한테 레즈비언이라는 이름표를 붙이길 거부했죠."

소렐은 어머니를 쳐다봤고 페이는 계속 이어가라는 듯 고개를 끄덕였다. 소렐이 깊게 숨을 내쉬었다. "심리학자들이 동성애에 관해 쓴 옛날 책을 몇 권 읽었어요. 하지만 전혀 도움이 안 됐죠. 저 같은 여자아이들이 잘 지내는 이야기를 읽고 싶었지만 그런 건 없더라고요. 엘런 디제너러스가 레즈비언이라고 밝혔을 때 정말 행복했어요. 그녀는 재능 있고 아름답고 알고 지내도 꺼림칙한 사람이 아니었으니까요."

페이가 말했다. "얘는 항상 특별했어요."

"아빠는 두 살 때 저희를 떠나셨어요. 저는 남자들한테 원한을 품고 있어요." 소렐이 말했다. "엄마가 하워드 아저씨와 재혼해서 제가 엄마를 힘들게 했어요."

"저희는 얘 친아빠와 만나지 않아요. 전 다소 충동적으로 하워드와 재혼했죠."

"하워드 아저씨는 얼간이였어요." 소렐이 끼어들었다. "저를 통제하고 꼬마 숙녀로 만들려고 애쓰셨죠."

페이가 동의했다. "그 사람은 얘가 원피스를 입기 바랐지만 얜 거부했어요. 골목대장인 얘를 가르쳐야 한다고 주장하길래 그 문제로 싸우기도 했어요. 저는 한 번도 얠 통제한 적이 없거든요. 전 이 아이의 특별함을 사랑했고 얘가 있는 모습 그대로 살기를 바랐거든요."

"엄마와 하워드 아저씨는 제가 열한 살 때 이혼했어요. 다시는 남자와 안 살 거예요."

페이가 말을 이었다. "초등학생 때도 앤 남달랐어요. 책을 읽거나 그림을 그리면서 혼자 많은 시간을 보냈죠. 돌멩이나 나뭇잎을 모으기도 했고요."

소렐이 끼어들었다. "저는 사람 손이 닿지 않은 것을 좋아했어요."

다른 아이들이 소렐을 어떻게 대했는지 묻자 소렐이 대답했다. "전 친구가 별로 없었어요. 상상 속 친구들을 제외하면요. 여자아이들보다 남자아이들이 더 좋았어요. 여자아이들은 말을 심술궂게 하고 깊이가 없었거든요."

"전 얘를 보호할 수가 없었어요." 페이가 말했다. "하지만 최소한 얘를 억지로 변화시키진 말아야겠다고 생각했어요. 있는 모습 그대로 아무 문제가 없다는 걸 알았거든요. 집이 얘한테 안전한 피난처가 되도록 애썼어요."

소렐이 말했다. "중학교 때는 최악이었어요. 다른 아이들과 다른 행성에 있는 것만 같았죠. 전 저희 학교의 왕따였어요."

소렐이 페이를 쳐다본 후 부드럽게 말했다. "엄마는 이 얘길 싫어하시지만 자살할까 생각한 적도 있어요. 전 어디에도 들어맞지 않았어요. 심지어 제가 남과 다르다는 걸 저 자신에게 인정할 용기조차 없었죠."

페이는 자살이라는 말에 움찔했지만 평정을 유지했고 소렐이 이야기를 계속하게 했다.

238

"전 저만의 세계에서 살면서 살아남았어요. 현실세계는 너무 적대적이었기 때문에 새로운 세계를 만들어야 했어요. 상상화를 많이 그렸죠."

페이가 활짝 웃었다. "앤 세상에 대해 자신만의 시각을 가지고 있어요."

"그림이 저를 구원했어요." 소렐이 인정했다.

소렐에게 어떻게 도울 수 있을지 물었다.

"다른 레즈비언을 만나보고 싶어요. 제가 유일한 레즈비언이 아니라는 걸 알 필요가 있어요. 저 같은 여자아이들에 관한 책도 더 많이 읽고 싶고요."

우리는 지역의 여성자원센터와 여성 도서를 취급하는 인근 서점에 관해 이야기를 나눴다. 소렐에게 십대를 위한 게이/레즈비언 모임이 있다고 알려주었다.

페이는 성적 지향성뿐만 아니라 많은 면에서 소렐이 남과 다르다고 우리에게 인식시켰다. 소렐은 다른 여자아이들보다 자립성이 강했다. 또한 민감하고, 직관적이고, 자신을 둘러싼 세상에 예민하게 공명했다. 때때로 너무 예민해서 그 통찰력과 민감성이 소렐을 파괴할까봐 걱정이라고 했다.

소렐이 말했다. "엄마가 절 지지해주셔서 감사해요. 온갖 기묘한 일을 겪는 내내 엄마는 제 옆을 지켜주셨어요."

페이가 미소를 지었다. "전 얘한테 똑똑한 저항은 훌륭한 행동이라는 사실을 가르치려 애썼어요. 세상에 제공할 훌륭한 재능이 많은 아이니까요. 전 그 재능을 보호하려 한 거죠. 어렸을 때 전 세상이 두려웠어요. 세상에 적응하고 인기가 많기를 바랐죠. 그렇게 순응하면서 많은 것을 잃었어요. 성인이 된 후 고등학교 때 엉망으로 살았던 절 다시 되돌리느라 여러 해가 걸렸죠. 전 얘가 세상에 저항하는 걸 힘껏 도울 생각이에요."

소렐은 1990년대 젊은 여성들에 대한 우리의 문화적 범주에 속하지 않았다. 소렐은 거의 보이지 않는 인구, 즉 레즈비언 청소년이라는 집단에 속해 있었다. 특히 중학교 때 소렐은 남과 다르다는 이유로 많은 고통을 겪었다. 다행히 페이는 딸에게 무조건적인 사랑을 줄 수 있는 비범한 능력을 가졌다. 페이는 소렐을 있는 그대로 받아들이고 다른 사람과 달리 자기 딸을 소중히 대했다. 페이는 소렐에게 세상에 순응하고 적응하라고 말하고 싶은 유혹에 저항해냈으며 그들의 가정을 안전한 집으로 만들어냈다.

비뚤어진 경쟁관계_휘트니(16)와 에블린

휘트니와 에블린은 금발 머리에 주근깨 많은 동그란 얼굴이 서로 많이 닮았지만 스타일은 전혀 딴판이었다. 딸 휘트니는 청바지와 터틀넥스웨터를 입은 편안하고 건강한 모습인 반면, 어머니 에블린은 우아한 정장과 그에 어울리는 정장 구두를 신고 있었다. 에블린은 젊었을 때 매우 아름다웠을 것 같았고 지금도 여전히 완벽한 외모를 가꾸는 데 많은 시간을 보내는 듯했다. 오래전 그날 상담실에서 에블린은 꼿꼿하게 자세를 잡고 있었는데 어딘가 불편해 보였다. 휘트니는 개방적이고 융통성 있는 반면 에블린은 조용하고 신중했다. 왜 상담실을 찾아왔느냐고 묻자 에블린은 얼굴을 찡그렸다.

"남편인 샘이 그러라고 했어요. 샘은 저희가 싸우는 게 지겹대요. 그이는 저희 둘 모두를 걱정해요. 앨 특히 더 걱정하죠."

휘트니가 말했다. "저는 상담을 받고 싶어서 왔어요. 1년 전에 엄마한테 심리 치료를 받아보자고 말했지만 엄마는 너무 비용이 많이 든다고 했죠."

에블린이 말했다. "심리 치료가 도움이 될 거라고 생각하지 않지만 노력해볼게요. 샘과 약속했거든요."

우선 에블린과 대화를 나눴다. 휘트니가 태어날 때부터 에블린은 휘트니 때문에 힘들었다고 말했다. 에블린은 난산 끝에 아이를 낳았고 산후우울증을 심하게 앓았다. 휘트니가 태어난 직후 에블린은 샘과 다시는 아이를 낳지 않기로 약속했다. 에블린은 어릴 때 수줍음이 많고 얌전한 성격이었고 휘트니는 외향적이고 잠시도 가만히 있지 못하는 성격이었다. 태어난 순간부터 휘트니는 모든 것을 독차지해버렸다.

에블린은 딸과 남편의 관계에 노골적으로 분개했다. "그이는 휘트니가 매우 특별하다고 생각해요. 걔가 교활하고 제멋대로라는 걸 몰라요. 걔가 감언이설로 혹하게 했거든요."

에블린에게 샘과의 관계가 어떠냐고 물었다. 에블린은 곁에 있을 때는 남편과 사이가 괜찮다고 말했다. 샘은 국제적인 사업체를 경영하느라 많은 시간을 해외에서 보냈다. 에블린은 휘트니만 없다면 자기네 부부가 잘 지냈을 거라고 생각했다. 두 사람은 휘트니 문제로 항상 싸웠다. 에블린은 남편이 딸을 버릇없게 만든다고 생각했고 남편은 에블린이 차갑고 무관심하다고 생각했다.

에블린의 이야기를 들으면서 그녀가 얼마나 외로워하는지 깊은 인상을 받았다. 딸에게 조금이라도 애정을 보였다면 그 외로움을 전혀 알아채지 못했을 터였다. 에블린에게는 친한 친구가 하나도 없었고 우정도 지지도 전적으로 샘에게 의존하는 것 같았다. 게다가 샘은 희소재였다. 에블린은 샘에게 헌신했지만 샘의 헌신이 자신과 휘트니에게 나뉘어서 분개했다.

에블린이 말했다. "샘은 저만큼은 휘트니를 몰라요. 걘 술을 마시고 섹스를 하죠. 저는 그런 식으로 자라지 않았어요. 전 결혼할 때까지 순결했다고요." 에블린에게 휘트니와의 관계가 어떠냐고 묻자 이렇게 말했다. "걘 자기주장이 강해요. 전 절대, 한 번도 엄마한테 소리지른 적이 없는데 말이죠. 걔가 절 만지는 것도 싫고 말도 안 걸었으면 좋겠어요. 걔가 독립할 날만을 손꼽아 기다려요."

사실, 휘트니는 상당히 품행이 바른 아이였다. 스포츠용품점에서 시간제로 일했고 학교에서 우등생이었다. 학생회 임원이었고 '젊은 공화당원' 모임에서 활발히 활동했다. 휘트니는 1년 사귄 남자친구와 성관계를 갖긴 했지만, 이 사실을 부모에게 솔직하게 말했고 스스로 준비하여 피임약을 복용하기도 했다.

에블린의 반감이 본인 내면 깊은 곳에서 나온 게 아닐까 의심됐다. 사랑에 대한 욕구가 충족되지 않아서일 수도, 휘트니가 자기 복제품이 아님에 실망해서 그럴 수도 있었다. 에블린은 시대에 발맞추어 변화하지 못했고 휘트니가 자기 어릴 때와는 다른 세계에 산다는 사실을 인정하지 못했다. 에블린은 항상 모든 것이 똑같이 유지되어야 한다는 생각에 사로잡혀 있었다.

단둘이 만나보니 휘트니는 놀라울 정도로 어머니에 대해 긍정적이었다. 휘트니는 가정주부로서, 미용 전문가로서, 재봉사로서 어머니가 가진 재능을 존경했다. 어머니와 더 친밀해지고 덜 경쟁하기를 열망했지만 어떻게 하면 그럴 수 있는지 이해할 수 없었다. "그저 엄마를 기쁘게 해드리려고 제가 아닌 다른 사람이 될 순 없어요."

휘트니는 아버지에게 더 친밀감을 느꼈고 아버지가 자신을 사랑한다는 사실을 알았다. 하지만 아버지는 너무 자주 해외에 나가 있었고 집에 있을 때도 휘트니 편을 들지 않도록 조심해야만 했다. "엄마는 아빠가 누구를 먼저 껴안는지 신경써요. 아빠가 저한테 화낼 만한 이야기를 아빠에게 들려주시고요."

"엄마는 절 잡년이라고 불러요. 제가 섹스를 했다는 이유로요. 제가 뭘 하든 하나도 엄마 마음에 들지 않아요. 엄마는 침묵으로 일관하셔서 어떤 때는 왜 화가 났는지도 잘 모르겠어요."

휘트니는 이야기하다가 눈물을 흘렸다. "저한테는 엄마가 필요해요. 엄마에게 털어놓고 싶은 일이 생기지만 말을 꺼내기가 무서워요."

나는 예를 들어달라고 부탁했다. "요즘 방과후 주차장에서 남자애들이 절 괴롭혀요. 걔들은 절 쳐다보고 놀려요. 그중 한 남자애는 지난주에 제 차에 들어오려고 했어요. 하지만 엄마한테 말하면 엄마는 그게 다 제 잘못이고 제가 그런 대접을 받아도 싸다고 말씀하실 거예요."

휘트니에게는 다른 문제도 있었다. 휘트니는 장시간 일했고 자기 시간을 어떻게 배분할지 걱정했다. 남자친구를 사랑했지만 거의 매일 싸웠기에 둘 사이를 어떻게 개선할지 대화를 나누고 싶었다. 하지만 이런 문제를 어머니에게 털어놓지 않았다. 모든 일에 대해 휘트니를 탓할 거라고 확신했기 때문이다.

첫번째 상담 시간이 끝날 무렵 우리 셋은 다시 모였다. 에블린이 말했다. "가장 근원적인 문제는 제가 휘트니의 도덕관을 싫어한다는 거예요."

휘트니가 말했다. "아니에요. 우리는 좀더 대화를 나눠야 해요. 엄마가 절 이해해주셨으면 좋겠어요."

에블린은 입술이 새하얗게 질린 채 말했다. "나는 절대 네 행동을 인정하지 않을 거야. 우리집에서는 그렇게 행동하지 않았어."

속으로 '하지만 휘트니는 당신이 아니에요. 세상도 예전 같지 않고요'라고 생각했다. 긍정적인 분위기로 상담을 마치기 위해 방법을 모색했다. 어머니가 딸과의 유대관계를 자진해서 끊은 이런 사례는 흔치 않았다. 에블린은 휘트니보다 연약해 보이고 사고 면에서는 더 완고해 보였다. 스스로 괜찮아졌다고 느낄 때까지 에블린은 휘트니를 보살필 수 없었다. 에블린에게는 더 많은 친구와 관심사, 그리고 남편이 집에 돌아오기만을 기다리는 것 이외의 삶이 필요했다. 다음번에는 샘과 함께 올 수 있는지 묻고는 솔직하게 말해준 에블린을 칭찬했다. 에블린이 자기 딸을 잘 돌보기 전에 내가 에블린을 먼저 잘 돌봐야 했다.

1990년대를 돌아보면 딸과 잘 지내기 위해 열심히 노력했던 어머니도, 정확한 이유도 모른 채 어머니에게 배신감과 분노를 느꼈던 딸들도 안쓰럽다. 모녀관계라는 이 중대한 관계에 있어서 1990년대는 끔찍한 시대였다. 다행히 그때 알게 된 어머니들과 딸들은 대부분 현재는 그때보다 사이가 더 좋아져 잘 지낸다. 그렇지만 힘들었던 시간을 겪으며 생긴 흉터와 긴장감은 그대로다.

1990년대 십대였던 이 딸들이 요즘 십대 여자아이들의 어머니가 되었다. 이들은 다정한 딸의 모습에 기분좋게 놀라기도 하고 깊이 안도한다. 십대 시절 자기 행동에 비추어볼 때, 이들은 키우기 수월하고 협조적인 십대 딸의 존재를 예상하지 못했다. 이들은 자신의 어머니처럼 괴로워하지 않는다. 이들의 딸은 어머니를 사랑해도 괜찮다는 문화적 허용을 누렸다.

2019년에는 놀랍게도 어머니들과 딸들이 대개 조화롭게 지낸다. 어머니들은 딸이 대처해야만 하는 문제 있는 문화를 예전보다 더 잘 파악하고, 딸들은 어머니를 신뢰하고 존경하는 경향이 강하다. 딸들은 개성 있는 인간으로 성장하고 싶어하지만 어머니를 못살게 굴면서 그러려고 하진 않는다. 물론 모녀 사이에 여전히 갈등은 존재하지만, 대부분의 가정이 예전보다 훨씬 덜 부딪힌다. 게다가 가정에서도, 더 넓은 문화 차원에서도 어머니를 책망하고 맹비난하는 관행 또한 예전보다 훨씬 덜하다.

발달단계상의 이유로 십대 여자아이들은 자기중심적일 수밖에 없다. 하지만 전반적인 생활환경이 더 힘겨워졌기 때문에 여자아이들은 자신을 위해 긍정적으로 가정환경을 조성하고자 애쓰는 어머니에게 고마워한다. 우리가 인터뷰한 여자아이들은 공공연히 감사를 표했다. 1994년만 해도 어머니에 대한 사랑을 공개적으로 인정하는 일은 드물었다.

그렇지만 모든 여자아이가 어머니는 전혀 모르는 온라인 생활을 한다는 사실 또한 드러났다. 여자아이들은 전부터 항상 비밀을 유지했지만 오늘날 여자아이들의 삶은 더 많은 부분이 부모로부터 감춰져 있다.

모녀관계가 중요하기 때문에 어머니와 딸 양쪽 모두에게 둘의 관계를 물었다. 의심할 나위 없이 '전형적인' 모녀관계상의 문제가 여전히 관찰됐다. 내 친구 팻은 딸 로럴이 고등학교 악대에서 연주하며 도로를 행진할 때의 일을 들려줬다. 로럴은 거리에 나온 모든 사람에게 손을 흔들고 미소를 지었다. 팻만 빼고 말이다. 팻은 로럴이 몇 년 동안 남편과 자기를 투명인간 취급하는 듯했지만 지금은 관계가 좀 나아졌다고 했다. 로럴은 나이를 먹자 짜증을 '스스로 끊었다'.

로린은 반항적인 딸아이 애디슨과 문제를 겪었다. 축구 캠프에 참가하느라 집을 떠나 있는 동안 애디슨은 입술에 피어싱을 했다. 로린은 애디슨이 중학교 2학년일 때는 한 해 동안 퇴근하고 집에 가기가 싫었다고 인정했다. 고함과 싸움이 끊이지 않았기 때문이다. 하지만 애디슨이 중학교 3학년이 되자 딸에게 휴전하고 새로운 규칙을 함께 만들자고 제안했고 그러면서 상황이 엄청나게 개선됐다.

포커스 그룹 내 여자아이들의 이야기를 들으니 모녀지간의 불화 수준이 비교적 낮았다.

올리비아가 부드럽게 말했다. "악대를 그만뒀을 때 엄마가 화를 내셨어요."

"엄마는 저한테 더 어려운 수업을 듣고 일자리도 알아보라고 몰아붙이세요." 애스펀이 말했다. "엄마한테 둘 다 동시에 할 순 없다고 말씀드렸어요."

"엄마랑 절친하게 지내지는 않아요. 그렇다고 원수처럼 지내는 것도 아니고요." 조던이 말했다. "저희는 같은 것을 좋아해요. 다행히 엄마 때문에 너무 당혹스럽진 않아요."

"엄마는 실제로 제 가장 좋은 친구예요." 켄딜이 인정했다. "엄마는 항상 제 옆에 있어주시죠. 저희는 엄마와 딸 사이에 생긴다는 기묘한 긴장감을 겪은 적이 한 번도 없어요. 나이를 먹을수록 엄마에게 더욱 더 고마워요."

애디는 중학교 2학년 때 턱뼈가 부러져서 몇 주 동안 딱딱한 음식을 못 먹었던 적이 있었다고 했다. 그때 엄마가 모든 식사를 죽처럼 만들어주고 빨대로 스무디를 조금씩 먹으라고 권해줬다고 했다. "엄마는 저를 안고 달래서 살아남게 했어요." 애디는 이 이야기를 하면서 눈물 흘리고는 이렇게 마무리했다. "전 항상 엄마를 사랑할 거예요."

오늘날 어머니들은 딸의 학업 성적이나 소셜미디어에서 보내는 시간, 지나치게 빡빡한 스케줄 등을 주로 걱정한다. 우리 포커스 그룹에서 어머니들은 딸과 친밀하고 대개 긍정적인 관계를 보여줬는데 특히 딸이 나이들수록 관계가 더 좋았다. 중학생 여자아이들은 말다툼도 더 자주 벌이고 더 비판적이었다.

우리 포커스 그룹 어머니 중 딸의 온라인 생활을 잘 파악하는 사람은 아무도 없었다. 또한 여자아이들을 인터뷰하면서 우리가 들은 많은 문제를 전혀 인식하지 못하는 듯했다. 어머니들은 딸 이야기를 나누면서 좋아했고, 모임이 끝날 때면 많은 것을 배웠고, 이런 대화를 더 나누고 싶다고 말했다.

"저희 딸아이는 저에게 상당히 마음이 열려 있어요." 킴이 말했다. "중학생 때 친구 문제를 몇 번 겪었지만, 아이에게 어떻게 하라고 참견하지 않으려 정말로 노력했어요. 이를 악물고 그냥 질문만 던졌다니까요. 전 중학교 때 엄마한테 제 문제를 전혀 공유하지 않았어요. 딸아이가 저한테 얘기해줘서 고마워요."

"전 입양됐기 때문에 제가 아는 한 저랑 유전적으로 연결된 사람은 제 딸 케이틀린이 처음이었어요." 수제트가 말했다. "딸이 절 사랑한다는 사실을 안 순간 가슴이 저며왔어요. 딸아이는 제 소울 차일드예요."

"초등학교 5학년 때부터 케이틀린은 힘든 시기를 겪었어요. 같은 반 친구 모두가 〈트와일라잇〉에 빠져 있었고, 여자아이들은 가슴이 나왔죠. 친구 사이였던 남자아이들은 호르몬 괴물로 변신했고요." 수제트가 말을 이었다. "딸아이가 또래들을 관찰하던 게 기억나요. 케이틀린은 어디에 끼어야 할지 몰랐어요. 거의 매일 학교 화장실에서 제게 전화를 걸었죠. 월요일이면 그냥 학교 가기가 싫다면서 결석도 몇 번 했고요. 그 문제로 화를 내지 않으려고 노력했어요. 케이틀린은 이제 자기 자신을 잘 알고 정서적으로 성숙해졌어요. 정말 자랑스러워요. 최근에는 이러더라고요. '전 저를 농구선수, 가톨릭 신자, 심지어 여자아이로도 규정하지 않아요. 이런 게 제 일부이긴 하지만 제가 어떤 사람인지는 훨씬 심오한 문제잖아요.'"

우리는 어머니들에게 가치관과 세계관에 대해 딸과 충분히 이야기를 나누는지 물었다.

"저희는 차 안에서 때때로 대화해요." 도나가 말했다. "따로 자리를 만들어서 대화하진 않고요."

"전 아이 옆에 있으려고 애써요." 킴이 말했다. "저희 애는 학교에 걸어가거나 버스를 타고 가기 때문에 차 안에서 대화할 기회는 없어요. 하지만 식사 준비를 할 때나 설거지를 하면서 이야기를 주고받아요. 아침에 출근하기 전에 딸에게 짧은 글을 남기고요."

수제트가 고개를 끄덕이며 맞장구쳤다. "식사 시간은 저희 집에서 신성한 시간이에요. 저녁식사 때는 전자기기를 쓰면 안 된다는 규칙도 만들었죠. 그러면 대화하는 데 도움이 되더라고요."

"저희 가족은 저녁을 같이 먹을 때가 많지 않아요. 각자 할일이 많아서 정신없거든요." 애나가 말했다. "주말에 시간을 내서 같이 브런치를 먹으려고는 해요. 하지만 솔직히 저희 가족은 수다스럽지 않아요. 함께 저녁 시간을 보내도 밥을 먹으면서 시트콤 〈블랙키시〉 재방송을 봐요."

모든 어머니가 딸아이의 중학생 때가 최악이었고 고등학생이 되면 아이가 더 행복해졌고 지내기도 더 편해졌다고 입을 모았다. 한번은 도나가 딸에게 "엄마를 증오해요. 엄마는 멍청한 년이야"라는 문자메시지를 받았다고 포커스 그룹 사람들에게 이야기했다. 도나는 그 말에 통제력을 잃고 "닥쳐, 쓰레기 같은 년아" 하고 답장을 보냈단다. 이 이야기를 들은 모두가 깔깔대더니 비슷한 경험을 꺼내놓았다.

"고등학교 1학년인 저희 애한테는 끈끈하게 지내는 몇몇 친구가 있어요. 하지만 문제가 생겼을 때 다른 대비책은 없죠." 콘수엘라가 말했다. "애가 아직 남자아이에게 관심이 없어서 천만다행이에요. 저희 애 말로는 여자아이가 누군가와 사귄다고 말하면 인스타그램에 함께 사진을 올린다는 뜻이래요. 소셜미디어에서 보여주기가 전부인 셈이죠."

"정말 그런 것 같아요." 지닌이 고개를 끄덕였다. "저희 애는 거의 집밖에 나가지 않아요. 학교에서 친구들을 만나고 집에서는 스마트폰을 통해 친구들과 항상 함께하죠."

우리는 차와 커피를 더 따라주고 글루텐이 들어가지 않은 스니커두들 쿠키를 어머니들에게 돌렸다.

"소셜미디어에 대해 이야기해볼까요." 내가 제안해 이 주제로 넘어가자 어머니들은 모두 패배자 같은 표정을 지었다.

"고등학교 교사로서 저는 항상 스마트폰을 압수해요." 에이미가 말했다. "학교에서 학생들이 점심시간에 서로 대화를 나누지 않는다는 걸 알아채고 선생님들이 교내 스마트폰 사용을 금지시켰어요."

에이미가 한숨을 쉬더니 말을 이었다. "학생들은 자기 스마트폰을 볼까봐 벌벌 떨어요. 학생들은 믿을 수 없을 정도로 스마트폰에 집착해요. 아이들의 정체성은 100퍼센트 스마트폰에 담겨 있어요."

많은 어머니가 언제 아이를 데리러 가야 하는지 파악하려고 딸에게 스마트폰을 사줬다고 말했다. 하지만 얼마 지나지 않아 딸의 소셜미디어 사용을 통제하지 못하게 됐다고 모두 동의했다. 도나는 아무때든 딸의 스마트폰을 볼 수 있고 문자메시지를 읽을 수 있다는 규칙을 세웠다.

"본 적 있으세요?" 새러가 물었다.

"절대 없죠." 도나가 인정했다. "애가 길길이 날뛸걸요."

"저희 부부는 애랑 계약을 맺었어요." 킴이 말했다. "저희는 언제든 딸애 스마트폰을 볼 수 있어요. 성적인 셀카를 찍어서는 안 되고 잘 때 스마트폰을 들고 가서도 안 되죠. 스마트폰을 밤에 주방에서 충전해요. 하지만 이 계약 내용을 들어서 아이 스마트폰을 본 적은 한 번도 없어요."

"애가 말을 안 들어도 외출을 금지한다는 식으로 처벌할 수가 없어요. 원래부터 어디도 가지 않으니까요." 지닌이 말했다. "저희 애는 노트북과 스마트폰을 가지고 TV 앞 소파에 죽치고 앉아 있어요. 딸애를 처벌해야 할 일이 생긴다면 전자기기를 못 쓰게 하는 게 유일하게 효과적일 거예요."

"딸아이가 즉각적인 만족을 필요로 하는 게 걱정돼요." 애나가 말했다. "제가 청소년일 때는 결정해야 할 일이 생기면 친구들과 의논하고 시간을 가지고 깊이 고민했죠. 딸애는 모든 것을 클릭 한 번으로 끝내요."

"저희 애는 외향적이에요." 그녀가 말을 이었다. "토요일에 친구들을 불러내곤 하죠. 하지만 아이들은 모여서 다른 친구에게 문자메시지를 보내거나 유튜브에 올릴 화장 동영상을 찍으면서 놀아요. 창의적인 활동 같긴 한데…… 그렇겠죠?"

"전 저희 애보다 훨씬 더 사회적이었어요." 콘수엘라가 말했다. "주말만 기다렸고 항상 파티를 열었어요. 그래서 저희 집이 알리시아와 그 친구들을 위한 놀이터가 될 거라고 생각했어요. 냉장고에 탄산음료와 과자를 가득 채워두고 '쿨한' 엄마가 되어야지 했죠. 하지만 그런 일은 절대로 벌어지지 않더라고요. 알리시아한테 친구들을 만나라고 부추기지만 그애는 파티에 가거나 사람들을 집에 초대하는 일은 물론이고 전화 통화도 싫어해요."

포커스 그룹 모임에 남은 시간이 많지 않았기 때문에 대화 주제를 섹스와 데이트 문제로 바꿨다. 어머니 중에서 이 주제로 딸과 대화하는 데 성공한 사람은 아무도 없었다.

"안전한 섹스와 성행위가 어떤 가치를 갖는지에 대해 이야기해보려 하지만 그럴라치면 저희 애는 말 그대로 방밖으로 번개처럼 뛰쳐나가요." 수전이 웃으면서 말했다. "그 문제에 대해 저와 대화하기 싫은 게 분명해요."

어머니들은 모두 딸이 야한 옷을 입고 성적인 이미지에 노출되면서도 섹스나 데이트에 관한 대화는 피한다고 입을 모았다.

"저희 애 말로는 데이트가 더는 존재하지 않는대요." 킴이 어깨를 으쓱했다. "십대들은 문자메시지를 주고받거나 섹스를 한대요. 그 중간과정은 없대요."

"그런 현상을 딸은 어떻게 생각한대요?" 애나가 물었다.

킴이 비탄에 잠겨 말했다. "말 안 해줘요." 어머니들이 일제히 폭소했다.

콘수엘라는 열세 살 때 알리시아가 첫 생리를 시작했는데 1년 동안 멈추지 않았다고 말했다. 알리시아의 몸은 갑자기 중학교 1학년생 매릴린 먼로로 변했다. 남자아이들이 알리시아를 항상 따라다니고 문자 수신 알림이 끊임없이 울려대서 콘수엘라가 자동차 밖으로 스마트폰을 던져버리겠다고 협박할 정도였다.

그런데도 알리시아는 열여섯 살 때 콘수엘라에게 한 번도 키스해 본 적이 없다고 말했다. 콘수엘라가 한숨을 쉰 후 설명했다. "제 생각엔 십대들이 현재 살고 있는 가상세계 때문에 그런 것 같아요."

"저희 애는 고등학교 2학년이에요." 도나가 말했다. "걔 친구들은 다섯 명 중 한 명꼴로 남자를 사귈걸요."

우리는 딸들의 우울증과 불안장애에 관해 물었다. 대다수의 어머니는 학업 스트레스와 경제 사정으로 인한 스트레스를 언급했다. 하지만 몇몇 어머니는 자기 딸이 불안장애, 우울증 혹은 자해와 싸우고 있다고 인정했다.

"저희 세대는 국제적인 위기, 테러 공격, 환경 위협 문제에 대한 정보를 365일, 24시간 접하지는 않았어요." 킴이 말했다. "저희 애랑 친구들은 충격적인 사건 소식을 매일 접해요. 아이들은 학교 총기 난사 사건을 두려워해요. 요즘 아이들의 삶은 예전보다 훨씬 더 복잡해졌어요."

"저희 부모님은 대학에만 진학하면 저희가 직장을 구할 거라고 생각하셨죠." 킴이 말을 이었다. "저희 애는 모든 일을 완벽하게 해내야 한다고 생각해요. 그래야 대출을 너무 많이 받지 않고 좋은 대학을 졸업하고 생활 임금을 주는 직장에 취직한다고 믿더라고요. 전 어떤 선택을 할지 탐색하고 제가 어떤 사람인지 파악하면서 대학 시절을 보냈는데 저희 애는 경제적 안정성을 확보하기 위한 수단으로 여기더라고요."

몇몇 어머니가 동의한다는 듯 고개를 끄덕였다.

"저희 큰애는 불안장애가 약간 있어요." 지닌이 말했다. "그애가 고등학교에서 상위 3퍼센트 안에 들어야겠다고 결심한 때부터 시작됐죠. 걘 사립대에 가고 싶어했는데 그러려면 장학금을 많이 받아야 해요. 비중이 낮은 어떤 과목을 들었더니 그 과목에서 받은 A학점이 다른 아이들의 A학점만큼 중요하게 평가되지 않더라고요. 그 일로 불안에 빠져서 잠을 이루지 못하더라고요."

"저희 부부는 자살 때문에 걱정해요. 딸이 '이걸로는 절대 충분하지 않아 증후군'에 걸린 성취도가 높은 여자아이들과 경쟁하거든요." 도나가 말했다. "저희 애도 그렇고 걔 친구들도 밤늦게까지 공부하고 제대로 쉬는 법을 몰라요. 저희가 아는 어떤 아이는 대단히 성공한 편이었는데 자살했어요. 원하던 대학에 합격하지 못했다는 이유로요. 그 여자아이를 생각하면 밤에 잠이 안 온답니다."

"제가 가르치는 학생 중 상당수가 낮은 성적 때문에 만성적인 우울증에 시달려요." 에이미가 말했다. "이런 아이들은 세상에 별 관심이 없어 보이고 교사나 다른 아이들과 상호작용도 안 해요. 이 아이들한테 야외활동을 제공하는 비영리단체인 '아웃워드 바운드'나 무료 급식소에서 자원활동을 시키면 도움이 될 것 같아요. 세상을 보는 눈이 너무 한정된 것 같거든요."

주제를 전환해서 에이미는 요즘 세대의 젠더 유동성 문제를 언급했다.

"오늘날 십대들은 섹슈얼리티와 LGBTQ 공동체에 대해 좋은 관점을 가지고 공감력을 발휘하는 것 같아요. 요즘 아이들은 모든 종류의 성적 취향이나 성적 지향성에, 그리고 성정체성에 대한 다양한 규정에 이전 세대보다 훨씬 열려 있어요. 제 학생들에겐 대부분 게이 친구가 있죠."

"조카한테 '범성애'라는 단어를 들었어요." 애나가 말했다. "무슨 말인지 구글에 검색해봐야 했죠."

우리 포커스 그룹에 속한 어머니들은 이러한 새로운 젠더 유동성에 대해 다양한 이론을 제시했다. 킴은 십대들이 가능한 한 자유롭게 전략적으로 움직이고 싶어한다고 생각했다. 도나는 여자아이들이 서로에게 영향을 미친다면서 어떤 그룹에서는 동성애자나 양성애자나 트랜스젠더를 쿨하게 여긴다고 했다. 에이미는 자기 딸이 다니는 고등학교에서 LGBT 학생들은 여전히 일부 또래들에게 따돌림당한다고 지적했다. 대부분의 어머니는 우리 문화가 이해와 수용을 향해 감에 감사했다.

지닌이 얼굴을 붉히며 말했다. "딸과 영화 〈콜 미 바이 유어 네임〉을 봤어요. 영화에서 매우 현실적인 게이 섹스 장면이 나오는데 모녀 지간인 저희가 나란히 앉아서 그 장면을 봤죠. 예전 세대였다면 그렇게 못했을 거예요. 저희 어머니는 아마 기절하셨을걸요. 저희 어머니는 아직도 '동성애'라는 단어를 사용할 때면 목소리를 낮추신답니다."

"우리 아이들은 대부분의 사회활동을 온라인에서 하기 때문에 젠더 문제를 별로 신경쓰지 않을 거예요." 에이미가 설명했다. "결국은 누군가를 직접 대면하겠지만 거의 모든 준비 작업이 온라인에서 이루어지죠. 그래서 요즘은 성격을 더 중시하는 것 같아요."

해가 저물어가자 여기저기서 알람이 울리고 문자메시지가 왔다. 포커스 그룹 모임을 마무리할 겸 어머니들에게 딸에게 무엇을 바라느냐고 물었다.

"전 저희 어머니가 제게 바라셨던 것과 똑같은 걸 원해요." 지닌이 말했다. "딸아이가 자기 내면의 목소리를 믿으면 좋겠어요. 그 아이를 행복하게 만드는 게 뭐든 간에 그러면 저도 행복해질 거예요."

"전 알리시아가 자기 삶을 구축하는 데 돈 버는 일을 중심에 놓지 않았으면 해요. 그애가 다른 사람들을 도우면 좋겠어요." 콘수엘라가 말했다.

"저희는 딸아이의 미래를 두고 많은 대화를 나눴어요. 딸아이가 굳게 결심한 어떤 것에 열정적으로 푹 빠지는 모습을 보고 싶어요." 애나가 말했다. "저희 애는 진짜 자아가 무엇인지 알아내고 있어요. 그 아이가 다면적인 진짜 자아를 이해하고 자신만의 지혜에 귀기울이면 좋겠어요."

우리 포커스 그룹에 참가한 어머니들은 다양한 배경, 다양한 인종, 다양한 경제 계층 출신이었지만 딸에게 원하는 건 모두 본질적으로 똑같았다. 어머니들은 딸이 건강하고, 창조적이고, 진정한 성인으로 성장하기를 바랐다. 이러한 목표는 수십 년 동안 변하지 않았다.

대니카와 세쿼이아는 요즘 모녀관계의 가장 긍정적인 측면을 잘 보여주는 사례다. 이들은 직접적으로 의사소통하기 위해 협동 작업을 훌륭하게 해냄으로써 그들의 작은 가정이 잘 굴러가게 했다. 두 사람 또한 상당수의 요즘 가정을 괴롭히는 두려움을 가지고 있었다.

균형잡힌 믿음의 힘_대니카와 세쿼이아(14)

"저는 딸아이가 생기기 8년 전에 아이의 이름을 정해뒀어요." 대니카가 말을 시작했다. "저희 어머니는 자동차 사고로 돌아가셨어요. 어머니는 위카교 신자셨는데 그래서 집안 모든 여성이 가족 농장에 모여서 소규모 의식을 치렀어요. 그 자리에서 나중에 딸아이를 낳으면 이름을 세쿼이아 드루실라라고 짓겠다고 선포했어요. 용기의 기둥이라는 의미였죠."

대니카가 손을 뻗어 딸의 탐스럽고 풍성한 곱슬머리를 헝클어뜨리더니 다시 말을 이었다. "저희 어머니는 싱글맘이셨어요. 그래서 싱글맘 생활이 전혀 겁나지 않았죠. 애 아빠와 몇 번 데이트했을 때 임신을 했어요. 모두 제가 임신중단 수술을 받을 거라고 생각했어요. 저도 그랬고요. 하지만 제일 친한 친구가 전화로 얘기를 듣더니 '있잖아, 넌 그애를 낳을 수 있어'라고 하더라고요."

"그저 그 말을 듣고 싶었나봐요. 마음속으로는 이 작은 아기를 원한다는 걸 알았거든요."

여느 십대들처럼 이리저리 두리번거리겠거니 하며 세쿼이아를 힐끗 봤다. 하지만 세쿼이아는 격려하듯이 어머니에게 미소 짓고는 집에서 만든 고구마 후무스에 당근을 찍어서 조금씩 베어먹었다. 그 가족이 키우는 구조견 두 마리 중 한 마리가 세쿼이아의 무릎에 벌렁 누워 있었다. 세쿼이아는 당근을 씹으면서 중간중간 개의 배를 긁었다.

"얘는 순한 아기였어요." 대니카가 딸의 볼을 꼬집더니 장난스럽게 깜짝 놀란 목소리로 말했다. "제 아기에게 무슨 일이 벌어진 거죠?"

우리 셋은 모두 크게 웃었고 대니카는 말을 이었다. "얘가 태어난 첫해에는 이모와 이모부네 작은 농장에서 살았어요. 그분들께서 도와주셨죠. 일을 하지 않았기 때문에 아기가 잠잘 때 저도 잘 수 있었어요. 하지만 결국에는 저희 힘으로 살아가야 했죠. 저희 둘뿐이었어요. 그후로 지금까지 그렇게 살아왔어요."

"세쿼이아는 초등학교 때 어땠나요?" 내가 물었다.

"그때는 확실히 더 활기찼어요." 세쿼이아가 끼어들었다. "시도 때도 없이 킥킥거렸죠. 집을 청소할 때면 엄마랑 춤을 추곤 했어요. 주방으로 달려가서 함께 춤을 췄죠."

"그런 소소한 일들이 그리워요." 대니카가 덧붙였다. "얘는 매우 쾌활하고 활기가 넘쳤죠. 요즘은 확실히 좀더 자의식이 생긴 것 같아요. 얘가 춤을 추면 곁눈질로 훔쳐보곤 하죠. 더는 저와 춤을 안 추거든요. 그래도 피식거리는 엉뚱한 여자아이를 잠시 볼 수 있어서 그것만으로도 기뻐요."

"지레짐작하고 싶진 않지만, 경제적으로 어려우셨을 것 같은데요."

어머니와 딸이 내 말을 듣고 동시에 고개를 끄덕였다. "돈은 항상 문제였죠. 저희는 항상 돈 이야기를 나눴어요." 현재 변호사 보조원으로 일하는 대니카가 말했다. "얘가 유치원에 입학했을 때 '대학에 가고 싶다면 장학금을 받아야 할 거야'라고 얘기해줬어요. 얘는 그말을 너무 진지하게 받아들인 것 같아요. 그 말에 계속 영향을 받았거든요. 항상 스트레스를 받았어요. 저는 저희 가족이 경제적으로 감당할 수 있는 것과 감당할 수 없는 것을 늘 터놓았어요. '이 수표는 여기에 써야 해. 뭔가 원하는 게 있거나 필요한 게 있으면 좀 기다려야만 해'라는 식으로요."

"아이를 키울 때 온갖 비용이 드셨을 텐데 재정적인 문제를 어떻게 헤쳐나갔나요?"

"다양한 인종과 다양한 계층의 아이들이 다니는 초등학교로 세쿼이아를 보냈어요. 얘가 중고품점에서 옷을 사서 입어도 그 일로 걱정하지 않았으면 했거든요. 저한테는 중요한 일이었어요. 얘한테 필요한 모든 걸 충족시켜주고 얘가 원하는 것도 대부분 채워줄 정도로 잘해나간 것 같아요. 세쿼이아가 스스로 자격이 없다거나 가난하다고 느끼지 않길 바랐어요. 전 '네가 안락하게 살면 좋겠지만 그걸 예산에 맞추어 실행해야만 한단다'라는 노선을 지켜왔어요."

세쿼이아가 미소 짓더니 끼어들었다. "저희는 한 팀이에요. 그게 저희 모녀의 정체성이죠. 전 항상 돈 문제를 잘 이해했어요. 하지만 앞으로 돈을 어떻게 생각해야 할까요? 분명한 건, 전 돈을 많이 벌고 싶긴 하지만 한 번도 뭔가 특정한 것을 원하거나 필요로 한 적은 없어요. 전 가난하다고 생각하지 않아요."

"세쿼이아를 키우면서 데이트한 적이 있나요?" 대니카에게 물었다.

"일단 얘가 태어난 뒤에는 그런 관계를 멀리했어요. 그 누구도 저만큼 이 아이를 사랑해주지 않을 것 같았거든요. 게다가 제가 어렸을 때 저희 어머니는 남자를 많이 만나셨는데 그게 저한테 그렇게 좋은 영향을 미치지 않았고요. 자기 집에서 불편해하는 일만큼 안 좋은 일도 없죠."

대니카가 고개를 돌려 딸을 응시했다. "게다가 전 한 번도 외로웠던 적이 없어요. 파트너가 생긴대도 삶이 더 나아지지 않을 것 같고요."

세쿼이아에게 질문을 던졌다. "이제 중학생인데 예전과 비교했을 때 뭐가 달라졌니?"

"더 냉소적이고 더 비관적이게 됐어요." 세쿼이아가 인정했다.

"저는 엄마이자 실권자 역할을 해요. 하지만 딸이 자기만의 선택을 내린다는 사실도 깨달아야 하죠." 대니카가 덧붙였다.

"의사소통 방식도 달라졌어요. 얘가 한 인격체라는 걸 인지하고 있어요. 어린 여성인 거죠. 다른 여성과 한 공간을 공유했던 시절이 저한테는 까마득해요. 세쿼이아가 개성을 가진 여성으로 성장하게 놓아주면서 엄마 노릇도 해야 하죠. 섬세한 균형이 필요해요."

"전 엄마에게 전보다 많이 딱딱거려요." 세쿼이아가 부드럽게 말했다.

"맞아요. 하지만 잘 대처한다고 생각해요." 대니카가 대답했다.

"사회적으로 많은 상황이 초등학교 6학년 때랑 달라졌어요." 세쿼이아가 말했다. "학교 공부 때문에 스트레스가 늘었어요. 중학교에서 저와 같은 수업을 듣는 친구가 아무도 없어서 새 친구를 사귈 때까지 조금 외로웠죠. 애들이랑 어울리려고 고군분투했고요. 전 쿨한 아이가 될 생각이 없지만 그랬어요. 중학교 와서 부잣집 아이들도 처음 만났죠. 걔들은 깊이가 없고 짜증나요."

"요즘은 얘가 학교생활을 어떻게 하는지, 어떻게 스트레스를 내면화하는지에 가장 주의해요. 앤 자기한테 정말 가혹하거든요." 대니카가 말했다. "전 과목에서 A학점을 받고도 여느 때처럼 성적 문제로 스트레스를 받더라고요. 수학 시험을 망쳤을 땐 완전히 낙담하고요. 성적을 신경쓰는 건 좋지만 이런 감정을 처리하는 방식이 걱정돼요. 감정을 얼마나 있는 그대로 받아들이는지도 염려돼요. 스트레스 관리법에 대해 대화를 많이 나눠요."

"이렇게 말하고 보니 저희가 교육적으로나 행동적으로 별다른 문제를 안 겪는다는 게 정말 행운 같네요. 얘는 균형이 잘 잡혔어요."

"'진지한 대화'는 어떤 식으로 나누세요? 의식적으로 자리를 만들어서 진지하게 대화를 나누시나요, 아니면 자연스럽게 대화하시나요?" 내가 물었다.

"어떤 일이 눈에 들어오면 그에 관해 논평하는 편이에요. TV를 보다가 뭔가가 걸리면 '음, 섹스는 실제로 저렇게 이루어지지 않아'라는 식으로요." 대니카가 웃음을 터뜨리고는 당근을 씹어먹었다.

"얘는 뉴스를 많이 읽고 봐요. 그래서 시간을 내서 그 부분에 관해 함께 이야기를 나누죠. 특히 십대와 관련된 뉴스에 대해서요. 제 이론은 항상 같아요. '질문을 던진다면 아이는 지식을 받아들일 준비가 된 셈이다.'"

자신이 느긋해 보인다면 착각이라는 듯 대니카가 덧붙였다. "얘가 현관 밖으로 나갈 때마다 겁이 나요. 학교 총기 난사 사건, 납치 같은 일이 생기니까요. 저희는 그런 일에 대해 많은 대화를 나누진 않아요. 그저 누군가가 얘를 납치하려 한다면 어떻게 해야 할까 정도만 이야기하죠. 전 애한테 그 누구도 너를 해칠 권리는 없다고 말해요. 자신을 방어하고 자기 목소리를 낼 권리가 있죠."

"맞아요." 세쿼이아가 고개를 끄덕였다. "엄마는 항상 다쳐도 마땅한 사람은 없다고 말씀하세요. 홀딱 벗고서 남자 사교클럽을 지나가도 무슨 일을 당할 만한 건 아니라고요."

"내년에 있을 고등학교 생활은 어떨 것 같니?" 내가 물었다.

"저는 요즘 국제 학력 평가 시험 지원서를 작성하고 있어요." 세쿼이아가 대답했다. "고등학교 생활을 생각하면 벌써부터 스트레스인데 아마 앞으로 더 심해지겠죠. 책을 읽으면 긴장을 푸는 데 도움이돼요. 아니면 집에서 느닷없이 노래를 부르던가요. 그런 소소한 일로 행복해져요."

"이건 저희한테 새로운 영역이에요." 대니카가 말하더니 의자를 돌려 세쿼이아에게 말했다. "나는 네가 신경쇠약에 걸리기 전에, 울음을 터뜨리기 전에 네가 스트레스에 시달린다는 걸 깨닫게 해주고 싶어. 무엇보다도 성적이 전부가 아니라고 말해주고 싶어. 넌 환상적이고 훌륭한 사람이야. 성적으로는 너의 자질을 평가할 수 없단다."

"꿈이 뭐니?" 세쿼이아에게 물었다.

"지금으로선 의사가 되고 싶어요. 스탠퍼드대에 가면 좋겠어요. 새로운 정보를 받아들이는 일도, 과학 이야기를 하는 것도 좋아요. 멋진 일이라고 생각해요."

"전 그저 얘가 행복하게 살면 좋겠어요." 대니카가 말했다. "스트레스를 많이 받으면 행복한 사람이 될 수 없어요. 일은 항상 벌어지기 마련이잖아요. 삶이란 게 그렇죠. 하지만 행복해지는 건 삶의 세부사항과 별개로 일어나는 일이죠. 저희는 행복해지겠다고 결심할수 있어요."

"그게 애한테 바라는 전부예요. 애가 성공하고 행복하면 좋겠어요. 의사가 되든 아니든 전혀 상관없고요."

"논쟁하기를 좋아하니까 변호사가 맞을지도 몰라요." 세쿼이아가 혼잣말을 했다.

"대여섯 살 때는 도서관 사서와 벨리 댄서가 되고 싶어했어요." 대니카가 활짝 웃었다. "저는 항상 그렇게 이 아이를 지켜볼 거예요."

어머니와 딸을 둘러싼 사랑과 존경을 목격하면서 깊이 감동했다. 물론 이들의 관계는 격렬할 때도 있고 절대 완벽하지도 않다. 하지만 이제 모녀관계는 대부분 더는 적대적이지 않다. 이러한 변화는 딸들에게 크게 도움이 된다. 많은 사례로 보건대 요즘 딸들은 어머니처럼 되기를 바란다. 커다란 진전이다.

7장
아버지들

    우리 아버지는 대공황시대에 미주리주 오자크에서 자랐다. 아버지는 잘생기고 천천히 말하는 전형적인 미국 남부인이었다. 아버지는 제2차세계대전에 참전하느라 남부 지역을 떠나 하와이, 일본, 그리고 나중에는 한국에서 군복무를 했다. 샌프란시스코에서 아버지는 미 해군에서 일하던 어머니를 만나 결혼했다. 내가 어렸을 적 아버지는 제대군인원호법에 따라 대학을 다녔고 나중에는 해외여행도 가고 멕시코도 다녀왔다. 하지만 1973년에 세상을 떠날 때까지, 인종에 대한 신념에 있어서는 1930년대 미국 남부인의 사고방식에서 벗어나지 못했다.

    나는 첫째였고 아버지는 내 이름을 성모마리아를 따라서 메리라고, 그리고 영국 여왕을 따라서 엘리자베스라고 지었다. 아버지는 한밤중에 깨서는 내가 숨을 잘 쉬고 있는지 확인하셨다. 퇴근 후 집에 돌아오시면 베니 굿맨의 음반을 틀었는데, 생후 6개월이 됐을 때 그 음악을 들으며 요람 안에서 움직였다. 아버지는 나를 들어올려 품에 안고서 음악에 맞춰 작은 거실을 빙글빙글 돌며 춤을 췄다.

다섯 살 때 아버지에게 낚시를 배웠다. 우리는 블루길과 배스가 가득한 저수지로 걸어가서 오후 내내 앉아 수다를 떨고 마대를 물고기로 채웠다. 나중에 우리 카운티의 시골길에서 아버지에게 1950년산 파란색 머큐리를 운전하는 법을 배웠다. 체스터필드 담배를 피우고 닥터페퍼를 마시면서 검은 곱슬머리를 산들바람에 흩날리며 아버지는 조수석에 앉아 계셨다. 아버지는 불안해하며 항상 운전대를 움켜잡고 소리치셨다. "돌려, 돌리라고, 젠장."

열두 살 때 아버지에게 새 책 냄새를 맡는 게 너무 좋다고 말했다. 얼굴을 새 책에 파묻고 거기서 나는 향기를 들이마시면 너무 좋다고 하자 아버지는 깜짝 놀란 표정으로 이렇게 말씀하셨다. "아무한테도 말하지 마라. 네가 변태라고 생각할 거야."

내가 주립대에 입학하게 되어 부모님이 나를 학교까지 태워다주셨을 때 아버지는 잔소리를 늘어놓았다. "1학년생 말고는 누구와도 데이트하면 안 돼. 1학년들과도 진지하게 사귀지는 말고. 담배를 피우거나 술을 마시는 무리와는 절대 어울리지 마. 외국인은 가까이하지 말고. 성적은 뒤처지면 안 돼." 그리고 나서 떠날 때 아버지는 나를 안아주셨다. 매우 오랜만에 포옹하는 것이었다. "네가 보고 싶을 거야. 그 누구보다 너와 대화를 많이 했거든."

아버지가 돌아가시기 하루 전, 아버지와 마지막 대화를 나눴다. 내가 심리학 종합시험에 통과했는지 궁금해서 전화를 거셨는데 통과했다고 말씀드리자 뛸듯이 기뻐하셨다. 바로 그 순간 아버지에게 양해를 구해야 했다. 친구들이 우리집에 저녁식사를 하러 올 예정이라 샐러드를 준비해야 했다. 아버지는 "네가 정말 자랑스럽구나"라고 말씀하셨다. 그다음날 아버지는 뇌졸중으로 쓰러지셨고 혼수상태에 빠졌다. 나는 중환자실에서 아버지 곁에 있었다. 심장이 멈춰 기계에서 '삐' 소리가 날 때까지.

아버지는 내 목숨을 구하기 위해서라면 자기 목숨을 기꺼이 바치셨을 것이다. 민망할 정도로 내 성취를 자랑스러워하셨고 내가 사회적으로 성공하리라고 믿어 의심치 않으셨다. 하지만 섹스에 대해서는 이중잣대를 가지고 계셨고 여성에 대한 시각도 완고하셨다. 간단히 말해, 우리는 전형적인 아버지와 딸이라는 복잡한 관계였다. 1950년대 여느 부녀관계보다는 친밀했을지 모르지만 말이다. 우리 둘 다 엄청난 수다쟁이였으니까.

모든 아버지는 그 시대의 산물이다. 아버지 역할에 관련된 규범은 1950년대 이래 엄청나게 변화했다. 1950년대만 해도 술에 취하지 않고, 생계를 위해 돈을 벌어오고, 아내에게 충실하고, 자녀들을 때리지 않는 아버지가 좋은 아버지였다. 이 시대 남성들은 딸을 안거나 딸에게 사랑한다고 말하거나 개인적인 일을 딸과 나누도록 기대되지 않았다. 1994년의 아버지들은 1950년대와 똑같은 기대를 받았지만 여기에 딸과의 정서적 교감이라는 임무 하나가 추가됐다. 자기 아버지로부터 이를 어떻게 해야 하는지 배우지 못한 아버지들이 많았다. 어떠한 훈련도 미리 받지 못했기 때문에 이들은 어찌할 줄 몰라 했다.

대부분의 아버지는 어린 시절에 여성을 혐오하도록 이끄는 훈련을 적잖이 받았다. 그렇기에 딸을 키우면서 마음 아픈 상황에 처했다. 이들은 평가절하해야 한다고 배웠던 성별을 사랑해야 하는 곤란한 상황에 놓인다.

역사적으로 어머니들은 실수를 하면 딸에게 큰 피해를 입히는 엄청난 힘을 가졌다고 간주됐다. 반면 아버지들은 딸에게 관심만 기울여도 긍정적인 영향을 끼친다고 여겨졌다. 딸이 강인하면 그 공로는 아버지에게 돌아갈 때가 많았다. 하지만 내 경험으로 미뤄볼 때, 강인한 딸은 강인한 어머니가 존재하는 가정에서 나올 때가 많다.

1990년대 대부분의 여자아이들이 때때로 갈등은 하나 어머니와 깊게 연결됐다면 아버지와는 다양한 방식으로 관계를 맺었다. 어떤 여자아이들은 아버지와 거의 대화를 나누지 않지만, 어떤 여자아이들은 아버지와 따뜻한 관계를 맺고 공통 관심사를 나눴다. 한 내담자는 이렇게 말했다. "아빠가 있는 줄도 모르겠어요. 저희는 공통점이 하나도 없어요." 또다른 내담자는 이렇게 말했다. "아빠랑 매일 저녁 식사 후에 함께 이중주를 하는 게 제일 좋아요. 저희는 둘 다 바이올린 연주를 좋아해서 세 살 때부터 이렇게 함께 시간을 보냈어요."

아버지 역시 딸에게 피해를 줄 만한 막강한 힘을 가졌다. 만약 이들이 문화와 관련한 부분에서 딸의 사회화를 대신해준다면 딸의 영혼을 망가뜨릴 수 있다. 완고한 아버지는 딸의 꿈을 제한하고 딸의 자신감을 파괴한다. 성차별적 농담, 여성혐오적 언행, 자기주장이 강한 여성들에 대한 부정적인 태도 때문에 여자아이들은 상처 입는다. 성차별주의적 아버지들은 남성을 기쁘게 하는 게 여성의 가치라고 딸에게 가르친다. 또한 여성들과의 관계를 통해 성별 간의 권력 차를 몸소 보여준다.

어떤 아버지들은 자기 딸을 문화에 수용시키겠다는 열망에 휩싸여 예뻐져야 한다거나 살을 빼라는 식으로 딸을 부추긴다. 이들 밑에서 자란 딸들은 자신의 유일한 가치는 남성에게 신체적으로 얼마나 매력 있느냐에 달렸다고 믿게 된다. 이러한 아버지들은 여성의 지적 능력을 평가절하하고 딸들도 그렇게 하도록 가르친다.

반면, 페미니스트 아버지들은 건강한 저항을 하도록 딸을 가르치는 데 크나큰 도움을 준다. 이들은 딸이 스스로를 보호하고 심지어 맞서 싸우게 격려한다. 타이어 가는 법, 야구공 던지는 법, 파티오 세우는 법 같은 실용적인 기술도 가르쳐준다. 그리고 남성의 시각과 이 문화가 남성에게 어떤 힘을 부여하는지 딸의 이해를 도울 수 있다. 가장 훌륭한 아버지들은 자기 내면의 외모지상주의와 성차별주의와 직접 맞선다. 또한 좋은 아버지들은 남성과 여성의 모범적인 관계를 몸소 보여주고 다양한 영역에서 여성의 역할을 존중한다. 아버지들은 딸의 가치를 편협하게 규정할 때 이에 맞서 싸우고 딸이 온전함을 갖도록 지지해준다. 이들은 딸에게 똑똑하고, 대담하고, 독립적이어도 괜찮다고 가르친다.

1970년대에 아버지와 딸의 관계를 연구했다. 여고생들을 인터뷰했는데 그중 사분의 일은 아버지가 사망했고, 사분의 일은 이혼했고, 절반은 가족과 함께 살았다. 딸과 아버지의 관계가 딸의 자존감, 행복감, 남성에 대한 반응에 어떠한 영향을 미치는지에 관심을 뒀다.

아버지가 물리적으로 존재하느냐 아니냐는 부녀관계의 질과 거의 상관없다는 사실이 이내 밝혀졌다. 어떤 여자아이들은 아버지와 같이 살면서도 거의 대화를 나누지 않았다. 하지만 어떤 여자아이들은 아버지를 본 적도 없으면서 따뜻하고 수용적인 아버지의 모습을 기억해내 거기서 힘을 얻었다. 물리적 존재가 아니라 정서적 유효성이 결정적 변수였다. 나는 아버지와 딸 사이의 세 가지 관계에 주목했다. 지지적 관계, 냉담한 관계, 학대적 관계였다.

지지적인 아버지를 둔 딸들은 자존감과 행복감이 높다. 이러한 여자아이들은 남성을 좋아하고, 이성과의 관계에서 자신감을 가지며, 자신이 미래에 행복하리라 예측하는 경향이 더 강했다. 이들은 아버지를 재미있고, 유대가 깊고, 다정한 사람으로 묘사했다.

하지만 대다수의 아버지는 냉담한 관계 범주에 속했다. 이들은 딸과 좋은 관계를 맺고 싶었을지 모르지만 어찌해야 할지 몰랐다. 냉담한 아버지를 둔 여자아이들은 아버지가 벌어오는 수입을 좋아하면서도 그 외의 부분은 거의 인정하지 않았다. 아버지는 가장의 역할 말고 한 가지 역할만 더 맡을 때가 많았다. 바로 규칙 집행자로서의 역할이었다. 냉담한 아버지들은 일반적으로 어머니보다 더 엄격하고, 이해심이 더 부족하고, 딸의 말을 경청하지 않는다. 한 여자아이는 이렇게 말했다. "만약 아빠가 이사를 나간다면 저희 집은 더 가난해질 거예요. 하지만 더 평화로워지겠죠." 이러한 냉담한 아버지들은 선의를 가져도 실전에 서투른 경우가 많았다. 이들은 장시간 일했고, 집에 돌아와서는 청소년기 아이들과 관계 맺기라는 고된 일을 할 시간과 에너지가 부족했다. 냉담한 아버지들은 복잡한 십대 딸아이와 어떻게 정서적으로 교감하는지 알지 못했다. 공감력, 유연성, 인내심, 협상 기술 등을 이용해 인간관계의 복잡함을 풀어나가는 법을 배우지 못했다. 이런 아버지들은 아내가 자신을 대신해 이런 일을 해주겠거니 하며 의존했다.

일부 냉담한 아버지들은 기술 부족이나 시간 부족을 넘어선 문제를 안고 있었다. 남성 역할에 관해 사회화됐기 때문에 이들은 친밀한 관계를 오래 지속하는 데 필요한 자질에 가치를 두지 않았다. 돌봄과 공감하기를 나약한 행동으로 치부하고 딸과 차갑고 기계적으로 인간관계를 맺었다.

세번째 범주는 정서적으로, 신체적으로, 혹은 성적으로 학대를 일삼는 아버지다. 이들은 딸에게 욕을 하고, 딸이 실수를 하면 조롱하고 망신을 주고, 딸에게 신체적으로 해를 입히거나 성추행을 했다.

케이티는 아버지와 지지적 관계였다. 하지만 아버지가 지병을 앓았기 때문에 케이티는 너무 많은 책임을 지고 있었다. 홀리의 아버지는 딸을 돕는 데 필요한 기술이 부족한 경우였다. 데일은 선의는 있으나 딸과 거리감이 생긴 경우였다. 클라라의 아버지 또한 냉담한 아버지 범주에 속했다. 그는 여성성에 대한 규정을 딸에게 강요하고 성 역할에 대해 완고하게 굴었다. 이러한 아버지들은 모두 딸의 삶에서 중요한 역할을 맡았다. 좋든 나쁘든 간에 말이다.

지지적 관계의 힘_케이티(17)와 피트

케이티가 세 살 때 자동차 사고로 아내가 세상을 떠난 후 피트는 홀로 아이를 키웠다. 근육위축증 때문에 허약한 피트는 집에만 묶여 지냈는데 지역 신문사에서 교열 담당자로 일하며 생계를 꾸려갔다.

케이티가 고등학교에 입학하자 피트는 케이티에게 심리 치료를 받아보라고 권했다. 피트는 아버지에 대한 사랑 때문에 딸이 자기 삶을 살지 못할까봐 걱정했다. 아버지의 고집에 못 이겨 케이티는 나를 찾아와서는 아버지와 모든 생각과 감정을 공유한다고 주장했다.

케이티는 매우 다정하고 통찰력 깊으며 믿기 힘들 정도로 착한 아이였다. 대부분의 십대와는 달리, 케이티는 자신의 노력이 다른 사람에게 중요하다는 사실을 잘 알았다. 케이티는 아버지를 돌보고, 집 근처 잡화점에서 아르바이트를 하고, 열심히 공부했다. 이런저런 문제로 가득한 삶이었지만 케이티는 매번 좋은 쪽으로 결정을 내렸다.

케이티에게 아버지와의 관계에 대해 물었다. "아빠는 항상 저를 믿어주세요. 문제가 생길 때면 스스로 해결해보라고 말씀하시죠. 제가 올바른 결정을 내릴 것이라고 말씀하세요. 저희는 모든 것에 관해 이야기를 나눠요. 섹스, 남자아이, 약물, 생리, 그 밖에 뭐든지요. 아빠는 세상에서 경청을 제일 잘하는 분이세요."

엄마가 그립지는 않으냐고 문자 케이티는 잠시 말을 멈추고 창밖을 내다봤다. "엄마에 대해서는 기억나는 게 없어요. 물론 엄마가 함께 계셨더라면 하고 바라요. 하지만 제가 아는 어느 누구보다 훌륭한 아빠가 계시니까요."

피트의 건강에 관해 묻자 케이티의 어조가 바뀌었다. 어두워진 얼굴로 조심스럽게 말했다. "아빠는 점점 상태가 나빠져요. 그래서 아빠 곁을 오랫동안 떠나 있기가 싫어요. 앞으로 어떻게 되실까봐 걱정돼요."

아버지의 건강 문제와 좋지 않은 예후에 관해 자세히 말하는 케이티의 목소리는 또렷하고 단호했지만 고통에 차 있었다. 케이티는 아버지에게 무엇을 해주고 싶은지 많이 고민했지만, 자신에게 뭐가 필요한지는 거의 고려하지 않았다. 아버지에 대한 케이티의 헌신을 존경했기에 신중한 태도로 접근했다. 망가지지 않은 것을 고치는 실수는 하고 싶지 않았다. 하지만 한편으로 케이티는 자기 삶에 관해 더 많이 생각할 필요가 있었다. 피트의 말이 맞았다. 케이티는 더 많은 친구가 필요했고 더 즐겁게 지내야 했다.

내 생각을 듣고는 케이티가 말했다. "아빠가 정말 훌륭한 분이셔서 친구들이 그립지는 않아요. 이상하게 들리겠지만 있는 그대로의 제 삶이 좋아요."

이 훌륭한 아버지를 직접 만나고 싶었다. 그래서 어느 토요일 오후 자그마한 교외 집으로 그들을 찾아갔다. 피트는 누비이불로 덮인 소파에 누워 있었고 팔이 닿는 범위 안에 휴대전화와 타자기 그리고 샴고양이 세 마리가 있었다. 마르고 병약해 보였지만 그는 함박웃음을 지으며 사교적인 태도로 나를 맞이했다.

두 사람은 내 검은 코트에 흰색 고양이 털이 잔뜩 붙은 걸 보고 농담을 던졌다. 지난 주말 동안 도시를 얼어붙게 했던 눈보라와 케이티의 요리 실력에 관해 이야기를 나눴다. 아무도 피트의 건강 문제를 꺼내려 하지 않았다.

피트에게 정말 훌륭하게 따님을 키우셨다고 칭찬을 건넸다. 피트가 소리내어 웃었다. "케이티가 저를 키웠죠. 앤 저보다 훨씬 더 성숙하답니다."

케이티가 성숙하다는 의견에 동의하면서도 케이티에게 더 많은 사회생활이 필요하다고 지적했다. 또래와 어울리기를 주저하는 게 아버지에 대한 걱정 때문일 수도 있지만 어느 정도는 평범한 십대들이 가지는 사회불안 때문일 수도 있다고 의심했다.

"대부분은 케이티의 판단을 존중해요. 하지만 이 측면에 있어서는 얘가 자기부터 돌봐야 한다고 생각해요." 피트가 동의했다. "얘는 또래 친구들과 함께 있는 것보다 저와 함께하는 것을 더 편안해해요. 얘는 실패를 몹시 싫어하는데 저랑 함께하면 성공할 수 있다는 사실을 잘 알거든요."

내가 케이티의 '사회생활 상담자'가 되겠다고 제안하자 케이티는 얼마간 상담실을 방문하겠다고 동의했다. 케이티가 맞장구를 치면서 우리를 어른다는 생각이 들었다.

주제를 바꿨다. "케이티가 고등학교를 졸업하고 나면 어떻게 하실 예정인가요?"

두 사람은 서로 눈빛을 주고받더니 피트가 웃으며 말했다. "저희는 그 문제로 의견 차이가 크답니다. 저희에겐 아내가 남긴 보험금이 있어요. 케이티는 어디든 원하는 학교를 갈 수 있어요. 하버드건 예일이건 어디든지요. 앤 성적이 1등급이니까요."

"저는 여기에서 대학을 다닐 거예요." 케이티가 끼어들었다.

피트가 말을 이었다. "앤 모든 걸 계획해놓았어요. 이 집에 계속 머물면서 병들고 늙은 아빠를 보살피겠대요. 절대 그렇게 내버려두지 않을 거예요."

"아빠는 한 번도 명령하신 적이 없잖아요. 이제 와서 그러실 순 없어요."

우리는 모두 일제히 웃음을 터뜨렸다.

하지만 이내 케이티 눈에 눈물이 차올랐다. "아빠가 저의 유일한 가족이에요. 아빠를 떠나지 않을 거예요. 다른 어디에서든 즐겁게 지내지 못할 거예요. 아빠를 돌보려고 여기 남으려는 게 아니에요. 제가 원해서 그러는 거죠."

피트는 고개를 가로저었다.

"매일 집에 방문해도 된다면 기숙사생활도 괜찮아요." 케이티가 말했다.

"내가 뭘 할 거라고 생각하는 거니?" 피트가 농담을 던졌다. "코카인을 흡입하고 포커 게임에서 전 재산을 잃을까봐 그래?"

케이티는 입장을 고수했다. "아빠가 지금 하시는 일을 계속하실 거라고 생각해요. 그러려면 제 도움이 필요하죠. 쇼핑이나 청소 같은 일을 도와줄 누군가를 고용할 수도 있겠지만 어쨌든 매일 집에 올 거예요. 그게 다예요."

"고집 센 따님을 키우셨군요." 내가 말했다. "케이티의 제안을 받아들이시면 어떨까요. 가족이 함께 뭉치는 게 건강하지 않거나 틀린 일은 아니니까요."

"제게는 선택권이 별로 없어요. 이제 와서 얘가 제 명령을 들을 것 같진 않고요."

케이티는 명령을 따르지 않을 것이다. 하지만 케이티는 대화와 격려에 적절하게 대응할 만큼 충분히 건강했다. 또래들을 피한다는 사실을 케이티도 어느 정도 인식하는 듯했다. 그러나 이 가족의 친밀함에 감탄했고 건강한 관계와 강한 여자아이를 병리학적 측면에서 바라보고 싶지 않았다. "절충할 방법이 많이 있을 거예요. 나중에 제 상담실에서 케이티와 이 문제에 관해 다시 이야기해보죠."

"얘는 자기가 원하는 대로 할 겁니다." 피트는 케이티를 보며 미소를 지었다. "제가 겪어야 할 고난이죠."

서로를 보살피는 관계를 위한 한 걸음_홀리(14)와 데일

자살 기도를 한 홀리를 병원에서 처음 만났다. 홀리는 환자복을 입고 하얀 병실에 혼자 있었다. 머리는 뾰족뾰족 솟아 있었고 곁에는 잡지 『롤링스톤』이 놓여 있었다. 내가 자기소개를 하자 홀리는 예의를 차렸지만 냉담했다. 자살 기도에 관해 묻자 홀리는 창밖으로 혹독한 11월의 풍경을 응시하며 말했다. "제 삶은 끝났어요." 그러고는 남은 상담 시간 동안 성의 없이 단답식으로만 내 질문에 답했다.

홀리의 아버지 데일이 병실로 들어와서 그간 일어난 일을 얘기해주었다. 홀리의 어머니는 이웃 남자와 사랑에 빠져서 어느 날 홀리가 유치원에 가고 데일은 굿이어 공장에서 일하는 사이에 사라져버렸다. 그들은 그녀를 다시는 보지 못했다. 버림받았다는 생각과 한부모가정이 주는 과도한 책임감 때문에 데일의 삶은 황폐해졌다.

아내가 집을 떠난 후, 데일의 일상은 항상 똑같았다. 퇴근 후 집에 돌아와서 저녁을 준비하고 설거지를 하고 TV 앞에 놓인 안락의자에 틀어박혔다. 대개 열시 뉴스 시간 전에 잠들었다. 홀리네 학교에서 무슨 행사가 진행되는지 신경쓰지 않았고 본인의 외부 관심사도 전혀 없었다. 한번은 동료가 데이트를 주선해줬지만 데일은 거절했다. 그런 위험을 다시는 무릅쓰고 싶지 않았다.

데일은 홀리를 물리적으로 돌보고 지도했지만, 정서적으로는 지지해주거나 애정을 줄 에너지도 이해심도 없었다. 데일은 딸이 무슨 생각을 하는지, 어떤 감정을 느끼는지 아무것도 몰랐다. 분명히 딸을 신경썼지만, 도움이 될 만큼 딸에게 자기 마음을 제대로 표현할 줄도 전혀 몰랐다. 두 사람은 서로 거의 대화를 나누지 않았기에 홀리가 위기에 처했음에도 함께 문제를 헤쳐나갈 기반이 전혀 없었다.

그들에게 가족 치료를 홀리의 단독 상담과 병행하면 어떻겠느냐고 제안했다. 그들은 서로 쳐다보더니 동시에 천천히 고개를 끄덕였다.

홀리와 첫번째 상담을 하면서 홀리가 혼자 얼마나 자기 삶을 잘 꾸려왔는지 보고 깜짝 놀랐다. 자기 자신을 돌보는 법을 빠르게 배웠다. 홀리는 침실을 깔끔하게 정돈하고 자기 옷을 직접 빨고 다림질했다. 다른 여자아이들은 친구가 더 많고 더 많은 활동을 즐기고 부모와 함께 외출한다는 사실을 막연하게만 알았다. 홀리는 따로 공부를 하지 않았지만 성적은 만족스러웠다.

초등학생 때는 데일과 함께 TV를 봤지만 중학생이 된 후로는 음악을 듣느라 TV 시청을 포기했다. 홀리는 프린스의 음악에 점점 집착하게 되어 자기 방 벽을 프린스의 포스터와 음반 표지로 도배했다. 프린스 팬클럽에 가입하고 일주일에 한 번씩 자기 우상에게 장문의 편지를 썼다. 가사를 달달 외울 때까지 프린스의 음악을 듣고 또 들었고, 프린스가 보라색 옷을 입는다는 이유로 항상 보라색 옷만 입었다. 프린스가 한 인터뷰에서 빨간 머리를 좋아한다고 말하자 머리를 빨갛게 물들였다.

학생들이 보라색 옷과 별난 헤어스타일 때문에 홀리를 놀린다고 학교 상담교사에게 듣고서야 데일은 이러한 사실을 눈치챘다. 상담교사는 홀리에게 친구가 거의 없다면서 홀리를 동아리나 운동부, 연극반에 등록하면 어떻겠느냐고 권유했다.

데일은 홀리에게 동아리에 가입하겠느냐고 물었지만 홀리는 싫다고 답했다. 원하는 어떤 수업이든 비용을 대겠다고 제안했지만 홀리는 거절했다. 데일은 밝은 티셔츠를 여러 벌 새로 사줬지만 홀리는 이를 뜯지도 않은 채 서랍에 처박아뒀다. 데일은 홀리의 문제가 가정생활과 관련될지도 모른다고 생각했지만 어찌해야 할지 통 알 수가 없었다. 그래서 문제 해결을 포기하고서 TV 앞으로 돌아갔다.

그러다가 홀리는 라일을 만났다. 라일은 장식용 금속 단추가 잔뜩 붙은 검은 가죽 재킷을 입고 '빨리 살고 빨리 죽자'라고 문신을 새긴 깡마른 중학교 3학년 남학생이었다. 홀리와 마찬가지로 라일은 음악으로 외로움에 대처하고 있었다. 라일은 사실상 깨어 있는 모든 순간에 음악을 들었기 때문에 학교 수업을 거의 듣지 않았다. 라일은 점심시간에 음악을 크게 틀어서 학교에서 문제를 일으켰다. 홀리와 라일은 영어 수업 시간에 교실 맨 뒷줄에서 처음 만났다. 홀리는 소니

워크맨을 학교에 가져온 라일에게 프린스를 좋아하느냐고 수줍게 물었다. 라일은 대부분의 남자아이와 달리 놀림감이 된 홀리의 머리색과 보라색 옷을 이상하게 여기지 않았다. 라일은 홀리에게 프린스를 좋아한다고 말하고는 방과후에 자기 집에서 함께 음악을 듣지 않겠느냐고 초대했다.

주말 무렵 이들은 정식으로 사귀게 되었다. 홀리가 프린스에게 쏟던 헌신이 라일에게로 옮겨갔다. 홀리는 아침에 일어나자마자 전화를 걸어 라일을 깨웠고 둘은 학교의 남쪽 모퉁이에서 함께 담배를 피웠다. 홀리는 수업 시간에 라일에게 편지를 쓰고, 학교 구내식당에서 라일과 함께 점심을 먹고, 방과후에는 라일의 집에 놀러갔다. 저녁마다 라일과 전화로 몇 시간씩 수다도 떨었다.

데일은 홀리에게 친구가 생겨서 안심했다. "라일은 약간 이상하긴 하지만 어쨌든 좋은 아이입니다." 데일은 그렇게 빨리 너무 가까워지면 건강한 관계가 못 될 수도 있다고 생각했지만 이 문제를 어떻게 대처해야 할지 몰랐다. 데일은 섹스 이야기를 꺼냈지만 홀리는 알아서 하겠다며 화를 냈다. 데일은 의심을 품었지만 뭐라고 말해야 할지, 어떻게 행동할지 알 수가 없었다.

3개월 동안 홀리는 라일을 위해 살았다. 그러다가 라일이 갑자기 관계를 중단했다. 라일은 홀리에게 진지한 관계를 맺을 준비가 아직 안 됐다면서 기타 연습을 하고 음악하는 사람들과 어울리면서 더 많은 시간을 보내고 싶다고 말했다. 라일의 어머니는 이 소식을 들으면 홀리에게 안 좋은 영향을 미칠 거라고 데일에게 전화로 경고했다. 그녀는 남편도 자신도 홀리를 좋아하지만, 관계가 너무 빨리 진행되어서 라일이 속도를 늦출 필요가 있다고 말했다. 어쨌든 두 사람은 겨우 중학교 3학년생이었으니 말이다. 부모가 뭘 걱정하는지 듣고 라일은 감정을 가라앉히기로 동의했다. 전화를 끊기 전 라일의 어머니는 데일에게 홀리와 라일이 섹스를 했다고 전했다.

데일은 이 소식을 듣고 어안이 벙벙했다. 임신 테스트를 해보자고 제안했지만 홀리는 거절했다. 사실 홀리는 라일에 관해 조금도 아버지와 의논하지 않았다. 밤에 데일이 집에 돌아오면 홀리는 자기 방으로 달려가 쾅 하고 문을 닫았다. 며칠 동안 홀리는 음식도 먹지 않고 학교도 가지 않은 채 쉬지 않고 울었다. 홀리의 눈은 새빨개지고 얼굴은 슬픔으로 퉁퉁 부었다. 라일에게 매일 전화를 걸었지만 대화는 잘 이어지지 않았다. 홀리가 애원할수록 라일은 헤어져야겠다는 결심을 더 굳혔다. 그러던 어느 날, 홀리는 집에 있는 모든 알약을 집어삼켰다.

다행히 그날 데일은 홀리의 상태를 살피려고 점심시간에 집에 잠시 들렀기에 정신을 잃은 채 토사물 속에 쓰러져 있는 홀리를 발견하고서 911에 전화를 걸었다. 이때 내가 그들의 삶에 들어갔다.

나는 천천히 홀리와 관계를 쌓아갔다. 일주일에 한 번씩 홀리는 매번 다른 보라색 옷을 입고 나타났고 우리는 프린스에 관해 대화를 나눴다. 프린스 음악을 가져오라고 부탁해 함께 음악을 들었다. 나를 시험하려는 건지 홀리는 프린스의 '야한' 노래들을 틀었다. 노래를 듣고 뭐든 칭찬할 거리가 있으면 그것을 언급했다.

"아침 햇살이 비칠 때까지 함께 있겠다는 가사가 맘에 드는구나."

홀리가 어깨를 으쓱한 후 말했다. "그건 옛날 노래예요. 이걸 들어

보세요.”

그 노래를 들은 후 “이 노래는 네게 어떤 의미니?” 하고 물었다.

“두 사람이 세상에 맞서는 이야기예요. 불멸의 사랑이죠.”

“불멸의 사랑이란 정말 아름다운 관념이지. 모두가 자기 가족과 친구에게 그걸 원하지.”

“저희 엄마 얘기를 꺼내시는 거예요?” 홀리가 화를 내며 물었다.

홀리는 내 질문에 프린스의 노래가사를 인용하며 대답할 때가 많았다. 귀기울여 들은 후 가사에서 특정한 주제를 끄집어내 더 깊이 논의했다. 홀리가 자신만의 언어를 사용할 때까지 기다렸다. 마침내 홀리에게 프린스 스타일의 가사로 감정을 표현해보라고 제안했다.

그다음주 홀리가 노래가사를 건넸다. 외로움과 버림받음을 주제로 한 프린스 스타일의 가사였다. 그 가사를 칭찬하자 홀리는 환하게 웃었다. 그후로 주로 홀리가 쓴 노래가사를 통해 의사소통했다. 홀리는 매주 새로운 가사를 가져왔다. 떠난 엄마에 관한 가사, 이혼에 대한 분노를 담은 가사, 엄마가 어디에 사는지 그리고 왜 전화를 안 하는지 궁금해하는 가사, 아이들이 얼마나 잔인할 수 있는지를 담은 가사 등이었다. 노랫말을 들은 후에는 그 가사가 홀리의 삶에 어떤 의미인지를 물었다.

홀리에게 친구를 사귀어보라고도 조심스럽게 권했다. 어머니에게 버림받고 여자아이들에게 놀림당해서 홀리는 여성을 믿지 않았다. 여자아이들과 대화해보라고 제안해도 싫다며 고개를 절레절레 저었다. 음악 레슨을 받거나 밴드에 들어가면 어떻겠느냐고 제안했다.

몇 달이 지나 섹스 이야기를 꺼내도 될 만큼 충분히 인간관계가 끈끈해졌다고 느꼈다. 나는 의사에게 진료와 검사를 받아보라고 제안했다. 홀리에게 성에 관한 기초 상식을 말해주었다. "모든 여자아이가 궁금해하면서도 물어보기를 두려워한단다."

우리는 "너를 사랑해"라고 말한 첫번째 사람에게 홀리가 얼마나 취약했는지 이야기를 나눴다. 라일은 괜찮은 남자아이였고 홀리처럼 외롭고 순진무구했다. 하지만 다음 사람은 다를지도 모른다. 너를 사랑한다는 말을 사이코패스들이 여자아이에게 처음 건넨다고 강조했다.

홀리는 청소년기 여자아이들이 저지르는 흔한 실수에 취약했다. 사랑을 얻기 위해 성을 이용하는 실수를 저질렀다. 홀리에게는 섹스가 아닌 애정이 필요했다. 무엇보다도 아버지로부터의 애정이 필요했다. 아버지와 얼마나 서로 데면데면한지 이야기를 나눈 뒤 데일을 상담실로 초대했다. 첫 공동 상담 시간에 데일은 홀리보다 더 어색해했다. 그는 팔짱을 끼고 뻣뻣하게 앉아서 뭐라고 묻든 "네, 선생님"이라고만 답했다.

"저희는 대화를 나누지 않아요." 홀리가 힐난조로 말했다.

"엄마가 그건 더 잘했지. 저는 아이와 대화해본 적이 별로 없어요."

그들에게 서로 가까워지고 싶으냐고 묻자 홀리가 새끼손가락으로 머리카락을 배배 꼬며 수줍은 듯이 고개를 끄덕였다. 데일은 목이 멨지만 마침내 입을 열었다. "그게 제가 원하는 전부입니다. 제가 뭘 위해 살아 있겠습니까?"

그들에게 천천히 진행해보자고 권했다. 두 사람 모두 의사소통을 해본 경험이 많지 않았기에 실패하면 쉽게 낙심할 수 있었다. "두 분이 함께 음식을 만들거나 드라이브를 하며 크리스마스 조명으로 장식된 거리를 구경하실 수 있을 거예요."

연말 콘서트에 함께 가보라고 권하자 두 사람 모두 깜짝 놀랐다. 이에 조금 물러서서 매일 저녁 10분씩 하루를 어떻게 보냈는지 공유해보라고 제안했다.

그다음 상담 시간에 와서 처음에는 힘들었지만 훈련을 하자 점차 쉬워졌다고 말했다. 데일은 홀리의 학교생활에 관해 물었다. 홀리는 시끌벅적한 구내식당에서 점심을 먹었다고 이야기했다. 홀리는 아버지에게 직장에서 무슨 일을 하시느냐고 물었다. 데일은 평생 처음으로 자기 일을 홀리에게 설명해주었다.

그들이 오래 묻어둔 홀리의 어머니가 떠난 일에 대한 감정에 매우 조심스럽게 접근했다. 데일이 말했다. "그 일을 잊으려고 노력했습니다. 바꿀 수도 없는 일인데 슬퍼해봤자 무슨 소용이겠어요?"

"그 이야기를 꺼내기가 무서웠어요. 아빠는 항상 너무 슬퍼 보였거든요. 엄마가 떠나고 한 달이 지나면서부터 다시는 엄마 얘기를 꺼내지 않았어요. 오랫동안 혼자서 울다가 잠들었죠."

두 사람에게 집을 떠난 가족을 어떻게 생각하는지 진짜 감정을 편지로 전해보라고 권했다. 부치기 위해 편지를 쓰는 것이 아니라(사실어디로 보내야 하는지도 몰랐다) 두 사람이 겪은 그 고통스러운 사건을 재정립하기 위한 작업이었다.

그다음주 두 사람은 각자 쓴 편지를 큰 소리로 읽었다. 데일의 편지는 처음에는 정중하고 감정이 억제되어 있었지만 후반부로 갈수록 격앙됐다. 오랫동안 억눌린 분노가 터져나왔고, 분노 다음에는 슬픔이, 슬픔 다음에는 스스로에 대한 악감정이 표출되었다. 그는 남편으로서 실패자였다. 명확하게 의사를 밝히거나 애정을 표현할 줄 몰랐다. 아내가 떠난 일로 그는 자신을 책망했다.

홀리는 아버지의 편지를 주의깊게 듣고는 휴지를 건네며 아버지의 팔을 다독였다. "아빠 잘못이 아니에요. 제 잘못이에요."

홀리가 자기 편지를 읽었다. 데일과 마찬가지로 처음에는 정중하고 예의바르게 이어졌지만 뒤로 갈수록 감정이 쌓여갔다. 홀리는 다른 무엇보다도 상실감을 강하게 드러냈다. 어머니는 떠나기로 선택했고 다시는 홀리를 보러 오지 않았다. 홀리는 틀림없이 자신에게 뭔가 잘못이 있다고, 자신은 모르는 숨겨진 결점이 있는 게 분명하다고 생각했다. 그 일이 벌어졌을 때 슬펐지만 그러한 고통을 어떻게 표현하고 어떻게 받아들여야 하는지조차 몰랐다.

어머니가 떠난 이후로 홀리는 다른 여성이 자기를 만지거나 칭찬하면 몹시 싫어했다. 선생님이 어깨만 토닥여도 몸을 움츠렸다. 도움을 받기 위해 여성들에게 다가가기보다 그런 도움이 필요 없게끔 자신을 강하게 만들려 애썼다. 다른 여자아이들의 집에 놀러가는 것도 싫어했다. 친구들이 어머니와 함께하는 모습을 보면 너무 질투가 났기 때문이다.

홀리는 어머니가 떠난 일을 자기 탓으로 돌렸다. 홀리는 '말이 많고 자기주장이 강한 아이'였기에 어머니가 떠난 후 홀리는 자기주장을 그만뒀다. 아니 거의 대화 자체를 그만뒀다. 말을 해봤자 아무 도움도 안 된다고 믿었다.

어머니가 떠난 후, 홀리가 정서적으로 받아들인 첫번째 사람이 라일이었다. 라일은 홀리도 사랑스럽다는 희망을 주고, 홀리의 말을 경청하고, 홀리를 안아주고, 홀리에게 아름답다고 말해줬다. 라일이 떠나자 홀리는 엄청난 고통을 느꼈다. 어머니가 떠났던 일을 떠올리며 자신이 다른 사람에게 사랑받을 만한 가치가 없다고 확신했다.

상담 시간이 끝날 무렵 홀리와 데일은 눈물을 흘렸다. 두 사람은 간절히 서로를 필요로 한다는 사실을 깨달았다. 부녀 모두 자신이 사랑받을 만한 존재라고 느끼지 않았다. 자기 자신에 대한 그러한 기본적인 감정을 바꿀 만큼 가까운 사람은 서로밖에 없었다. 자기실현적 예언이 되기를 바라면서 두 사람에게 말했다. "사랑을 어떻게 보여주어야 하는지 두 분이 서로에게 가르칠 수 있어요."

우리는 이 작업에 공을 들였다. 데일은 처리하지 못한 고통과 대인관계 기술의 부족 때문에 홀리에게 거리를 뒀다. 사실, 이러한 기술이 부족해서 결혼생활을 잃었을 수도 있다. 홀리는 버림받았기 때문에 거리를 뒀다. 홀리가 계속 냉담한 데는 아버지가 한몫했다. 프린스는 수천 킬로미터도 넘게 떨어져 있고 접근하기가 완전히 불가능했기에 사랑할 수 있는 완벽한 대상이었다. 홀리는 어떠한 위험도 감수하지 않으면서 프린스를 사랑할 수 있었다.

점차 두 사람은 서로를 보살피는 관계를 형성해나갔다. 이들은 개인적인 관심사에 대해 더 많은 이야기를 나눴다. 가령 홀리는 데일에게 직장 동료에 관해 물었고 데일은 그들을 피한다고 말했다. 데일은 동료들이 성인 잡지 『플레이보이』를 읽으며 여성에 관해 듣기 거북한 이야기를 주고받는다고 말했다. 홀리는 학교에서 남자아이들이 어떤 식으로 자신을 놀리는지, 그리고 복도에서 남자아이들이 자신을 만지면 어떻게 불쾌한지 말했다. 이러한 대화를 통해 두 사람은 남녀관계에 대한 철학적 논의도 진행할 수 있었다. 두 사람 모두 서로에게 배우고 가르칠 것이 있었다.

데일은 더 적극적으로 관여하는 부모가 되었다. 데일은 매일 밤 TV 시청 시간을 한 시간으로 제한하고 나머지 시간은 홀리와 대화하거나 홀리의 숙제를 봐줬다. 데일은 홀리에게 학교 숙제를 보여달라고 요청하고 하루를 어떻게 보냈는지 물었다. 대부분의 십대는 이렇게 때늦은 단계에 부모가 간섭하면 맞서 싸우겠지만 홀리는 너무 외로웠기 때문에 아버지의 관심을 환영했다. 데일은 가혹하게 비평하는 사람이 아니었고, 홀리는 성공했을 때뿐만 아니라 실패했을 때도 아버지를 믿어도 괜찮다고 깨닫게 되었다. 데일은 항상 홀리 편에 설 것이고, 홀리가 무엇을 하든 지지해줄 터였다.

이들은 시립 음악당에서 열린 록밴드 키스의 콘서트에 함께 갔다. 홀리는 직접 쓴 가사를 데일에게 공유했고 데일은 기타 레슨을 받아보라고 제안했다. 어머니의 음색이 좋았다며 홀리가 그걸 물려받았으면 좋겠다고 했다. 홀리는 직접 작사한 노랫말에 곡을 붙여 파워피치라는 지역 밴드에 공유했다.

이번 개정판을 준비하면서 여자아이들을 인터뷰해보니 기쁘고 놀랍게도 대부분이 아버지와 가깝게 지냈다. 1960년대 아버지의 주요 역할은 가족의 생계 부양이었다. 주로 어머니들이 아이들을 책임졌고, 아버지들은 자녀를 사랑하지만 더 거리가 먼 경우가 많았다. 1990년대가 되자 맞벌이 부부가 많아지고 아버지들은 자녀에게 더 적극적으로 관여하게 됐다. 오늘날 아버지들은 훨씬 더 적극적이다.

가족 구조는 더 민주적인 모습이다. 일반적으로 여성들은 자기주장을 더 강하게 할 수 있고 남성들은 더 약한 모습을 보여도 괜찮다.

대부분의 아버지는 자기 딸이 강하고 대담하기를 바란다. 이들은 페미니즘을 두려워하기보다 가치 있게 여긴다. 딸이 받았으면 하는 존중을 아내에게 몸소 보인다. 많은 아버지가 딸에게 운동을 가르치거나 음악, 예술, 배낭여행 등에 대한 열정을 공유한다. 딸의 자신감과 고유함을 키워줄 막강한 힘도 갖추고 있다.

물론 냉담한 아버지, 심지어 학대적인 아버지 또한 언제까지나 존재할 것이다. 하지만 우리가 인터뷰한 거의 모든 여자아이가 아버지와 애정어린 관계를 맺고 있었다. 사실, 물리적으로 곁에 없는 경우를 제외하고는 우리 포커스 그룹에 속한 여자아이 중 아버지와 냉담한 관계라고 말한 경우는 아무도 없었다. 아버지 얘기를 하면서 '재미있다'는 말이 가장 많이 나왔다.

조던은 아버지와 매일 아침 3킬로미터씩 달린다고 말했다. 켄딜은 둘 다 퍼즐 마니아라서 누가 스도쿠 퍼즐을 더 빨리 푸는지 아버지와 경쟁한다고 말했다.

"저는 아빠를 사랑해요. 아빠가 집에서 일하셔서 저희는 함께 많은 시간을 보내죠." 마르타가 말했다. "엄마는 일 때문에 바쁘셔서 거의 매주 출장을 다녀요. 그래서 아빠와 더 가깝죠."

올리비아가 슬픔에 차 말했다. "아빠는 암에 걸리셨고 스트레스에 지쳐 계세요. 그래서 심술궂어지셨죠. 아빠는 너무 피곤해서 저와 많이 어울리지 못하세요. 하지만 항상 아빠 옆에 있으려고 노력해요."

"저희 아빠는 훌륭한 요리사세요." 애스펀이 말했다. "인터넷에서 뭔가를 발견하시면 저와 함께 그걸 만들어요. 어젯밤에는 인도 음식인 파코라, 커리, 난을 만들었어요."

#미투 운동의 시대인 오늘날, 아버지들은 딸이 강하고 자신감 넘치는 여성으로 성장하게 돕고 싶어한다. 최선의 경우 성차별주의에 적극적으로 대항하는 새로운 유형의 아버지를 만날 수 있다. 가령 매디의 아버지는 이렇게 말했다. "저는 여성의 외모를 논평했었어요. 하지만 매디가 십대인 지금은 더이상 그러지 않아요. 저는 여성을 물건 취급하고 싶지 않습니다."

"제 딸들이 대우받았으면 하는 방식으로 아내를 대하려고 노력해요." 내 이웃인 그랜트가 말했다. "아이들에게 사회생활에 대해 적극적으로 물어요. 어떻게 하면 남에게 이리저리 좌우되지 않는지 가르쳐주죠."

아버지에게 받은 유산_애니카(17)

애니카는 삼 남매 중 맏이로 아이오와주 어느 작은 마을에서 부모와 함께 살았다. 아버지는 애니카네 고등학교에서 생활지도 상담교사로 일했고 어머니는 같은 마을의 중학교 교사였다. 오마하의 어느 트렌디한 카페에서 애니카를 인터뷰했다. 애니카는 아버지 얘기를 하고 싶어 안달이었다. 아버지와의 추억 중 가장 오래된 일부터 이야기했다. 애니카는 긴 검은 머리를 쓸어넘기면서 말했다. "어렸을 때 아빠를 흠모했어요. 완벽하다고 생각했죠. 아빠는 몇 시간씩 제게 노래를 불러주고 책을 읽어줬어요. 남동생이나 저와 레슬링을 하면서 저희를 웃겼죠. 정말 친절하셨어요. 아빠가 퇴근해서 집에 오기만을 간절히 기다렸어요."

애니카는 눈을 반짝이고 크게 웃으며 추억을 털어놨다. "어렸을 적에는 아빠와 결혼하고 싶었어요. 그래서 엄마가 죽으면 저랑 결혼해 달라고 말했죠."

아버지와 충분한 시간을 보내느냐고 묻자 애니카는 흔쾌히 고개를 끄덕였다.

"아빠는 뭘 하든 저희를 끼워줬어요. 개집을 만들거나 나무를 심을 때면 옆에서 도왔죠. 요리랑 좋은 구도로 사진 찍는 법도 아빠에게 배웠어요. 세 살 때 이후로 죽 아빠와 토요일 오후를 함께 보냈어요. 원하는 건 뭐든 함께해주셨죠. 함께 모험도 떠났어요. 노래를 부르고 춤을 추고 외출해서 아이스크림을 사 먹기도 했고요. 비가 오는 날이면 오후 내내 큰 소리로 책을 읽어주셨어요. 슬픈 이야기를 들을 때면 그걸 연기하자고 했어요. 그렇게 하면서 소리내어 울고 감정을 추스를 수 있었어요. 『샬롯의 거미줄』에서 샬롯이 죽는 장면은 삼백 번 쯤 연기한 것 같아요."

"고등학생이 되니까 너무 바빠져서 토요일 오후를 함께 보낼 수가 없었어요. 아빠는 슬퍼하셨죠. 이따금 짬을 내서 함께 시간을 보내요. 도서관에 함께 가서 책을 대출해서는 카페에서 읽어요. 혼자서 그리고 함께하는 거죠."

"어렸을 적에는 아빠가 완벽하다고 생각했어요. 하지만 이제는 온전한 인간으로 받아들여요. 아빠도 실수를 해요. 인내심이 부족할 때도 있고요. 사실 제 결점 중 상당수가 아빠한테서 물려받은 거예요."
애니카가 유감스럽다는 표정을 짓자 우리는 동시에 크게 웃었다. "하지만 아빠는 실수하면 사과를 하세요. 완벽하진 않지만, 저와 가까워요. 여전히 제 환상을 포기하기는 힘드네요."

현재 어떤 문제가 있느냐고 물었다. "아빠는 정말로 정서적으로 열려 있는 남성이에요. 제가 뭐든 말해주길 바라시죠. 하지만 저는 좀 달라요. 저는 엄마와 성격이 더 비슷한 편이고 게다가 전 십대잖아요. 아빠가 제 삶을 시시콜콜히 아시는 걸 원하지 않아요."

애니카가 잠시 말을 멈추더니 한숨을 쉬었다. "때때로 아빠가 제 하루에 대해 꼬치꼬치 물어오면 아빠를 밀어내요. 그러면 마음 상해하세요. 감정적으로 받아들이시더라고요. 전혀 그렇지 않은데도요. 전 저만의 삶을 원해요."

"때때로 저를 괴롭히기도 해요. 하지만 어떤 면에서는 인간으로서 진짜 모습을 안 후 아빠를 더 사랑하게 됐어요. 아빠가 완벽하다는 믿음을 버리긴 힘들었지만요."

"놀라운 분이신 것 같구나. 일진이 안 좋거나 기분 나쁘신 날은 없니?"

"아빠는 힘든 직업을 갖고 계세요." 애니카가 인정했다. "학대당하거나 성폭행당한 아이들을 상대하시죠. 문제 행동을 보이거나 자살 충동을 느끼는 아이들을 돌보시고요. 하지만 그런 모든 문제를 뒤에 남겨두고 현관문을 열고 걸어들어오세요. 환하게 미소 지으며 집에 들어오시죠. 그리고 이내 저녁을 만들어주고 농담을 던져요. 아빠는 정말이지 시간을 계획적으로 사용하세요. 가족에게 관심을 기울이기 위해 헌신하시죠. 정말 열정적으로 사셔서 그 점을 존경해요. 아빠는 항상 모든 것에서 아름다움을 찾으세요. 저도 그렇게 하라고 배웠고요."

"아버지에게 또 뭘 배웠니?"

"아빠가 솔직하고 친절하기 위해서 얼마나 노력하시는지 잘 알아요. 아빠는 엄마에게 정말 잘하세요. 건강한 인간관계를 맺는 법도 가르쳐주셨고요. 그래서 어떤 남자아이와 데이트하든 제 기준이 높아요."

애니카는 종이컵을 재활용 쓰레기통으로 던지더니 종이컵이 재활용 표식을 맞추자 주먹을 불끈 쥐었다.

"지금도 여전히 아빠 같은 사람과 결혼하고 싶어요."

집으로 운전해 돌아오면서 애니카 부녀의 사랑스러운 관계에 관해 생각했다. 애니카와 아버지의 관계가 개성화에 중점을 둔다는 사실에 주목했다. 아버지는 애니카와 가깝고 긴밀히 지냈지만 애니카가 더 많은 자기만의 공간을 원하자 슬퍼하고 마음 아파했다. 오늘날, 애니카의 아버지처럼 적극적인 아버지들은 어머니들이 진작에 겪었던 감정을 경험하는 중이다. 애니카와 그 또래들은 자기만의 삶으로 걸어들어갈 준비가 되었지만 아버지들은 이렇게 생각한다. '기다려. 조금만 더 나와 머물러줄 순 없겠니.'

공동의 목표로 함께 나아가기_루나(19)와 스티븐

"10년 전 환경보호 문제에 관해 네브래스카주를 대변해달라는 부탁을 받고 전국 규모의 환경단체에 고용됐어요." 턱수염을 기르고 빛나는 검은 뿔테 안경을 쓴 느긋한 사십대 남성 스티븐이 설명했다. "그 당시 루나는 중학생이었습니다. 제가 하굣길에 차에 태워서 올 때마다 얘는 항상 이어폰을 끼고 있었죠. 아랑곳하지 않고 제가 무슨 일을 하는지 말했어요. 어떻게 이 송유관 회사와 싸우도록 고용됐는지, 이 회사가 우리 지역에 왜 위협적인지 등을 말했죠. 혼잣말하는 기분이었어요. 하지만 결국 이어폰 하나를 귀에서 빼더니 다른 하나도 마저 빼더라고요. 그러고는 저한테 '아빠, 아빠가 그들을 저지해야 해요!'라고 하더군요."

루나가 깔깔거리면서 아버지의 무릎을 움켜잡았다. 우리는 인도 레스토랑 라운지에 놓인 벽난로 근처 안락의자에 앉아서 차와 채식 사모사를 앞에 두고 수다를 떨었다.

"그날 일이 기억나요. 중학생 때만 해도 아빠가 뭘 말씀하시든 관심을 두기가 싫었어요. 아이팟으로 레이디 가가 노래를 듣고 있었죠. 하지만 바로 그때 아빠가 저를 언짢게 하는, 아니 더 정확히는 저를 열받게 하는 이야기를 하셨어요. 그래서 관심이 생겼죠."

"환경운동에 관해 이야기하기에 앞서서 그전에는 어땠나요? 루나가 어렸을 때는 어떻게 지내셨나요?" 내가 스티븐에게 물었다.

"저는 얘가 정말 멋진 애라고 생각했어요. 태어났을 때부터 흥미롭고, 재미있고, 웃기고, 똑똑한 아이였어요. 함께 공원에 가는 게 정말

좋았죠. 철없이 노는 것도, 얘가 세상을 어떻게 생각하는지 듣는 것
도 정말 즐거웠죠. 전 그렇게 엄격한 부모가 아니었어요. 그저 얘한
테 아빠가 항상 옆에 있다고 알려주고 싶었어요."

"저희 부모님은 제가 꽤 어렸을 때 갈라섰어요. 엄마 아빠와 셋이
서 함께 시간을 보낸 경험이 별로 없어요. 저는 엄마를 사랑해요. 엄
마는 훨씬 부모다운 분이시죠. 아빠는 그렇게 엄격하지 않으시고요.
물론 아빠가 세운 규칙은 중요했지만 저는 음…… 뭐든 솔직하게 말
할 수 있다고 생각했어요. 아빠가 저희 아빠라서 정말 기뻐요. 아빠
는 제가 어떤 사람인지 이해하도록 도와주세요."

"눈에 띄는 것이 제게는 늘 중요했죠." 스티븐이 등산화를 신은 발
로 인도 고유 문양이 들어간 의자를 건들더니 덧붙였다. "저희는 엄
청난 모험을 함께했어요."

"환경운동을 하면서 저희 사이가 정말로 가까워졌어요." 루나가
덧붙였다. 루나가 자기 발을 아버지 발 옆에 갖다댔다. 루나는 반짝
거리는 보라색 컨버스 하이톱 운동화를 신고 있었다. "범죄를 저지를
때 공범이 있는 것과 비슷했어요. 어디 가서 줄행랑을 칠 때마다 서
로뿐이었어요. 무슨 일을 하든 아빠는 항상 거기에서 저를 격려해주
셨고요."

"두 사람의 활동은 신문에서 계속 보고 있어요. 부녀가 어떻게 영
향력 있는 활동가로 팀을 꾸리게 되었나요?"

"저희 주에서 일어나는 일에 관해 아빠에게 더 많이 들을수록 반드
시 참여해야겠다는 의지가 더 강해졌어요." 루나가 말했다. "특히 저
는 십대로서 저희 주 청소년들의 목소리를 대변해야겠다 싶어요. 송

유관 문제 때문에 발생할 환경 문제에 평생 대처해야 하는 건 바로 저희 십대니까요. 그래서 항의 시위에 나갔어요. 중학교 3학년 때는 주의회 앞에서 증언을 했고요."

"그전에 나랑 워싱턴도 갔잖니." 스티븐이 루나에게 상기시켰다. "직속 상관에게 국무부, 환경보호국, 의회에서 열리는 회의에 딸을 데려가고 싶다고 말했어요. 얘는 방청만 할 테지만 귀중한 경험이 되리라 생각했죠. 하지만 회의장에 걸어들어갈 때마다 얘는 스스로를 네브래스카주 청소년을 대표하는 활동가라고 인식했어요. 다른 대표단 사람들과 함께 자리를 잡고 앉아서는 어려운 질문도 척척 던졌죠. 멋진 십대니까요. 그게 시작이었어요."

그후 몇 년 동안 루나는 환경운동 집회와 의회 청문회에 고정적으로 참여했다. 주의회에서 몇 차례 증언을 했고 항상 환경상의 위험과 주 청소년의 미래를 연결지었다.

"처음 증언했을 때는 열네 살이었고 잔뜩 겁에 질려 있었죠." 루나가 인정했다. "하지만 그뒤부터는 숨쉴 수 없이 기뻤어요. 제게 저만의 목소리가 있고 그걸로 뭔가를 했으니까요. 같은 해에 워싱턴에서 열린 집회에 갔어요. 다른 사람들과 백악관을 세 겹으로 에워싸고 인간 체인을 만들었어요. 똑같은 문제를 걱정하는 만육천 명의 사람들에게 둘러싸여 있다니 정말 놀라웠어요."

"초기에 진행된 의회 청문회에 참석하려고 링컨에 간 적이 있어요. 얘한테 그저 와서 보기만 하면 된다고 했죠." 스티븐이 덧붙였다. "반드시 참여하지 않아도 된다고 분명하게 말했는데도 얘는 자리에 앉더니 한 시간도 채 되지 않아서는 놀랍도록 강력한 증언을 완벽하게 썼어요."

"이 일이 너를 어떻게 변화시켰니? 이 모든 일을 청소년기의 한복판에서 겪었잖아. 너의 활동을 보고 또래들은 뭐라고 하니?"

"고등학교 선생님들은 저를 지지해주고 행정 공무원들은 항상 저한테 여행이 어땠는지 행사가 어땠는지 물어봐요. 친구들은 무슨 일이 벌어지고 있는지 알아요. 제가 테드 강연을 했다거나 파워시프트 콘퍼런스에 참석했다고 얘기하면 멋지다고 생각해요. 하지만 여긴 고등학교죠. 다들 자기 삶에 몰두해요."

"아버지와의 관계는 다른 친구들과 어떻게 다르니?" 내가 물었다.

"아빠 얘기를 꺼내면 친구들은 항상 '너희 아빠는 세상에서 가장 다정하신 분 같아. 너네 아빠 정말 좋으시다'라고 해요." 루나가 자랑스럽게 말했다. "어떤 친구들은 끔찍한 일을 겪었어요. 걔들은 부모님한테 솔직하게 털어놓기가 무서워서 비밀스럽게 살아요. 어떤 부모들은 아이에게 뭐가 가장 중요한지 사소한 신경조차 쓰지 않고요. 제 친구네 부모님은 '시를 읽거나 쓰는 것은 시간 낭비야'라고 하셨대요. 저는 충격을 받았어요. 시를 읽으면서 저는 자신감과 정신건강을 챙길 수 있었거든요. 부모가 있는 그대로 자기를 존중한다고 믿지 못하는 건…… 상상조차 할 수 없어요. 저를 지지해주는 아빠 덕분에 저는 고유한 사람이 됐어요."

"오늘날 청소년기 여자아이들을 어떻게 묘사하고 싶니?" 내가 물었다.

"제 또래 여자아이들은 스스로를 페미니스트라고 적극적으로 인식해요. 아이들은 시위에 나가고 팻말을 들죠. 개인적인 이유로 행동에 나설 때가 많아요."

"솔직하게 말하자면, 평생 올바른 일을 하고 모든 교육 기회와 전문직을 다 거친 힐러리 클린턴이 선거에 지니까 '갑자기 트럼프 같은 사람이 나타나서 이겨버린다면 정치와 공익사업에 참여하는 게 다 무슨 소용이야'라는 생각이 들었어요." 루나는 실망스럽다는 표정으로 고개를 가로저었다.

"저처럼 나이들고 고루한 사람들이 루나나 애 친구들한테 많은 것을 배울 수 있다고 생각해요. 더 많은 세대 간 교류를 보고 싶어요." 스티븐이 말했다. "가령 제가 정말로 좋아하는 밴드 중에는 이십대 멤버로만 구성된 팀도 있어요. 하지만 제 동년배 중 상당수가 동시대 음악의 중요성을 절대 진지하게 받아들이지 않죠. 우리는 각자 서로를 범주화하기보다는 서로 대화해야 합니다."

루나가 동의한다는 듯 고개를 끄덕였다.

"무엇보다도 자기 자신을 돌보고 서로를 돌봐야 해요. 사회운동은 점점 힘들어지거든요. 그러니까 나이가 어리고 큰 변화를 원할수록 특히 더욱 그래야 해요. 자기 자신과 친구들을 돌보는 게 무엇보다 중요해요. 억압을 받으면 정말로 짓눌리죠. 하지만 모두가 아프고 우울에 빠져 지낸다면 운동에 동력이 없어질 거예요. 정말로 슬플 때면 잠시 쉬면서 비욘세의 음악을 들어봐요."

여자아이들이 아버지와 어머니와 함께 맺는 이러한 새롭고 긍정적인 관계 덕에 여러 세대가 서로 동행하고 공동 목표를 향해 함께 노력해간다. 모든 가족이 온라인에서 많은 시간을 보내나 부모와 자녀가 서로 대화를 나눌 때 이들은 그걸 즐긴다.

인터뷰를 진행하고 포커스 그룹을 만나면서 오늘날 여자아이들이 부모를 얼마나 존경하는지 거듭 인상 깊었다. 이들은 부모가 안전한 집과 풍부한 경험을 제공해주기 위해 얼마나 열심히 일하는지 진심으로 이해했다. 부모가 가진 직업윤리와 기술을 존경했다. 많은 아이가 부모를 절친한 친구로 꼽았다. 1994년 이후로 우리 문화에서 일어난 변화 중에서 우리가 공유하는 가장 좋은 소식이 아닐까 싶다. 이러한 존경과 사랑의 태도로 갈등이 거의 없는 좋은 관계가 수십 년동안 이어지기를 희망한다.

8장
이혼

새로운 환경으로 옮겨심기다 _줄리아(14)

정장 차림의 활기찬 여성 진은 미성년자 주류소지죄로 딸이 체포된 적이 있다고 말했다. 신축성 있는 분홍색 바지에 헐렁한 스웨터를 입고 상어 모양 귀걸이를 한 줄리아가 팔짱을 끼고는 앓는 소리를 했다.

"맥주 한 캔이었다고요."

진이 들려주는 그들의 복잡한 가정사에 유심히 귀기울였다. 2년 전 아버지가 젊은 여성과 바람을 피워서 줄리아의 부모는 이혼했다. 아버지는 그 젊은 여성과 재혼해 근처 도시로 이사했다. 그러고는 석달 전 딸아이를 낳았다. 아이가 태어난 후로 아버지는 줄리아를 만나지 않았다. 몇 번 전화는 걸었지만 아기와 새 아내를 돌보느라 정신이 없었다. 진은 그에게 줄리아가 체포됐다고 말하지 않았다.

진은 회계 사무실에서 일했고 가족은 진의 수입으로 근근이 살아갔다. 진과 줄리아 그리고 열 살짜리 남동생 레이놀드는 좀더 싼 지역의 더 작은 집으로 이사했다. 아이들은 전학을 가야 했고 줄리아는 친한 친구들과 떨어졌다.

1년 전 진은 한부모 모임에서 세 남자아이의 아버지이자 작은 인쇄소를 경영하는 알을 만났다. 진은 알의 친절함과 유머 감각에 즉시 매료되었고 알도 진의 유능함과 분별력을 좋아했다. 몇 달 동안 매주 토요일 밤 두 사람은 함께 저녁식사를 하고 영화를 봤다. 각자의 아이들을 데려와 함께 일종의 가족 소풍을 가거나 미니 골프 시합도 했다. 석 달 전 그들은 결혼했다.

진과 줄리아, 그리고 레이놀드는 알과 그의 세 아들이 사는 집으로 또다시 이사했다. 이번 가을 들어 줄리아는 2년 사이 세번째 중학교로 전학을 갔다. 진이 말했다. "작은애는 별다른 곤경을 겪지 않았어요. 남자 형제들이 생긴데다가 운동을 좋아하는 아이라서 소프트볼 팀에 들어가 금세 친구들을 사귀었거든요. 하지만 줄리아에게 불리한 시기에 이혼이 진행됐어요. 앤 막 중학교에 입학한 참이었어요. 첫번째로 전학 간 학교에서는 낯을 가려서 친구를 못 사귀었어요. 두번째로 전학 간 학교에서는 담배를 피우고 술을 마시는 아이들과 친구가 됐고요. 이런 변화 때문에 이번에 체포됐던 거라 확신해요."

'대부분의 십대는 식물과 마찬가지로 환경을 자주 옮기면 잘 자라지 못하죠'라고 속으로 생각했다.

줄리아는 발을 몸 아래로 넣고 웅크리더니 소파에 깊숙이 앉았다.

"엄마 아빠가 사이가 안 좋다는 걸 알았지만 괜찮았어요. 부모님이 이혼하신 뒤로 행복한 적이 없고요."

줄리아는 어머니를 쳐다봤다. "알 아저씨는 나쁜 사람이 아니에요. 엄마에게 잘해주시죠. 하지만 알 아저씨네 아들들이 너무 싫어요. 걔들은 엄청 버릇이 없어요. 제가 걔들 뒤치다꺼리를 하고 걔들이 먹고 난 설거지를 하죠. 아저씨는 걔들이 살인을 해도 그냥 내버려둘걸요. 정말 쓰레기 같은 놈들이에요."

"얘가 제 몫 이상으로 일하는 건 사실이에요. 알의 아들들은 절대 집안일을 하지 않거든요. 알은 사람이 너무 물러요."

"대부분의 재혼 가족에게는 상담이 필요합니다. 특히 십대가 있다면 더욱 그렇죠. 새로운 가족을 꾸리는 건 매우 어려운 일이라서 모두에게 상담사가 필요하답니다."

줄리아가 말했다. "오랫동안 부모님이 재결합하기를 바랐어요. 하지만 이제는 그냥 레이놀드와 저만 엄마랑 살면 좋겠어요. 알 아저씨네 집은 시끄럽고 엉망이라 정말 싫어요."

진이 딸의 팔을 어루만졌다. "넌 집에 오래 있지도 않잖니."

"집에 있지 않으려고 애쓰니까요." 줄리아가 말했다.

"지난주에 얘가 파티에서 못된 짓을 하다가 걸렸어요. 그러고 나서 어떤 엄마가 엄마들끼리 모여서 규칙을 정하자고 제안했어요. 모두 밖에서 일하는 엄마들이라 방과후에 집에서 아이들을 감독할 사람이 아무도 없거든요."

줄리아가 끼어들었다. "스나이더 아줌마는 정말 소름 끼쳐요. 엄마는 그 문제에 상관하지 마. 다늘 술을 마셔. 엄마는 아무것도 모른다니까."

"요즘 아이들은 정말 달라요." 진이 한숨을 쉬며 말했다. "얘가 중학교 2학년일 때 롤러스케이트장에서 생일 파티를 열었는데 그때 정말 놀라운 경험을 했죠. 아이들이 음담패설을 하더라고요. 스케이트장에서 아이들이 마약을 하는지 안전 요원들이 확인도 하고요. 아시겠지만 저 때는 스케이트장이 안 그랬거든요."

"당연히 모든 게 달라졌지." 줄리아가 대답했다. "근데 왜 엄마는 아무것도 달라진 게 없는 양 날 취급해? 외할머니가 엄마에게 지키라고 했던 것과 똑같은 바보 같은 규칙을 엄마는 나한테 적용하잖아. 그 규칙대로는 못 살아. 그러면 친구는 한 명도 못 사귄다고."

진이 나를 쳐다봤다. "저는 그저 얘가 안전하기를 바라요."

분명히 줄리아가 감당해야 할 일이 너무 많았다. 부모의 이혼, 아버지의 상실, 새로운 상황과 새로운 학교, 그리고 새아버지와 의붓형제. 게다가 사춘기에 들어선 여자아이들이 맞닥뜨리는 온갖 문제와도 다뤄야 했다. 부모가 이혼한 청소년기 여자아이들이 대부분 그러하듯이 줄리아는 친구들에게 기댔다. 집에서 떨어져 있게 해주고 소속감을 선사해주는 집단을 발견했다. 그리고 현실을 잊기 위해 술을 마셨다.

줄리아는 상실에 관해 이야기할 공간이 필요했다. 또한 아버지와 다시 연결되어야 했다. 줄리아에게 섹슈얼리티에 대한 지도나 약물 복용이나 음주에 대한 평가, 그리고 십대 복용자를 위한 지지 그룹 같은 게 필요할지도 모르겠다 싶었다. 만약 자기 고통을 자세히 살펴서 해결할 수 있다면 약물로 고통을 다스리지 않아도 될 것이다.

나는 가족 치료를 추천했다. 집안일과 관련된 규칙은 공정해야 했다. 알의 아들들에게는 더 많은 규율이 필요했다. 진은 알과 상의해보겠다고 말했다.

줄리아에게 혼자서 상담실에 오고 싶으냐고 묻자 줄리아는 다리를 풀더니 나를 지그시 바라봤다. "네. 설교만 안 하시면요."

그러지 않겠다고 약속했다.

심리 치료사로 일하는 동안 이혼에 관한 생각이 바뀌었다. 1970년대 말에는 불행한 결혼생활을 하는 부모와 함께 사는 것보다는 행복한 한부모 슬하에서 자라는 것이 아이에게 더 낫다고 생각했다. 불행한 결혼생활에 고통받느니 이혼이 더 나은 선택 같았다. 하지만 1990년대가 되자 이혼이 아이들에게 어떤 영향을 미치는지 더 많이 알게 됐다. 어떤 가정에서 아이들은 부모가 불행하다는 사실을 알아차리지 못했다. 그렇지만 이혼은 아이들을 산산이 부쉈다. 적어도 한동안은 그랬다. 어떤 여자아이에게 한 달에 한 번, 주말에 아버지를 만나는 일을 어떻게 생각하느냐고 묻자 "그 일을 생각하지 않으려고 애써요. 너무 가슴이 아프거든요. 저는 무덤덤해지려고 노력해요"라고 대답했다.

물론 어떤 결혼생활은 해결이 불가능하기도 하다. 때때로, 특히 학대나 중독 문제가 연관된 경우, 불가능한 상황에서 벗어나는 최상의 방법은 현관 밖으로 빠져나오기다. 어른들에게도 권리가 있고 때로는 어른도 스스로를 돌봐야 한다. 그러느라 아이에게 상처를 입히더라도 말이다. 불행한 부모가 아이를 위해 어쩔 수 없이 함께 사는 가정은 누구에게도 이상적이지 않다. 하지만 이혼이 부모를 더 행복하게 만들지 않을 때도 많다. 분명히 이혼은 어머니와 아버지를 압도하고 많은 부모에게서 자녀와의 관계를 끊어놓는다.

많은 경우 인간관계 기술이 부족하기 때문에 결혼생활이 순탄치 않다. 협상하기, 의사소통하기, 애정 표현하기, 자기 몫의 일을 하기 등을 배워야 하는 파트너도 있다. 이러한 훈련을 받으면 많은 결혼생활이 구제될 수 있다. 만약 첫 결혼생활에서 이러한 훈련이 되지 않았다면 나중에라도 다시 배워야 한다. 그러지 않으면 그다음 결혼생활 역시 실패할 것이다.

1990년대 성인 대부분은 최소한 한 번은 이혼을 경험하며, 따라서 많은 아이가 한부모 밑에서 자란다. 이혼은 거의 항상 가정을 더 궁핍하게 만든다. 많은 경우 이사를 해야만 하고 십대들은 새로운 학교에서 낯선 이들에게 둘러싸인다. 십대들은 이러한 난관을 헤쳐나가도록 도와줄 오랜 친구를 떠나야 한다. 그리고 많은 경우 옷, 자동차, 대학 학비를 걱정해야 한다.

이혼은 특히 청소년기 아이들에게 힘든 일이다. 이는 부분적으로는 발달단계 때문이고 부분적으로는 십대들이 부모에게 많은 에너지를 기대하기 때문이다. 십대들은 함께 대화를 나누고, 자신을 감독해주고, 체계를 세우게 도와주고, 힘들어할 때 지지해주는 부모를 바란다. 이혼 절차를 밟는 부모에게는 이러한 에너지가 부족할 때가 많다. 청소년기 아이들은 부모와 가정과 유년기에 크나큰 상실감을 느낀다. 게다가 어린아이들과 달리 위험한 방식으로 고통을 표출할 가능성이 높다.

청소년들은 사고 능력이 미숙하기 때문에 부모의 이혼에 제대로 대처하기 힘들다. 이들은 흑백논리로 상황을 인식하곤 하며 사건을 균형잡힌 시각으로 바라보는 데 어려움을 겪는다. 이들은 자기 판단이 절대적이라고 믿으며 부모가 완벽하리라 기대한다. 부모의 실패를 지나치게 의식하고 부모의 일거수일투족을 비판할 가능성이 높다. 부모가 언제까지나 자신을 안전하고 행복하게 지켜주리라 기대하다가 그 믿음이 깨지면 크게 충격을 받는다. 청소년들은 쉽게 용서하지 않는다.

청소년기엔 남과 다르다고 느껴지면 뭔가 잘못됐다고 해석하는데 바로 그 시기에 부모가 이혼하면 십대들은 자신이 남과 다르다고 느끼게 된다. 부모가 신발을 짝짝이로 신어도 십대 자녀는 창피해할 정도이기에 이혼한 부모는 엄청난 수치심을 일으킨다. 십대들은 매우 자기중심적이기 때문에 모두가 부모의 이혼을 시시콜콜히 안다고 생각한다. 이들은 자기 가족이 유별나게 제대로 기능하지 않는다고 생각해 수치스러워한다.

청소년기는 아이가 부모로부터 떠나도록 기대되는 시기이지만 아이는 뒤를 자주 돌아보면서 부모의 지지와 안내를 찾는다. 부모와의 연결이 끊기면 아이들은 떠나올 토대도, 돌아갈 토대도 사라진다. 이혼과 함께 청소년들은 버림받았다고 느끼며 부모가 자신을 버렸다는 사실에 분개한다. 이들은 자신을 실망시킨 아버지 어머니 모두에게 분노한다. 많은 경우 부모가 규칙을 어겼다고 느끼고 자신 또한 그럴 수 있다고 생각한다. 이들은 더이상 부모에게 도덕적 권위를 부여하지 않는다. 그 대신 이렇게 말한다. "모든 걸 그렇게 엉망진창으로 망쳐놓고는 어떻게 나한테 이래라저래라 해?"

청소년기 후기가 될 때까지 아이들은 부모가 자신과 별개의 욕구를 가진 인간이라고 인식하지 않는다. 그보다는 부모를 돌봄의 제공자로 본다. 대부분의 십대는 부모에게 공감하지 못하고 부모가 불행하더라도 결혼생활을 유지하기를 바란다. 이들은 부모가 서로에 대한 유대관계를 깰 수 있다는 사실에 놀란다. 부모 간의 유대가 깨질 수 있다면 부모와 아이 사이의 유대도 깨지지 않겠는가.

많은 경우 이혼한 부모들은 비통해함에 빠져서 십대 자녀를 제대로 훈육하는 데 어려움을 겪는다. 십대들은 부모를 조종할 수 있고 실제로 그러기도 한다. 이들은 부모를 서로 싸움 붙이거나 규칙이나 감독이 더 적은 부모와 함께 살겠다고 결정한다. 십대들은 자신에게 무엇이 필요한지 늘 잘 판단하지는 않기에 새로운 오디오를 사준다거나 여행에 데려가겠다고 약속하는 부모와 함께 살기를 선택한다. 학교 숙제와 집안일을 시키는 부모는 이들이 회피하는 부모일 때가 많다.

소송, 특히 양육권 분쟁과 관련된 소송은 십대들의 가슴을 찢어놓는다. 이들은 자신이 경험하는 분노 때문에 아버지 어머니 모두를 비난하고 결국 아무도 신뢰하지 못한다. 이들은 어른을 무시하고 또래 친구에게만 의지해서 위안과 우정을 구한다.

이미 문화적 압박 때문에 스트레스에 시달리는 십대 여자아이들에게 이혼은 특히 버거운 일이다. 여자아이들은 이러한 상황에 다양한 방식으로 대처한다. 어떤 여자아이들은 우울증에 걸리고 자해를 한다. 자살 시도를 하거나 술을 마시거나 약물을 복용해 더 천천히 자신을 해치는 경우도 있다. 어떤 여자아이들은 뒤로 물러나서 내면으로 깊이 침잠해 자기 상처를 보살핀다. 많은 여자아이가 반항으로 대응한다. 그리고 기적적으로, 어떤 여자아이들은 이러한 상황에 잘 대처한다.

분노와 고통에 대응하기_태린(14)

딸이 자신을 힘껏 밀치자 로이스는 내게 전화를 걸어 급히 예약을 잡았다. 그날 오후 로이스는 내 상담실을 찾았다. 조심스럽게 한 마디 한 마디 이어갈 때마다 불안한 눈빛으로 딸을 힐끗거렸다. 로이스의 딸 태린은 검은 머리에 근육이 발달했고 어머니보다 훨씬 더 거침없이 말했다. 태린은 매 순간 어머니의 말에 끼어들고 반박하고 모욕했다. 태린은 다른 사람을 책망하는 데 선수였고 로이스는 비난을 받아들이는 데 선수였다. 두 사람이 상호작용하는 모습을 보자니 어쩌다가 갈등이 폭력으로까지 이어졌는지 이해할 수 있었다.

2년 전 부모가 이혼할 때까지 태린은 응석받이 외동딸로 살았다. 아버지는 은행가였고 어머니는 청력 전문의였다. 이들은 우리 도시에서 160킬로미터 떨어진 작은 마을에 살았는데 거기서 태린은 가장 영향력 있는 아이였다. 증조할아버지가 그 마을을 세운 사람이었기에 모두 태린네 가족을 잘 알고 또 존경했다.

그러다가 로이스는 학회 참가차 로스앤젤레스에 갔다가 집에 돌아와서는 이혼을 요구했다. 거기서 바람을 피웠지만 그게 진짜 문제는 아니었다. 바람을 피우면서 로이스는 자기 결혼생활이 제대로 굴러가지 않으며 남편과의 관계가 고칠 수 없을 정도로 망가졌음을 깨달았다고 했다. 로이스는 도시로 이사 가서 자신만의 삶을 꾸리겠다고 선언했다.

이 자그맣고 수줍음 많은 여성의 대담함에 깜짝 놀랐다. "바람피운 게 잘못된 행동이란 건 알아요. 랜디와 태린한테 진심으로 사과했어요. 하지만 저로서는 이혼이 최선이었어요. 이혼을 한 작년만큼 행복했던 적이 없었어요."

태린이 투덜거렸다. "그래? 하지만 나랑 아빠는? 엄마는 우리 삶을 망쳤어."

로이스는 절망스럽다는 듯이 양 손바닥을 펼치고는 애원하는 듯한 눈빛으로 쳐다봤다. 자기 자신을 방어하고 싶지만 그러기에는 죄책감을 심하게 느낀다는 사실을 알아챘다. 태린에게 부모가 이혼하고 어떤 일이 벌어졌는지 말해달라고 요청했다.

"처음에는 아빠와 함께 살았어요. 하지만 잘 풀리지 않았죠. 아빠는 모든 시간을 은행과 컨트리클럽에서 보내셨어요."

태린이 로이스를 노려보자 로이스가 이야기를 이어나갔다. "얘는 충분히 지도받지 못했어요. 성적이 떨어지고 학교를 빼먹었죠. 그이는 얘를 통제하지 못했어요. 항상 훈육은 제 몫이었거든요. 결국 그이는 포기하고 얘를 저한테 보냈어요."

로이스가 딸을 쳐다봤다. "이혼한 이후에는 얘랑 가까이 지내려고 노력했지만 얜 너무 화가 많이 나 있었어요. 그이가 얘를 데려왔을 때, 다시 함께 살게 되어 기뻤지만 한편으로는 두려웠어요. 난생처음으로 저만의 삶을 꾸렸거든요. 좋은 직장과 친구들도 생겼죠. 얘가 분노해서 이 모든 게 망가질까봐 두려웠어요."

"아무도 저를 원하지 않아요." 태린이 검은 머리를 홱 젖혔다. "정말 화가 나요. 예전에 살았던 큰 집이 그리워요. 지금은 좁아터진 아파트에 살거든요. 남자친구도 보고 싶어요. 엄마의 친구들도 학교 아이들도 싫어요. 이 모든 게 넌더리가 나요."

"얘한테는 힘들 거예요. 전에는 마을 사람 모두와 알고 지내고 음악이며 운동이며 교회 활동 같은 모든 일에 관여했죠. 도시생활은 커다란 변화죠. 저희가 함께 상황을 잘 헤쳐나갈 거라 생각했어요. 하지만 최근 얘는 저를 때렸어요." 로이스가 멍이 든 왼팔을 내게 보여줬다. "이 문제에 어떻게 대처해야 할지 잘 모르겠어요."

태린이 로이스를 쏘아보았다. "안 때렸어요. 그냥 밀쳤을 뿐이에요. 엄마는 항상 과잉반응을 해요."

첫 상담을 하면서 후반부 시간을 폭력적 행동에 대해 각성하는 일에 할애했다. 태린은 엄마를 다시 해한다면 일주일 동안 외출 금지를 하기로 합의했다. 로이스는 안도하며 상담실을 떠났지만, 태린은 엄마의 농간에 놀아난 거라고 분개했다.

그다음주에 태린과 단둘이 만났다. 많은 십대와 마찬가지로 태린 역시 어머니가 주위에 없으니 훨씬 쾌활했다. 지난번에 상담한 이후로 엄마를 때리지 않았다고 말한 다음 빠르게 대화 주제를 부모의 이혼으로 바꾸었다. 태린은 의기소침하고 본인한테만 몰두하는 아버지와 함께 살기가 싫었다. 늘 냉동 피자를 먹고 직접 빨래를 해야 하는 것도 질색이었다.

태린은 훌륭한 주부였던 어머니를 그리워했다. 로이스 또한 직장에 다녔지만, 항상 시간을 내 태린과 함께했다. 태린의 숙제를 도와주고, 학교에 입고 갈 옷을 직접 만들어주고, 크리스마스면 집안을 장식하고, 고급 음식을 만들어줬다. 로이스가 파티 준비를 하면 마을 사람 모두가 좋아했다. 간단히 말해 로이스는 태린과 그 아버지가 필요로 하는 모든 것을 충족해주었다.

"엄마가 떠난 후 밤마다 그 크고 낡은 집에 혼자 앉아서 아빠 엄마와 제가 나온 사진들을 보곤 했어요. 이기심 때문에 우리 가족을 깨뜨린 엄마한테 악담을 퍼부었어요."

대화를 이어나갈수록 상황이 약간 더 복잡하게 느껴졌다. 심지어 태린에게도 말이다. 아버지는 경제적으로는 성공했지만, 함께 살기 힘든 사람이었다. 그는 집과 태린을 돌보는 일을 로이스에게 일임했다. 퇴근하면 술을 마셨고, 어떤 날에는 활기가 넘쳐서, 어떤 날에는 침울해져서 집에 돌아왔다. 화가 날 때면 대부분 로이스에게 퍼부었다. 자기방어에 서툰 어머니를 보면서 태린은 절대로 누구도 자신을 함부로 대하지 못하게 하리라 결심했다. 그럼에도 어머니가 자신과 똑같은 결정을 내리자 몹시 분노했다.

"지금 엄마에게 화가 나는 건 제가 어렸을 때만 해도 엄마는 정말로 훌륭한 엄마였기 때문이에요."

"어머니가 집에서 나가고 싶다고 선언한 후 어떤 일이 벌어졌니?"

"아빠와 저는 엄마한테 압력을 가했어요. 아빠는 모든 사람에게 엄마가 바람을 피웠다고 알렸어요. 가족이 둘 다 엄마를 압박한 거죠. 그래서 엄마는 실제로 신경쇠약에 걸렸어요."

애써 미소를 지었다. "네 어머니는 너만큼이나 완강하신 것 같구나."

태린의 현재 사회생활에 관해 이야기를 나눴다. 고향에서는 인기가 많았지만, 전교생이 225명인 학교에서 삼천 명인 학교로 전학한 후에는 외톨이였다. 친구를 사귀려 노력해도 상당히 어려웠을 텐데 그러고 싶어하지도 않았다. 주로 속마음을 털어놓았던 남자친구를 그리워했다. 남자친구에게 한동안 편지가 왔지만 지금은 다른 여자친구가 생겼다고 했다.

태린은 청소년기 초기 아이들이 보이는 일반적인 취약성을 모두 가진데다 가족을 상실한 고통까지 떠안고 있었다. 신뢰는 바닥에 떨어지고 너무나 화가 나고 낙담한 나머지 친구도 사귀지 않았다. 나에게 이야기를 털어놓아 적잖이 놀랐기에 상담실을 나서는 태린에게 새로운 어른을 신뢰하게 되어 축하한다고 했다.

다음 상담 시간에 태린은 로이스와 한바탕 싸웠다고 말문을 열었다. 자기 방에 TV를 놔달라고 했지만 엄마가 거부했다며 목소리를 높였다.

"엄마는 그럴 형편이 안 된다고 했지만 그 빌어먹을 돈을 빌릴 수도 있잖아요."

그 사건에 대해 분노 말고 어떤 다른 감정이 드느냐고 물었다.

"당황했어요. 엄마한테 나쁜 년이라고 하는 게 잘못된 행동이라는 건 알아요. 엄마는 나쁜 년이지만 엄마를 그렇게 부르면 안 되죠. 미치도록 화가 나면 엄마를 죽이고 싶을 정도예요."

우리는 분노 조절에 관해 이야기를 나눴다. 다음번에는 분노가 치밀거든 베개를 주먹으로 세게 때리라고 권했다. 또한 분노를 '이길' 때까지 달려보라고 제안했다. 신체적으로 기진맥진해지면 화를 내기가 힘들다. 글을 써보라고도 했다. "생각나는 모든 걸 글로 써보렴. 그 감정들을 가슴 밖으로 끄집어내서 종이에 쏟아붓는 거야. 그런 다음 그 종이를 쓰레기통에 버리는 거지."

태린이 직접 쓴 글을 가져왔다. 처음에는 순전히 분노 그 자체로 가득한 글이었다. 자기 삶의 모든 고통과 사실상 세상 모든 악의 원천이 엄마였다. 하지만 글을 쓸수록 분노가 사그라들었다. 부모의 이혼 때문에 어떤 문제가 생겼는지 썼다. 예전의 삶에 대한 상실감, 남자친구에 대한 그리움, 새로운 학교에 대한 두려움, 인간관계의 발전을 돕는 신뢰의 결핍 등이었다.

글의 초점이 점점 자신에게 맞춰지자 기뻤다. 태린은 그동안 어머니에게 너무 집착한 나머지 스스로를 돌보지 못했다. 지나친 분노는 지나친 순응과 마찬가지로 성장을 저해한다. 다른 사람을 탓하는 사람은 자기 삶을 책임지고 잘살아갈 수가 없다. 몇 개월이 지나자 태린은 어머니가 자신만을 위해 살아줬으면 하고 기대했지만 현실적으로 그래서는 안 된다는 걸 깨달았다고 인정했다. 그렇게 기대했기에 둘 다 어떤 측면에서는 실패할 수밖에 없었다. 그러한 기대 때문에 로이스는 자기 삶을 살지 못하게 가로막혔고 태린은 스스로 행복해질 수 있는 법을 배울 기회를 뺏겼다. 태린은 여전히 가끔 화를 내지만 분노발작은 끝났다. 말다툼이 벌어졌으나 그 사이사이 두 사람은 함께 즐거운 시간을 보냈다.

분노가 사그라지면서 태린은 좀더 많은 에너지를 삶에 투자했다.

과거를 슬퍼했지만 미래를 위한 목표를 세웠다. 일단 최악이었던 성적을 올렸다. 운동을 시작했고 심지어 육상 경기 출전도 고려했다. 내적 두려움에 맞서 싸운 후 반 친구들과 대화를 나눴다.

어른들의 싸움 속 희생자_에이미(12)

조앤은 남편 척과 이혼 절차를 밟고 있었기에 상담을 받고자 딸 에이미를 내게 데려왔다. 1년 전만 해도 에이미는 활달하고 근심 없고 명랑한 아이였다는데 내가 만난 에이미는 조용하고 위축되고 진지했다.

발음교정 교사인 조앤은 남편 척에 대해 악의에 차 있었다. 척은 악의 화신이자 아돌프 히틀러 같은 남편이고 믿을 구석이라곤 단 하나도 없었다. 조앤이 분노를 쏟아내는 동안 에이미는 소파에 점점 더 깊이 몸을 파묻었다. 어머니가 말하는 동안 에이미는 점점 사라지는 듯했다. 진지한 작은 얼굴은 더 작아지고 몸은 더 어린아이 같아 보였다.

조앤은 척과 함께 상담받고 싶었지만, 자신도 심리 치료사이면서 척이 적극적으로 협조하지 않았다고 말했다. 조앤은 최선을 다했지만 척은 가정을 지키려는 노력을 방해했다. 현재 조앤은 소송중이었고 척은 조앤의 삶을 파괴하고 에이미를 조앤에게 등돌리게 하려고 갖은 노력을 다했다.

조앤은 에이미에 대한 걱정거리를 늘어놓았다. 에이미는 5월 이후로 몸무게가 2킬로그램 이상 줄었다. 다른 사람들과 의사소통하지 않고 친구도 여러 활동도 피했다. "아빠의 행동 때문에 우울증에 걸린 것 같아요."

척이 어떻게 행동하는지 예를 들어달라고 했다. "한도 끝도 없는걸요? 저희는 양육권 분쟁중인데 척은 자기를 선택하라고 끊임없이 앨 압박하고 매수해요. 항상 저를 깎아내리고 화를 낼 수밖에 없게 만들죠. 지난주에는 오기로 해놓고 약속을 세 번이나 전화로 바꿨다니까요. 집에 오겠다더니 안 와서 애를 실망시켰다고요."

"아빠는 온다고 말하면 와요." 에이미가 항의했다.

조앤은 못 들은 척 말을 이었다. "양육권 선택을 심사하는 심리학자들이 있긴 하지만 애가 이혼 때문에 받는 스트레스를 해소하도록 누가 도와주면 좋겠다 싶었어요."

몇 번의 상담 후 에이미와 단둘이서 대화를 나누겠다고 요청했다. 지난 몇 달 동안 변호사며 판사며 심리학자와 대화를 나누면서 에이미는 어른에 대한 신뢰가 땅바닥까지 떨어져 있었다. 에이미의 입장에서 볼 때 나는 자신을 도와주기로 되어 있으나 그러지 못할 또 한 명의 어른에 불과했다.

에이미에게 여름을 어떻게 보냈느냐고 묻자 너무 작게 대답해서 한번 더 말해달라고 부탁해야 했다. "비가 너무 많이 와서 원하는 만큼 수영을 못했어요."

에이미는 신중하게 답변했다. 아마도 다른 모두에게도 그럴 터였다. 말을 하지 않으면 곤경에 빠지지 않는다는 사실을 알았다. 에이미에게 이혼이 얼마나 아이들에게 큰 스트레스를 주는지, 얼마나 아이들을 외롭게 만들고 아이들에게 이해하기 힘든 일인지 말해주었다. 부모의 이혼을 슬퍼하고 불같이 화를 내는 아이도 많았다고 알려줬다. 부모의 이혼 문제를 잘 헤쳐나가서 잘 지내는 다른 십대 이야기도 들려주었다. 내 말을 듣고 긴장이 풀렸는지 이러한 아이들에 대해 질문했다. 하지만 자신에 관해 묻자 얼굴이 얼음처럼 차갑게 얼어붙었다.

"대부분의 아이들은 엄마와 아빠 어느 쪽과 살 건지 선택하기 싫어한단다."

"두 분 모두 저를 원하는데 그분들 마음을 아프게 하고 싶지 않아요." 에이미가 괴로운 듯 고개를 저었다. "게다가 어떤 날은 아빠가 밉고 어떤 날은 엄마가 미워요. 어떤 날은 두 분 다 밉고요."

거주 형태에 관해 물었다. "당분간은 엄마와 원래 살던 집에서 살고 있어요. 아빠는 직장이 있는 도시에 아파트를 마련하셨고요. 거기는 아는 사람이 아무도 없어요. 아빠 집을 견딜 수가 없어요. 그렇지만 엄마 말로는 이사해야만 할 거래요. 특히 아빠가 저를 데려간다면요."

에이미는 허리를 곧추세웠다. "지금으로선 두 분 중 누구와도 함께 살기 싫어요. 두 분 다 엉망이에요. 집에서 탈출하고 싶어요." 우리는 가출에 관해 이야기를 나눴다. 가출의 위험과 매력에 관해 말이다. 대부분의 열두 살짜리 아이들이 그러하듯이 에이미는 가족에게서 도망치고 싶어했다. 더 나이 많은 아이들은 해안가 마을로 떠나거나 친구들과 함께 살고 싶어한다. 에이미는 미네소타주에 사는 할머니 집에 가고 싶어했다. 부모에게 허락을 구했지만 두 사람 모두 동의하지 않았다.

일단 마음을 열자 에이미는 대화를 즐겼다. 아버지 집에서 첫 생리를 시작한 일을 얘기해주었다. 어머니 집에는 생리용품이 있었지만, 아버지 집에는 아무것도 없어서 생리대 좀 사다달라고 부탁해야 했다. 며칠 뒤 어머니는 왜 에이미를 곧바로 집에 데려오지 않았느냐며 아버지와 한바탕 싸웠다. 그녀는 에이미의 초경을 함께 겪고 싶어했는데 에이미 말대로 "그것이 모녀 사이의 특별한 일이어야 한다고 생각"했기 때문이다.

에이미는 엄마 아빠가 선물로 환심을 사려 한다고 말했다. "제가 원하기만 한다면 경주용 자전거나 TV를 당장 살 수도 있을 거예요." 무엇보다 최악은 부모가 서로에 대해 이야기하는 방식이었다. "부모님은 서로를 물어뜯지 않는 척해요. 하지만 상대방이 세상에서 가장 비열하고 가장 정신 나간 사람이라는 힌트를 항상 슬쩍 흘리죠."

에이미는 무엇보다 내년에 있을 중학교 입학을 걱정했다. 아버지와 함께 살면 친구가 한 명도 없는 새로운 학교에 다닐 터였다. 어머니와 함께 살면 자기 부모가 이혼했다는 사실을 모두가 알 것이다. "숙제를 어떻게 해야 할지도 잘 모르겠어요. 엄마는 수학을 도와주시고 아빠는 프랑스어를 잘하시거든요."

에이미는 부모의 이혼 때문에 얼마나 부끄러운지 말했다. 에이미는 이 사실을 비밀에 부치려고 노력했지만 성공하지 못했고 친절한 어른들이 연민을 표하자 매우 곤혹스러워했다. 친구들이 이혼 이야기를 꺼낼까봐 친구들을 피했다. 에이미는 자기 부모가 미국에서 가장 이상한 부모라고 확신했다.

"두 분 못지않게 이상한 사람이 많단다. 내 말 믿으렴."

내 말에 에이미가 그날 처음으로 웃었다. 부모가 이혼하기 전에 어떤 아이였을지 어렴풋이 짐작이 갔다.

조앤에게 전화를 걸어 어른들이 상황을 해결하는 동안 에이미가 할머니와 몇 주 동안 지내면 어떻겠느냐고 제안했다. 에이미가 돌아온 후 다시 이야기를 나눠도 되고 부모의 이혼을 겪은 어린 십대를 위한 모임에도 참여할 수 있을 터였다.

"척은 절대로 동의하지 않을 거예요." 조앤의 말을 듣고 내가 척에게 전화해보겠다고 제안했다. 척은 에이미를 상담했다는 사실을 듣자마자 화를 냈다. 그에게 에이미가 느끼는 해방감을 얘기하고 본인이 치료에 동의했으며 비밀유지조항을 지키겠다고 말했다. 그러자 진정된 그가 에이미의 상태를 물었다. "이혼 이후로 에이미는 완전히 다른 아이가 되어버렸어요." 당연히 그 역시 에이미에 관해 자신만의 이론을 가지고 있었다.

"저희끼리만 이야기하자면요, 조앤은 지구상에서 가장 나쁜 년이에요."

조앤에 관한 험담을 인내심 있게 들었다. 그의 이야기를 들으면서 두 사람이 서로를 얼마나 비참하게 만들었는지, 그들의 이혼이 얼마나 옳은 일인지 깨달았다. 하지만 안타깝게도 에이미 때문에 그들은 완전히 갈라설 수 없었다. 사실 어떤 면에서 보자면, 각자 다른 집에 사는 지금이야말로 예전보다 더욱더 서로 협상하고 조율해야 했다. 그러지 않으면 결혼생활을 파괴했던 바로 그 이유 때문에 향후 몇 년간 에이미가 적절하게 양육되지 못하게 방해받을 수도 있었다.

이 부모의 분노 아래에 고통이 숨어 있음을 상기했다. 이 실패한 결혼생활을 상세히 점검하려면 두 사람 모두에게 도움이 절실히 필요했다. 하지만 내 할일은 에이미를 돕는 일이었다. 이들 부모가 원만히 합의하지 않으면 에이미가 우울증에 걸릴 위험이 커지고 나중에는 비행 청소년이 될 수도 있겠다는 걱정이 들었다. 이들 부모가 에이미의 욕구를 최우선으로 생각하고 한 팀으로 노력할지 확신이 들지 않았다. 하지만 그렇게 하도록 돕는다고 해될 것은 없었다. 척과 조앤에게 이혼 상담을 받으라고 제안했다.

척에게 변호사 사무실보다는 심리상담실에서 에이미에 관해 이야기해보라고 권했다. 더 저렴한데다 서로 대립하지 않을 수 있다. 자기도 심리학자여서 그랬는지 척은 마지못해 동의하면서 자신은 기꺼이 그러고 싶지만 조앤이 그럴지 의문이라고 말했다. 에이미가 할머니 댁에서 집으로 돌아와 중학교에 입학할 때쯤이면 부모는 성숙한 어른들이 이러한 상황에서 해야 하는 일을 할 것이다. 자신의 감정과 욕구는 일단 제쳐두고 아이를 돌보는 일 말이다.

현명하게 풍파를 헤쳐나가기_재스민(12)

재스민을 만나기 한참 전 부부 치료 상담 때문에 그 부모를 만났다. 조와 조지앤은 예의바르고 호감 가는 사람들이었지만 이들의 결혼생활은 순탄하게 흘러가지 않았다. 조지앤이 임신하는 바람에 이들은 고등학교를 졸업하자마자 결혼했다. 조는 외향적이고 자극을 추구하는 편이었지만 조지앤은 조용하고 규칙적인 일과를 좋아했다. 조가 주변에 있으면 조지앤은 항상 그의 그늘에 머무는 것처럼 보였다. 조 역시 사회활동을 하러 나가고 싶었음에도 많은 밤을 집에서 보냈다. 이들은 수년간 서로 타협했다. 어쩌면 너무 자주 그리고 너무 많이 타협했는지도 몰랐다.

이들은 결혼생활을 구제하기 위해 부부가 할 수 있는 모든 일을 했다. 의사소통 훈련을 받고, 자기계발서를 읽고, 데이트하러 나가보고, 두번째 신혼여행을 떠났다. 하지만 불꽃은 사라지고 없었다. 말다툼이랄 것도 하지 않았으나 결혼생활에 종지부를 찍을 준비가 되어 있었다.

이제 이들은 이혼을 하기 위해 도움이 필요했다. 두 사람 모두 재스민을 사랑했고 이혼 때문에 딸이 상처받지 않기를 바랐다. 이혼 이야기를 딸에게 어떻게 꺼내야 할지, 거주 형태와 생활비 문제를 어떻게 조정해야 할지 갈팡질팡했다. 왜 이혼하려 하는지 재스민에게 간략하지만 솔직하게 둘이서 함께 설명하라고 조언했다. 또한 두 사람 모두 재스민을 사랑하고 계속해서 아이를 돌볼 것이라고 분명히 얘기하라고 권했다. 그리고 가능한 한 평소처럼 규칙적으로 생활하라고 권고했다. 그러고 나면 내가 재스민을 만나보겠다고 했다.

재스민은 어머니를 닮아 체구가 작고 금발 머리지만, 아버지처럼 말이 많았다. 처음 만났을 때는 이혼 소식을 들은 지 겨우 사흘밖에 안 된 상황이었다. 재스민은 부모의 발표에 망연자실했다. 그 소식을 듣고 기분이 어땠느냐고 물었다. "처음에는 농담이라고 생각했어요. 그러다가 두 분이 진지하다는 사실을 알아차리고서 더이상 이야기를 안 들겠다고 했어요. 양손으로 귀를 막고 방밖으로 뛰쳐나갔죠."

재스민은 상담실 창문 밖을 내다봤다. "여전히 부모님이 다시 합칠 거라고 생각해요. 이건 그냥 두 분이 겪는 인생의 한 단계에 불과해요. 이걸 뭐라고 하죠? 맞아요, 중년의 위기. 하지만 그렇대도 이래서는 안 돼요. 두 분은 싸우지도 않으세요. 저희는 함께하면 즐겁다고요."

친구들에게 이 이야기를 했느냐고 묻자 재스민은 고개를 끄덕였다. "제일 친한 친구한테만 말했어요. 걘 이해하려고 애썼지만 아마 이해 못할 거예요. 어제는 개한테 불같이 화를 냈어요. 질투가 나서요. 개한테는 가족이 있는데 저한테는 없잖아요. 다른 애들한테는 아직 얘기하지 않았지만 금방 소문이 퍼질 거예요. 아빠가 어제 이사 나가서 저희 집 진입로에 이삿짐 트럭이 서 있었거든요."

재스민은 어디에서 살게 될까, 부모님 두 분을 모두 만날 수 있을까, 돈은 충분할까, 둘 중에 한 분을 선택해야 한다면 누굴 고를까 같은 일반적인 걱정거리를 안고 있었다.

"이혼은 다른 가족들에게만 벌어지는 일이라고 생각했어요. 아빠가 알코올중독자이거나 아이를 때리는 그런 가족 말이에요." 재스민이 양 손바닥을 앞으로 내밀며 말했다. "부모님이 이혼하신다니 믿을 수가 없어요."

재스민에게 이혼 가정의 십대를 위한 모임에 나가보면 좋겠다고 권하자 재스민은 그러겠다고 했다. 감정을 다스리기 위해 무슨 일을 할 수 있는지 이야기를 나눴다. "가장 도움이 되는 건 제 고양이 오렌지예요. 오렌지랑 침대에 함께 누워서 음악을 들어요. 오렌지한테는 모든 걸 말할 수 있어요."

첫 만남 이후로, 재스민과 부모의 상담을 번갈아가면서 진행했다. 조와 조지앤에게 거주 형태와 공동양육에 관해 물었다. 두 사람 모두 자신만의 문제로 힘겹게 싸웠지만, 재스민이 이 일을 잘 헤쳐나가도록 최선을 다해 돕고 싶어했다. 조는 재스민이 두 집을 걸어서 왔다 갔다할 수 있고 친구들과 학교를 떠나지 않게끔 이웃 동네에 아파트를 구했다.

더 갈등이 심한 부부의 경우 공동양육이 잘 이루어지지 못한다. 결혼생활을 방해했던 모든 문제가 그대로 공동양육을 방해하기 때문이다. 그렇지만 두 사람은 차분하고 이성적이었기에 기본적인 문제에 합의할 수 있었다. 이들은 싸우지 않으면서 재스민에 관해 대화할 수 있었다. 규칙과 기대사항에 관련해서는 다소 견해차가 있었지만, 어느 정도는 예상된 바였다. 재스민은 각각의 집에서 다르게 행동하는 법을 배울 것이다. 부모가 서로를 비난하거나 이미 내린 결정을 두고 나중에 비하하지 않는 게 중요했다.

두 사람 모두 딸과 보내는 시간이 문제없다고 느꼈다. 이들은 가능한 한 평상시처럼 지내려고 애썼다. 재스민은 집안일을 하고, 학교 숙제를 하고, 치아교정을 받고, 엄마 아빠와 함께 외출했다. 경제적으로 빠듯했지만, 이 가족이 돈 때문에 문제가 생긴 적은 한 번도 없었다. 이들은 돈을 많이 쓰지 않으면서도 재미있게 지낼 줄 알았다. 조와 재스민은 도보여행을 즐기고 모래사장에서 배구를 했다. 조지앤은 재스민을 미술관이나 박물관에 데려갔다.

두 사람 모두 이혼 후 많이 힘들어했다. 조지앤은 반년 동안 항우울제를 복용했다. 조는 아파트에서 외로워서 미칠 지경이었다. 하지만 어떻게 해서든 자신들의 고통이 재스민의 양육을 방해하지 않도록 최선을 다했다. 두 사람 모두 진정한 의미의 어른이었다.

이들 부부가 이혼한 첫해에는 재스민을 한 달에 한 번 상담했다. 재스민은 지지 그룹에도 가입했다. 그 모임에서 아이들은 자기감정을 털어놓도록 서로 돕고 힘겨운 시기를 헤쳐나가도록 서로 격려했다. 게다가 절친한 친구와 사랑하는 고양이 오렌지가 있었다.

마지막 상담 시간에 한 해를 돌아봤다. 재스민은 편안하고 활기찬 표정으로 이야기했다. 1년 전 불안해하고 충격에 휩싸인 여자아이와는 완전히 딴판이었다. '두 사람이 재스민에게 계속 정서적으로 헌신했구나' 하고 감탄했다.

재스민은 지금의 거주 형태를 좋아했다. 엄마 집에 있는 재스민의 침실은 옛날식으로 꾸몄고 과거의 추억거리로 가득차 있었다. 아빠 집에 있는 재스민의 침실은 붙박이 책장이 놓인 아트 데코 스타일이었다. 재스민은 오렌지를 이동장에 넣어 양쪽 집에 데리고 왔다갔다 했다.

아직도 부모가 재결합할 수 있다는 작은 희망을 품었다. 부모의 이혼은 슬펐지만 더는 미친듯이 분노하지 않았다.

"부모님은 해결해보시려고 노력했지만 그러지 못했어요." 재스민이 인정했다. "저희 부모님도 그냥 보통 사람이라서 다른 사람들처럼 실수한다는 걸 이제는 잘 알아요."

재스민은 부모가 예전보다 더 행복해 보인다고 인정했다. "아빠가 주변에 없으니까 엄마는 더 외향적으로 변했어요. 엄마는 제 생각보다 더 강한 분이세요."

재스민이 얼굴을 찡그렸다. "아빠는 어떤 여자랑 데이트해요. 거기엔 아직 준비가 안 됐어요. 최대한 그녀를 피하려고요."

재스민은 부모가 잘 지내는 걸 기뻐했다. 두 사람은 재스민에게 무슨 일이 생기면 참여했다. "두 분은 같이 어울리면서 절 자랑하는 걸 좋아하세요. 두 분은 저를 사랑하시고 그래서 유대감을 갖는 것 같아요."

어린 나무들이 허리케인 속에서도 살아남게 돕는 한 가지 요소는 어린 나무들의 뿌리 조직이다. 이혼으로 이 뿌리 조직이 쪼개진다. 여자아이들은 지지받지 못할 때가 많다. 최소한 일시적으로라도 말이다. 가정이라는 토대의 지지 없이 거센 바람을 맞닥뜨린다면 어린 나무들은 힘없이 쓰러질 것이다.

그렇지만 이혼을 항상 막을 수 있는 것도 아니고 이혼하는 게 항상 실수인 것도 아니다. 부모와 소녀들은 이혼의 영향에 어느 정도 통제권을 가진다. 부모가 서로 협력하고, 부모 모두에게 사랑받는다고 느끼고, 경제적으로 궁핍하지 않은 가정에 속한 여자아이라면 힘든 상황을 잘 헤쳐나갈 것이다. 또한 상황이 조정되거나 그들 스스로 상황을 조정할 수 없을 때 적절히 감독해주고 안전한 환경을 제공해주면 여자아이들은 더 잘 헤쳐나갈 수 있다.

재스민의 부모는 회복적인 태도로 가정의 붕괴에 대처했다. 줄리아는 재혼 가정이 겪는 문제에 더해 친아버지를 정서적으로 잃었기 때문에 더 힘겨운 시간을 보냈다. 부모가 격렬히 싸웠던 에이미는 가장 힘든 시간을 보낸 경우였다. 태린은 어머니가 독립된 삶을 사는 한 인간이라는 사실을 깨달았다. 이혼 후 시간이 흐르며 태린은 스스로를 책임지게 됐다. 적절히 대처한 모든 인생 경험이 그러하듯이 이혼은 성장을 위한 하나의 기회가 될 수 있다.

　국가보건통계청에 따르면 오늘날보다 1990년대 이혼율이 거의 두 배 가까이 더 높았다. 1994년 미국은 혼돈스럽고 자유방임적이었다. 모든 연령대의 사람들이 들떠 있었고 이혼을 해도 문제없을 정도로 재정상태도 충분히 괜찮았다. 무엇보다도 사람들은 사회적 지위를 크게 잃지 않고도 이혼할 수 있었다.

　현재 미국의 이혼율은 최근 40년 사이 가장 낮은 수치를 기록한다. 2015년 이혼율은 기혼 여성 천 명당 열여덟 명꼴이었다. 사람들은 정서적 안정성과 경제적 필요성(주거비, 건강보험, 자녀 양육비) 때문에 함께 살았다. 또한 제도가 실패함에 따라 인간관계만 남기도 했다. 힘겨운 인간관계를 겪은 대개의 성인은 함께 살면서 서로 잘 지내는 법을 배우는 쪽을 택한다.

　앞서 말한 일반론에서 가장 예외적인 부분은 1994년에 비해 온라인에서의 인간관계와 포르노그래피가 결혼생활의 위기와 이혼을 더 많이 촉발한다는 사실이다. 1994년에 대부분의 성인은 인터넷을 사용하지 않았고 온라인 포르노그래피도 널리 퍼지지 않았다. 하지만 요즘은 많은 남성이 포르노그래피에 중독되어 있고 남성이든 여성이든 때때로 다른 이성과 '비밀스러운 관계'를 맺는다. 결혼생활은 이러한 새로운 디지털 행동 때문에 위기에 봉착했다.

　부모의 이혼에 대한 여자아이들의 반응은 예나 지금이나 그리 많이 변하지 않았다. 부모가 이혼하면 항상 딸들은 고통받는다. 많은 경우 여자아이들은 부모에게 분노하고 이를 자기파괴적인 행동으로 표출한다. 오늘날 여자아이들은 여전히 떠나가는 부모 때문에 고통받는다. 이들은 청소년기라는 새로운 세계에 대처하기 위해 가족의 지지가 무엇보다 필요한 바로 그 순간에 자신이 버림받았고 취약해졌다고 느낀다.

대부분의 이혼은 그 당시에는 어떤 영향을 일으키는지 평가가 불가능하다. 다른 사람의 결혼생활이 실제로 어떠한지는 아무도 모른다. 시간이 흐르며 아이들이 이혼을 어떻게 여길지도 예측하기 힘들다. 어떤 때는 가정의 붕괴가 차라리 가장 좋은 해결책이기도 하다. 어떤 때는 몇 년이 흐르면서 아이들도 잘 헤쳐나가고 어른들도 더 행복해지기도 한다. 반면 시간이 흘러도 가족들이 더 행복해지지 않는다면 혹시 실수한 게 아니었을까 의심하기 쉽다. 이러한 결과론적 평가는 부모 중 한 명은 더 행복해졌지만 다른 한 명은 슬픔이나 분노에 계속 빠진 채라면 더 복잡해진다.

일반적으로 이혼율이 감소하면서 청소년기 여자아이들은 혜택을 입는다. 하지만 이혼이 반드시 필요한 경우 모든 다른 부모와 마찬가지로 한부모가정도 지지적인 공동체에 속한다면 잘 헤쳐나갈 수 있다. 데시의 부모는 이혼했다. 부분적으로는 아버지가 온라인에서 옛 여자친구와 재회했기 때문이었다. 매우 현대적인 이유로 이혼하고 분리되는 과정에서 매우 격렬한 시간을 보냈지만, 가족들은 앞으로 나아갔다. 데시는 십대들이 결국 새로운 일상에 적응하고, 상처를 치유하고, 다시 행복을 발견해간다는 것을 잘 보여주는 사례다.

지지적인 공동체의 힘 _데시(18)

"고등학교 1학년 때까지 저희 가족은 꽤 안정적이었어요. 두 형제와도 사이좋게 지냈어요. 형제끼리 잘 지내봤자 그게 그거지만요."
데시가 어깨를 으쓱하자 윤기나는 갈색 포니테일 머리가 양쪽으로 흔들렸다.

"부모님이 갈라섰을 때 상황이 더 힘들어졌어요. 저희 집과 아빠아파트를 왔다갔다하는 게 정말 우울했어요. 게다가 형제들과 시간을 보내기도 힘들어졌고요. 저희는 항상 같은 시간 같은 장소에 머물수 없었거든요."

"부모님이 이혼하는 과정에서 너를 성실하게 지탱해주셨니?"

"처음에는 한쪽을 선택해야 한다고 생각했어요. 부모님이 갈라서자 모든 일이 너무 힘들어졌어요. 아빠는 페이스북에서 옛 여자친구를 찾아 바람을 피웠고 엄마는 불같이 화를 냈어요. 가족 모두가 그랬죠. 이제는 부모님이 서로에 관해 나쁘게 말하지 않아서 좀 나아졌어요. 하지만 한동안은 '네 엄마가 이랬어' '네 아빠가 저랬어' 같은 말만 들었어요. 중간에 껴서 꼼짝할 수가 없었죠."

데시와 방과후에 한 카페에서 만났다. 〈메리 포핀스〉 공연의 탭댄스 주장이었던 데시는 봄에 열릴 뮤지컬 공연 리허설과 기독교 청소년 모임 영라이프 회의 사이에 잠깐 짬을 내 나와 대화를 나눴다.

"지금은 엄마랑 잘 지내요. 십대 초중반에는 제가 믿거나 하고 싶어하는 모든 일을 엄마가 반대하는 것 같았어요. 그러다가 이혼 절차가 진행되면서 부모님 누구와도 가까이 지내지 않던 시기가 있었어요. 그냥 제 침실로 숨어들었죠."

데시는 스마트폰으로 들어오는 문자메시지를 확인하느라 잠시 말을 멈췄다. 재빨리 답장을 보내고서 양해를 구한다는 듯 미소를 지었다.

"부모님이 처음 갈라섰을 때 너무나 화가 나서 늘 엄마에게 반항적으로 굴었어요. 항상 말다툼을 벌였어요. 서로 자기가 옳다고 인정받고 싶어하고 논쟁에서 이기고 싶어했거든요." 데시가 소리내어 웃었다. "엄마와 저는 너무 닮았어요."

"나이를 먹으면서 엄마는 무엇보다 제가 잘되길 바라신다는 걸 알게 됐어요. 커가면서 일어나는 일을 엄마한테 더 솔직하게 터놓게 됐어요. 그래서 저희 관계는 더 끈끈해졌죠."

"아빠와는 어떻니?"

"아빠와의 관계는 더 어렸을 때는 지금보다 괜찮았어요. 함께 테니스를 치고 레슬링을 하고 US오픈 경기를 봤죠. 이제는 엄마와 더 가까이 지내요. 아빠와는 연결고리가 적어졌어요. 이혼하신 뒤로 두 분 중 어느 한쪽을 우선해야 한다고 느꼈어요. 게다가 아빠가 바람피운 게 아직도 몹시 화가 나고요. 엄마를 배신하고 바람을 피웠고, 하필이면 페이스북에서 그랬다는 게 믿기지 않아요!"

"청소년기에 특히 힘들었던 시기가 있었니?"

"중학교 때가 가장 힘들었어요. 중학교 1학년 때가 최악이었죠."

데시는 잠시 그때 생각이 났는지 몸을 부르르 떨었다.

"모두 자기가 어떠한 사람인지 알아내려 애썼어요. 여자아이들끼리 그리고 친구들끼리 많은 사건이 있었죠."

"그 시기에 저희 부모님의 말다툼도 잦아졌어요. 엄마 아빠가 아침에 서로에게 소리를 질러대면 집을 떠나기도 전부터 하루가 엉망진창이었어요. 가장 친한 친구네 부모님이 이혼 절차를 밟고 계셨는데 똑같은 일이 저희 가족에게도 일어날까봐 걱정했어요. 하지만 무엇보다 제 외모에 강박이 있었어요. 저는 엉망진창이었어요."

"고등학교에 입학하자 변화가 있었니?"

"가장 친한 친구가 다른 학교에 입학해서 무척 힘들었어요. 고등학교 1학년 때 새로 사귄 친구 중 상당수가 약물을 복용했는데 거기 끼기 싫었어요. 그래서 걔들과 멀어졌죠. 저희 오빠가 마약을 복용했던 일이 저희 가족한테는 악몽이었거든요. 오빠는 결국 재활시설에 들어갔어요."

"3년 전과는 어떻게 달라졌니?"

"영라이프가 제 모든 것을 바꿨대도 과언이 아니에요. 고등학교 2학년 여름에 영라이프 캠프에 참석해서 그때부터 리더 역할을 맡았죠. 절친한 친구 엘시도 캠프에서 만났어요. 저희 모임에서는 서로 어울리며 성경 이야기를 주고받고 자기 삶이 어떻게 흘러가는지 터놓아요. 사실 성경 이야기보다 자기한테 있었던 좋은 일과 나쁜 일을 주로 이야기해요. 하고 싶은 얘기가 있다면 무슨 얘기를 해도 밖으로 새어나갈 염려가 없어요. 모두 믿을 만하거든요."

"안전한 공동체를 발견했으니 혼돈스러운 고등학교 생활중에 안도했겠구나."

"완전히요. 제 말은, 여긴 고등학교잖아요. 패거리끼리 파벌이 있고 심지어 영라이프 안에서도 소문이 돌아요. 하지만 영라이프는 대개 안전하고 긍정적인 곳이죠."

"고등학교 3학년 때부터 영라이프의 중학교 지부인 와일드라이프에서 일하고 있어요. 엘시와 저는 모교에서 모임을 이끌고 있죠. 엘시랑 함께하면 좋아요. 저희는 서로의 강점과 약점을 잘 알고 리더가 되는 과정에서 서로를 지지해줘요. 더 어린 여자아이들은 저희를 우러러보죠. 걔들은 사회적 지위, 인기, 부모와의 관계 같은 걸로 고민해요. 저희도 그럴 때가 있었죠. 그래서 걔들한테 조언도 해줄 수 있고요."

"기도하기와 예수님과의 대화 면에서 모범이 되고 싶어요. 어떤 문제든지 터놓고 솔직해져도 괜찮다고 알려주고 싶어요. 다른 사람들이 진짜 자기감정을 알아주면 도움이 많이 되거든요."

"오빠는 어떻게 지내니? 재활시설이 도움이 되었니?"

"하느님 맙소사, 절대 못 믿으실 거예요." 데시가 손가락으로 테이블을 빠르게 톡톡 두드렸다. "오빠는 2년 동안 마약을 완전히 끊었어요. 그리고 반년 전에 커밍아웃했어요! 오빠한테 파커라는 남자친구가 생겼는데 두 사람이 함께하는 걸 보면 정말 사랑스러워요." 데시는 스마트폰을 꺼내 두 남성이 함께 찍은 사진을 보여주었다.

놀라움을 감출 수 없었다. "기독교인으로서 게이 오빠의 존재가 그렇게 달갑지는 않았을 것 같구나."

데시가 힘차게 고개를 가로저었다. "누구를 사랑하고 무엇을 믿을지 결정하는 건 각자의 권리인걸요. 오빠를 사랑하는 일은 제 믿음에 반하지 않아요."

"자기 자신을 정말 잘 아는 것 같아서 인상적이구나. 어린 소녀들을 위해 멘토로 나선다니 기쁘고."

"믿음 덕에 여기까지 올 수 있었어요. 전 여전히 기도를 하고 신에게 제 삶을 안내해달라고 청해요. 부모님을 돌보는 법과 자신을 돌보는 법을 알려달라고도 기도하죠. 일기를 많이 써요. 글을 쓰면 감정이 정리되거든요. 성경도 매일 읽고요. 그분이 항상 듣고 계시다는 걸 알아요."

"부모님이 갈라서겠다고 말씀하셨을 때 그 상황을 어떻게 헤쳐나가야 할지 알 수 없었어요. 저는 황폐해졌죠. 하지만 시간이 흐르면서 하느님과 대화를 더 많이 나눌수록 기분이 나아진다는 걸 깨달았어요. 하느님은 이 상황을 이겨낼 것임을 아셨어요. 제가 충분히 강하다는 사실도요."

이혼은 여전히 아이에게는 매우 충격적인 사건이다. 이혼 후의 삶은 처음에는 수월하지 않다. 어떤 때는 영영 다시 수월해지지 않기도 한다. 그렇지만 최근 연구에 따르면, 대부분의 가족은 이혼 후 회복한다. 이혼하고 5년이 흐르자 많은 가족 구성원이 이혼 전만큼 행복하거나 그때보다 더 행복하다고 답했다. 솔직함, 신뢰, 좋은 의사소통, 공정함에 긍정적인 결과가 달렸다. 이 모든 게 어떤 시스템에서도 타협하기 쉽지 않은 요소다.

다행히 이혼율은 점점 낮아지는 추세다. 적어도 아이들의 삶이 덜 망가진다는 뜻이기에 다행이다. 가족들이 실제로 예전보다 더 행복해졌다는 근거일 수도 있다. 더 많은 부모가 서로를 사랑하고, 갈등에 대처하는 법을 이해하고, 서로의 차이를 받아들이고, 애정을 표현해서 말이다.

9장
우울증과 자해

또래집단으로부터의 거부_모니카(15)

모니카는 친절하지만 조금은 어리숙해 보이는 부모와 함께 상담실을 방문했다. 모니카는 어머니가 폐경기에 가까워졌을 무렵 낳은 외동딸이었다. 부모는 딸이 친구를 못 사귀고 우울해해서 걱정했다. 아버지는 딸의 지능지수가 165로 다른 아이들보다 너무 똑똑해서 딸에게 친구가 없다고 생각했다. 어머니는 자기네 가족이 남들과 달라서 그렇다고 생각했다. 부모는 둘 다 교수로 독서광에 정치적 급진주의자였다. 모니카는 TV 시청이나 디즈니랜드 방문, 캠핑, 운동 같은 아동기에 흔히 하는 경험을 거의 해보지 못했다.

모니카의 어머니가 소리내어 웃었다. "저희는 특이한 가족이에요. 저녁식사 자리에서 철학과 과학에 관해 토론하죠. 영화배우보다 카

오스이론에 관해 더 많이 알 정도죠."

그러자 모니카가 딱 잘라서 말했다. "외모 때문에 그래요. 전 여드름투성이 고래니까요."

부모는 자신들보다 좀더 젊고 십대에 관해 잘 아는 누군가에게 딸 문제를 맡기고 싶어했다. 모니카와 '또래관계'에 관해 이야기해보기로 했다. 모니카는 낙관적이지는 않았지만 필사적이었다.

칙칙한 색깔의 천막 같은 옷과 우울한 듯한 태도 저변에 모니카는 진짜 인성을 숨기고 있었다. 풍자적으로 자기 상황을 뒤틀면서 통찰력 담긴 논평을 내놓았다. 사회현상을 훤히 들여다보듯 예리하게 꿰뚫었다. "오백 명의 남자아이가 모두 거식증에 걸린 열 명밖에 안 되는 여자아이하고만 데이트하고 싶어해요. 저는 괜찮은 연주자지만 위대한 바흐의 서곡을 연주할 줄 아는 여자아이를 찾는 남자는 거의 없죠."

"남자아이들은 제게 말만 걸어도 다른 아이들에게 놀림을 받아요." 모니카가 투덜거렸다. 대부분의 남자아이는 눈에 보이지 않게 만드는 잉크에 뒤덮인 양 모니카를 대했다. 몇몇 남자아이는 실제로 모니카를 괴롭혔다. 한 남자아이는 식인 고래라고 부르면서 모니카에게 두들겨맞을까봐 무섭다는 시늉을 했다. 스페인어 어학실에서 함께 앉는 남자아이는 늘 능글맞게 쳐다봤다.

모니카는 여자아이들에게도 자포자기한 상태였다. 함께 앉는 여자아이들에 대해 이야기했다. "자그마한 몸집의 여자아이는 죄다 다이어트중이고 자기가 얼마나 뚱뚱한지 항상 한탄해요. 하지만 걔들이 자기가 뚱뚱하다고 생각한다면 걔들 눈에 전 코끼리처럼 보일 거예요." 어떤 여자아이들은 모니카를 보며 킥킥거리고 놀려댔다. 대부분의 여자아이들은 그저 더 예쁜 친구와 어울렸다. 토요일 밤에 모니카와 함께 노는 모습을 보이려는 여자아이는 단 한 명도 없었다.

모니카는 그 또래 대개의 여자아이들보다 자기 문제를 더 깊이 꿰뚫어봤다. 하지만 안타깝게도 통찰력이 고통을 없애지는 못했다. 모니카는 비탄에 잠겨 뚱뚱한 자기 몸을 증오하며 스스로가 싫다고 말했다. 모니카는 커다랗고 사랑스럽지 않은 자기 몸에 대해 쓴 절망으로 가득찬 시를 보여줬다.

"사실을 직시하자고요. 세상이 기다리는 건 저 같은 여자아이가 아녜요."

모니카는 여자아이들에게 가치 있는 것이 무엇인지 전하는 세속적인 문화 규정에 저항했지만 지칠 대로 지쳐 있었다. "복도를 걸어갈 때면 흉측한 괴물이 된 기분이 들어요. 어른이 되면 외모가 그렇게 중요하지 않다는 부모님 말씀은 이해되지만 저는 어른이 아니잖아요."

모니카에게 규칙적으로 운동을 하면서 우울증과 싸워보라고 권했다.

모니카는 '움직이기 싫어하는 집안' 출신이라고 말하면서도 전통을 깨고 걷기 운동을 하고 자전거를 타기로 마음먹었다. 이 운동을 택한 건 혼자서 할 수 있고 수영복을 입을 필요도 없기 때문이었다.

처음에는 애를 먹었다. "저는 땀 흘리는 게 싫어요. 밖에서 10분만 있으면 이내 얼굴이 벌겋게 달아오르고 마라톤선수처럼 땀이 뻘뻘 나요." 한번은 얼굴이 빨개져서 숨을 헐떡이며 자전거를 타고 테니스코트 옆을 지나가는데 어떤 남자아이들이 웃으며 손가락질했다고 말했다. 모니카는 운동하지 않을 수많은 핑곗거리를 생각해보았지만 결국 일주일에 세 번 자전거를 타거나 걷기 운동을 하겠다는 목표를 지켜냈다.

또한 자신을 단장하기로 결심하고 '세미펑크' 스타일의 옷을 좀 샀다. 어떤 스타일로 완성될지 잘 아는 미용사에게 머리 손질을 받고 화장도 조금씩 했다.

모니카는 대중문화를 거의 즐기지 않는 부모님을 존중했다. "어떤 면에서는 그래서 좋았어요. 여자들을 성적 대상물로 취급하고 신체를 가장 중시하는 그러한 메시지에 노출되지 않았으니까요. 하지만 그래서 현실적인 생활을 위한 준비가 전혀 안 됐죠."

좀더 자세히 말해달라고 요청하자 모니카가 설명했다. "학교에 가면 모두가 둘러앉아서 각자 읽은 책에 관해 이야기할 줄 알았어요. 사람들이 얼마나 깊이가 없는지 보고 정말 충격을 받았어요."

모니카가 원하는 인간관계에 관해 이야기를 나눴다. 모니카는 재치와 음악적 재능을 인정받고 싶어했다. 또한 옷 사이즈가 아닌 한 인간으로 보이고자 했다. 몸무게보다는 자기 생각에 더 관심을 보이는 친구를 찾았다.

모니카에게 천천히 시작하자고 제안했다. 인기를 걱정하기보다는 몇몇 새로운 친구를 사귀는 일에 집중했다. 모니카는 이 아이디어를 마음에 들어했지만, 막상 이를 위한 일을 실행해야 하자 머뭇거렸다. 너무 자주 거부당했기 때문에 위험을 더 감수하기를 주저했다.

모니카가 스즈키 비올라 학생이었기 때문에 스즈키 기법에 빗대 앞으로 어떻게 작업할지를 설명했다. 스즈키 박사는 어떠한 학생이든 고난도 클래식 작품을 연주하는 법을 배울 수 있다고 믿었다. 단계를 작게 쪼개고 규칙적으로 연습만 하면 된다고 생각했다. 그렇기에 어린아이가 활을 쥐는 법, 활을 현에 갖다대는 법, 손가락을 정확하게 구부리는 법, 음을 아름답게 연주하는 법을 차례대로 연습하다 보면 결국 비발디의 협주곡을 연주할 수 있다고 믿었다. 사회생활에서도 이와 똑같은 방식으로 성공할 수 있다. 결국 작은 단계가 모여서 모니카는 더 완전하고 더 충만한 사회생활을 하게 될 것이다.

모니카는 교실에서 발표를 하고 복도에서 미소를 짓도록 스스로를 밀어붙였다. 어떤 때는 보상을 받았지만 어떤 때는 경멸을 받았기 때문에 겁나는 일이었다. 모니카에게 실패 대신 성공에 집중하라고 격려해줬다. 또한 때때로 거부당해도 이를 건강한 사회생활로 향하는 길에 놓인 돌부리로 여기라고 말했다. 모니카는 돌부리를 에워가는 법을 배워나갔다.

모니카는 학교에서 문예창작 동아리와 정치토론 동아리에 가입했다. 어느 날에는 자신이 "정치 풍자로 어린 민주당원들을 한 방 먹이고 있다"고 말했다. 또다른 날에는 문예창작 동아리 총무로 뽑혔다고 보고했다. "치료 불능의 괴짜에게 꼭 맞는 일이죠"라고 의기양양하게 말했다.

모니카에게 남자아이들을 데이트 상대가 아니라 친구로 생각해보라고 권했다. 모니카는 문예창작 동아리의 어느 예민한 시인을 선택했다. 모니카가 수줍게 농담을 던지자 그 아이가 깔깔댔고 이내 모니카와 농담을 주고받았다. 몇 주 후 그는 모니카에게 자기 시를 보여췄다.

몇몇 친구를 사귀었지만, 자신에게 절대로 기회를 안 줄 학생이 많다는 사실도 잘 알게 되었다. "제가 매력적이지 않다고 평가한 후 눈길을 돌리는 사람이 많아요. 그들에게 저는 사람도 아니죠."

모니카는 거의 고등학교 2학년 내내 상담실을 찾았다. 점차 모니카는 예측을 뒤엎고 운동을 즐겼다.

아름다움에 관한 문화적 규정에 들어맞지 않는 대부분의 청소년기 여자아이들과 마찬가지로 이 시기를 헤쳐나가기 위해서 모니카는 많은 지지와 도움이 필요했다. 조롱과 거부를 경험하면서 모니카의 자존감은 무너졌다. 그럼에도 단단히 뿌리내린 우정을 어느 정도 쌓았다. 모니카는 시인 친구와 몇몇 다른 친구와도 시간을 보냈다. 토요일 밤에 친구들과 놀러나갔는데 이 덕분에 우울증을 극복할 수 있었다.

모니카는 생경한 환경 속에서 틈새를 찾아냈다. 모니카는 더 행복해졌지만, 앞으로도 삶이 얼마나 고달플지 잘 알았다. 자신이 결코 예쁜 외모를 갖추지 못할 것이라는 사실도, 자신의 똑똑함을 위협으로 받아들이는 남자가 많다는 사실도 잘 알았다. 그리고 어떤 사람들은 못생긴 외모를 너무 싫어해서 모니카가 어떤 사람인지 절대 관심을 기울이지 않을 것이라는 사실 또한 잘 알았다.

모니카는 힘든 상황에 잘 적응했다. 모니카는 주변환경에 맞추기 위해 자신의 명석함이나 음악적 재능을 부정하지 않았다. 그 대신 자기 재능이 야기하는 긴장상태를 완화하기 위한 몇 가지 기술을 개발했다. 통통한 몸 때문에 느끼는 고통을 유머로 바꾸었다.

1990년대 문화는 모니카의 발달에 적대적이었지만, 운좋게도 모니카는 자신만의 자원을 많이 가지고 있었다. 모니카는 대중문화에 물들지 않은 자신만의 생각에 노출돼 있었다. 자기 경험에 대해 자신만의 관점을 가지고 있었다. 부모는 여성에게 너무 적은 역할이 주어지고 공권력이 부족하다는 사실을 비판하는 페미니스트였다. 그들은 모니카가 청소년기를 무사히 통과할 수 있도록 음악 수업, 자전거, 새 옷, 심리 치료 등 모든 수단을 동원해 최선을 다해 도왔다. 그들은 스스로에게 진실해지라고, 또래들에게 받는 메시지를 거부하라고 모니카를 격려했다. 그들은 딸이 훌륭하다는 사실을 잘 알았다.

모니카는 경증 우울증을 앓고 있었다. 경증 우울증의 경우 어떤 여자아이들은 행동이 굼뜨고 만사에 무관심해지는 반면 어떤 여자아이들은 분노하고 증오에 가득찬다. 어떤 여자아이들은 굶거나 자기 몸을 칼로 그으면서 우울증을 드러낸다. 어떤 여자아이들은 움츠러들어 내면으로 깊숙이 침잠하고 어떤 여자아이들은 알약을 삼킨다. 어떤 여자아이들은 폭음이나 섹스를 진정제로 이용한다. 어떤 여자아이들은 등교를 거부하는데 이는 1990년대에도 지금도 흔한 문제다. 우울증이 어떻게 표출되든 간에 그 내면에는 잃어버린 자아, 즉 청소년기에 들어서며 모습을 감춘 진짜 자아 때문에 슬퍼하는 모습이 있다. 가족 중 누가 죽은 것이나 마찬가지다.

이 죽음은 다양한 방식으로 발생한다. 어떤 청소년기 여자아이들은 사회적으로 받아들여지기 위해 진짜 자아를 파괴할지도 모른다. 어떤 여자아이들은 완전히 여성스러워지고 연약해지기 위해 고군분투한다. 이들은 적절한 시기에 적절한 방식으로 충분히 예쁘거나 충분히 인기가 많지 않을 뿐이다. 어떤 여자아이들은 완전히 여성스러워지기 위해서라면 온갖 희생을 다한다. 심지어 자기 자신이 피해를 입는다는 사실을 잘 알면서도 말이다. 이들은 자신이 내린 결정을 위해 평소의 신념을 버렸다는 사실도, 그래서 자신이 비난받는다는 사실도 안다. 이들은 더 안전한 길을 선택했지만, 이는 진정한 영광이 존재하지 않는 길이다. 세상에 단단히 고정된 자기만의 뿌리를 잃을 때 이들은 방황하고 무력해지며 자존감이 다른 사람들의 변덕에 좌우되어버린다.

어떤 여자아이들은 부모와 따뜻하고 솔직한 관계를 잃어서 우울해한다. 이들은 또래 문화에 들어가기 위해 자신이 사랑했던, 그리고 자신을 사랑했던 사람을 배신해야만 한다. 그뿐만 아니라 또래 친구들에게 가족관계를 상실했다며 슬픔을 표현할 수도 없다. 슬프다고 말만 해도 자신의 나약함과 의존성을 인정하는 셈이다.

모든 여자아이는 발달단계상 이 지점에서 고통을 경험한다. 만약 그 고통이 자기 때문이거나 자신의 실패 탓이라면 이는 우울증으로 모습을 드러낸다. 만약 그 고통이 부모, 또래 친구 혹은 그 문화 같은 다른 이유 탓이라면 그 결과는 분노로 나타난다. 이러한 분노는 반항이나 심지어 비행으로 오인되기도 한다. 사실, 스스로에 대한 가혹한 거부와 엄청난 상실감이 분노에 가려질 때가 많다.

발달단계상으로도, 문화적으로도 여자아이들은 청소년기에 막대한 스트레스를 겪는다. 너무 많은 일이 동시에 일어나기 때문에 다양한 경험에 제대로 이름표를 붙이고 분류하여 깔끔한 작은 상자에 정리하기가 힘들다. 게다가 사상자도 많이 생긴다. 가령, 비교적 가벼운 고통을 겪는 청소년기 여자아이가 자살 시도를 할 수도 있다. 자신의 삶이 너무 고통스러워서가 아니라 충동적이고 반동적이고 작은 좌절을 넓은 관점에서 인식하지 못하기 때문이다. 어떤 여자아이들은 트라우마 때문에, 어떤 여자아이들은 청소년기의 혼란스러움과 힘겨움 때문에 자살 충동을 느낀다. 자살하겠다고 위협하는 여자아이들에게 다양하게 관심을 기울여야 한다. 하지만 이 모든 것은 잠재적으로 여자아이 자신에게 위험하므로 그들의 협박은 반드시 심각하게 받아들여야 한다.

심리 치료사로 일하면서 처음 10년 동안에는 칼로 자해를 하거나 자기 몸에 화상을 입힌 내담자를 한 번도 보지 못했다. 하지만 1990년대가 되자 초기의 불만 표출 행위로 이런 방식을 택한 십대 여자아이들을 드물지만 놀랍지는 않게 만났다. 여자아이들은 자기 피부를 꼬집거나 화상을 입히거나 면도칼이나 칼로 자상을 입히며 내면의 고통에 대처했다. 점점 더 많은 여자아이가 이 문제로 내 상담실을 찾자 이런 의문이 들었다. '왜 요즘 이런 일이 벌어지지? 문화적으로 뭐가 바뀌었기에 이러한 문제가 생기는 거지?'

우울증이 내면을 향한 분노라면, 자해는 그 무엇보다도 신체적인 방식으로 내면을 향한 심리적 고통이다. 1990년대 들어 자해하는 아이들이 나타난 데는 몇 가지 개연성 있는 이유가 있다. 1990년대 여자아이들은 스트레스를 더 많이 받는 상황에 처했지만 그러한 스트레스에 대처할 다양하고 효과적인 전략이 부족하고 기댈 만한 내적 외적 자원도 없었다.

많은 사람에게 어떤 행동이 독립적이고 자발적으로 발생한다면 내 경험상 이는 거대한 문화적 변화를 시사할 때가 많았다. 자해는 1990년대의 스트레스에 대한 반작용으로 생겼을 것이다. 자해가 사회문제로 출현한 것은 여자아이를 파괴하는 우리 문화와 관련된다. 여자아이들을 문화적으로 수용 가능하게끔 쪼개라는 우리 문화의 명령을 구체적으로 해석한 행위가 자해일 수도 있다. 은유적으로 서술하자면, 자해는 "우리 문화가 시키는 대로 행동할게요"라고 말하는 굴복 행위로 해석된다. 뿐만 아니라 "문화가 제게 요구하는 것보다 훨씬 더 극단적인 수준까지 갈 거예요"라는 항의 행위로도, "문화가 부추기는 방식으로 저를 해치지 않게 막아주세요"라는 구조 요청으로도 해석될 수 있다. 그게 아니면 "문화가 저를 해치는 것 이상으로 저를 해칠 거예요"라고 말하는 통제력을 되찾기 위한 분투로 해석될 수도 있다.

일단 칼이나 불로 자해를 하면 이러한 행동을 계속할 가능성이 매우 높다. 신체에 해를 가하면 카타르시스를 느낀다. 신체적 고통은 정서적 고통보다 견디기 더 쉽다. 더 나은 대처 전략이 없는 상황에서 자해로 마음을 진정시킨다. 시간이 흐르면서 이러한 습관이 점점 더 깊이 몸에 배므로 더 빨리 도움을 구할수록 더 나은 결과를 낳는다.

그렇다면 이를 어떻게 치료해야 할까? 이상적으로는 어린 소녀들이 싸워야 할 외부적 스트레스를 줄이도록 우리 문화를 변화시켜야 할 것이다. 하지만 우선은 여자아이들에게 더 나은 대처 전략을 가르치고 스트레스에 대항하게끔 내적 자원과 외적 자원을 더 갖추어야 한다.

심리 치료를 통해 여자아이들이 고통받는다는 사실을 더 빨리 자각하게 가르칠 수 있다. 자기 내면이 고통으로 차 있다는 사실을 인식하고 그런 다음 어떻게 나아갈지 고민해야 한다. 여자아이들은 강렬한 고통에 대처하는 새로운 방법뿐 아니라 고통을 처리하는 새로운 방법도 배워야만 한다.

다행히 정신적 고통에 빠졌을 때 신체에 해를 가하려는 이러한 경향은 꽤 쉽게 치유할 수 있다. 여자아이들은 스스로를 벌하기보다 생각을 하고 대화를 주고받으면서 고통을 처리하는 법을 배울 수 있다. 대부분의 여자아이는 이러한 행동을 어떻게 멈추는지, 어떻게 더 나은 대안을 갖추는지 알려주면 빠르게 반응한다. 1990년대에 진행했던 다음 심리 치료 사례들로 이 사실을 잘 알 수 있다.

완벽한 가정 속의 균열_태미(17)

태미는 가슴을 칼로 그었고 이를 발견한 어머니의 손에 이끌려 내 상담실을 찾았다. 태미의 어머니 앨리스는 새벽 세시경 잠에서 깼는데 태미의 침실에서 불빛이 새어나오기에 태미가 잘 자고 있는지 확인하려고 침실에 들어갔다. 거기서 앨리스는 면도칼을 쥔 채 피투성이 신문지가 널브러진 침대 위에 앉아 있는 태미를 발견했다. 앨리스는 남편 브라이언을 깨워 태미를 차에 태우고 병원으로 달려갔다. 의사는 태미 가슴에 난 깊은 자상을 꿰맨 뒤 나를 만나보라며 진료 예약을 잡아주었다.

앨리스와 브라이언은 두렵고 불안해서 새하얗게 질려 있었다. 브라이언은 그날 밤 사건을 설명할 정도로 진정돼 있었다. 앨리스는 눈물을 멈추지 못했다. 태미는 내내 울어서 얼굴이 빨갛고 부어 있었지만 나를 쳐다보려고도 말을 꺼내려고도 하지 않았다.

현재의 위기에도 불구하고, 오히려 그 가족은 전형적이고 전통적인 가족처럼 보였다. 브라이언은 작은 교회의 목사였고 주말에는 재즈밴드에서 색소폰을 연주했다. 앨리스는 집에서 피아노 교습을 했다. 태미는 사 남매 중 셋째였다. 위의 두 아이는 대학에 다녔고 열 살짜리 막내아들은 아무 문제 없이 잘 지냈다. 앨리스 쪽 집안에 우울증 내력이 있었지만, 이 점 말고는 문제가 너무 없다는 점에서 독특한 가족이었다.

태미네 가족은 매년 긴 여름휴가를 보냈다. 일요일 밤이면 이들은 음악을 연주하고 함께 노래를 불렀다. 앨리스는 학부모회 회장과 걸스카우트 지도자였다. 브라이언은 무척 소심해서 영화에 잔인한 장면이 나오면 두 눈을 질끈 감았고, 결혼 전 혈액검사를 하다가 기절한 적도 있었다.

얼굴이 퉁퉁 부었지만, 태미는 긴 금발 머리에 석고 조각처럼 매끈한 피부를 가진 예쁜 여자아이였다. 가죽 재킷과 유명 브랜드 청바지를 입고 무릎까지 오는 멋진 부츠를 신었다. 브라이언은 태미가 모범생이고 무던한 딸이었다고 말했다. 학기마다 우등생 명단에 들었고 고등학교 밴드에서 배턴걸을 맡았다. 부모와 마찬가지로 태미 또한 음악을 사랑했고, 교회 성가대와 학교 합창단에서 노래를 부르고 학교 오케스트라에서 플루트를 연주했다. 브라이언은 "얘는 저희 아이들 중에서 가장 뛰어난 음악가였어요"라고 말했다.

앨리스가 덧붙였다. "저희는 이번 일에 정말 충격을 받았어요."

태미와 단둘이 이야기를 나눴다.

"네가 왜 그러는지 알고 있니?" 부드럽게 물었다.

내 눈길을 피하면서 태미가 답했다. "남자친구랑 싸우면 그래요."

태미의 남자친구 마틴에 관해 이야기를 나눴다. 둘은 고등학교 2학년 때 주 대표 음악 캠프에서 만났다. 마틴은 그 주에서 가장 큰 학교에서 베이스를 연주했다. 고등학교 여자아이들이 남자친구에게 갈망하는 모든 것을 갖춘 아이였다. 잘생기고, 운동을 잘하고, 인기가 많았다.

"모든 여자아이가 마틴을 쫓아다녔어요. 그래서 마틴이 절 선택했을 때 깜짝 놀랐죠."

"마틴과의 관계는 어땠니?"

태미가 한숨을 쉬었다. "저희는 많이 싸워요. 마틴은 질투가 심하거든요."

"또다른 건?"

"마틴은 저희 부모님이 좋아하지 않는 일을 해요. 대마초를 피우고 술을 마셔요." 태미가 잠시 말을 멈추고서 의심스럽다는 듯이 쳐다봤다.

"마틴과 성관계를 하니?"

태미가 비참한 표정으로 고개를 끄덕였다.

"그것에 관해선 어떻게 생각하니?"

"모르겠어요. 임신할까봐 무서워요."

태미는 조심스러우면서도 빠르게 말했다. "마틴은 정말로 섹스에 관심이 많아요. 이번 새해 전야 파티 때는 포르노비디오를 빌려와서 모든 커플이 함께 봤어요. 남자애들은 좋아했지만, 여자애들은 어쩔 줄 몰라 했어요."

"싸우고서 처음으로 자해한 게 언제니?"

태미가 얼굴로 흘러내린 머리를 쓸어넘겼다. "새해 첫 주 주말이었어요. 어떤 파티에 갔고 저는 칵테일을 마셨어요. 마틴은 자기 친구하고 이야기했다며 저한테 몹시 화를 냈어요. 마틴은 집에 저를 일찍 데려다줬는데 도착해서는 자동차 밖으로 저를 밀어버렸어요. 저희 집 앞 진입로에 나동그라졌는데 마틴은 곧장 차를 몰고 가버리더라고요. 그날 밤 너무 화가 나서 어떻게 해야 할지 몰랐어요."

"어떻게 느꼈는지 정확히 떠올려보렴."

"엄마 아빠 몰래 제 방으로 살금살금 갔어요. 미쳐버릴 것 같았어요. 화장대에 가위가 있었는데 갑자기 그걸로 자해해야겠다는 생각이 들었어요. 왜 그런 생각이 들었는지 지금도 잘 모르겠어요. 어쨌든 팔을 그었고, 그러고 나니 기분이 좀 나아졌어요. 그리고 잠들 수 있었고요."

태미가 나를 쳐다봤다. "제가 미쳤다고 생각하시죠?"

"겁에 질려 있다고 생각해."

"그 첫번째 사건 이후에 또 그런 일이 생겼어요. 마틴과 싸울 때마다 자해하고 싶어졌어요. 자해할 때까진 마음이 편해지지 않았어요."

"마틴이 너를 때린 적이 있니?"

태미가 고개를 끄덕였다. "부모님께 말씀하지는 마세요. 일부러 그러는 건 아녜요. 좀 욱하는 것뿐이에요. 그러고 나면 정말로 미안해해요."

"너를 안전하게 지켜줄 수 있을 만큼은 부모님께 말씀드려야 해."

앨리스와 브라이언을 안으로 불러서 당분간 태미와 단둘이서 상담하고 싶다고 말했다. 태미가 정서적으로 고통받을 때 스스로에게 신체적인 위해를 가하는 습관이 생긴 것 같다고 설명했다. 다행히 태미의 자해 습관은 생긴 지 얼마 안 됐기에 고치기 더 쉬울 터였다. 그들에게 집에서만 마틴과 시간을 보내도록 제한하라고 요청했다. 태미는 자기 손을 내려다봤다.

앨리스가 "마틴은 괜찮은 청년 같던데요" 하고 대꾸했다.

"무슨 일이 벌어지고 있는지 부모가 항상 알 수는 없답니다. 태미를 안전하게 보호해야 해요. 정서적으로도 신체적으로도 말이지요." 내 말에 태미가 고마워하듯 쳐다봤다.

속으로 '이 목사 부부는 플루트를 연주하는 사랑스러운 딸에게 세상이 얼마나 복잡해졌는지 상상도 못 할 거야' 하고 생각했다. 태미의 신임을 배반하지 않으려 주의하면서도 이렇게 덧붙일 수밖에 없었다. "태미가 몇 가지 결정을 내려야 할 것 같아요."

내면을 향한 분노_대니엘라(15)

대니엘라는 태미와 전혀 달랐다. 대니엘라는 태미보다 더 어렸고, 본인의 말을 인용하자면 "중학교 교실에 갇혀" 있었다. 대니엘라는 머리를 반은 삭발하고 반은 초록색으로 염색했으며 "나는 다르다"라고 온몸으로 표출하는 옷을 입고 있었다. 코걸이와 여덟 개의 귀걸이(대부분이 해골과 뱀 모양이었다)를 했고, 왼팔에 용 문신과 손가락마다 자그마한 문신을 새겼다. 또한 '티베트에 자유를FREE TIBET'이라고 적힌 얼룩진 티셔츠와 무릎 부분이 찢어진 블랙진을 입고 무거운 부츠를 신고 있었다.

대니엘라는 예술가 집안의 맏딸이었다. 어머니는 댄서였고 아버지는 조각가였다. 가족은 경제적으로는 가난했지만, 문화적으로는 풍요로웠다. 가족 여행을 간다거나 새 자동차를 산다거나 딸들에게 좋은 옷을 사줄 여유는 없었지만 교향곡 콘서트의 저렴한 티켓이나 중고책을 사주고 심리 치료를 받게 해줄 수는 있었다.

대니엘라의 부모 스티븐과 셸리는 인정이 많고 독특해 보였다. 자신들이 심리 치료사의 상담실에 있다는 사실에 매우 당황한 듯했다. 셸리는 내 넘쳐나는 책장에 대한 칭찬부터 했다. "융을 좋아하시나봐요. 저도 그래요."

그들 가족에게 어떻게 상담실에 오셨느냐고 묻자 대니엘라는 창밖을 내다봤다. 셸리와 스티븐은 서로를 바라봤다. 이내 스티븐이 입을 열었다. "애를 고자질하기 정말 싫습니다. 그래서 오늘 데리고 온 거죠."

셸리가 말했다. "저희는 얘가 중학생이 된 이후로 죽 걱정했어요. 하지만 지난 토요일 저녁에 담배로 제 몸을 지지는 걸 발견해서 뭔가를 해야겠다 싶었어요."

"중학교에 들어가기 전만 해도 앤 저희 가족의 스타였어요." 셸리가 말을 이었다. "기쁨의 원천이었죠. 학교에서 얘를 매우 재능이 뛰어난 학생으로 인정해준 덕분에 대학교에서 프로그램도 이수하고 특별한 지도교사들에게도 배울 수 있었어요. 미술작품을 주 박람회에도 출품했고요."

"모든 일이 잘 풀리고 있었어요." 스티븐이 덧붙였다. "친구도 많고 학교에서는 코미디언이었어요. 책을 읽느라 밤을 꼴딱 새우고도 그다음날 학교에 가서 멀쩡하게 하루를 보냈죠."

셸리가 말했다. "정말 유능하고 독립적인 애였어요. 애한테 문제가 생기는 상황에 준비가 안 됐어요. 그럴 줄은 꿈에도 몰랐죠."

호기심에 찬 눈으로 책꽂이를 유심히 훑어보는 대니엘라에게 고개를 돌렸다. "중학교 때 무슨 일이 생긴 거니?"

대니엘라는 천천히, 매우 또렷하게 말했다. "창고에 갇혔다가 수업종이 울리면 한 교실에서 다른 교실로 옮겨다니는 게 싫었어요. 사육장에 갇힌 암소처럼 느껴졌어요. 저는 특별 수업 시간에는 애들에게 놀림받고, 정규 수업 시간에는 지루했어요. 미술 시간을 좋아했지만 막 몰입하려고 하면 수업종이 울렸죠."

"다른 아이들은 어떠니?"

"1960년대에 '섹스, 마약, 그리고 로큰롤'이라는 슬로건이 유행한 거 아시죠?" 고개를 끄덕이자 대니엘라가 말을 이었다. "이제 그 슬로건이 '자위, 술, 그리고 마돈나'로 바뀌었어요. 전 거기에 어울리지 않아요."

"앤 외향적이었는데 내성적인 성격으로 바뀌었어요." 스티븐이 말했다. "얘는 아무도 좋아하지 않아요. 더는 친구한테 전화도 안 오고요."

"중학교 생활이 인생에서 최악인 건 아니에요. 환경 문제 때문에 슬퍼요. 석유 유출과 열대우림 지역이 걱정돼서 밤에 잠이 안 와요. 소말리아나 보스니아 문제도 잊을 수가 없어요. 세상이 무너져내리는 것 같아요."

1990년대에 심리 치료사로 일하면서, 이러한 문제를 겪는 예민하고 총명한 여자아이들을 자주 목격했다. 어른들은 이 아이들이 정서적으로도 성숙하리라고 예상했지만, 이들은 청소년기 특유의 정서적 격렬함으로 고통과 세상의 비극에 반응했다. 내가 만난 총명한 여자아이들은 또래 친구들의 공허한 가치관과 얄팍한 행동을 간파할 만큼 충분히 통찰력을 갖췄지만 다른 청소년들과 마찬가지로 사회적 욕구를 가지고 있었다. 이들은 고통 속에서 완전히 혼자라고 느꼈다. 어떤 영역에서는 성인 수준의 지적 능력을 갖추고 세상사를 이해할 수 있었지만, 정서적 능력과 정치적인 힘 면에서는 아직 십대였다.

대니엘라는 주류를 이루는 아이들을 피하고 점차 자신과 비슷한 소수의 아이들을 찾았다. 대안적 가치를 지향하는 사람들이 모여서 이야기를 나누는 동네 카페에서 담배 연기 가득한 구석자리를 발견했다. 대니엘라는 게이와 레즈비언, 가출 청소년, 학교 중퇴자, 자신처럼 불행한 지성인들과 어울렸다. 처음에는 귀를 그다음엔 코를 뚫었다. 안타깝게도 이 무리 또한 나름의 문제가 있었다. 많은 사람이 고통을 없애기 위해서 경험을 쌓기 위해서 약물에 빠져 지냈다. 이내 대니엘라도 대마초를 피우고 환각제에 손을 댔다.

그러는 사이 학교생활은 훨씬 더 힘들어졌다. 반에서 코걸이와 문신을 한 여자아이는 대니엘라뿐이었다. 대니엘라가 지나갈 때면 아이들은 손가락질하며 킥킥거렸다. 중학교 3학년이 되자 과학 교사보다도 대니엘라가 환경에 관한 책을 더 많이 읽었을 정도였다. 수업이 쉬우니 교육에 냉소적이게 됐다. 성적은 떨어졌고, 학교를 빼먹고 공원에 가서 대마초를 피웠다.

그 시기에 아이의 삶이 순탄하지 않다는 사실을 알아챈 부모가 심리 치료를 권유했지만 대니엘라는 거부했다. 그런 다음 가장 친한 친구가 캘리포니아로 이사를 떠나자 대니엘라는 다시 외톨이가 되었다. 나와 만나기 일주일 전, 두 사람은 대니엘라 몸에 난 담뱃불 자국을 발견했다.

그다음주에 대니엘라와 단둘이 만났다. 똑같은 바지를 입고 똑같은 부츠를 신고 있었다. 그리고 '인생은 썩었어, 그리고 넌 죽고'라고 적힌 티셔츠를 입고 있었다. 앨런 긴즈버그가 '절대적 현실의 술 취한 택시들'에 관해 쓴 시구절이 떠올랐다. 이 택시들이 청소년기 초기의 대니엘라와 충돌한 것이다.

30년 전 작은 마을에서 살던 내가 『안네 프랑크의 일기』를 읽었을 때의 일을 이야기해주었다. "사람들이 서로에게 어떤 악행을 저지르는지 알게 되었을 때 죽고 싶었단다. 나치를 만든 종족의 일부로 살고 싶지 않았어."

대니엘라는 보스니아에서 강간당하는 여성들의 이야기를 라디오 뉴스로 들을 때 자신도 그런 기분이었다고 동의했다. 스탈린이 히틀러보다 훨씬 더 많은 사람을 죽였다는 사실을 읽었을 때, 크메르루주가 육백만 명의 캄보디아 사람을 죽였다는 사실을 알게 됐을 때, 세르비아인이 인종 청소를 감행했을 때도 그런 기분이 들었다고 했다.

"홀로코스트는 한 지역에 국한된 사건이 아니에요, 선생님도 잘 아시겠지만요. 세계 곳곳에서 벌어지고 있어요."

"나를 구해준 건 윌라 캐더, 제인 오스틴, 하퍼 리의 책이었어. 『안네 프랑크의 일기』를 읽고 얼마 후에 그 책들을 발견했단다. 여름이라 책을 들고 숲으로 갔어. 그곳에서 책을 읽고 바람이 나무 사이로 부는 모습을 지켜봤지. 해질녘이면 뒷마당에서 책을 읽었어. 이 여성 작가들의 책은 얄팍한 사람들과 천박한 사상을 가진 이에 대해 매우 훌륭한 해독제가 되어줬단다."

"친구랑 공원에 가는 게 좋았는데 이제 그 친구는 떠나고 없어요."

"네 몸을 불로 지지는 일에 대해 말해줄 수 있니?"

"그냥 자동적으로 일어난 일이에요. 제 방에서 담배를 피우고 있었는데 무력감과 함께 분노가 일었어요. 정신이 들자 팔을 담뱃불로 지지고 있더라고요. 기분이 좋았어요. 정화된 기분이었어요. 팔꿈치 위쪽만 지지려고 주의해요. 자국이 감춰지게요. 그러고 나면 더 차분해지는 것 같았어요."

"세상에 대한 모든 분노를 너 자신에게 퍼붓는구나. 분노를 표출하고 그에 맞서 싸우는 더 나은 방법이 필요하단다."

우리는 항의성 가두 행진, 재활용, 불매운동 등에 관해 이야기를 나눴다. 이 모든 방법은 너무 추상적으로 보였다. 대니엘라의 절망은 직접적인 행동으로만 누그러질 수 있었다. 아직 어렸지만 노숙자를 위한 지역 무료 급식소에서 자원봉사를 해보라고 권유했다. 현실세계의 사람들을 위해 세상을 더 나은 곳으로 만들 필요가 있었다. 대니엘라는 알아보겠다고 말했다.

대니엘라는 여러 달 동안 나를 찾았다. 상담 시간에 고통에 관해 이야기하고 글을 써보라고 권했다. 우리가 친해지자 대니엘라는 현재 어떻게 사는지 더 많이 터놓았다. 게이 친구 중 한 명은 에이즈 양성 판정을 받았다. 한 여자아이는 약물 남용으로 거의 죽을 뻔했다.

자신을 불로 지지고 싶어질 때를 대비해 비상 계획을 세웠다. 그럴 때면 공책을 꺼내 모든 고통과 분노를 거기에 적었다. 그 감정들을 몸밖으로 끄집어내 종이에 적을 필요가 있었다.

이런 글 중 일부를 나중에 보여줬다. 가난한 학생들을 놀리는 속물스러운 학교 여자아이들, 중상모략과 옹졸함, 제대로 된 옷과 올바른 친구들을 쟁탈하기 위한 움직임, 열심히 일하는 부모가 평생 벗어나지 못한 가난, 소말리아의 어린아이들, 보스니아의 겨울에 추위에 시달리는 노인들, 노숙자들에 관해 적혀 있었다.

자신을 불로 지지고 싶은 열망이 사라질 때까지 글을 썼다. 어떤 때는 글을 쓰는 대신 아버지나 어머니에게 잠들 때까지 자신을 안고 달래달라고 부탁했다. 어떤 때는 내게 전화를 걸어 대화하면서 진정했다. 물론 때로는 너무나 강한 열망에 굴복해 자신에게 해를 입혔다. 하지만 자기 문제를 이야기하고 글로 쓰는 법을 배웠기 때문에 그런 일은 점차 줄어들었다.

대니엘라가 삶을 즐기게 된 것도 도움이 되었다. 대니엘라는 무료 급식소의 다른 자원봉사자와 많은 방문객을 좋아했다. 길거리에서 노숙자를 만나면 그들의 이름을 부르고는 잠깐 멈춰 서서 대화를 나눴다. 대니엘라는 이따가 그들에게 수프를 대접할 거란 걸 알았다. 작은 일을 맡았지만 이로써 대니엘라의 절망은 가라앉았다.

이제 대니엘라의 외모는 약간 달라졌다. 머리색이 다시 돌아와 사랑스러운 적갈색으로 빛났다. 마지막 상담 시간에 부모를 초대해 함께 시간을 보냈다.

셸리는 대니엘라가 웃음을 찾았고 여동생들과 어울린다고 말했다. 전화도 다시 걸려오고 재미있는 친구들과도 사귀었다. 스티븐은 다시 미술 작업을 하게 돼서 기쁘다고 말했다. 대니엘라의 작품은 약간 더 긍정적인 분위기로 변했다. 대니엘라는 현실의 삶으로 다시 합류했다. 심리 치료를 받은 덕에 자신이 변할 수 있었다면서 심리 치료를 봄맞이 대청소에 비유했다. "모든 것에서 먼지를 떨어내고 물건을 분류하죠. 그리고 많은 쓰레기를 내다 버리는 거죠."

1990년대에는 많은 여자아이가 성적 트라우마의 피해자였다. 이들은 반항적이고, 위험을 무릅쓰고, 세상에 나가서 온갖 문제를 맞닥뜨렸다. 대부분의 어른은 이들에게 무슨 일이 벌어지는지 몰랐다. 하지만 혼란스럽고 힘겨운 1980년대와 1990년대 초반을 거쳐 여자아이들은 꾸준히 나아졌다. 정신적 건강과 사회적 건강을 측정하는 모든 수치상 청소년기 여자아이들은 진정한 향상을 보였다.

하지만 오늘날 여자아이들의 우울증 비율은 급등하고 있다. 열일곱 살까지 36퍼센트의 여자아이가 우울증을 겪었거나 현재 겪었다. 2014년에 이뤄진 마약 사용과 건강에 관한 전국 조사에 따르면, 많은 여자아이가 열두 살 이전에 우울증을 겪는다. 예전보다 가족과 더 행복하게 지내는 여자아이가 많아졌음에도 이러한 결과가 나와서 당혹스럽다.

오늘날 우울증 비율이 왜 이렇게 높은 걸까? 대부분의 연구를 봐도 인과관계가 딱 드러나지는 않는다. 어떤 현상이 어떤 현상과 함께 일어나는지는 파악이 되나 왜 그런지는 밝혀내지 못하고 있다. 그렇지만 광고와 매스미디어에 깡마른 여성들이 등장하면서 섭식장애가 증가했듯이 우리 문화 안에서 일어난 변화 때문에 우울증과 불안장애가 이처럼 널리 급속히 확산됐다고 합리적으로 확신할 수는 있다. 테러, 포르노물, 학교 총기 난사 사건, 제도에 대한 신념의 저하, 공공연한 인종차별주의, 세계적 기후 위기, 정치적 양극화, 그리고 그 외의 문화적 요소, 이 모두가 각각 한몫을 한다. 게다가 여자아이들은 온라인에서 다른 이들의 모습을 보고 외로워져 고통받기도 한다.

작가 요한 하리는 『물어봐줘서 고마워요』에서 우울증을 '단절'로 여겨야 한다고 말한다. 2019년 현재, 우리는 역사, 미래, 신체, 제도, 그리고 서로로부터 단절되어 있다. 요한 하리에 따르면 본디 우리 인간은 부족 단위로 살면서 서로를 돌봤기 때문에 살아남았다. 어른들은 함께 일하고 아이들은 함께 놀았다. 사람들은 밤이면 모닥불에 둘러앉아 이야기를 나눴다. 이러한 부족의 생활방식은 많은 지역에서 지난 세기까지 줄곧 유지됐다. 공동체는 활기찬 연결의 장소였다. 하지만 오늘날에는 종족이나 공동체와 단절된 경우가 더 보편적이다.

게다가 많은 가정이 심각한 경제적 문제에 직면해 있다. 이들은 의료 서비스나 적절한 주거환경에 접근할 수 없을지도 모른다. 많은 십대가 무료 급식 카드를 받거나 임시주택이나 노숙자 쉼터에서 산다. 부모가 감옥에 수감되거나 마약에 중독됐고, 위탁가정에 살거나 확대가족과 함께 사는 경우도 있다.

열두 살인 에이버리의 어머니는 마약중독자이고 아버지는 수감생활중이다. 에이버리는 홀로된 할머니와 함께 산다. 집은 다 허물어져가지만 집을 수리할 돈도 에너지도 없다. 할머니가 당뇨병과 고혈압을 앓아서 곧 돌아가실지도 모르는데 만약 그렇게 된다면 에이버리는 갈 곳이 없어져 걱정이다. "아빠가 감옥에서 죽을까봐 무서워요. 엄마도 죽을지 몰라요. 제 삶은 언제든 깨질 수 있는 달걀 같아요."

어머니가 편의점 일자리를 잃자 스카일라는 노숙자 쉼터로 옮겨갔다. 스카일라와 어머니는 여자 공동 침실에서, 남자 형제들은 따로 떨어져서 다른 남자아이들, 성인 남성들과 함께 잠을 자야 했다. 스카일라는 시내버스를 타고 학교에 가서는 마지막 아이가 방과후 프로그램을 떠날 때까지 학교에 머무른다. 시끌벅적하고 혼잡한 노숙자 쉼터에서는 공부에 집중하기 힘들어서다. 스카일라는 해양생물학자를 꿈꾸는 책임감 강한 소녀지만, 현재로서는 깨끗한 옷을 입고 깨끗한 신발을 신기도 매우 어려운 처지다.

"안정이라는 말은 다른 사람들에게만 적용되는 말 같아요. 저한테는 아니고요. 쉼터가, 의존적인 상황이, 가난이 싫어요. 잘못한 일이 아무것도 없는데도 수치스러워요. 자기 집에 살면서 새 옷을 사 입는 운좋은 여자아이들을 보면 화가 나요. 때때로 모든 걸 포기하고 싶어요."

여자아이들과 우울증을 다룬 가장 유용한 연구에 따르면, 우울증과 테크놀로지 그리고 소셜미디어 사용은 서로 연관된다. 1976년과 2007년 사이에 여자아이들의 행복 지수는 상승했다. 조사에 따르면, 2007년 여자아이는 1994년 여자아이보다 행복 지수가 더 높았다. 그랬던 행복 지수가 소셜미디어와 스마트폰이 출현한 후 급격하게 하락했다. 밴더빌트대 연구에 따르면, 자살 충동을 느끼거나 자살 시도를 해서 응급실을 찾은 십대의 수가 2008년과 2015년 사이에 두 배 증가했다. 2016년에는 열두 살에서 열네 살 여자아이들이 2007년보다 세 배나 더 많이 자살했다.

십대 우울증이 어느 정도는 잃어버린 자아에 대한 슬픔 때문이라면, 소셜미디어는 여자아이들을 진짜 자아와 분리시키고 심지어 가상의 자아를 진짜 정체성으로 대체해 우울증을 유발한다고 볼 수 있다. 이러한 일이 벌어질 때 여자아이들은 불안해지고, 혼란스러우며, 상실감을 느낀다. 우울증 유병률과 자살률은 진짜 자아와의 단절로 인한 여자아이들의 깊은 슬픔을 반영한다.

소셜미디어가 등장하면서 여자아이들은 이제 또래 압박과는 다른 종류의 영향력에 하루종일 취약해진다. 온라인상에서의 괴롭힘, 포모증후군, 포르노물 노출, 성희롱, 이 모든 요소가 여자아이들의 우울증과 불안장애 유병률을 높이는 데 영향을 미친다. 우리 포커스 그룹의 한 여자아이가 말했듯이 말이다. "인스타그램은 제 하루를 '좋아요 가장 많이 받기 대회'로 만들어요."

섹시해 보이고 말라 보여야 한다는 압박도 받지만 다른 사람들이 해변, 공원, 혹은 카페에서 친구들과 멋진 시간을 보내는 모습을 셀카나 동영상으로 접하게 된다. 여자아이들은 자기 말고 다른 모두가 완벽한 삶을 산다고 느끼기 쉽다.

"온라인에는 완벽한 얼굴과 완벽한 몸이 담긴 사진이 올라와요. 친구들에게는 다른 친구들과 있거나 멋진 휴가를 보내는 중이라고 문자가 오죠. 그럴 때마다 패배자가 된 기분이에요." 애스펀이 한탄했다. "제가 무능하다고 느끼게 되는 계기가 항상 어디에나 있어요."

여자아이들은 소셜미디어에 가짜 자아를 구축하곤 한다. 이들은 아름다운 장소에 있는 가장 멋지고 행복한 모습을 사진과 동영상으로 보여준다. 하지만 무엇을 포스팅하느냐와 실제로 어떻게 느끼느냐 사이에는 엄청난 간극이 존재한다. 온라인상에서의 자아는 거의 완벽하고 매우 매력적이다. 하지만 오프라인에서의 자아는 침실을 거의 벗어나지 않을 수도 있다. 이러한 자아 마케팅은 모든 여자아이에게 해를 입히는 치명적인 종류의 가짜 뉴스다.

오늘날 대부분의 여자아이들은 초등학교 6학년이나 중학교 1학년 때부터 스마트폰을 사용한다. 사춘기와 중학교 생활이 시작되는 바로 그 시기다. 이때 이들의 심술궂음은 정점을 찍고 대부분의 청소년들은 어느 때보다도 힘든 투쟁을 경험한다. 이들은 천진난만하고, 다른 사람들의 애정을 갈망하고, 사람들 사이의 경계를 잘 모른다. 이 시기에 이들은 각양각색의 영역에서 동시다발적으로 가파른 학습 곡선과 맞닥뜨린다. 또한 루머 하나나 댓글 하나로 평판이 완전히 망가지기도 한다.

청소년기 여자아이들은 자신이 직면한 격렬한 감정과 고통에 잘 대처할 만큼 정서적으로나 인지적으로 성숙하지 못했으며 그러기 위한 적절한 기술도 아직 갖추지 못했다. 소셜미디어나 다른 중독물을 통해 진정하려 애쓰지만, 이 진정제 때문에 더욱더 고통스러워진다. 어떤 지점에 이르면, 여자아이들은 고통을 친구처럼 받아들여야 한다. 고통은 무언가가 변화해야 한다는 사실을 그들에게 알려주는 신호다. 고통에 귀를 기울이고 그로부터 뭔가를 배운다면, 기분이 더 나아질 방법을 찾을 수 있을 것이다. 사실, 이는 열세 살짜리 아이에게는 지나친 요구다. 열여덟 살이 되면 많은 여자아이가 이러한 기술을 갖추지만 거기까지 가는 여정은 몹시 고되다.

"제 친구들은 대부분 자기가 불안장애나 우울증이라고 진단해요." 마르타가 말했다. "저희가 배워야만 하는 것을 학교에서는 가르쳐주지 않아요. 다른 사람들과 잘 지내는 방법이라든지, 일자리를 구하는 방법이나 은행 이용법처럼 기본적인 생존을 위해 알아야만 하는 내용들 말이에요. 학교에서는 정서적 건강에 대해 가르쳐주지 않아요."

"저희 반 남자아이가 자살했을 때 저희는 그저 그 아이의 라커룸 앞에 모두 모여서 울기만 했어요." 이지가 말했다.

"제 친구 중에는 자해와 강박장애 같은 심신을 약화시키는 문제를 가진 경우가 있어요." 조던이 말했다. "아무것도 잘못되지 않았다는 듯이 행동하려 애쓰는 친절하고 다정한 아이들이에요. 걔들을 도울 수가 없어서 좌절감이 들어요. 제 말은, 저도 아직 열네 살밖에 안 됐잖아요."

"친구들은 우울할 때면 제게 전화를 걸어요." 올리비아가 말했다. "정말 무서워요. 제가 스마트폰에 자살 방지 애플리케이션을 깔아준 친구가 얼마나 많은지 몰라요."

포커스 그룹 여자아이들과 친구들을 어떻게 돕는지 대화를 나눴다. 모든 여자아이에게 들어맞는 유일무이한 해결책은 없으니 가능성 있는 방법을 직접 제안해보자고 유도했다. 간단하게는 문제를 겪는 친구에게 자살에 관해 묻고 만약 비상사태라면 자살 방지 핫라인에 전화를 걸거나 그 친구를 부모나 상담사에게 데려가자고 했다.

"제 친구들이 정신건강 문제를 토로하면, 일단 지지해준 다음 어떻게 도울 수 있는지 물어요." 애스펀이 말했다. "그애들한테 믿을 만한 어른에게 털어놓으라고 권유도 하고요."

"저는 달리기나 합창단 같은 활동을 같이하자고 권해요." 올리비아가 말했다.

제이다가 동의하며 고개를 끄덕였다. "관심을 갖는다는 사실을 친구에게 알리는 게 무엇보다 중요해요." 제이다가 덧붙였다. "여자아이들은 정말로 그 말을 들어야 해요." 제이다가 애스펀의 손을 잡고서 덧붙였다. "하지만, 제발, 친구를 구하는 짐을 혼자서 지지는 마. 걱정거리가 있다면 네가 신뢰하는 사람들과 공유해야 해."

우울증에 종종 수반되는 증상인 자해는 칼로 자기 몸을 긋고, 화상을 입히고, 다른 어떤 방식으로 스스로를 해하는 일로 여자아이들은 다양한 절망에 이렇게 대처하기도 한다. 1990년에는 3퍼센트의 여자아이가 정서적 고통을 완화하기 위해 자신을 해했다. 2008년이 되자 이 수치는 훨씬 더 높아졌다. 미국 의학협회가 발간한 질병통제예방센터 보고서에 따르면, 2016년에 열 살에서 열네 살 여자아이들이 2009년보다 세 배나 더 많이 응급실을 찾았다. 이중 대부분은 자해 혹은 자살 시도 때문이었다.

오늘날 여자아이들은 사이버불링과 외로움에 대응하기 위해 자해를 하지만 소셜미디어에서 이러한 행동을 배우기도 한다. 자기 몸을 칼로 그은 아이들은 그 흉터를 스냅챗이나 문자메시지에 올린다. 제이다는 이렇게 설명했다. "누가 상처가 가장 많은지 누구 흉터가 가장 깊은지 겨루는 것 같아요."

살아 있다는 착각을 느끼다_크리스티나(15)

크리스티나는 우리 도시에 위치한 예술고등학교에 다니는 아이로 여가 시간을 수채화, 유화, 목탄화 작업을 하며 보냈다. 이매진 드래곤스와 트웬티원 파일럿츠를 가장 좋아하는 크리스티나는 청록색으로 염색한 짧은 단발머리이고 디스토피아 소설을 즐겨 읽는다.

이렇게만 보면 크리스티나는 운이 좋고 적응을 잘한 여자아이 같다. 성적은 항상 상위권을 유지하고 미술 대회에서 상도 여러 번 받았다. 도예가인 어머니와 그래픽디자이너인 아버지와 함께 안정적인 가정에서 생활했다. 뚱땡이라는 오렌지색 고양이도 키웠다.

하지만 크리스티나는 행운아라고 느끼지 않았다. 인기 많은 무리에 속한 것도 아니었고 학교와 온라인에서 괴롭힘도 당했다. 객관적으로 봤을 때 매력적인 외모였지만, 정작 본인은 학교에서 가장 못생겼다고 생각했다. 페이스북과 인스타그램 때문에 요즘 누가 누구와 어울리는지, 자신이 언제 배제되는지 정확하게 파악했다.

크리스티나는 침대 밖으로 나오기 힘들어하고 아침식사 자리에서 가족에게 예의 없게 굴었다. 우리와 대화를 나누면서는 자신이 '예전 자아'의 껍데기처럼 느껴진다고 했다. 자기가 왜 그렇게 우울한지 모르겠다고 했다. 자신이 괴롭힘당하는 것을, 성적 압박 때문에 스트레스를 받는 것을 알았다. 곧 ACT 시험을 치르고 대학에 지원해야 하는 상황이었다. 하지만 점심으로 뭘 먹을지, 무슨 셔츠를 입을지 결정할 수조차 없었다. 고등학교 이후의 삶을 결정한다는 건 상상조차 할 수 없었다.

최근 크리스티나는 '몸을 긋는 사람'이 되었다. 항상 무감각하다고 느꼈기 때문에 자해를 시작했는데 신체적으로 고통받자 살아 있다고 느끼게 됐다. 칼로 몸을 그으면 '정화된' 기분이 든다고 말했다. 모든 부정적인 에너지가 몸에서 빠져나가는 기분이라고 했다. 또한 주변의 많은 여자아이가 스트레스와 우울증에 대처하기 위해 자해를 한다고 말했다. 자해는 기이하거나 끔찍한 일이 아니었다. 학교에 가면 많은 여자아이가 손목과 팔에 붕대를 감고 다녔다. 마치 "내가 너보다 더 슬프거든"이라고 증명이라도 하듯 말이다.

어떤 여자아이들은 그저 관심을 끌기 위해서 자해를 하지만, 대부분은 자신처럼 기분이 더 나아지고 싶어서 그런다고 생각했다. "대부분의 부모님은 이런 일이 벌어지는지도 몰라요."

크리스티나는 운이 좋았다. 한 교사가 흉터를 알아채고 곧바로 상담교사에게 알렸다. 상담교사가 크리스티나와 부모를 학교로 불러 면담을 했다. 다행히 자해를 몇 번 안 했을 때 심리 치료를 시작했다. 크리스티나는 비교적 쉽게 자기파괴적 습관을 깨고 고통에 대처하는 새로운 방법을 배울 것이다.

하지만 아리엘의 자해 습관은 더 고착화된 후에 발견됐다. 심리 치료사의 도움에도 불구하고, 아리엘을 치유하는 데 오랜 시간이 걸렸고 많은 정서적 용기도 필요했다.

현실을 외면하는 기술 _ 아리엘(14)

"초등학교 6학년과 중학교 1학년 때, 정말 어두운 생각들이 머릿속을 스쳐지나갔어요. 차에 타고 있을 때면 다른 차가 저희 가족이 탄 차를 들이받기를 바랐죠. 심각한 기상 경보가 내리면, 토네이도가 우리집을 산산조각내고 저를 죽여주겠지 했어요."

"엄마 때문에 전부터 심리 치료를 받았지만 중학교에서 겪는 문제에 대처하기 위해서였죠. 제 심리 치료사인 타냐 선생님께서 매일 어떤 생각을 하느냐고 물어서 죽음에 대한 제 환상을 말씀드렸어요. 그게 정상적인 일이라고 생각했거든요."

"타냐 선생님은 어떻게 반응했니?"

아리엘이 소리내어 웃었다. "제게 우울증을 앓고 있다고 말씀하셨어요. 그 얘기를 듣고 정말로 깜짝 놀랐어요. 말도 안 된다고 생각했죠. 다들 항상 죽음에 대해 상상하는 줄 알았거든요."

아리엘은 중학교에 다니면서 우울증에 이어 불안발작을 겪었다. 성적 압박과 또래 친구들과의 복잡한 관계 때문이었다.

"작년 이맘때쯤, 그러니까 중학교 1학년 때 우울증과 불안장애가 극에 달했어요. 심술궂은 사람들에게 둘러싸여 있었거든요. 걔들이 저한테 직접 심술궂게 굴지는 않았지만 정말 끔찍하게 행동했어요. 저희 반 어떤 여자아이에게 잔인하게 굴었고요. 걔들한테 신경을 끄기 위해서 대마초를 피우고 술을 마셨어요. 그게 걔들 곁에 머무는 유일한 방법이었어요."

"걔들이랑 관계를 끝낼 생각은 안 해봤니?"

"그렇게 간단한 문제가 아니에요. 친구들이 최악의 사람일 수는 있어요. 하지만 걔들은 여전히 제 친구고 저를 받아줘요. 저는 외톨이가 되고 싶지 않아요."

"무슨 일을 겪고 있는지 어머니에게 말씀드렸니?"

"전 엄마에게 아무 얘기도 안 해요." 아리엘이 인정했다. "제 감정을 어떻게 설명해야 할지 잘 모르겠어요. 어떤 한 가지 큰 문제 때문에 불안한 게 아니에요. 처음엔 어떤 여자애들이 심술궂게 굴죠. 그런 다음 복도에서 넘어져 몹시 당황해요. 그러고는 하교 시간 직전에 형편없는 점수가 적힌 과학 시험지를 돌려받죠. 모든 게 그냥 쌓여만 갔어요. 어떻게 멈춰야 할지 모르겠더라고요."

아리엘이 말을 이었다. "작년 이맘때쯤 몸에 두드러기가 도졌어요. 피부과에 갔더니 스트레스 때문이라고 하더라고요. 며칠마다 한 번씩 가슴과 배와 팔에 빨갛고 간지러운 발진이 올라왔어요. 그러다가 어느 시점에, 저도 이게 비이성적인 생각이라는 건 잘 알지만, 다음번에 두드러기가 올라오면 제 몸을 칼로 그어야겠다고 결심했어요."

아리엘은 몇 번 심호흡을 하고서 말을 이었다. "몇 달 동안 자해를 했어요. 스트레스를 받거나 슬플 때면 칼로 제 몸을 그었죠. 그러면 기분이 나아졌어요."

"자해를 하는 걸 부모님이 알아채셨니?"

"타냐 선생님에게 상담을 받아서 부모님은 제가 우울증과 불안장애에 시달린다는 걸 아셨어요. 하지만 작년에 최고조에 이를 때까진 자해한다는 사실은 모르셨어요. 자기 몸을 긋는 다른 여자아이들과 페이스북 비밀 그룹에서 활동했는데 거기서 자해를 하면 어떤 식으로 정화된 기분이 드는지, 슬픔이 사라지는지 글로 적었거든요. 그러다가 인터넷 브라우저 닫는 것을 깜박해서 엄마가 그 페이지를 봤어요. 엄마는 타냐 선생님과의 상담 시간을 두 배로 늘리고 집에 있는 모든 칼을 숨겼어요."

"더는 자해를 안 한다고 들었어. 어떻게 그만둘 수 있었니?"

"변화는 단계적으로 일어났어요. 부모님과 타냐 선생님이 저를 지지해줬지만, 그건 스스로 해결해야만 하는 문제라고 생각했어요. 그 누구도 제 행동을 바꿀 수는 없죠. 우습게 들릴지 모르지만, 피부에 두드러기가 생길 때마다 차가운 물수건으로 눈을 덮었어요. 그걸 못 보게 가린 거죠. 아예 안 보면 자해하겠다는 생각도 안 들 테니까요."

"정말 간단하면서도 영리한 생각 같구나."

"일단 자해를 하고 싶지 않다고 마음을 먹자, 멈추는 게 그렇게 어렵지는 않았어요." 아리엘이 설명했다. "정신 문제죠. 제가 어떤 여자아이들보다 운이 더 좋다는 걸 저도 잘 알아요. 하지만 혼자만의 힘으로 그 문제를 돌파할 수 있었죠."

"우울증에 대처하는 너만의 새로운 방식이 있니?"

아리엘의 안색이 밝아졌다. "수영을 해요!" 아리엘이 활짝 웃었다. "수영을 하면 잡생각이 사라져요. 수영장을 여러 바퀴 돌다보면 모든 생각이 정리되고 게다가 차분해져요. 물속에선 뭐든 가능할 것 같아요."

"친구 그룹도 바뀌었어요. 요즘에는 수영팀 친구들과 어울려요. 예전처럼 대마초를 피우거나 폭음을 하지 않아요."

"우울증과 분투중인 친구들이 있니? 네 경험을 공유해주고 도와줄 만한 여자아이들 말이야."

"음, 친구들 다 그래요." 아리엘이 서글프게 미소를 지었다. "우울증은 친구들 사이에서 일어나는 가장 커다란 문제예요. 어젯밤만 해도 네빈이 그러더라고요. '나는 주변 세상과 강하게 연결된 것 같아. 누군가가 가슴 아파하면 나도 가슴이 아파. 세상에 문제가 생길 때면 몸과 마음이 다 아파.'"

아리엘은 손등으로 뺨에서 눈물을 훔쳤다. "저도 딱 그래요. 뉴스를 보다가 시리아에서 폭탄 폭격을 받은 아이들 얘기나 미국 전역에서 일어나는 학교 총기 난사 사건 같은 걸 접하면, 가끔은 정말 감당할 수가 없어요. 하지만 지금부터는 건강한 방식으로 우울증을 관리해보려고요. 힘들지도 모르겠지만. 그럴 수 있다고 믿어요. 온갖 일을 겪었지만 저를 믿어요."

아리엘은 매우 심각한 상황을 경험했기 때문에 특별해 보일지도 모른다. 하지만 아리엘이 겪은 폭풍 같은 감정, 또래와의 투쟁, 우울증은 우리 시대의 전형적인 문제다. 운동과 회복탄력성이 높은 기질, 그리고 심리 치료가 아리엘에게 도움이 되었다.

절망과 스트레스와 어떻게 싸울지 우리 포커스 그룹의 모든 여자아이와 대화를 나눴다. 여자아이들은 이런저런 대처법을 생각해냈다. 온라인 사용 시간 제한하기, 친구들과 어울리기, 외출하기, 동물과 시간 보내기, 음악을 연주하거나 감상하기, 명상하기, 운동하기, 자원봉사활동하기, 책 읽기 등을 제시했다. 제이다는 우울하다고 느껴질 때면 누군가에게 도움을 청하라고 말했다. 제이다는 기분이 우울할 때 누군가를 도우라고 말했다. 그러면서 좋은 행동을 하면 기분이 더 좋아진다고 말했다. 대처법에 관해 이야기만 나눠도 여자아이들은 '정서적 무기고'에 새로운 무기가 생겼다며 더 자신감을 갖는 듯했다.

심리 치료사로서 아이들에게 심리 치료, 지지 그룹, 부모님과 학교 상담교사에게 털어놓으라고 권유했다. 스마트폰을 끄고 밖으로 나가거나, 책을 읽거나, 노래를 부르거나, 음악을 듣거나, 친구를 직접 만나 대화하라고 권했다. 또한 감사, 우정, 공감, 친절 같은 행복하기 위한 많은 기술을 이미 갖추고 있음을 강조했다.

10장
불안

2016년, 미국 대학건강협회에서는 대학 신입생들이 가장 흔하게 겪는 문제로 우울증을 제치고 불안장애가 꼽혔다고 발표했다. 실제로 젊은 여성 중 62퍼센트가 '불안에 휩싸여본' 적이 있고 공황발작을 흔하게 겪는다고 말했다.

언뜻 보기에는 불안장애가 왜 이처럼 증가했는지 정확히 분석하기가 힘들다. 예전보다 가정생활은 더 안정되고 여자아이들의 삶도 덜 혼란스러워졌다. 그렇지만 우리 문화 때문에 고립, 양극화, 공포가 양산된다. 여자아이들은 실패하거나 배척되거나 괴롭힘당하거나 소셜미디어에서 조롱받을까봐 두려워한다. 학교에서 총기 난사 사건이 일어날까봐 두려워한다. 진정으로 안전하다고 느끼는 장소가 그 어디에도 없다. 많은 여자아이가 수면장애, 사회불안장애, 그리고 강박충동장애 등으로 고통받는다.

학생들은 지나치게 바쁘고 스케줄이 과도하다고 토로한다. 이들은 밤늦도록 숙제에 허덕이고 아침 일찍 일어나 등교하거나 운동 훈련을 한다. 여자아이들은 대부분 좋은 성적을 받는 걸 중요시해서 특정 대학에 입학하거나 장학금을 확보하기 위해 시험 점수를 잘 받아야 한다고 압박을 받는다. 부모에게 압박받는 경우도 때때로 있지만, 대부분은 부모보다 성적 때문에 더 스트레스를 받는다.

포커스 그룹이 모인 자리에서 매디는 미적분학을 위한 준비과정 수업을 들으며 좌절했다고 토로했다. 매디는 A학점을 받고 싶었지만, 수업이 너무 어려워서 그게 불가능한 일이라고 생각했단다. 기말고사 기간 동안 스트레스 때문에 엉엉 울었다고 털어놓았다. 다행히 친절한 담임 선생님이 매디의 어깨를 토닥이며 "학교는 그냥 학교일 뿐이야"라고 말해준 덕분에 매디는 문제를 넓은 관점에서 보게 되었다. 하지만 여전히 모든 AP 수업에서 A학점을 받고 싶어한다. 매디는 명문대 진학을 꿈꾼다. "학교에 가면 제가 지적으로 불충분하다는 생각이 들어요."

"저도 중요 과목만 들어야 한다는 사실을 잘 알아요. 하지만 그러면 도예나 심리학 같은 흥미로운 선택 과목을 못 듣게 되죠." 애스펀이 우리에게 말했다. "저희 학교에서는 AP 수업을 안 들으면 말을 걸 가치조차 없는 사람처럼 취급받아요."

"고등학교에 입학해 첫 학기에는 학교 공부 때문에 너무 불안해서 매일 밤 잠을 제대로 못 잤어요." 조던이 말했다. "샤워할 때 머리가 한 움큼씩 빠졌고요."

"서도 성적 때문에 엄청나게 압박감이 들어요." 아말리아가 동의했다. "주말마다 옷가게에서 일을 하고 학생회와 학교 악대에서 활동을 하죠. 잠을 충분하게 자지 못해요. 게다가 저희 부모님은 제가 의사가 되기를 바라시죠." 아말리아가 양손을 내던지듯이 쳐들면서 좌절하는 시늉을 하자 다른 여자아이들이 웃음을 터뜨렸다.

"개학하고 하룻밤도 제대로 쉬어본 적이 없어요. 매일 밤 네 시간 정도 공부해요." 올리비아가 말했다. "스스로에게 높은 기대를 가지지 않으면 사람들은 저희를 제멋대로 평가하죠."

여자아이들은 학교에서 벌어지는 총기 난사 사건이나 테러리스트도 두려워했다. 현재 대부분의 학교에서 정기적으로 봉쇄 훈련을 진행하고 출입 감시원을 고용했지만, 폭력의 위협과 총기 난사 사건 보도가 끊이지 않아 여자아이들의 신경은 항상 곤두선다.

올리비아는 포커스 그룹에게 자기네 고등학교에 다니던 한 남자아이 이야기를 들려주었다. 인기가 많고 '완벽히 정상적으로' 보이는 아이였는데, 지난가을 유서를 써두고 총알 한 발이 장전된 권총을 가지고 등교했다. 학교 전체 조회 시간에 자살할 계획이었다. 하지만 권총을 본 다른 학생이 신고한 덕에 학교 관계자들은 사고를 막을 수 있었다.

이지가 어깨를 으쓱하더니 "학교 총기 난사 사건은 엄청 흔해요. 저희 학교에서 벌어지지 않는다는 법이 있나요?"라고 말했다.

대학교 1학년인 켄딜은 여전히 부모와 함께 산다. 켄딜은 수백 명의 학생과 기초 과목을 함께 듣기가 두렵다고 고백했다. 대학에 보안 규정이 거의 없다시피 해서 학생들이 배낭에 무기를 쉽게 숨겨서 가져올 수 있다고 말했다.

"교실에 앉아 있을 때 '어떤 학생이 무기를 가지고 있지는 않을까? 그러면 어떻게 여기서 탈출해야 하지?' 하고 걱정하기도 해요."켄딜이 말했다.

학교 총기 난사 사건이라는 주제가 나오자 포커스 그룹에 속한 모든 여자아이가 활발하게 이야기했다. 그들이 얼마나 공포를 느끼는지에 놀랐다. 여자아이들은 예상보다 보안 절차와 지역의 안전 정책에 관해 정확하고 세세히 알고 있었다. 학교 보안 정책에 어떠한 빈틈이 있는지부터 어떤 문이 잠기지 않는지까지 각종 문제에 빠삭했다. 자기네 학교의 보안이 충분하다고 생각하는 아이는 아무도 없었다.

"작년에 저희 학교에서 로커 기습 점검을 두 번 했는데 그때 공기총이 발견됐어요." 아말리아가 말했다. "경찰이 학교 밖 가로수 뿌리 덮개 아래에 숨겨둔 잭나이프도 발견했고요. 어떤 사람이 그냥 학교로 걸어들어와서 사람들을 쏠 수도 있는 거죠."

"저희 학교는 시내와 가까운데 약간 위험할 수 있는 동네예요."제이다가 말했다. "학교 안은 그럭저럭 안전하지만, 학교 밖은 그렇지 않아요. 안전 요원이 등교 시간에 학생들의 가방을 검사하지만, 아이들이 점심을 먹으러 나갔다 돌아오면서 뭘 가지고 올지 누가 알겠어요?"

학교 총기 사건을 차치하고라도, 청소년기 여자아이들의 머릿속에는 다른 불안 요소가 가득차 있다. 흑인, 이민자, 유색인종은 모욕적인 일이나 인종차별적 폭행을 당할까봐 두려워한다. 망명 신청자와 미등록 이주 청소년은 보안관, 경찰, 출입국관리소 직원을 두려워한다. 소수집단 학생들은 괴롭힘을 당한다. 이슬람교도와 유대교도는 혐오 단체를 무서워한다. 의심할 여지 없이, 근래 들어 길거리는 더 비열해지고 인종차별주의는 더 성행하고 있다.

인종차별주의적 태도라는 늪 _ 자밀라(17)

자밀라는 네브래스카주 오마하의 북부 지역에 살고 있다. 이 지역은 범죄율이 높을 뿐 아니라 경찰과 주민 사이에 긴장상태가 계속되는 걸로도 유명하다. 자밀라는 아홉 살 때 경찰이 오빠와 오빠 친구들을 일렬로 줄 세워서 알몸 수색을 하고 협박하는 장면을 목격했다. 아무 잘못도 안 했는데 말이다. 그중 누구도 에어컨이 달린 아파트에 살지 않았기 때문에 저녁을 먹고서 시원한 저녁 바람이나 즐기려고 놀이터에 모여 있었을 뿐이었다.

이때 일로 법집행에 대한 자밀라의 인식이 완전히 뒤바뀌었다. 자밀라는 더이상 경찰이 국민에게 '봉사하고' 국민을 '보호하는' 협력자라고 믿지 않는다. 무슨 수를 써서라도 가급적 경찰을 피해왔지만 반년 전 운전면허를 딴 후 '흑인이 차를 몬다는 이유만으로' 네 번이나 경찰에게 검문을 받는 쓰라린 경험을 했다. 한 번은 차선을 바꿀 때 깜빡이를 켜지 않아서, 다른 한 번은 교차로 일단정지 지점에서 차를 멈추지 않고 천천히 지나가서였다. 네 번 중 두 번은 강제로 차 밖에 나와 혼잡한 교차로에서 몸수색을 받아야만 했다.

"교외 중산층 지역에 사는 백인 여자아이였다면 그렇게 취급했을까요?"

큰오빠 앤턴은 유흥을 즐길 정도로 대마초를 소지했다는 이유로 주립 교도소에 7년째 복역중이다. 앤턴은 고등학교 3학년 시절이 거의 끝나갈 무렵 성인으로 체포되고 기소되었다. 마치 노예가 된 기분이라고, 한 곳에서 다른 곳으로 무리 지어 이동해야 하고 어떠한 인간다움이나 자유도 못 누리며 살아간다고 감옥에서 편지와 전화로 소식을 전해왔다.

체포되기 전만 해도 유쾌하고 인기 많은 농구선수였던 앤턴은 장학금을 받고 2년제 대학에 입학할 예정이었다. 하지만 이제 만성 우울증에 시달리고 앞으로의 방향을 전혀 의식하지 않은 채 살아가고 있다. 자밀라와 어머니는 앤턴이 스물다섯번째 생일 직후에 석방이 되면, 대학이나 직업학교를 다니는 걸 다시 고려하게끔 그를 설득하려 한다. 현재로서 자밀라는 범죄 조직의 활동에 엮이거나 간수에게 학대받지 않고 오빠가 감옥에서 안전하게 지내기만을 매일 밤 기도할 뿐이다.

"내가 인터뷰한 많은 여자아이가 학업 스트레스를 가장 큰 불안의 원천으로 꼽았어. 학교 총기 사건에 대한 두려움이나 미국 혹은 지구의 미래에 대한 걱정을 그다음으로 꼽았고."

자밀라가 유감스럽다는 듯 웃었다. "저도 이해해요. 저도 성적 때문에 걱정해요. 대학에 진학하면 좋은 직장을 얻는 최고의 기회를 잡는다는 사실도 잘 알아요. 하지만 저를 둘러싸고 벌어지는 경찰의 만행과 끝없는 인종차별주의 때문에 훨씬 더 스트레스를 받아요. 음료수를 사러 길모퉁이로 걸어갈 때마다 뭔가 나쁜 일이 벌어질까봐 두려워요. 여동생이 경찰에게 총을 맞거나 폭행을 당할까봐 걱정되고요. 여동생이 버스에 타거나 공원에서 놀 때 '검둥이'라고 불리면 어쩌지 싶어요. 이런 것 때문에 밤에 잠 못 들죠."

인종차별주의가 깊이 뿌리박힌 나라에서 살아가기 때문에 자밀라는 또래 다른 여자아이들이 직면한 모든 문제와 씨름할 뿐 아니라 추가적 짐까지 짊어졌다. 가장 근원적이고 가장 중요한 불안은 가족의 생존과 연관됐다. 우리가 인터뷰한 많은 여자아이가 느끼는 두려움과는 경우가 다르지만, 이 이야기를 오늘날 미국에서 이례적으로 일어나는 일이라고 절대 치부할 수는 없다.

요즘에는 많은 학생이 정서적 고통에 대해 지속적으로 뉴스 속보로 접하는데 그러면서 서로를 트라우마에 빠뜨린다. 그레이시는 우울증에 걸린 친구들을 걱정하며 그들에게 책임감을 느꼈다. "제 친구는 심각한 자살 시도를 했다가 얼마 전에 퇴원했어요. 그애와 그 일에 관해 이야기를 나눠야 할지 아무 일도 없었다는 듯이 그냥 지내야 할지 잘 모르겠어요."

그레이시는 어떨 때는 자살하고 싶다는 친구에게 그냥 저지르고 다 끝내버리라고 말하는 아이도 있다고 털어놓았다. 한 남자아이는 자살하라고 다른 친구를 부추기기까지 했단다. 어떤 날에는 학교에 가기가 두렵다고 말했다. 그저 비열한 친구들을 마주하기가 힘들고 또다른 친구가 약물을 복용한다거나 자해를 한다고 고백할까봐 걱정된다고 했다.

마지막으로, 디지털 세계 또한 불안을 양산한다. 심리학자 샤론 베글리에 따르면, 전체 십대 아이 중 거의 절반 정도가 아침에 침대 밖으로 나오기 전에 스마트폰을 사용한다. 어떤 심리학자들은 스마트폰 사용을 중독보다는 강박에 더 가깝다고 본다. 베글리는 소셜미디어를 사용함으로써 불안이 감소되는 동시에 증가한다는 사실을 발견했다. 단기적으로 소셜미디어 사용은 학생들을 달래주지만, 시간이 지날수록 학생들은 더 불안해진다.

학생들에게 스마트폰을 압수하자 심박수의 증가 같은 생리적 스트레스 증상이 나타났다. 2010년에 진행된 한 연구에서는 이백 명의 학생에게 하루종일 스마트폰과 모든 소셜미디어 사용을 금지했다. 그런 뒤 학생들에게 의견을 묻자 "비참했다, 안절부절못했다, 초조했다, 미친듯이 화가 났다, 불안했다"는 답이 돌아왔다.

소셜미디어 사용을 통제하려면 엄격한 제한 규칙부터 적용한 다음 그 규칙을 계속 유지하는 게 가장 효과적이다. 그렇지만 말로는 쉽지만 실천하기란 만만찮다. 여자아이들이 일단 스마트폰에 중독되면 사용 시간을 줄이기가 힘들다. 사용 시간을 줄이는 일은 단순히 의지력의 문제가 아니다. 그러려면 여자아이들은 매우 중독적인 강박 행동과 맞서 싸워야 한다.

여고생 중에서 가장 효과적으로 테크놀로지 사용 시간에 균형을 맞추는 경우, 하루에 한 시간 정도를 소셜미디어에 할애한다. 대다수의 또래 친구들보다 훨씬 적은 시간이다. 어른들과 대화를 나누거나, 친구들과 직접 만나서 어울리거나, 책을 읽거나, 야외에서 휴식을 취하면서 시간을 보내면 여자아이들은 더 강인해지고 회복탄력성도 더 높아진다. 명상, 요가 혹은 기도로도 자기 진정을 할 수 있다.

메건과 앤마리는 십대 아이들이 맞닥뜨리고 있는 거의 모든 종류의 불안을 경험했다. 다행히 이들은 서로를 지지하고 스트레스 관리를 위해 요가 수련을 했다. 또한 앤마리는 신을 깊게 믿었다.

온라인상에서의 괴롭힘 _ 메건(15)과 앤마리(16)

메건과 앤마리는 사촌지간으로 집이 두 블록 거리이며 같은 가톨릭계 고등학교에 다녔다. 그들을 인터뷰했을 때, 짙은 색 튜닉과 격자무늬 레깅스를 입은 메건은 긴 머리를 촘촘히 땋아 늘어뜨리고 화장은 하지 않았다. 곱슬곱슬한 검은 머리에 녹갈색 눈을 가진 앤마리는 미니스커트와 탱크톱을 입었다.

두 아이 모두 노래 부르기와 피아노 연주를 좋아했다. 앤마리는 독실한 가톨릭 신자였지만, 메건은 교회를 믿지 않고 신이 있다고 확신하지도 않았다. 부모가 가족과 함께 주간 예배에 참석해야 한다고 주장해서 교회를 다니긴 했지만, 고등학교를 졸업하고 독립하면 잠시 교회에 나가지 않을 계획이었다.

둘 다 불안장애 때문에 약을 복용중이고 메건은 스트레스성 섭식장애와 싸우고 있었다. 사촌지간인 둘은 학교와 소셜미디어에서 집단 괴롭힘을 당해 상처를 받았다. 메건은 이렇게 말했다. "인기가 없다면 괴롭힘당하기 쉬워요."

앤마리는 자기네 학교의 한 여자아이가 온라인상에서 가해자들에게 호되게 당했다고 말했다.

"피해자들이 부모에게 어떤 메시지를 보내든 간에 학교에서는 가해자들을 어떻게 처리해야 할지 몰라요." 앤마리가 말했다.

"가해자들은 누구니? 개인이니 아니면 특정 그룹에 속한 아이들이니?"

"운동팀에 속한 아이들이나 부자 부모, 비싼 옷, 수영장, 온갖 비디오게임 콘솔을 가진 아이들이죠." 앤마리가 장난스럽게 하품하는 척하며 말했다.

이 아이들은 소셜미디어에 양가감정을 갖고 있었다. 소셜미디어가 또래 친구들 사이에 잔인한 행동을 유발한다고 믿었지만 우리가 인터뷰한 많은 여자아이처럼 이들도 전자기기와 온라인 계정과 헤어지고 싶어하지는 않았다.

"소셜미디어에서 식스팩 복근을 가진 사람을 수없이 봐요. 저희 빼고 모두가 저희보다 더 성공하고 더 행복한 것처럼 보여요." 앤마리가 말했다. "하지만 친구들과 연결되어 있어서 좋기도 해요."

"온라인에 소름 끼치는 것이 많이 올라와요." 메건이 덧붙였다. "발 페티시가 있는 어떤 남자가 제게 사진을 보내달라고 계속 요구한 적도 있어요. 그런 건 대개 무시하면 그만이죠. 아는 사람들이 비열한 말을 하거나 평가하는 데 무엇보다 상처받아요."

메건은 몇몇 친구에게 갑작스레 따돌림당했다고 말했다. 그들은 소셜미디어에 "더는 메건을 좋아하지 않아. 미안한데, 솔직히 미안하진 않아"라고 공개적으로 올렸다.

메건은 결코 그 이유를 알 수 없었다. 2년 전 사건이지만, 여전히 그 아이들을 볼 때마다 현기증이 났다.

앤마리는 직면한 또다른 문제에 관해 이야기했다. 앤마리는 초등학교 6학년 때 드라마 〈글리〉를 보다가 자신이 레즈비언이라는 사실을 깨달았다. 교회에서는 동성애가 죄악이라고 가르쳤기에 앤마리는 신에게 저주받았다고 느꼈다. 숨을 쉬기 어려운 공황발작에 지속해서 시달렸지만 겁에 질려서 부모에게 도움을 요청하지 못했다. 메건은 부모에게 말하라고 앤마리를 격려해줬고 그렇게 할 때 옆에도 있어주었다. 부모님은 처음에는 화를 냈지만, 몇 주 후 진정되어 앤마리에게 사랑이나 지지를 절대 철회하지 않겠다고 약속했다. 그들은 다정하고 사랑스러운 딸을 저주하지 않을 터였다.

커밍아웃 이야기를 하면서 앤마리는 몸을 떨었지만 이내 지금은 삶이 더 나아졌다고 인정했다. 앤마리는 헌신적인 심리 치료사에게 상담을 받고 있고, 공황발작이 올 때 자신을 진정시킬 수 있는 심호흡 기법도 배웠다. 앤마리와 메건은 요가 수업을 정기적으로 듣고 매주 일요일에는 소셜미디어를 보지 않겠다고 서로 약속했다.

"저희는 대부분의 시간 동안 스트레스에 지쳐 있어요. 하지만 스스로를 진정시키는 새로운 방법도 배우고 있죠." 앤마리가 말했다. "적어도 저희에게는 서로가 있으니까요."

그 어떤 시대보다 요즘 들어서 여자아이들은 우울과 불안에 더 많이 시달린다. 자살률의 증가와 응급실 방문 기록으로 이러한 사실을 알 수 있다. 자해도 점점 흔해진다. 소녀들에게 어떻게 자해하면 되는지 보여주는 동영상도 온라인에 올라와 있다. 우리 포커스 그룹에 따르면, 일부 사회집단에서는 자해로 누가 가장 극적인 흉터를 얻었는지 경쟁적으로 자랑하기도 한다. 이러한 충격적이고 파괴적인 행동이 우리 사회에 전염되고 있다. 학부모, 학교 관계자, 의학 전문가는 이러한 현상을 더 많이 의식해야 하고 이러한 행동의 흔적을 발견하면 바로 조처해야 한다.

많은 여자아이가 심리 치료사에게 상담을 받으며 이 방법이 효과가 있다고 말한다. 고등학교에는 여학생 지지 그룹이나 여학생 역량 강화 그룹이 많이 구축돼 있다. 일반적으로, 부모들은 딸을 간절히 돕고 싶어한다. 우리 모두 힘을 합하여 여자아이들을 격려하고 사랑하고 온라인상에서 실수하지 않도록 보호할 수 있다. 그리고 LGBTQ 십대들은 자살할 위험이 더 크므로, 이들에게 특별히 더 관심과 이해를 기울여야 한다. 또한 모든 청소년은 친구, 자신이 속한 공동체, 확대가족, 그리고 현실세계와 연결됨으로써 도움을 받을 수 있다.

11장
마른 몸에 대한 숭배

먹고 토하기를 반복하다_하이디(16)

하이디는 체조 훈련을 마치고서 내 상담실에 도착했다. 금발에 예쁘장한 외모의 하이디는 빨간색과 흰색이 섞인 반짝거리는 운동복 차림이었다. 우리는 체조에 관해 이야기를 나눴는데 하이디는 여섯 살 때부터 체조를 해왔다고 했다. 1990년대 우리가 처음 만났을 때, 지역 대학의 코치들과 훈련하도록 막 선발된 참이었다. 하루에 네 시간씩, 일주일에 엿새를 훈련했는데 올림픽 팀 선발까지는 기대하지 않았지만, 상위 열 개 대학에 장학금을 받고 입학할 수는 있을 거라고 예상했다.

체조에 관해 말할 때 하이디의 얼굴은 상기됐지만 두 눈이 붉게 충혈되고 오른쪽 검지손가락에 작은 상처가 남아 있음을 알아차렸다.

(손가락을 반복적으로 목구멍에 집어넣으면 입안의 산성 물질 때문에 손가락에 상처가 생길 수 있다.) 그래서 폭식증 때문에 도움을 받기 위해 찾아왔다고 밝혔을 때 그리 놀라지 않았다.

"이 문제를 2년 전부터 겪고 있어요. 하지만 최근 들어서 이 문제가 체조 훈련에도 영향을 미쳐요. 너무 힘이 없어요. 특히 손으로 바닥을 짚고 뛰어넘기를 할 때 그래요. 이 동작을 하려면 힘이 필요하거든요. 집중하기가 힘들어요."

"훈련 때문에 섭식장애가 생긴 것 같아요." 하이디가 말을 이었다. "코치님은 매주 체중 측정을 할 때마다 저희한테 서로의 갈비뼈를 세어보라고 해요. 살이 붙어서 갈비뼈를 세기가 힘들면 벌을 받죠."

이 이야기에 반감이 들어 얼굴을 찡그렸다. 하이디는 사춘기 이후로 체중을 줄이는 일 때문에 내내 힘들었다고 말했다. 식사를 마치고 나면 지나치게 많이 먹었을까봐 초조했다. 칼로리를 계산했고 배가 고파도 음식을 먹기가 두려웠다. 수업시간에는 옆구릿살을 손가락으로 집어본 후 질겁하곤 했다.

어느 날 체조부 회의가 끝난 후 처음으로 구토를 했다. 코치 선생님이 하이디와 체조선수들을 스테이크 전문식당으로 데려갔다. 하이디는 더블 치즈버거와 어니언링을 주문했다. 음식을 다 먹은 후, 갑자기 그다음날 있을 체중 측정 때문에 강박감이 들었다. 그래서 이번 한 번만 먹은 것을 없애자고 결심하고서 조심스레 레스토랑 화장실로 가서 먹은 것을 모두 게워냈다.

하이디가 얼굴을 붉혔다. "선생님께서 생각하시는 것보다 더 힘든 일이었어요. 몸이 저항했지만 어쨌든 해낼 수 있었죠. 너무 역겨운 행동이라 '절대 다시는 그러지 않을 거야' 했지만 일주일 후에 또 그랬어요. 처음에는 일주일에 한 번이었다가 그다음엔 일주일에 두 번으로 바뀌었어요. 지금은 거의 매일 그래요. 치과에서는 산이 제 치아의 법랑질을 부식시킨다더라고요."

하이디는 울음을 터뜨렸다. "위선자 같아요. 사람들은 저를 아담하지만 건강한 사람이라고 봐요. 하지만 저는 음식을 게걸스럽게 먹은 후 완전히 통제 불가능해지는 사람이에요. 얼마나 많이 먹는지 믿지 못하실 거예요. 음식을 입안에 어찌나 빨리 쑤셔넣는지 숨이 다 막힐 지경이죠. 그러고 나면 배가 터질 것 같아요."

폭식증은 깨기 힘든 일종의 중독 증상이라고 설명해줬다. 폭식을 하고 구토를 하고자 하는 충동과 싸우려면 엄청난 의지력이 필요하다. 게다가 술이나 코카인 같은 다른 물질에 중독된 사람과 달리 폭식증이 있는 여성들은 자신이 선택한 약물, 그러니까 음식을 피할 수도 없다. 하이디는 식이 통제법부터 배워야 했다. 하지만 폭식하고 싶다는 충동에 맞서는 것은 치료의 일부분에 불과하다. 심리적 고통에 대처하는 새로운 방식도 찾아야 했다. 다른 모든 중독증과 마찬가지로 폭식증은 고통으로부터 도망치려는 하나의 방식이다. 자기감정을 직면할 필요가 있었다. 하이디에게 폭식할 때 어떤 기분인지 글로 기록해보자고 제안했다. 뒤에서 하이디가 쓴 글을 함께 살펴볼 것이다.

하이디의 아버지는 소아과의사였고 어머니는 가정주부이자 여자청년연맹의 일원이었다. 삼 남매 중 첫째인 하이디는 훌륭한 유년기를 보냈다. 가족은 매년 여름이면 여행을 떠났다. 어떤 해에는 메인

주의 해변으로, 어떤 해에는 플로리다의 새니벌섬으로, 그리고 또 어떤 해는 알래스카로 떠났다.

하이디는 초등학교 시절을 좋아했다. 가정생활, 교회, 체조 등 여러 가지 일로 분주하게 지낸 시절이었다. 털털하고 활기가 넘치는, 다른 아이들이 좋아하는 타입의 여자아이였다. 하이디가 잠시 말을 멈췄다. "저는 완벽한 삶을 누렸어요. 훌륭한 부모님, 좋은 친구들, 캐노피가 달린 침대와 발코니가 딸린 침실까지 모든 게 완벽했죠. 벽은 상장과 트로피로 가득했고요."

"언제부터 완벽한 생활이 중단된 거니?"

"열세번째 생일 이후로 모든 게 힘들어졌어요. 동네 초등학교를 졸업하고 다른 학구와 합쳐진 중학교에 진학했어요. 학교생활이 더 힘들어지고 체조도 더 힘들어졌어요. 생리를 시작한 뒤로 몸무게가 늘었어요. 코치 선생님이 제게 다이어트를 시켰고요."

하이디는 한숨을 쉬었다. "사회생활도 더 힘들어졌어요. 여자아이들은 경쟁심이 강했어요. 저는 험담하는 게 싫었어요. 남자아이들과의 일은 모든 게 성적인 문제로 변했죠. 같은 동네에 사는 몇몇 남자아이와 친구 사이였지만 더는 함께 어울리지 않아요. 우정을 어떻게 이어가야 하는지 몰랐거든요."

하이디에게 외모에 대해 어떻게 생각하는지 물었다. 그리 놀랍지 않게도 중학교에 들어간 후 못생겼다고 느꼈다고 답했다. "친구들은 외모 이야기만 했어요. 거기에 휩쓸리지 않으려고 애썼지만 어쩔 수가 없었어요. 저도 다른 아이들처럼 예뻐지고 싶었어요."

흔히 그러하듯이, 하이디의 폭식증은 체중 증가에 대한 불안감에서 시작됐다. 하이디는 고위험 범주, 그러니까 체조선수, 무용수, 배우, 모델처럼 마른 몸에 기반하여 직업활동을 하거나 정체성을 형성하는 여성에 속해 있었다. 이들 중 상당수가 직업상 재해로 섭식장애에 걸린다. 그렇지만 일단 폭식증이 자리를 잡으면 술이나 다른 화학물질이 그러하듯이 스트레스를 완화시키는 요소로 기능한다.

앞으로의 기대를 이야기하며 첫번째 상담 시간을 마무리했다. 하이디는 매력적이고, 운동을 잘하고, 인기도 많아야 한다는 압박감을 받는다고 말했다. 하이디는 놀랍도록 성공적으로 이러한 기대에 부응했지만 큰 대가를 치르고 있었다. 하이디의 완벽주의는 신체적, 정서적 건강에 피해를 입혔다. 자신을 덜 몰아붙일 필요가 있었다. 폭식증을 극복하지 못한다면 결국 운동선수도, 매력적이거나 인기 많은 아이도 될 수 없기 때문이다.

그다음 상담 시간에 하이디는 폭식증에 관해 신중하게 기록한 노트를 가지고 왔다. 모든 일과를 마치고 늦은 밤 집에서 폭식을 했다. 대개 침대에 누워서 잠을 청했지만 거의 날마다 너무 불안해서 폭식을 하고 토한 후에야 비로소 진정됐다. 그런 뒤에야 잠들었고 다음날 아침에 일어나면 어김없이 비참함과 수치심에 시달렸다.

폭식을 하기 전에는 피곤하다거나, 훈련 성적을 걱정하거나, 연습이나 남자친구 때문에 화가 난다고 기록했다. 우리는 폭식 이외에 어떤 식으로 이러한 감정에 대처할 수 있는지 논의했다. 하이디는 누군가와 대화를 나누거나, 일기를 쓰거나, 음악을 듣거나 혹은 이완 기법을 배울 터였다. 하이디는 폭식하기 전에 일기를 쓰겠다고 약속했다. 그 방법이 자신을 막아주지는 않겠지만 적어도 그 속도를 늦춰주거나 자기 자신에 관해 뭔가를 배울지도 모른다고 생각했다.

폭식증이 하이디의 삶을 어떻게 바꿔놓았는지 이야기를 나눴다. 하이디는 더이상 가족과 함께 저녁식사나 음식이 제공되는 외부 행사를 즐기지 않았다. 정상적으로 음식을 먹는 사람들 주변에 있으면 초조해졌다. 음식을 깨지락거리거나 폭식은 할 수 있었지만 평범하게 식사하는 능력은 상실한 상태였다. 매주 일요일 조부모와의 식사 자리에서 통제력을 잃을까봐 두려워서 조부모를 피했다. 하이디는 조부모를 그리워했고 그들 또한 자신을 그리워한다는 사실을 알았다.

언제 폭식해야 하는지 계획을 세우느라 지칠 대로 지쳐 있었다. 어떤 때는 주방을 독차지하기 위해 자정이 넘어서까지 잠들지 않고 깨어 있었다. 어떤 때는 가족들이 나갈 때 혼자 빠졌는데 집이 비면 혼자서 맘껏 폭식할 수 있기 때문이었다. "부모님이 저를 막지는 않으세요. 하지만 부모님이 계실 때 폭식을 하는 게 싫어요. 제 남동생들도 몰랐으면 하고요."

"남자친구는 제 폭식증에 관해 알고 많이 도와줘요. 하지만 폭식증이 저희 관계를 망치고 있어요. 남자친구와 외식을 하지 않아요. 제가 폭식하도록 남자친구가 저를 집에 데려다줬으면 할 때도 있어요. 데이트를 끝낼 핑곗거리를 만들어내고요." 하이디가 나를 쳐다봤다. "이렇게 말하기는 정말 싫지만, 섹스보다 폭식이 더 좋아요."

"만약 폭식하는 데 뭔가가 방해하면 정말로 기분이 안 좋아져요. 폭식하기 전에는 짜증이 나고 폭식하고 나면 우울해져요. 저는 절대 행복해지지 못할 것 같아요."

심리 치료를 받으러 온 하이디를 칭찬해줬다. "너는 노력할 수 있는 자제력도 능력도 갖췄어. 폭식증과 싸우려면 꼭 필요한 것이지. 반드시 전처럼 돌아갈 수 있을 거야. 장담할게."

음식 중독

1990년대에 폭식증은 젊은 여성들에게 가장 흔한 섭식장애였다. 폭식증은 처음에는 체중을 조절하기 위한 전략으로 시작되었다가 이내 자신만의 생명력을 갖게 됐다. 폭식증을 보이는 젊은 여성들은 먹기, 구토하기, 체중에만 쉴 틈 없이 사로잡혔다. 음식을 먹는 즐거움은 절망, 광분, 죄책감으로 대체되었다.

폭식증을 보이는 여성들은 시간이 흐를수록 건강상 심각한 문제를 겪을 위험에 처한다. 치아, 식도, 위장에 문제가 생길 때가 많고, 심장마비를 일으킬 수도 있을 정도로 위험하게 전해질 불균형이 생기기도 한다.

다른 무엇보다 폭식에 빠져들면서 성격도 변한다. 이들은 강박적으로 변하고, 비밀스러워지며, 또다른 폭식을 갈망하면서 그러한 습관 때문에 죄책감을 느낀다. 이들은 통제력의 상실을 경험한다. 또한 짜증을 잘 내고 사람들과 거리를 두고 은둔할 때가 많은데 특히 가족과 함께할 때 더욱 그렇다.

거식증은 중학교 때 시작되는 경우가 많지만, 폭식증은 청소년기 후반부에 발달하는 경향이 있다. 폭식증은 여대생 병으로도 불리는데, 많은 젊은 여성이 사교클럽이나 기숙사에서 처음 폭식증을 보이기 때문이다. 거식증이 있는 여자아이들은 완벽주의자이고 통제적이지만, 폭식증이 있는 여자아이들은 충동적이고 스스로를 만성적으로 통제하지 못한다. 폭식증이 있는 여자아이들은 거식증이 있는 또래들보다 알코올중독에 더 취약하다. 거식증이 있는 여자아이들과 달리 폭식증이 있는 여자아이들은 체형과 체중이 다양하다.

거식증이 있는 여자아이들과 마찬가지로 폭식증이 있는 여자아이들 역시 여성 역할에 과잉사회화되어 있다. 이들은 최선을 다해 다른 사람을 즐겁게 해주려 한다. 대부분 사회성이 뛰어나며 매력적이다. 치어리더이거나 축제의 여왕, 전 과목 A학점을 받는 학생이자 가족의 자랑거리인 경우도 많다.

폭식증이 있는 젊은 여성들은 진정한 자아를 잃는다. 다른 사람들을 기쁘게 하고자 열성을 다하다가 자신의 핵심을 파괴하는 중독에 빠진다. 완벽한 몸매를 갖기 위해 영혼을 판다. 이들은 먼길을 되돌아와야 한다.

광란의 폭식증 _ 프루던스(16)

프루던스와 어머니 마블린은 어느 화창한 겨울 오후에 내 상담실을 찾았다. 마블린은 통통한 중년 여성으로 인조 모피 깃이 달린 멋진 빨간 모직 정장을 입고 있었다. 프루던스 역시 통통했는데 청바지에 빛바랜 스웨터를 입고 버켄스탁을 신고 있었다.

프루던스는 3년 전부터 폭식을 했는데 요즘은 하루에 두 번, 어떤 때는 세 번씩 폭식을 한다고 말했다. 프루던스는 일종의 광란상태처럼 폭식에 빠졌다는데 그럴 때마다 무아지경으로 손에 잡히는 것은 뭐든지 흡입한다고 말했다.

"식료품 저장실을 잠가둔 적도 있어요. 하지만 얘가 망치로 부수고 저장실 문을 열더라고요. 폭식을 하고 싶어하면 어떻게 막을 도리가 없어요."

마블린은 프루던스가 정상적인 식사를 전혀 하지 않는다고 말했다. 폭식을 하지 않을 때는 아무것도 먹지 않고 쫄쫄 굶었다.

"얘는 항상 다이어트를 해요. 폭식을 할 때 말고는 아무것도 먹지 않죠."

"살을 빼고 싶은데 그럴 수가 없어요." 프루던스가 내게 말했다. "지금이 제 인생에서 최고 몸무게예요."

"다 제 잘못이에요." 마블린이 한숨을 쉬었다. "제가 항상 다이어트를 하거든요."

가족에 관해 물었다. 마블린은 남편과 함께 전화 회사에서 일했다. 그들은 그곳에서 18년 전 처음 만났다고 했다. "저는 제 권리를 내세우는 현대 여성은 확실히 아니에요. 마음에 담긴 말을 솔직히 꺼내기가 힘들죠."

"엄마는 온 가족의 시종이에요. 아빠가 괴롭히게 그냥 내버려둬요. 그러다가 작은 실수라도 하면 곧장 사과하죠. 엄만 바보처럼 살지 말아야 해요."

새삼 딸들이 얼마나 자세히 엄마를 관찰하는지, 그리고 엄마의 행동을 얼마나 강하게 느끼는지 알게 돼 충격을 받았다. 프루던스는 아버지를 좋은 부양자이지만 말수가 적은 사람이라고 묘사했다. 이에 대해 마블린은 이렇게 말했다. "그이한테 얘는 세상 전부지만 별로 대화하지는 않아요. 그이는 감정을 드러내는 유형이 아니거든요."

"다른 형제도 있나요?"

갑자기 인터뷰 분위기가 바뀌었다. 마블린은 한숨을 쉬었고 프루던스는 입술을 깨물었다. 마블린이 말했다. "오빠가 있었는데 3년 전에 교통사고로 세상을 떠났어요."

"그레그 오빠 얘기는 하고 싶지 않아요." 프루던스가 말했다.

굳은 표정의 두 여성을 쳐다봤다. 이들 가족은 그레그의 죽음에 관해 거의 이야기를 나누지 않았고 슬픔의 대부분이 여전히 그들에게 그대로 남아 있는 것 같았다. 이 주제를 다룰 필요가 있었지만, 첫번째 상담 시간에는 하지 않기로 했다.

그 대신 프루던스의 학교생활을 물었다. 도시에서 가장 부유한 지역에 위치한 학교에 다녔는데 재학생은 거의 모두 도시 교외에 거주하고 서로 비슷비슷한 부류였다. 여자아이 대부분은 유명 상표가 달린 옷을 입었고, 가지런하고 새하얀 치아와 아름다운 머릿결을 가지고 있었다. 심지어 통통한 여자아이도 거의 없었다. 섭식장애가 생기기 딱 좋은 환경이었다.

프루던스가 깔깔거렸다. "처음 거기 갔을 때, 여자아이들이 다 똑같아 보였어요. 애들을 구별하는 데 시간이 좀 걸렸죠."

프루던스가 다소 독특한 자기 옷차림을 가리키며 말했다. "저는 유명 상표 옷을 경쟁하듯 입지 않아요. 바비 인형이 아니거든요. 폭식증이 있다는 게 부끄러워요. 비싼 사립학교에 다니는 애들이나 걸릴 법한 병이잖아요."

다음번에 만난 자리에서 그레그 사진을 보여달라고 부탁했다. 프루던스는 지갑을 꺼내 그레그가 졸업반 때 찍은 사진을 보여주었다. "그레그 오빠는 다른 오빠들과 달랐어요. 저의 절친한 친구였죠. 주위에서 얼쩡거려도 오빠는 전혀 귀찮아하지 않았어요. 오빠 친구들이 놀러왔을 때조차도 말이죠. 오빠는 저한테 조언도 해주고 저를 보호해줬어요. 오빠가 하는 최악의 말은 제게 실망했다는 말 정도였어요. 그런 말을 들으면 빠르게 고치려고 했죠. B학점을 받으면 오빠한테 잔소리를 들었어요. 오빠에게 아이스스케이트 타는 법도 배웠고요."

"오빠는 어쩌다가 그렇게 됐니?"

프루던스는 아랫입술을 깨물었다. "그레그 오빠는 주에서 열린 농구 대회를 마치고 친구들과 놀러 나갔어요. 오빠가 술을 마실 거라는 사실을 알았지만, 오빠 친구들은 늘 지명 운전자를 정해놓기 때문에 걱정이 되지는 않았어요. 하지만 그날 밤에는 지명 운전자가 술에 취했고 동네 어귀의 다리를 차로 들이받았어요. 그 사람은 안 다쳤지만, 그레그 오빠는 즉사했어요."

프루던스는 고등학교에서 열린 추도식에 관해 말해주었다. 사람들이 천 명이 넘게 찾아왔다. 고등학교 합창단이 노래를 불렀고, 그레그의 농구팀 주장이 추도사를 했다. 프루던스는 교회 예배 얘기도 했다. "저희 가족 모두가 관 안에 뭔가를 넣었어요. 오빠가 하늘나라에 가지고 갈 수 있게요. 엄마와 아빠는 오빠의 낚싯대, 농구공, 그리고 앨범을 넣었어요. 저는 곰 인형 미샤를 넣었고요."

오빠와 마지막으로 나눴던 진지한 대화에 관해 이야기하다가 프루던스는 울음을 터뜨렸다. 그레그는 프루던스에게 중학교 생활에 대해, 그리고 거기에서 맞닥뜨릴 온갖 유혹에 관해 경고했다. 또한 최소한 고등학교 때까지는 섹스와 술을 피하라고 충고했다.

"섹스에 대해선 오빠의 조언을 따랐어요. 어쨌든 누구와 사귀고 싶은 마음이 전혀 없으니까요."

프루던스가 말을 이었다. "오빠가 죽은 뒤로 저희 가족은 오빠 이야기를 하지 않아요. 엄마는 오빠의 침실 문을 닫아놨고, 오빠가 합숙 훈련을 떠났거나 자기 방에서 늦잠을 자는 것처럼 행동했어요. 오빠 애기를 꺼내면 저희 가족이 무너져내릴 것만 같았어요."

"저희 가족이 이 상황을 헤쳐나가도록 오빠만 도울 수 있어요. 오빠는 늘 옳은 말을 할 줄 알았죠."

프루던스에게 휴지를 건넸고 5분이 지나고서 프루던스는 말을 이었다. "하느님한테 엄청 화가 났어요. 왜 죽고 싶어하는 노인이나 사형선고를 받은 아동 살인범을 데려가지 않으신 거죠? 왜 세상에서 가장 훌륭한 사람을 데려가신 거죠?"

프루던스는 더 많이 울었다. 하지만 실컷 울고서 이렇게 말했다. "이야기하고 나니 기분이 좀 낫네요."

"아직 해야 할 일이 많단다."

이 상담 시간 이후에 희망을 느꼈다. 폭식증을 앓는 많은 젊은 여성이 그러하듯이, 프루던스는 폭식을 한 후 구토하면서 자기감정에 대처했다. 프루던스가 자신의 가장 큰 고통을 회피하지 않고 대면했으니 다른 고통도 대면할 테고, 기분이 안 좋을 때면 폭식하기보다 다른 사람과 대화하리라 생각했다.

그후 몇 달 동안 그레그 이야기를 자주 나눴다. 프루던스는 오빠의 다른 사진과 오빠가 농구 합숙 훈련 캠프에 갔을 때 보내온 편지를 가져왔다. 오빠와 함께한 모험 이야기도 들려주었다. 엄마, 그리고 오빠의 옛 여자친구와 오빠 이야기를 나눴다고 했다. 프루던스는 아빠와도 대화를 나눠보려 했지만, 그는 단호하게 말했다. "프루, 아빠는 차마 못하겠구나."

어느 날, 프루던스에게 오빠를 떠올리게 만드는 무언가를, 볼 때마다 오빠와 연결되어 있다고 느끼도록 도와줄 무언가를 자연계에서 찾아보라고 제안했다. 그다음번에 와서는 오빠를 생각하면 강가의 부들이 떠오른다고 말했다. 오빠는 키가 크고 마르고 갈색 머리에 물을 좋아했기 때문이라고 했다. 오빠가 그리울 때마다 부들이 자라는 근처의 개울에 가서 오빠 생각을 했다.

프루던스는 실제로 오빠에 관해 이야기한 날에는 폭식을 덜했다. 또한 다른 고통도 그것을 직접 대면하는 방식으로 대처하게 되었다. 가령, 일기를 쓴다거나 믿을 만한 누군가와 대화를 나누면서 말이다.

프루던스에게 자신을 잘 보살피라고 격려했다. 프루던스에게 '익명의 과식자 모임'의 슬로건을 알려주었다. 이들의 슬로건은 '지나치게 배곯거나 화를 내거나 외로워하거나 지치지 말라'였다. 프루던스는 자기감정을 각각 구분하고, 모든 감정에 무차별적으로 배고픔이라는 이름표를 붙이지 않는 법을 배웠다. 피곤하면 휴식을 취하고, 화가 나면 사람들에게 이야기하고, 지루할 때면 다른 뭔가 할 일을 찾는 법도 배웠다.

프루던스는 익명의 과식자 모임을 좋아했다. 섭식장애에 관해 솔직하게 말하는 다른 사람의 이야기를 들으면 위안이 되었다. 그중 일부 여성이 회복중이며 잘 극복해나간다는 사실에 용기를 얻었다. 서로를 지지하고 서로의 감정에 관해 대화하는 게 좋았다. 프루던스는 의식 고양 노트를 만들어 거기에 외모지상주의자와 성차별주의자의 말을 기록했다. 또한 마른 여성들이 나오는 광고를 모았다. 프루던스는 광고에서 여성들이 몰개성한, 멍한 눈빛을 한 모습으로 성적 대상물로 묘사되는 게 몹시 싫었다. 프루던스는 자주성에 대해 긍지를 갖게 됐고, '머리가 빈 섹시한 여자 되기'를 더 거침없이 거부하게 됐다.

그런 다음 폭식을 하고 싶은 엄청난 갈망에 맞서 싸우기로 결심했다. 이는 회복과정에서 반드시 필요하고 무척이나 중요한 단계이지만 극심하게 힘든 일이기도 하다. 그동안의 임상 경험을 통해 폭식을 하고 싶은 충동과 싸우는 일은 마약을 하고 싶은 충동과 싸우는 일만큼이나 힘들다는 사실을 알게 됐다. 놀라운 자제력과 정서적 고통을 참는 힘을 요하는 일이었다. 프루던스는 오빠에게 도움을 요청하는 법을 알아냈다. 오빠 얼굴을 마음속에 그린 다음 그에게 폭식증과 싸울 힘을 달라고 부탁했다. 싸움에 성공하면 오빠에게 감사했다.

물론 항상 성공한 것은 아니었다. 하지만 점차 폭식을 하루에 한 번으로 줄일 수 있었다. 심리 치료를 시작하고 넉 달 후, 폭식을 아예 하지 않고 하루를 보낼 수 있었다. 에너지가 일부 돌아왔고 피부와 머릿결도 더 건강해 보였다. 심지어 몸무게를 아예 신경쓰지 않는 날도 있었다.

프루던스는 말솜씨가 좋았고 여느 십대들보다 자신이나 다른 사람들의 감정에 더 예민했다. 천천히 프루던스는 중독을 이겨냈다. 프루던스는 의식적이고 깨어 있는 삶을 살겠다고 약속했다. 심리 치료를 시작하고 몇 달 후 프루던스는 이렇게 말했다. "지금의 저를 보면 그레그 오빠가 좋아할 거예요."

풍요로운 땅에서의 굶주림

거식증은 잘사는 나라에서 벌어지는 문제다. 피터 로언의 말을 인용하자면, 거식증은 '빗속에서의 목마름'이다. 젊은 여성은 아름다워야 한다는 문화적 규칙에 대한 결과이자 저항이다. 처음에는 단지 마르고 아름답기 위해서 분투하지만 얼마 지나지 않아 거식증 그 자체가 뿌리를 내린다. 거식증에 걸린 여자아이는 행동으로 세상에 말한다. "봐요, 제가 얼마나 말랐는지 잘 봐요. 당신이 원하는 것보다 훨씬 더 말랐어요. 절 더 먹게 만들 수 없어요. 제 운명은 제가 지배한다고요. 그 운명이 굶주리는 것이라고 해도 말예요."

착실한 딸, 우등생처럼 착한 여자아이들이 거식증을 겪을 위험이 가장 크다. 거식증은 여느 십대들이 다이어트를 하는 청소년기 초기에 종종 시작된다. 하지만 다이어트를 그만두는 대신, 완벽주의자를 지향하는 젊은 여성들은 다이어트를 이어간다. 이들은 계속해서 몸무게에 집착하고 음식에 관한 생각이 점점 확고해진다. 주변에서 가장 마른 여자아이, 미녀 중의 미녀를 뽑는 대회에 자신이 출전했다고 믿는다.

거식증이라는 단어는 배고픔의 결여라는 뜻을 함축한다. 그렇지만 실제로 거식증에 걸린 여자아이들은 항상 배가 고프다. 이들은 여느 굶주리는 사람들만큼이나 음식에 집착한다. 이들은 굶주린 사람과 같은 신체적 증상을 자주 보인다. 배는 팽창해 있고, 머리카락은 윤기가 없고 잘 끊어진다. 생리가 멈추고 허약해지고 감염에 취약해진다. 이들은 굶주리는 사람과 같은 심리적 특성 또한 보인다. 우울해하고, 짜증을 잘 내고, 비관적이고, 냉담하고, 마음껏 먹는 꿈을 꾼다.

가족들은 딸에게 음식을 먹이려고 온갖 노력을 다한다. 애원도 하고, 협박도 하고, 설득도 하고, 속이기도 한다. 하지만 거식증에 걸린 여자아이들은 자기 삶에서 음식을 먹는 행위만 유일하게 통제할 수 있기 때문에 부모들은 이에 실패한다. 그 누구도 이들에게 살을 붙일 수 없다. 마른 몸은 이들에게 자부심의 원천이자 명예 훈장이다.

거식증에 걸린 여자아이들은 이성에게 인기가 많다. 이들은 여성스러움에 대한 문화적 규정을, 그러니까 마르고, 수동적이고, 연약하고, 다른 사람의 비위를 맞춰주는 사람이라는 모습을 전형적으로 보여준다. 이러한 젊은 여성들은 급기야 병원에 입원해 강제로 먹어야 하는 지경이 될 때까지 외모를 찬양받는 일에 도취한다.

나는 거식증이 일종의 은유적인 현상이라고 본다. 여자아이가 자신이 속한 문화권이 여성에게 요구하는 대로 따르겠다고 진술하는 것이다. 다시 말해 마르고 비위협적인 사람이 되겠다는 것이다. 여자아이들은 너무 연약하므로 이들이 대처할 수 없는 세상으로부터 이들을 막아주고 보호해줄 남자가 필요하다고 거식증은 암시한다. 마치 전족을 한 옛 중국 여자들처럼 말이다. 거식증에 걸린 여자들은 자기 몸으로 신호를 보낸다. '저는 작은 공간만 차지할 거예요. 방해되지 않을 거예요.' 이들은 이렇게 신호를 보내는 셈이다. '저는 무섭거나 위협적인 사람이 아녜요.' (세상에 누가 몸무게가 약 32킬로그램밖에 안 나가는 성인을 두려워하겠는가?)

거식증을 친구로 여기다_사만다(16)

사만다는 독일계 루터교도인 어머니 손에 이끌려 내 상담실을 마지못해 찾았다. 어머니 빌마는 코트를 입은 채 풍만한 가슴 앞에 팔짱을 끼고서 남편도 함께 오고 싶어했지만 밭에 할일이 많아서 못 왔다고 설명했다. 주말에 눈 예보가 있어서 그전에 옥수수를 수확해야만 했다. 빌마는 가족 주치의가 사만다에게 거식증 진단을 내렸다고 말했다. 사만다는 몇 달 동안 생리를 안 했고, 콜레스테롤 수치가 너무 낮아서 자칫하면 심장마비를 일으킬 수도 있다고 했다.

빌마는 사만다가 쾌활하고 생기발랄한 아이였다고 말했다. 하지만 상담실을 찾았을 때는 거의 웃지 않고 짜증을 잘 내고 무기력했다. 한때 농장에서 힘센 일꾼이었지만 이제는 가장 가벼운 잡일 정도만 거들 수 있었다. 집에서는 가족과 거의 대화를 나누지 않고 자기 방에서 운동을 하거나 공부를 하며 대부분의 시간을 보냈다. 전 과목 A학점을 받았고 치어리더였으며 같은 반 친구들에게 인기가 많았다. 하지만 "예전처럼 그러한 것을 더는 즐기지 않"았다.

어머니가 건강 문제와 행동 변화에 대해 말하는 동안 사만다는 아무런 감정 동요도 보이지 않은 채 가만히 듣고 있었다. 사만다는 키가 167센티미터에 몸무게가 45킬로그램이었다. 두개골 윤곽이 뚜렷하게 드러나고 눈은 흐리멍덩하고 움푹 들어가 있었다. 밝은 갈색 머리는 보기 좋게 정리되어 있었지만, 윤기가 없고 부석부석했다. 사만다는 마른 몸을 감추기 위해 블라우스와 두꺼운 스웨터를 입고 있었다. 또한 팔에 털이 많았는데 이는 거식증 환자가 흔히 보이는 증상이었다. 이를 취모라고 하는데 지방세포의 손실을 보충하기 위해 부드럽고 곱슬곱슬한 솜털이 자라는 증상이었다.

사만다에게 어머니가 설명한 내용을 어떻게 생각하느냐고 물었다. "엄마가 과장하는 거예요. 저는 충분히 먹어요. 어젯밤만 해도 피자와 아이스크림을 먹었는걸요."

빌마가 의심스럽다는 표정으로 말했다. "아이스크림은 한 숟가락 먹고 피자는 한 조각도 다 안 먹었잖아. 게다가 먹기 전에 치즈부터 싹 걷어냈고."

"전 치즈 안 좋아해요. 아시잖아요."

빌마가 말했다. "애는 음식으로 눈속임을 한답니다. 음식을 먹는 척하지만 사실은 접시 위에 놓인 음식을 재배열할 뿐이에요. 학교에서 뭘 먹었다고 말하지만 친구들한테 물어보면 사실이 아니더라고요."

"작년에 성격이 변했니?" 내가 물었다.

"요즘에 달라졌어요. 저도 인정해요. 예전만큼 재미가 없고 스트레스를 잘 받아요. 잠도 잘 못 자고요."

"언제부터 살이 빠졌니?"

"다이어트했어요." 사만다는 어머니를 가리켰다. "엄마가 부추겼 잖아요."

빌마가 슬픔에 잠겨 고개를 가로저었다. "맞아요. 얘랑 같이 저도 살을 빼려고 했어요. 전 일주일 고생하고 바로 그만뒀지만, 얜 절대 그만두지 않았죠."

우리가 패턴에 관해 이야기를 나눌 수 있도록 사만다에게 식사와 운동 내용을 기록해보라고 제안했다. 거식증을 적으로 인정하고 그 것과 맞서 싸우겠다고 의식적으로 결정을 내리지 않는다면 결코 회 복하지 못한다고 강조했다. 그러지 않으면 사만다는 나와 가족을 자 기가 원하지 않는 것을 강요하는 적으로 인식할 터였다. 게다가 우리 랑 싸워서 사만다가 이길 수도 있을 터였다.

"허기져한다는 걸 뻔히 아는데 얘가 저녁으로 양상추와 포도 몇 알 을 먹는 걸 보기가 너무 고통스러워요. 하지만 얘가 음식을 먹게 만 들 수는 없더라고요. 저희는 노력했지만 얘는 더 빠르게 몸무게가 줄 었어요."

빌마에게 섭식장애에 관해 내가 쓴 책을 주고 사만다와는 다음날 점심시간에 만나자고 약속을 잡았다. 점심 도시락을 가지고 단둘이 서 만나고 싶었다.

다음날, 사만다는 앞에 흰색 새끼 고양이가 그려진 파란 스웨트셔 츠와 다림질을 한 듯한 청바지를 입고 왔다. 치즈 샌드위치와 사과를 꺼내며 점심을 먹으면서 대화하자고 제안했다. 사만다가 자기 점심 도시락을 꺼냈다. 크래커 두 개, 셀러리와 당근 조각 몇 개, 작은 포도 송이 하나가 전부였다. 아침을 많이 먹어서 배가 안 고프다고 했다.

사만다에게 무엇이 거식증을 촉발했느냐고 물었다. "브래드랑 헤어졌어요. 저희는 중학교 내내 사귀었어요. 걔가 믿을 만하다고 생각했고 저희가 영원히 함께할 거라고 믿었어요."

먹던 샌드위치를 내려놓고 물었다. "왜 걔가 다른 누군가와 데이트를 했다고 생각하니?"

"브래드는 허벅지가 굵다고 절 놀렸어요. 걔는 더 마른 누군가를 원했죠."

사만다가 당근 조각을 조금씩 갉아먹었다. "엄마나 친구들보다 제가 다이어트를 훨씬 더 잘했어요. 첫 주에는 2킬로그램 정도 빠지고 그다음주에는 1.5킬로그램 정도 빠졌어요. 학교에서 두 번이나 기절했지만요."

사만다는 그때를 떠올리며 빙그레 웃었다. "칭찬을 많이 받았어요. 친구들은 질투했지만 예전에는 저를 쳐다도 안 보던 남자아이들이 데이트 신청을 하더라고요."

사만다에게 체중을 측정하는 시간은 무엇보다 중요한 일과였다. 아침에 일어나자마자 몸무게부터 쟀다. 몸무게가 줄었으면 기분이 좋았지만 늘었으면 괴로움에 휩싸였다. 다른 어떠한 것도, 학교 성적도 사회적 성공도 행복에 영향을 미치지 않았다.

사만다는 금식할 때의 '황홀감'에 빠졌다. 하루에 5킬로미터씩 달리다가 그다음에는 8킬로미터로, 그리고 다시 12킬로미터로 조깅 거리를 늘렸다. 달리고 나면 진이 다 빠지고 얼마 안 되는 에너지가 고갈되었지만 거리를 줄이지 않았다. 또한 음식에 대한 통제력을 증명하기 위해 스스로를 시험했다. 친구들을 파티에 초대해서는 친구들이 라자냐와 아이스크림을 게걸스럽게 먹는 모습을 배고픔에 허덕이면서 지켜보는 식이었다. 가족을 위해 브라우니를 구운 후 오븐에서 막 꺼낸 브라우니를 한 입도 맛보지 않기도 했다. 다른 사람들이 동물적 식욕을 드러내며 음식을 급하게 먹으면 그 모습을 보면서 우월감을 느꼈다. 거식증이 있는 많은 여자아이와 마찬가지로 사만다는 복잡한 삶을 몸무게라는 한 가지 단순한 문제로 국한시켰다.

사만다는 자신만의 완고한 사고방식으로 자신을 평가했고 다른 사람들의 영향에는 꿈쩍도 하지 않았다. 거식증이 친구라는 생각으로 스스로를 세뇌했다. 부모와 주치의가 거식증과 싸우기를 원했기에 내 상담실에 왔을 뿐이었다. 사만다에게는 거식증이 아니라 바로 우리가 적이었다. 사만다는 자신을 돕고자 하는 사람들에게서 자신을 보호하기 위해 거짓말을 하고 사실을 왜곡했으며 식이습관을 숨겼다.

심리 치료는 일종의 역세뇌다. 사만다가 아니라 거식증을 공격했다. 사만다가 빈약한 점심식사를 끝마치자, 심리학자 데이비드 엡스턴에게 배운 질문을 던졌다. "만약 거식증이 너의 친구라면 왜 그게 너를 그렇게 피곤하고 약하게 만들까? 왜 생리가 끊기고 머리카락이 빠지게 만드는 그런 일을 하라고 널 부추길까?"

"무슨 말씀인지 모르겠어요." 사만다가 대답했다.

상담 시간 끝에 말했다. "거식증이 네게 한 거짓말을 계속해서 파헤칠 거야. 그 거짓말이 네 생명을 위협하고 있어." 또한 당분간 장거리달리기를 그만둬야지만 상담을 계속하겠다고 말했다. 장거리달리기 때문에 심장마비가 일어날 수 있기 때문이라고 덧붙였다. 제한 규정을 두자 사만다는 분개했지만 이내 동의했다.

사만다와의 심리 치료는 힘들게 진행됐다. 사만다에게 의식을 고양해줄 숙제를 내주었다. 사만다는 모델과 영화배우를 보면서 질문을 던져야 했다. "누가 이 마르고 수동적인 유형을 미의 기준으로 선택한 거지?" 정말로 존경하는 여성들에 관해서 생각해보라고도 권했다. 그들이 자기 몸무게와 외모를 의식하느냐고 물었다.

거식증이 극도로 심한 여성 대부분이 그러하듯이, 사만다와의 상담에서는 거식증이 친구가 아니라 적이며 심지어 잠재적 사형집행인이라는 사실을 각성시키는 게 무엇보다 중요했다. 어느 날 사만다는 거식증이 자신에게 거짓말했다는 사실을 마침내 깨달았다. "거식증은 제가 마르면 행복해질 거라고 약속했는데 저는 비참해요. 또한 엄청난 일을 성취할 거라고 약속했지만 늘 해왔던 일조차 너무 피곤해서 못해요. 거식증은 친구가 생길 거라고 약속했지만 모두가 저한테 몹시 화가 나 있어요. 거식증은 제 삶에서 모든 즐거움을 훔쳐갔어요."

그날 '사만다가 앞으로 회복하겠구나' 하고 예감했다.

강박적으로 음식을 먹는 사람들

미국 문화권에서는 모두가 음식을 사랑하도록 사회화되어 있다. 영양이 풍부하고 달콤한 음식은 사랑, 돌봄, 따스함과 연결된다. 할머니와 파티를 쿠키와 케이크랑 연관짓지 당근 조각과 연관짓지는 않는다. 정서적 영양은 신체적 영양과 관련된다. 또한 스위티, 슈거, 허니 등 사랑하는 사람을 지칭하는 많은 단어가 음식과 관련된다. 음식은 정서적 힘 이외에 중독적이기도 한 화학적 힘 또한 갖는다. 우리는 모두 추수감사절 만찬을 끝낸 후 진정제를 복용한 듯한 효과를 경험한 적이 있다.

강박적으로 음식을 먹는 젊은 여성들은 정서적 고통을 가라앉히는 약물로 음식을 이용하는 법을 배웠다. 정서적 고통에 대처하는 다른 방법을 배우지 못했기에, 이들에게 훨씬 더 많은 고통과 거부를 경험하게 만드는 비만이 되기에, 이러한 방식은 해롭다. 미국에서는 비만인 사람이 스스로에게 만족하기란 사실상 불가능하다. 악순환이 시작되는 것이다.

강박적 과식자들은 다이어트를 해본 젊은 여성인 경우가 많다. 이들은 다이어트중에는 기분이 안 좋아졌다가 음식을 먹으면 기분이 나아진다. 하지만 이를 되풀이하는 동안 신진대사 기능은 점점 저하된다. 시간이 지나면서 체중 감량을 통제력과, 체중 증가를 통제력을 벗어난 행동과 결부짓는다. 그리고 얼마 지나지 않아 식습관뿐만 아니라 삶 자체가 걷잡을 수 없이 통제 불능 상태에 빠진다.

수지 오바크는 신체적으로 진짜 배고픈 '위장 배고픔'과 음식이 아닌 애정, 휴식, 자극, 위안 혹은 사랑 같은 것에 허기진 '입 배고픔'을 구별지었다. 강박적으로 음식을 먹는 사람들은 입 배고픔을 겪는 사람들이다. 이들은 모든 감정에 배고픔이라는 이름표를 붙인다. 피곤하거나 초조하거나 화가 나거나 외롭거나 지루하거나 상처를 받거나 혼란스러우면 음식을 먹는다.

강박적 섭식의 치료법은 폭식증의 치료법과 비슷하다. 젊은 여성들은 진짜 욕구가 뭔지를 밝혀서 모든 욕구에 배고픔이라는 이름표를 붙이지 말아야 한다. 초조하다면 자극이 필요하다. 피곤하다면 휴식이 필요하다. 화가 난다면 자신을 화나게 만든 상황을 바꾸거나 그 상황에서 탈출해야 한다. 물론 강박적 섭식장애를 앓는 사람들은 당연히 식이 통제법을 배워야 한다. 많은 경우, 익명의 과식자 모임 같은 지지 그룹에서 도움받을 수 있다.

우리가 처음 만났을 때 바이올렛은 길거리에서 살았지만 얼마 후 젊은 여성 노숙자를 위한 쉼터에 입소했다. 바이올렛은 다른 강박적 섭식자들보다 더 힘든 삶을 살았지만, 본질적으로 같은 문제를 갖고 있었다. 바이올렛은 음식을 사랑 그리고 돌봄과 연관지었다. 많은 강박적 섭식자가 그러하듯이, 마음씨가 착하고 다른 사람을 기쁘게 해주는 데 최선을 다했다. 다른 사람은 잘 돌봤지만 정작 본인에게 돌봄이 필요할 때 주위에 아무도 없었다. 음식은 바이올렛에게 진통제였다.

부드러운 갑옷을 입다_바이올렛(18)

지역 노숙자 센터에서 일하던 1990년대에 바이올렛을 처음 만났다. 낮 동안 노숙자들과 단기 길거리 체류자 센터에 와서 샤워를 하고, 전화를 사용하고, 우편물을 찾고, 비바람을 피하고, 카드놀이를 했다. 자원봉사자로서 나는 거기서 커피를 만들고 도넛과 롤빵이 담긴 쟁반을 내놓는 일을 담당했다. 욕설 금지, 음주 금지, 외설스러운 말이나 행동 금지, 부기 금지 등의 규칙을 내세웠다. 대부분 이용자는 남성이었지만 점차 여성과 가족이 센터에 오는 경우도 늘었다. 오전이 반쯤 지나면 희부연 담배 연기가 공간을 가득 채웠다. 얼마나 많은 노숙자가 카페인, 설탕, 담배, 술에 중독되어 있는지를 보고 충격을 받았다.

바이올렛은 쉼터 방문객으로는 흔치 않은 나이라서 곧바로 눈에 띄었다. 열여덟 살 정도, 어쩌면 그보다 더 어려 보였다. 통통하고 티셔츠와 청바지를 입고 플라스틱 샌들을 신은 아이였다. 센터 사람들 대부분이 그러하듯이 치아상태가 좋지 않았다. 처음 봤을 때는 탁자에 앉아서 단골손님들과 카드놀이를 하고 있었다. 그들은 바이올렛에게 농담을 던지고 담배를 권했으며, 길거리에서 어떻게 살아남을 수 있는지 조언해줬다.

나중에 그 남자들이 길거리로 나간 후 바이올렛과 이야기를 나누었다. 바이올렛 말로는 마지막 위탁가정이 될 곳에서 막 도망 나왔다고 했다. 여섯 곳의 위탁가정을 거쳤다는데 이는 적지 않은 숫자였다. 또한 병들고 알코올중독인 어머니와 함께 보호시설에 산 적도 있고 오갈 데 없는 어려운 상황인 아이들을 위한 시설에서 살기도 했다. 바이올렛은 혼자 살 준비가 되어 있다고 했다. "이래라저래라 하는 사람들이랑 사느니 차라리 길거리에서 혼자 살겠어요."

혼자 지내다가 강간당할까봐 걱정된다고 했더니 나를 이상하게 쳐다봤다. "아직 그런 일이 없었을 거라고 생각하세요?"

바이올렛은 몇 달 동안 쉼터에 왔다. 그 지역의 많은 노숙자처럼 피를 팔고 제약사에서 진행하는 의약품 임상실험에 '자원'했다. 또한 가죽 팔찌를 만들어서 길거리에서 팔았다. 자신과 친구들이 먹을 음식을 살 만큼 충분히 돈을 벌었고 쉼터에 나타나는 아이들에게 선물을 사줬다.

어느 날 아침, 바이올렛은 팔다리에 난 온갖 상처를 보여줬다. 어머니의 전 남자친구와 칼싸움을 하다가 생긴 흉터, 체벌을 중시하는 양아버지에게 맞은 흉터였다. 또 어떤 날에는 이렇게 말했다. "당신은 심리 치료사잖아요. 주변에 있는 모든 걸 먹어야만 직성이 풀리는 성향에 어떻게 대처해야 할지 모르겠어요." 바이올렛은 항상 음식과 편안함을 연결지었다. 할머니네 놀러갔던 어린 시절을 생각하면 기분이 좋다고 했다. 그곳은 편하게 놀고 휴식할 수 있는 평온하고 깨끗한 공간이었다. 할머니는 요리를 잘했고 바이올렛이 좋아하는 오트밀 쿠키와 스펀지케이크를 항상 만들어주셨다. "엄마 주변에는 음식이라고는 전혀 없었어요. 술만 진탕 마셨죠. 할머니 집에 가면 항상 맛있는 음식이 있었어요."

바이올렛이 담배에 불을 붙였다. "안 좋은 집을 많이 거쳤어요. 제가 의지할 수 있는 유일한 게 음식이었어요. 얼마나 만신창이가 됐든 간에 뭘 먹으면 기분이 나아졌어요. 하지만 충분히 먹었다고 생각한 적은 한 번도 없었어요. 이게 요즘 걱정돼요. 배 아플 때까지 먹고 앞으로 계속 그럴 거예요."

"네 문제를 상당히 잘 파악하고 있는 것 같구나."

바이올렛이 미소를 지었다. "뭐가 잘못됐는지는 알아요. 하지만 그걸 어떻게 고치죠?"

음식을 먹는 행위로 바이올렛은 다른 방식으로 어떻게 채워야 할지 모를, 마음 깊은 곳의 욕구를 채웠다. 바이올렛이라면 자기 자신을 돌보는 건강한 방법을 배울 것 같았다. 일을 매우 잘하는 아이라 괜찮은 직장을 얻고 더 안정적인 삶을 누리는 길을 개척해가리라 확신했다. 이런 말을 하자 바이올렛은 손을 내저었다. "워워. 너무 깊이 파고들지 말아요."

나는 바로 사과했다. "우리 심리 치료사들은 그러는 경향이 있단다." 바로 그때, 쉼터에 있던 한 남자가 커피를 더 달라고 요청했다.

몇 주 후, 바이올렛은 식습관이 섹스에 대한 공포와 관련된 것 같다고 말했다. "제가 충분히 뚱뚱해진다면 남자들이 저를 가만히 내버려둘 거예요." 바이올렛이 웃으며 말을 이었다. "일종의 갑옷이죠. 부드러운 갑옷. 하지만 효과가 꽤 좋아요."

또다른 날에는 내가 이렇게 말했다. "모두가 너한테 의지하는 것 같아. 네가 그들을 기운나게 해줄 거라 믿는 것 같고." 바이올렛은 나의 관찰에 기뻐했다. 나는 말을 이었다. "널 변화시키고 싶진 않아. 다른 사람들에게 해주는 합리적인 조언 가운데 몇 가지를 네가 따른다면 말이야."

바이올렛이 나를 쳐다봤다. "예를 들어 어떤 거요?"

"길거리생활을 청산하는 일 같은 거. 네가 준비된다면 도와줄 수 있어."

이야기가 해피엔딩으로 끝났다면 좋겠지만, 몇 달 후 바이올렛은 센터에서 만난 남자와 함께 과일을 수확하는 일을 하겠다며 캘리포니아로 떠났다. 센트럴밸리에서 보낸 엽서에는 이렇게 적혀 있었다. "내 심리 치료사가 그립네요. 곧 돌아갈게요. 걱정하지 말아요."

그후로 바이올렛을 다시는 보지 못했다.

바이올렛은 극단적인 상황에 처해 있었지만, 정신역동의 관점에서 볼 때 대부분의 강박적 섭식자와 비슷했다. 사랑과 음식을 결부지었고, 음식으로 자기 자신을 위로하고 돌봤다. 성에 대한 두려움도 강박적 섭식자들에게는 전형적으로 나타난다. 많은 이들이 강박적 섭식을 성적 학대와 관련된 사건 탓으로 돌린다. 어떤 사람들은 남자나 성욕을 두려워해서 몸무게를 일종의 보호장치로 여긴다.

만약 심리상담실에서 바이올렛을 만났더라면, 잔뜩 먹고 싶다는 유혹이 들 때의 감정을 주의깊게 관찰해보라고 격려해줬을 것이다. 그동안 축적된 경험 때문에 의심의 여지 없이 고통받았을 것이다. 바이올렛은 부모의 방치 문제와 신체적 학대와 성적 학대에 대처해야 했다. 사람들은 자신을 실망시키지만 음식은 영원히 신뢰할 만한 친구라고 생각했다.

바이올렛에게 감정에서 도망치기보다는 그 감정을 존중하라고 알려줬을 것이다. 또한 우울증과 싸우고, 스트레스를 조절하고, 몸에 대해 더 만족하는 방법으로 운동을 해보라고 권했을 것이다. 다른 사람과의 경계를 설정하는 방법, 다른 사람에게 도움을 요청하는 방법도 가르쳤을 것이다. 바이올렛이 다시 학교로 돌아가거나 취직에 유용한 기술 훈련을 받도록 돈을 마련할 수도 있었을 것이다. 좋은 치과의사를 주선해줄 수도 있었을 것이다.

아름다움은 미국 여성들을 규정짓는 특징이다. 아름다움은 사회적 성공을 위한 필요조건이자 때로는 충분조건이기도 하다. 아름다움은 모든 연령대의 여성에게 중요하지만, 아름다워야 한다는 압박은 청소년기 초기에 가장 강하게 받는다. 여자아이들은 옷, 화장, 피부, 헤어스타일 때문에 걱정한다. 그렇지만 무엇보다도 몸무게 때문에 걱정한다. 또래 친구들은 마른 몸에 어마어마한 가치를 둔다.

외모에 대한 이러한 강조는 내가 어렸을 때도 존재했다. 하지만 1990년대가 되자 여자아이들은 말라야 한다는 압박을 더 많이 받았다. 우리는 서로 잘 알고 지내는 일차적 관계로 이루어진 마을 공동체 사회에서 이차적 관계로 가득찬 도시로 이동했다. 지역사회에서 외모는 한 사람을 규정하는 많은 관점 중 하나일 뿐이다. 마을의 모든 사람이 오랜 시간에 걸쳐 다양한 방식으로 서로를 알아간다. 반면, 타인들로 가득한 도시에서 외모는 다른 사람을 재빨리 평가하는 유일한 관점이다. 따라서 외모가 가치 평가에서 엄청나게 중요해진다.

1990년대에 어디에나 존재하는 미디어는 끊임없이 마른 여성을 바람직한 여성으로 그렸다. 여자아이들은 자기 몸을 우리 문화에서 요구하는 이상형과 비교하고 이를 지향했다. 다이어트와 몸매에 대한 불만족은 사춘기의 정상적인 반응이 되었다. 부자연스러울 정도로 마른 몸이 매력적인 몸으로 받아들여지자 여자아이들은 마르기 위해 온갖 부자연스러운 일을 하게 됐다.

불행하게도 여자아이들이 몸에 대해 걱정하는 게 비이성적인 행동은 아니었다. 이 시기에 심리학 분야에서 이루어진 사회 호감도 조사에 따르면 비만인은 사회적으로 배척당하고 사람들은 비만인에게 편견을 가졌다. 한 연구에 따르면, 미국인 중 11퍼센트가 태아에게 비만 경향성이 보인다고 들으면 임신중단을 택하겠다고 응답했다고 한다. 다섯 살짜리 아이들에게 잘생긴 사람들을 구별해보라고 하면 마른 사람의 사진을 골랐다. 초등학생들은 난폭한 사람보다 비만인 사람에게 더 부정적인 태도를 보였다. 교사들은 비만인 학생의 지능을 과소평가하고 날씬한 학생의 지능을 과대평가했다. 비만인 학생은 장학금을 받을 기회가 더 적었다.

여자아이들은 뚱뚱해질까봐 무서워했다. 학교 복도에서 뚱뚱한 여자아이들에게 퍼부어지는 조롱 섞인 말을 모두 들었다. 뚱뚱하다는 것은 소외되고, 경멸당하고, 비난받는 것을 의미했다. 그 누구도 자신이 충분히 말랐다고 생각하지 않았다. 자기 몸에 죄책감과 수치심을 가졌기 때문에 젊은 여성들은 지속적으로 방어적인 태도를 보였다. 1980년대와 1990년대에 섭식장애를 가진 사람이 폭발적으로 증가했다. 고등학교에서 강연할 때면 섭식장애 문제를 고백하려는 여자아이들에게 포위당했다. 대학에서 강연할 때, 주변에 섭식장애를 겪는 친구가 있느냐고 질문하자 모든 학생이 손을 들었다. 여러 연구 결과에 따르면, 미국에서는 어느 날 갑자기 조사를 하더라도, 전체 십대 여자아이 중 절반이 다이어트중이고 젊은 여성 중 20퍼센트가 섭식장애를 앓고 있다고 나타난다.

오늘날, 여자아이들은 여전히 마른 여성을 가치 있게 여기는 외모지상주의 문화 속에서 살아간다. 모든 섭식장애의 발생률은 약간 감소했으나 폭식증은 아직도 가장 흔한 섭식장애다. 1990년대 이후로 심리 치료사들과 의학 전문가들은 훨씬 더 수준 높은 치료법을 개발했다. 이제는 렌프루센터처럼 훌륭한 치료 프로그램을 갖춘 곳이 많아졌다. 대중 또한 섭식장애의 위험에 대해 예전보다 훨씬 많이 알고 있다.

최근 들어 비만인 젊은 여성의 비율이 급상승중이다. 십대의 당뇨병 발병률 또한 치솟았다. 미국인은 설탕과 지방이 가득한 음식을 먹고, 많은 십대가 운동을 덜 하고 더 많은 시간을 실내에서 전자기기를 사용하며 보낸다. 일단 비만이 되면, 여자아이들은 체중을 감량하는 데 어려움을 겪는다. 뚱뚱한 여자아이들은 여전히 배척당하지만, 우리 문화에 희망을 북돋우는 새로운 개념이 하나 생겼다. 바로 자기 몸 긍정주의. 자신만만하고 매력적인 많은 여성이 현재 문화 속에서 뚱뚱한 사람으로 살아가는 경험담뿐 아니라 재능을 꽃피우고 새로운 수준의 자기수용과 직업적 성공을 성취한 이야기를 글로 블로그로 유튜브로 전한다.

아름다워져야 한다는 청소년들의 압박감은 인터넷 때문에 더 강화된다. 소셜미디어를 통해 여자아이들은 신체 관련 제품과 다이어트 제품 광고에 계속해서 노출되고, 결점 없는 피부와 매끈한 다리를 가진 여자들의 이미지에서 벗어날 수 없다. 요즘 여자아이들은 더 조각 같은 몸매를 가지기 위해 성형수술을 받거나 강박적으로 운동할 가능성이 더 높다. 미국 성형외과의협회의 보고에 따르면, 2000년부터 2012년 사이에 성형수술 비율이 98퍼센트나 증가했다. 우리 포커스 그룹에서 마르타가 말했듯이 "가짜 가슴과 엉덩이가 사방에 널린" 시대다.

매디는 여고생들의 세계를 이렇게 묘사했다. "비교하는 일이 다반사예요. 저는 모든 여자아이를 단 5초 안에 평가해요. 그애가 저보다 더 예쁜지 아닌지 결정하죠. 여자애들은 다 그래요. 정말 피곤하죠."

"저도 그렇지만 모든 여자아이가 신의 모습을 따라 만들어졌다고 저 자신에게 되새기려고 노력해요." 매디가 말을 이었다. "그렇지만 쉽지 않죠. 미식축구를 할 때 남자아이 중 절반은 치어리더를 쳐다볼 거예요. 하지만 장담컨대 여자아이들은 모두 치어리더를 볼걸요. 누가 더 예쁜지 보려고요."

"제 주변 여자아이들은 대부분 저보다 더 말랐어요." 매디가 한숨을 쉬며 덧붙였다. "이상형에 들어맞지 않는 아이들이 어떤 몸매 조롱을 겪는지 잘 알아요. 대부분은 자기보다 더 뚱뚱한 여자아이들을 업신여겨요."

매디가 덧붙였다. "요즘에는 양쪽 허벅지 사이의 틈을 신경써요. 만약 이상적인 몸매라면 서 있을 때 허벅지 사이에 공간이 남아야 해요."

"제 친구들 사이에서는 거들이 유행중이에요. 저도 얼마 전에 하나 샀어요. 그걸 입으면 얼마나 불편한지 말도 못할 정도예요. 숨도 안 쉬어지지만 젠장, 전 섹시해지고 말 거예요!" 이지가 말했다.

인기 유튜버들은 유명 영화배우만큼이나 영향력이 커졌다. 이들 중 상당수가 몸매와 화장에 관해 이야기하는 뷰티 전문가다. 이들은 외모에 헤라클레스급의 힘과 노력을 쏟으라고 부추긴다. 어떤 유튜버들은 누구보다 섹시해 보이려면 사진을 어떻게 편집해야 하는지 알려준다.

2019년 들어 여자아이들은 픽시우, 미셸 판, 럭시헤어 같은 유명 유튜브 채널에서 권하는 화장 지침 영상을 보고, 화장품을 사들이는 데 용돈을 쓴다. 대부분의 여자아이들은 아름다워지는 게 일종의 책임이라고 믿는다. 애스펀은 "화장은 여자아이들의 삶에서 중대한 요소예요"라고 말했다. "거의 모든 여자아이가 최소한 파운데이션과 마스카라는 써요. 이걸 안 하면 벌거벗은 것처럼 보인다고 생각하거든요."

끝없이 계속되는 아름다워야 한다는 압박에 관해 포커스 그룹 아이들과 이야기를 나눴다. 올리비아는 화장을 하고 싶지 않았지만, 친구들에게 등 떠밀렸다고 말했다. 화장을 안 하면 달걀처럼 보인다는 얘기를 가장 친한 친구한테 들었다고 했다. 또래 친구들에게 못생겼다고 평가받을까봐 걱정하다가 결국 스트레이트파마를 하고 속눈썹에 마스카라를 칠했다. 올리비아는 분명하게 말했다. "화장은 선택사항이 아니에요."

이지는 인스타그램에 사진을 올릴 때 어떻게 하는지 얘기해줬다. 사진을 올린 후 15분 안에 최소한 열 개의 '좋아요'를 받는지 확인하기 위해 일단 지켜본다. 만약 아니라면 그 사진을 인스타그램에서 내린다. 옆에서 듣던 다른 여자아이들이 자기도 그런다며 맞장구쳤다.

"요즘은 '신스피레이션'이 유행이에요." 켄딜이 말했다. "저희는 사진 속에서 섹시하고 말라 보이기 위해 애쓰죠."

"저는 초등학교 6학년 때부터 몸매가 형편없었어요." 제이다가 말했다. "제 사진을 보는 게 싫고, 수영복을 입은 모습을 누가 볼까봐 무서워요. 체육 수업시간에 만난 한 여자아이가 저더러 다이어트를 하라고 조언했죠. 그 말을 듣고 울고 또 울었어요. 몇 년 동안 운동을 했는데, 마를 수만 있다면 마르고 싶어요. 정말 필사적으로 마르고 싶지만 제 몸이 어떻게 보일지 결정할 힘이 제겐 없어요."

"몇 주 전에 어떤 여자아이가 저한테 너무 말라서 토할 것 같다더라고요." 애스펀이 말했다. "이상적인 몸이라는 범위가 그렇게 좁다 니까요."

우리 포커스 그룹에 참여한 아이들은 모두 섭식장애에 걸린 친구 가 적어도 한 명은 있었다. 아말리아의 친구는 당근만 먹는다고 했 다. "걔는 거식증 진단을 받고 병원에 입원했어요. 거의 죽을 뻔했다 고요."

애디는 턱수술을 받고 석 달 후 학교에 돌아갔을 때의 일을 말했 다. "모두 저한테 멋져 보인다더라고요. 10킬로그램 정도 빠졌거든 요. 수술 때문에 거의 굶다시피 해서 그런 칭찬이 역겹다고 생각하면 서도 남들 눈에 띄는 상황을 즐겼어요. 예전 몸무게로 되돌아가고 싶 지 않더라고요."

"저희 엄마는 평생 다이어트를 했어요." 켄딜이 말했다. "엄마가 같이 다이어트를 하자더라고요. 엄마 때문에 크리스마스 가족사진을 다시 찍었어요. 모두가 가장 마른 모습으로 나오게 말이죠."

이 말을 듣고 모두 일제히 웃음을 터뜨렸다. 조던이 얼굴을 찌푸리 고 말했다. "동병상련을 강요하는 거 아냐?"

학교 교육과 섭식장애 치료 규약은 1994년 이후로 더 개선되었다. 20년 전보다 섭식장애에 관한 정보가 훨씬 더 많아졌다. 심리 치료사 들은 더 효과적인 치료법을 고안했고, 전문가들은 훌륭한 치료센터 를 설립했다. 젊은 여성들은 마른 몸을 가져야 한다는 압박에 맞서서 반대 목소리를 낸다. 여성운동 진영도 이러한 문제를 중심으로 힘을 합치고 있다.

많은 여자아이가 1994년보다 건강에 더 관심을 갖고 있다. 운동 경기에 참여하기, 조깅하기, 수영하기 혹은 암벽 등반이나 자전거 타기 같은 모든 종류의 신체활동은 아름답고 마른 몸에 대한 걱정에 해독제로 기능할 수 있다.

큰딸 새러와 함께 겨울 농구 경기를 하는 둘째 케이트의 모습을 보면서 이 문제에 관해 생각했다. 케이트는 우리 가족 중 최초의 여자 운동선수였다. 1960년대에는 여자들이 운동 경기를 할 수 없었다. 새러는 고등학교 체육 과목을 별도의 걷기 수업으로 대체 이수할 정도로 운동에 관심이 없었다. 반면 케이트는 학교 대표팀 주전 선수였다.

새러와 관람석에 앉아서 케이트가 속한 이글스 팀이 준준결승에서 이기기 위해 분투하는 모습을 지켜봤다. 파란색과 흰색이 섞인 유니폼을 입은 여자아이들은 긴 머리를 땋아 늘어뜨리거나 뒤로 넘겨 하나로 묶었다. 이들은 자신감과 집중력을 선보이며 농구 코트를 거침없이 누볐다. 근육질이고, 경쟁심이 강하고, 공격적인 이들의 모습을 보고 깜짝 놀랐다. 계속해서 서로를 응원하고 안심시켰다. 이글스 팀은 누군가 한 골을 넣을 때마다 서로 하이파이브를 했고, 경기가 순조로울 때는 잔뜩 신이 나서 뛰어올랐다.

이 강인하고 용감한 여자아이들의 모습에 자부심과 놀라움을 느꼈다. 우리가 운동 경기를 했더라면, 경쟁과 공격을 더 편하게 받아들였다면 어땠을까 궁금했다. 그 경기를 보고 새러와 나는 똑같은 결론에 도달했다. 운동 경기를 함으로써 청소년기 여자아이들에게 자기 몸 긍정주의가 생기고 자기 역량을 강화할 수 있다.

우리 문화가 변해야만 섭식장애의 비극이 바뀔 것이다. 젊은 여성들이 성품, 성격, 창의성, 지능, 그리고 노력으로 평가받을 때, 자기 몸에 대한 여자아이들의 태도가 변할 것이다. 개별적인 여자아이들은 마른 몸을 가져야 한다는 압박에 저항할 만큼 충분히 강하다. 그리고 어른들이 그 옆에서 도울 수도 있다. 한 사람 한 사람이 여자아이들의, 그리고 모든 사람들의 지능, 성품, 공감력, 회복력을 인정함으로써 이러한 변화를 도울 수 있을 것이다.

고통에 대처하는 방식 _ 리타(16)

리타는 MTV 뮤직비디오에서 막 걸어나온 듯한 모습이었다. 갈색 머리는 깃털과 구슬로 장식하고 몸에 딱 달라붙는 호피 무늬 드레스를 입고 있었다. 그렇지만 현란한 의상과 어울리지 않는 성격이었다. 조용조용히 말하고 수줍음을 많이 탔으며 다른 사람들에게 호감을 얻기를 갈망했다. 머뭇머뭇하며 얼마 전 음주운전 때문에 체포됐었다고 털어놓았다. 이 일로 리타는 당황하고 겁에 질렸다. 무엇보다도 알코올중독자 아버지의 전철은 밟고 싶지 않았기 때문이다.

"아직 어릴 때 나쁜 버릇을 고치고 싶어서 여길 찾아왔어요. 부모님처럼 엉망진창으로 살고 싶지는 않아요."

리타는 삼 남매 중 맏이였다. 아버지는 할인 가구점에서 판매원으로 일했고 어머니는 전업주부였다. 기억을 더듬어봐도 집안 상황은 늘 좋지 않았다. 어머니는 관절염 환자라 일을 할 수가 없었다. 아버지는 바람둥이에 통제 불능인 노름꾼이라 오랜 시간 일을 한 후에는 술집에 가서 사람들에게 술을 사거나 도박장에 갔다. 아버지는 집을 자주 비웠지만 집에 있을 때면 집안 분위기는 혼란과 고통 그 자체였다.

"아빠한테 많이 맞았어요." 리타가 침착하게 말했다. 리타는 맥주병으로 맞아서 생겼다는 왼쪽 눈 위의 흉터를 보여주었다. "하지만 최악은 따로 있어요. 아빠는 술에 취할 때마다 끔찍한 말을 내뱉었어요. '넌 절대 남자를 못 만날 거야. 너무 못생겼거든'이나 '암캐 같은 년'이나 '갈보 년' 같은 말이요." 리타가 몸서리를 쳤다. "저는 아빠를 피해 다녔어요. 밤에 잠이 깨어서 누워 있으면 아빠가 엄마에게 고함치는 소리가 들렸어요. 때때로 아빠는 엄마도 때렸죠."

리타가 긴 머리를 쓸어넘겼다. "열네 살 때 아빠한테 한 번만 더 엄마에게 손대면 죽여버리겠다고 말했어요. 제가 진심이라는 걸 알고는 그후로 엄마를 때리지 않았죠."

이야기를 나누면서 리타가 열여섯 살 아이치고는 너무 많은 책임을 지고 있다는 사실을 깨달았다. 부모 역할을 도맡아 하는 아이들이 대개 그러하듯이, 리타는 자신보다 다른 사람을 더 많이 돌봤다. 지역 라디오방송국에서 지나치게 장시간 동안 근무했다. 어머니를 위로하고 아버지가 아침에 못 일어날 때면 아버지의 상사에게 전화를 걸어 대신 변명했다. 또한 자기 숙제는 제쳐두고 남동생들의 숙제를 도왔다.

리타에게는 테리라는 남자친구가 있었다. 열아홉 살인 테리는 이미 술고래에 노름꾼이었다. 도박장에서 시간제로 일했는데 둘은 길거리에서 춤을 추다가 처음 만났다. 테리는 한눈에 리타에게 반해서 그날 밤 리타와 춤을 추고는 일요일에 자기 집에서 바비큐 파티를 하자며 리타를 초대했다. 리타는 선물로 케이크를 가져갔고 바비큐 요리를 혼자 도맡아서 전부 다 했다.

"테리는 아빠보다 나아요." 리타가 어깨를 으쓱했다. "테리에게 문제가 있다는 걸 저도 알아요. 하지만 테리는 절대 크게 화내지 않아요."

리타는 겸연쩍어하며 잠시 말을 멈췄다. "저도 테리와 사귀는 게 어리석은 짓이라는 걸 잘 아니까 그건 지적하지 마세요."

그 주제에 관해서는 다음에 다뤄야겠다 싶었다. 다른 알코올중독자들의 딸이 그러하듯이, 리타는 아버지와 비슷한 남자를 선택했다. 사랑은 분노, 폭력, 예측 불가능성, 그리고 수치심과 연결됐다. 리타는 이번에는 해피엔딩일지 모른다는 희망을 품고 테리와 사귀었다. 리타는 '익숙한 상태'가 더 편안했기 때문에 테리와 데이트를 했다. 그게 알코올중독자와의 관계에서 오는 '익숙한 혼돈상태'일지라도 말이다.

리타는 스스로 어른이라고 생각했지만, 실제로는 아니었다. 조력자 역할을 제외하고 어떠한 정체성도 아직 발달하지 않은 상태였다. 성정체성이나 진로 계획 같은 주제에 관해서는 고민해보지 않았다. 개인적 목표나 삶의 방향감각도 없었다. 인간관계에 관해 잘못된 판단을 내리고 사회활동을 불편해하고 학교 성적이 떨어졌다.

아버지에게 정서적으로나 신체적으로 학대당한 여자아이 대부분이 그러하듯이 리타는 아버지에게 받은 많은 메시지를 내면화했다. 괜찮은 남자는 자신을 좋아하지 않으리라 믿었고, 자신은 사랑받을 만한 가치가 없다고 생각했다. 남자들에게 자신이 일차적으로 지닌 가치는 성적 측면이라고 믿었다. 학대하는 아버지를 둔 여성이 대개 그러하듯이, 리타는 참을성 있고 관대하고 마음씨가 고왔다. 이 모든 자질 덕에 리타는 알코올중독자 가정에서 살아남을 수 있었다. 유능하고 책임감이 강했지만, 그 저변에는 다른 사람들을 돕는 일에 자신의 가치가 있다는 믿음이 깔려 있었다.

가족으로부터 독립된 자아의식을 발달시키도록 리타를 돕고 싶었다. 좋은 인간관계가 무엇인지 상상하게 하는 데도 지도가 필요했다. 리타는 건강한 남자란 어떠한 모습인지 잘 몰랐다. 리타에게 남자는 남자아이와 같았다. 그들에게는 참을성, 돌봄, 어르고 달래기가 필요했다. 리타에게 여자란 약하고 무능한 어머니나 자신과 같은 모습이라 세상의 짐을 혼자 떠맡고 불평 없이 그것을 처리해야만 했다.

리타는 선천적으로 알코올 남용에 취약한데다 알코올 남용을 직접 옆에서 목격하면서 엄청난 스트레스를 받았고 스스로에 대해 확신이 없었다. 리타는 술로 고통에 대처했다. 리타에게 지지 그룹을 찾아보라고 권유했다.

리타는 변화할 준비가 되어 있었다. 그렇지만 극복하기 힘든 가족 배경이 있었고 지원과 지지는 제한적이었다. 아직 어리고 나이에 비해 과중한 짐을 짊어지고 있었다. 하지만 힘이 있고 정직했으며 마음이 열려 있었다. 리타가 '부모님처럼 엉망진창으로 살지' 않기를 바랐다. 상담 시간이 끝나고서 리타에게 언제 다시 상담실에 오겠느냐고 물었다. 리타가 사랑스러운 긴 머리를 뒤로 획 젖히며 말했다. "내일이요."

1990년대에 접어들면서 예전보다 훨씬 더 많은 청소년이 술과 약물을 사용했다. 십대들은 심리적 문제, 사회적 압박, 가정적 요인 등 다양한 이유로 술과 약물에 손을 댔다. 어떤 이들은 복잡한 심리과정 때문에 그랬지만 어떤 이들은 손쉽게 구할 수 있다는 단순한 이유로 그랬다. 어떠한 중독물질을 사용할지는 대개 또래 친구의 영향을 받았다.

술은 대부분의 십대 아이가 선택하는 약물이었다. 술은 싸고 효과가 좋았고 어디에서든 팔았다. 그렇지만 부모 대부분의 생각보다 훨씬 더 손쉽게 약물을 구할 수 있었다. 나를 찾아온 내담자 중 대부분은 중학교 1학년이 되기 전에 약물을 제공받았다고 이야기했다. 중학교 2학년이 되면 아이들은 정기적으로 약물을 복용하는 학생들이 누구인지 알았다.

내가 살던 시골 지역에도 문제가 있었다. 네브래스카주를 가로지르는 주간고속도로는 마약의 전국 보급로였고, 주간고속도로 제80호선을 따라 위치한 작은 마을에는 갖가지 마약 문제가 발생했다. (인구 144명인) 앨보, (인구 3717명인) 오로라 같은 마을에 사는 십대들은 한때 대도시에서나 발견되던 마약중독 문제로 상담실을 찾았다. 그 중 한 여자아이는 내게 이렇게 말했다. "저희 학교에서 마약은 중요한 돈벌이 수단이죠."

모든 약물 복용과 음주가 병적인 문제는 아님을 강조하고 싶다. 건강하고 정서적으로 안정된 십대들도 약물을 복용하고 술을 마신다. 어떤 경험은 정상적인 과정이다. 파티에서 술을 마시는 일은 보편화되어 있고, 또래 모임에 끼고자, 다른 아이들처럼 행동하고자 그럴 뿐이지 그 이상도 그 이하도 아닌 경우도 많다. 약물을 복용하고 술을 마시는 모든 십대에게 중독자라는 꼬리표를 붙이지 않는 게 중요하다. 꼬리표를 붙임으로써 아이들에게 해를 입힐 수 있다. 꼬리표를 붙이기보다는 무엇이 정상적인 경험이고 무엇이 자기파괴적인 복용인지 구분하는 지침을 세우는 게 아이들과 어른들에게 필요하다.

종종 혼란스럽고 우울해하고 불안해하는 십대 여자아이들에게 약물과 술은 매력적으로 다가간다. 술과 대마초는 빠르게 기분이 좋아질 뿐 아니라 누구든 어렵지 않게 사용할 수 있기에 인기가 좋다. 암페타민은 배고픔을 못 느끼게 해서 음식을 덜 먹도록 돕는다. 이와 더불어서 약물과 술 때문에 친구들과의 관계가 돈독해지기도 한다.

중독 위험에 처한 여자아이들을 어떻게 식별할 수 있을까? 알코올중독자 자녀 중 30퍼센트는 알코올중독이 된다. 하지만 이 사실을 과장하고 싶지는 않다. 알코올중독 가정이 아닌 경우에도 십대 여자아이들은 때때로 심각한 남용 문제에 시달린다. 또래 친구들의 역할이 큰 것이다. 일반적으로 술이나 약물을 접하는 친구가 많으면 그럴 가능성이 높아진다. 현실에서 도피하기 위해 술을 마신다거나 진탕 취하기 위해 술을 마시는 경우처럼 특정한 양상을 보인다면 다른 상황보다 더 위험하다. 혼자서 술을 마시거나 약물 복용과 음주에 관해 다른 사람들에게 비밀로 하는 습관도 해롭다. 그렇지만 각각의 여자아이를 개별적으로 분석해야 한다. 약물과 술을 사용하는 게 다른 뿌리깊은 문제의 증상인 경우가 많기 때문이다.

특히 십대 여자아이들의 경우에는 그 아이가 화학물질을 왜 사용하는지 그 맥락을 이해하도록 노력하는 일이 매우 중요하다. 과도하게 이를 사용한다면 자포자기, 사회적 불안, 친구나 가족과의 문제, 성취에 대한 압박, 혹은 부정적인 성경험 같은 다른 문제를 드러내는 적신호일 수도 있기 때문이다. 여자아이들은 다양한 이유로 술이나 약물에 손을 댄다. 그러므로 각각의 고유한 상황에 맞추어서 다르게 대응해야 한다.

말썽꾼 자리를 차지하다 _켈리(15)

초록색 폴리에스터 바지와 노란색 골프 셔츠를 입은 케빈은 국제적인 명성을 떨치는 농학자였지만 약간 촌스러워 보였다. 공중보건 간호사인 로버타는 귀엽게 생긴 통통한 중년 여성이었다. "저희는 켈리의 침실에서 대마초를 발견했어요." 로버타가 말했다.

"켈리가 요즘 몇 달 동안 뭔가에 빠져 지낸다는 걸 알아챘어요." 케빈이 말했다. "그애와 남자친구 브렌던은 가끔 너무 바보같이 행동하거든요."

술에 관해 묻자 로버타가 답했다. "켈리는 거기엔 손대지 않을 거예요. 채식주의자이고 술과 담배를 싫어하거든요. 걔는 1960년대의 마약에 끌린 거예요. 히피에 꽂혀 있거든요."

켈리는 세 딸 중 막내였다. 언니들은 똑똑하고 성공했으며 매력적이었다. 큰언니 캐럴린은 전 과목 A학점인 모범생에다 미스네브래스카 대회 결승전에 올랐고 변호사와 결혼해 얼마 전 첫아이를 임신했다. 크리스티나는 그리넬대 2학년생이고 학생회장을 맡고 있었다. 그리고 곧 의과대학에 진학할 예정이었다.

로버타는 자기네 가족이 교회, 미식축구와 지역사회 행사를 좋아하는 정상적인 가족이라고 말했다. 첫째와 둘째는 키우기가 쉬웠다. "저희는 그애들 일에 거의 관여하지 않았어요. 항상 다른 아이들이 주위에 바글바글했죠. 규칙이나 통행금지 시간도 정해줄 필요가 없었어요. 너무 열심히 공부하지 말라고 크리스티나를 말렸을 정도니까요."

"켈리는 완전히 딴판이에요." 로버타가 말했다. "걔는 다른 음식, 다른 영화, 다른 음악, 다른 사람을 좋아하죠. 낯선 것에 잘 매료돼요. 다른 사람들이 좋아하는 평범한 것과 잘 맞지 않아 보여요."

"언니들은 스스로 동기를 잘 부여하는 편이었는데 켈리는 성공에는 관심도 없어요." 케빈이 말했다. "돈도 좋아하지 않고 TV나 새 옷에도 관심이 없어서 벌을 주기가 힘들어요. 한번은 남자친구를 못 만나게 근신시키려고 하자 자살하겠다고 협박하더라고요."

"저희는 켈리가 섹스한다고 확신해요." 로버타가 덧붙였다. "브렌던과 켈리는 떼놓을 수 없는 사이죠. 브렌던은 충분히 괜찮은 아이지만, 둘이 함께 마약을 한다는 걸 알아요. 언니들은 한 번도 술을 마시거나 약물을 복용한 적이 없었죠."

"언니들이 따라잡기 힘든 사람들 같네요." 내가 말했다. 켈리는 언니들과 차별화된 자신만의 자리를 필사적으로 찾았다. 언니들이 영예롭고 성공적인 자리를 이미 차지했기 때문에 켈리에게는 말썽꾼 자리만 남아 있었다.

"두 분이 두 딸을 성공적으로 키웠기 때문에 다른 방식으로 켈리를 키우시는 게 힘드신 것 같아요. 크리스티나와 캐럴린은 키우기 쉬우셨을 거예요. 하지만 켈리의 경우에는 상담사가 필요하실지도 모르겠네요."

"켈리는 저희가 자기보다 언니들을 더 사랑한다고 생각해요. 하지만 절대 그렇지 않아요." 로버타가 말했다. "그저 켈리를 이해하기가 조금 힘들 뿐이에요."

그다음주에 켈리를 만났다. 긴 갈색 머리를 가진 키가 크고 마른 소녀였다. 오렌지색 셔츠와 찢어진 청바지를 입고서 두꺼운 올리브색 양말에 군화를 신고 있었다. 켈리는 정중했지만 거리를 두었다. 상담 시간을 억지로 견디는 듯하기에 내가 1960년대에 어떻게 십대 시절을 보냈는지 잠시 이야기해줬다.

"그때로 돌아가 그 시절에 살면 좋겠어요. 요즘 아이들과는 공통분모가 단 하나도 없어요."

"뭘 하는 걸 제일 좋아하니?"

"브렌던과 노는 거요. 저희는 많은 것을 비슷하게 느껴요. 브렌던은 있는 그대로의 저를 좋아해줘요."

켈리가 의심스러운 눈초리로 나를 쳐다봤다. "저희가 섹스한다고 엄마가 말했어요?"

내가 고개를 끄덕였다.

"별일 아니에요. 저희는 서로를 사랑하고 피임약을 복용하니까요."

켈리의 관점에서 봤을 때 '별일'은 뭐냐고 물었다.

켈리가 머리를 뒤로 넘긴 후 말했다. "저희 부모님이요. 부모님은 브리지 게임과 십자말풀이를 좋아해요. 교육방송을 보고 오페라를 들으시죠. 병원에서 실수로 저를 다른 집으로 보낸 것 같아요. 언니들은 부모님 눈에는 완벽한 딸이었죠. 언니들은 중류층 성공담 속 주인공이에요. 저는 안 그럴 테지만요."

그런 이야기를 하면 어떤 감정이 드느냐고 물었다. "마음이 아파요. 부모님은 언니들을 사랑하는 만큼 저를 사랑하려고 애쓰시지만 힘든 일이죠. 부모님은 뭔가를 성취하면 좋아해요. 그게 저희를 가치 있게 만든다고 생각하시죠. 하지만 저에 대해서는 뭘 좋아해야 할지 모르세요."

"너는 뭘 원하니?"

"깨우침이요. 불교도들이 '열반'이라고 부르는 거요."

"포부가 크구나."

"브렌던과 저는 불교에 관한 책을 읽었어요. 나중에 돈을 벌면 콜로라도주 볼더에 있는 나로파 불교대학에 가려고요."

나머지 상담 시간 동안 불교에 관해 이야기를 나눴다. 켈리는 열다섯 살치고 놀라울 정도로 많은 것을 알고 있었다. 이 주제에 관해 이야기를 나누자 생기를 찾았고, 상담 시간이 끝날 무렵에는 가기 싫어하는 눈치까지 보였다.

그다음 상담 시간에 켈리는 똑같은 신발과 청바지와 양말 차림으로 나타났다. 하지만 이번에는 장미색 티셔츠를 입고 있었다. 켈리는 열반의 나무 아래에 앉아 있는 부처 그림을 직접 그렸다며 가져왔다. "저는 술과 담배가 싫어요. 그것은 의식을 파괴하니까요."

"다른 약물은 어떠니?"

"저희는 이따금 환각버섯이나 LSD를 복용해요." 켈리가 잠시 말을 멈췄다. "제 인생에서 최고의 순간 중 하나는 LSD에 취해 있을 때죠."

켈리는 LSD가 현실을 변화시키는 방식을 좋아했다. 음악이 아예 다른 음악처럼 들리고 색깔은 더 선명해지고 오렌지는 더 맛있어졌다. 켈리는 오래되어 낡아빠진 티머시 리어리의 『환각 경험』을 가지고 있었다. 그렇지만 "약물 없이 자연스럽게 감정이 고조되는 게 더 좋아요"라고 했다.

우리는 의식을 변화시키는 여러 방식에 관해 이야기를 나눴다. 켈리에게 '몰입 경험'에 관한 심리학 연구에 대해 들려줬다. 어떻게 명상과 창조적 작업 과정이 의식을 변화시킬 수 있는지에 관해서도 주고받았다. 켈리의 부모를 다시 만났을 때, 켈리에게 새로운 방식으로 접근해야 한다고 말하자 그들은 동의했다. 가령, 그들은 켈리와 브렌던을 데리고 나로파 불교대학에 방문하거나 지역에서 불교 학습과정에 등록하도록 도울 수 있을 것이다. 켈리는 새로운 방식으로 스스로를 규정할 필요가 있었다. 언니들과는 다른, 마약중독자가 아닌 섬세하고 철학적인 어떤 사람으로 말이다.

약물 복용과 음주에 관해 십대들과 이야기를 나눌 때마다, 호기심과 탐험정신이 이 연령대에서는 지극히 정상적으로 나타난다는 사실을 잊지 않으려고 애쓴다. 건강한 십대 아이들은 실험을 즐기기 마련이므로 약물을 복용하는 모든 십대에게 중독자라고 딱지 붙이는 일은 합리적이지 않다. 극단적인 사례를 제외하고는 약물을 복용하도록 부추기는 문제가 무엇인지 파악하고 그에 대처하는 편이 더 현명하다.

인간관계는 변화를 위한 강력한 매개체다. 약물을 복용을 하거나 술을 마시는 십대 여자아이들과 그들의 부모가 서로 연결되도록 도우려고 애썼다. 약물 복용을 대체할 만한 뭔가를 찾으려고도 노력했다. 가령, 덜 자기파괴적이며 더 긍정적인 새로운 습관 같은 것을 찾으려 했다. 그러는 과정에 내담자의 친구까지 포함시켜 십대 아이들이 서로를 돕게끔 격려했다.

연구 결과에 따르면, 집에서 가볍게 음주하는 법을 접하면 장래에 술고래가 될 가능성이 더 낮다. 특별한 저녁식사 때나 휴가 때 와인을 조금 따라서 권하는 것도 좋은 아이디어일 수 있다. 그러면 아이들은 음주를 반항적 행동으로 여기지 않게 되고, 술을 언제 마시는지 합리적인 맥락도 배울 수 있다.

1990년대 학교들은 음주와 약물 복용 및 남용에 관해 일찌감치 그리고 상당히 광범위하게 교육했다. 학생들은 음주와 약물 복용이 어떤 문제를 일으킬 수 있는지 그 신호를 배웠다. 학생들은 건강한 제한에 대해 배웠다. 예를 들어 '알코올중독 및 약물 의존에 관한 전국 협의회'는 1, 2, 4 규칙을 권고했다. 즉 "한 시간에 한 잔 이상, 하루에 두 잔 이상, 일주일 통틀어 네 잔 이상 마시지 않으면 술과 관련된 문제적 상황에서 안전할 수 있다". 대부분의 여자아이는 이 규칙을 들으면 충격을 받았다. "제가 아는 사람은 다 그것보다 많이 마셔요."

음주와 약물 사용 비율을 근본적으로 변화시키려면 우리 문화부터 변화해야 한다. 1990년대만 해도 많은 청소년이 흡연과 음주를 반항과 성숙함의 상징으로 여겼다. 미디어는 흡연과 음주를 신중하고 분별력 있는 행동이 아니라 자기파괴적이고 억제되지 않은 행동과 결부시켜 이러한 환상에 크게 이바지했다. 영화와 TV 속에서 자제력이 강한 인물은 종종 지루한 괴짜로 그려진다.

미국이라는 회사는 여자아이들에게 설탕, 술, 니코틴 등이 든 제품을 소비하여 자연스럽고도 당연한 고통을 가라앉히라고 부추긴다. 담배 회사들이 알아냈듯이, 세련됨을 파는 모든 사람에게 청소년기 여자아이들은 완벽한 타깃이었다. 실제로, 1970년과 1990년 사이에 흡연율이 증가한 유일한 인구집단은 십대 여자아이들이었다.

광고에서는 제품을 사고 소비함으로써 고통을 해결할 수 있다고 가르친다. 욕구를 창출하고 소비자에게 이러한 욕구가 바로 필요이며 심지어 권리라고까지 부추기면서 큰돈을 번다. 우리는 그걸 시도해보라고 배운다. 기분이 좋다고 느껴지면 다 괜찮다고 우리를 부추긴다. 이런 얘기도 듣는다. "걱정하지 마세요. 돈을 쓰면 되잖아요."

1990년대 미국 대중문화의 쓰레기 같은 가치체계를 통해 여자아이들은 행복만을 바라고 고통을 비정상적인 상황으로 여기게 사회화됐다. 만약 행복하지 않다면 뭔가가 잘못된 것이라고 광고는 주장했다. 고통은 적절한 것을 소비함으로써 피할 수 있고 마땅히 피해야 하는 것으로 표현되었다. 고통은 인간의 본질적이고 피할 수 없는 부분이 아니라 변칙적인 무언가로 여겨졌다.

미국에서는 모든 욕구에 대한 만족을 엄청나게 강조한다. 하지만 항상 그렇지는 않았다. 20세기 초만 해도 아이들은 참을성, 인내심, 금욕을 배웠다. 공공의 이익을 위해 자기 욕구와 즐거움을 포기하는 아이를 이상적으로 여겼다. 모든 욕구를 충족시키기란 불가능하고 그랬다가 개인과 사회가 위험해질 수 있음을 어른들은 알았다. 그렇지만 뉴욕 매디슨가에 걸릴 법한 광고가 쏟아지며 이러한 자기희생의 윤리는 무너졌다.

미국 사회는 살맛나는 정신상태를 좇아야 한다는 사고방식을 발전시켰다. 우리 가치를 재고해보아야 한다. 그리고 부정적인 감정과 약물 사용 사이의 연결고리를 끊어야 한다. 아이들에게 몸에 해로운 화학물질을 소비하고, 섹스를 하고, 돈을 쓸 만큼 나이를 먹었다는 정의 말고 다른 식으로 성인기를 새롭게 정의해주는 게 가장 이상적이다. 긴장을 풀고, 삶을 즐기고, 스트레스에 대처하는 새로운 방법을 아이들에게 가르쳐줄 수도 있다. 우리는 올바른 것에서 즐거움을 찾도록 아이들을 가르칠 책임이 있다. 1995년에 이렇게 썼지만, 오늘날에도 여전히 유효한 얘기다.

그나마 다행스럽게도 요즘 여자아이들은 1994년보다는 중독성이 강한 약물이나 음주 문제로 곤경에 처할 가능성이 더 낮다. 중학교 2학년생의 음주율은 1994년의 절반 수준이고 고등학교 3학년생 중 40퍼센트가 한 번도 술을 마셔본 적이 없다고 답했다. 여자아이들의 흡연율도 1994년보다는 줄어들었지만, 많은 여자아이가 그 대신 전자담배를 피운다. 음주, 흡연, 약물 복용은 더는 성숙함의 표시가 아니다. 그 대신 1990년대에는 많은 여자아이가 최우선으로 생각지 않았던 학업적 성공과 과외활동 참여를 오늘날에는 성숙함의 척도로 여길 때가 많다.

2018년 중간 선거 이후, 유흥용 대마초 사용은 이제 미국의 열 개 주와 컬럼비아특별구에서 합법이다. 십대와 부모 모두 술보다는 대마초를 선호한다. 여자아이들은 술을 마시는 것보다 대마초를 피우는 게 더 안전하고 덜 해롭다고 믿는다. 실제로 모든 음주가 건강에 나쁘다고 생각하는 연구자가 많다. 여자아이들은 대마초를 피우는 아이는 아무 문제도 안 일으키지만, 술을 마시는 아이는 종종 말썽을 피운다고도 믿는다. 우리 포커스 그룹에 속한 모든 여자아이가 미국 전역에서 대마초를 합법화해야 한다고 주장했다.

전자담배는 새로운 형태의 흡연이고 대략 이백만 명의 십대 아이들이 현재 전자담배를 사용한다. 십대들은 전자담배를 옷 속에 숨기고 심지어 수업시간에도 피운다. 하지만 이 또한 비싸고 건강에 해로우며 중독적인 습관이다. 대부분의 십대 아이가 담배 성분이 든 전자담배를 피우지만, 다른 약물 또한 전자담배에 사용될 수 있다. 일단 자신이 중독되었다는 사실을 깨달으면 십대들은 끊기를 어려워할 때가 많다.

음주율이 감소됐다고 해서 여자아이들이 더는 진정제를 찾지 않는다는 의미는 아니다. 지금과 같은 불안의 시대에 여자아이들은 빠르게 긴장을 이완시켜줄 해결책을 갈망한다. 예전보다 항우울제와 항불안제를 처방받아 복용하는 여자아이가 많아졌다. 또한 이들은 도파민 배출을 자극하는 새로운 약물도 찾아냈다. 바로 소셜미디어다.

"중학교 2학년 때, 친구가 자기 아빠가 먹다 남긴 진통제를 먹겠다고 했어요." 제이다가 말했다. "그 친구가 너무 걱정돼서 엄마에게 그 얘기를 했죠. 한 시간 넘게 울면서 약물이 제 삶에 어떤 영향을 미칠 수 있는지 엄마와 이야기를 주고받았어요."

"약물이나 술을 남용하는 사람들이 대부분 더 큰 문제를 가졌다고 생각해요." 이지가 말했다. "제가 아는 어떤 여자아이는 아빠를 미워해서 집에 가기 꺼렸어요. 걔는 스트레스를 해소하려고 대마초를 많이 피웠어요."

"아이들은 친구들과 어울리려고 약물을 사용해요. 소외되지 않으려고요." 아말리아가 덧붙였다. "제 경우에는 대마초를 조금 피우면 불안감이 잠재워져요. 부모님이 아실까봐 걱정은 되지만요."

"호기심 때문에 많은 아이가 곤경에 빠져요." 제이다가 말했다. "저희 학교에서 많은 아이가 대마초를 피워요. 그들 중 일부 아이들은(대개 흑인 친구들이에요. 완전히 불공평하지만요) 경찰에 체포되었어요."

애스펀은 자기 친구 중에 전자담배에 푹 빠진 아이들도 있다고 말했다. 이들은 쉬는 시간에 학교 복도에서 전자담배를 피우지만 교사들은 이를 알아차리지 못한다. 마르타는 자기 사촌이 엄마의 의약품 캐비닛에서 항불안제 아티반을 훔쳐서 큰 시험을 치르기 전에 몇 알씩 먹는다고 말했다.

통계에 따르면, 이 세대는 집에서 독립할 때까지는 음주와 약물 복용을 매우 조심스러워한다. 하지만 안타깝게도 대학에 입학한 뒤에는 경각심을 완전히 버리고 폭음에 뛰어든다. 대학생 또래 아이 중 상당수가 필름이 끊길 때까지 정기적으로 술을 마신다. 이에 켄딜은 이렇게 말했다. "저희가 파티에서 마시는 술 정도의 양이면 전함도 띄울 거예요."

물론 많은 고등학교 여학생은 여전히 약물과 술을 진정제로 사용한다. 그리고 외부에서 지원해주거나 가족이 지지해주지 않으면 이러한 습관은 깨기가 매우 어렵다. 예기치 못하게 임신한 덕에 티아나는 건강과 라이프스타일에 관해 새로운 시각을 가질 수 있었다.

지지 속에서 다시 일어서다 _티아나(17)

"엄마 아빠랑 함께했을 때가 가장 행복한 순간이었어요. 그냥 삶이 더 좋았어요." 티아나는 아쉬운 듯이 한숨을 쉰 다음 베이글을 한입 베어먹었다.

"저녁으로 뭘 먹을지, 이번달 집세는 어떻게 낼지 전혀 걱정할 필요가 없었으니까요. 아빠가 함께 계실 땐 아무 걱정거리도 없었죠."

"여덟 살 때, 저희 부모님은 크게 싸우고 갈라섰어요. 판사는 두 사람이 함께할 수 없다고 말했죠. 아빠가 떠나자 엄마는 바닥으로 떨어졌어요. 엄마는 합성 마리화나와 다른 약물에 손을 댔어요. 그래서 제가 집에서 엄마 역할을 맡아야 했죠. 남동생과 여동생은 저만 쳐다봤어요. 걔들한테 뭘 해야 하는지 말해주게 되었고요. 그 모든 일이 벌어질 때 걔들은 아직 아기였거든요."

"가족들과 어디로 갔니?"

"부모님이 갈라섰을 때, 처음에는 학대받은 여성과 가족을 위한 쉼터로 갔어요. 엄마는 병원에서 아침 여섯시부터 저녁 여섯시까지 잡역부로 일했죠. 엄마 얼굴을 거의 못 봤어요. 집에 계실 때는 항상 주무셨거든요. 일을 잘하려면 엄마는 쉬어야 했어요. 너무 외로웠어요. 저는 열심히 동생들을 돌보고 학교에 갔어요. 동생들을 재우고 〈아메리칸 아이돌〉을 보다가 잠들 때까지 울었죠."

"쉼터에서 나온 이후, 엄마에게 혼란스러운 시간이 이어졌어요. 몇 달마다 한 번씩 새로운 직업을 가졌어요. 그때마다 엄마는 그 직업이 모든 걸 바꿔줄 것이라고 말했지만 저희는 내내 고생했고요. 엄마가 마지막 직업을 그만둔 뒤 타운하우스에서 쫓겨나서 여덟 달 동안 여기저기 떠돌았어요. 엄마가 아는 다양한 사람들에게 얹혀 지내면서요. 어떤 여자분은 자기 지하실에서 각성제인 메타암페타민을 제조했죠."

"그 모든 이동과 변화에 어떻게 대처했니?"

"제가 훌륭히 극복했다고 말할 순 없어요." 티아나가 어깨를 으쓱했다. "그때 저는 내리막길을 걸었어요. 헤퍼지고 약물에 손을 대고 늦은 밤까지 밖에 머물렀어요. 쿨한 아이가 되려고 노력하면서요. 동생들과 많은 시간을 함께 보냈어야 했는데 그러지 못했죠."

"중학교에 다닐 때 할아버지가 집을 마련해주셨어요. 복권에 당첨된 것만 같았죠. 할아버지는 엄마에게 조건을 걸었어요. 일을 하고 약을 끊어야 한다고요. 그때까지 2년 동안 노숙생활을 했거든요. 할아버지는 심지어 저희한테 집세를 내라고 하지도 않았어요. 하지만 열네 살 때 엄마는 그 집을 잃었어요. 할아버지와의 약속을 못 지켰거든요. 집을 잃고 나서는 남자친구 집에 들어가 살았어요. 엄마가 종적을 감춰서 연락도 끊겼고요. 그게 중학교 2학년 때였어요."

"그 생활은 어땠니?"

"로런스는 어느 정도 안정적인 가정에서 자랐어요. 걔네 엄마는 어린이집을 운영하셨고 저한테 아이들과 놀아주라고 했어요. 하지만 그 좋았던 시간은 5개월 만에 끝났어요. 그후에는 마약 판매를 도왔죠. 로런스는 마약 거래 때문에 가택 연금중이라서 제가 무면허로 로런스 차를 운전해서(열다섯 살 때였거든요) 마약을 배달했죠. 끔찍한 아이디어라는 걸 알았지만 동생들한테 옷과 장난감을 사줄 돈이 필요했어요."

"어느 날 밤, 취했는데 다음날 일어나보니 전날 일이 잘 기억이 안 났어요. 제가 캐물었더니 제 와인에 신경안정제 자낙스 가루를 넣었다고 인정하더라고요. 그날 밤 임신했어요."

"몇 달 후, 신체검사를 하고 주치의한테 전화가 왔어요. 엄마가 요청해서(이때는 엄마와 다시 연락이 닿은 후였어요) 임신 테스트를 했는데 두 줄이 나왔어요. 임신 17주 차였죠."

"주치의가 엄마에게 전화해서 소식을 알렸죠. 엄마는 학교에 간 제게 전화를 걸어서 당장 집으로 오라고 했어요. 집에 도착해서 오후 내내 그리고 밤새워서 이야기를 나눴어요. 그냥 두려움에 빠져 있었어요. 임신했다는 걸 믿을 수가 없었죠. 엄마가 세 가지 선택지를 제시했어요. 임신중단, 입양, 직접 키우기. 엄마에게 이렇게 말했어요. '엄마도 십대 엄마였잖아. 수많은 난관을 겪었고, 나도 아마 그럴 거야. 하지만 이 아기를 낳고 싶어.'"

"그 즉시 라이프스타일을 바꿨어요. 어떤 사람들과는 멀어졌어요. 타코벨에 일자리를 얻고 아기용품을 사기 위해 돈을 저축했어요. 거기에서 3년 동안 일했어요. 이달의 직원으로 네 번이나 선정됐죠. 저는 성장했고 일이 아니라 뱃속의 아기를 걱정했죠."

"임신 기간 동안에는 어떤 감정이 주로 들었니? 두려웠니? 기대됐니?"

"음, 그거 다요." 티아나가 웃으며 답했다. "엄마가 절 임신했을 때 제게 짧은 편지를 쓰셨어요. 그래서 저도 아들에게 짧은 편지를 썼죠. 그중 일부는 너무 감정적이어서 나중에라도 절대 안 보여주려고요."

티아나는 임신 호르몬이 요동치던 시절을 떠올리며 마구 웃었다. "그 모든 일을 겪는 동안에도 진짜 성격은 변하지 않았어요. 여전히 외향적이고 여전히 재미있고 여전히 예전의 모습대로예요. 그저 태도를 바로잡고 나쁜 버릇을 고쳤을 뿐이죠."

"로런스는 어떻게 됐니?"

"그 당시에는 마약 근처에도 가고 싶지 않았어요. 그래서 로런스와 더는 함께하지 않게 됐죠. 임신하기 몇 달 전부터 로런스의 가장 친한 친구인 디안드레이와 이야기를 주고받았어요. 그가 가장 친한 친구이자 보호자가 되어주었어요."

"임신 기간 동안 엄마와 엄청나게 가까워졌어요. 이제 엄마가 가장 좋은 친구죠. 이상하게 들릴지 모르지만 사실이에요. 엄마는 아침마다 전화를 걸어서 제가 일어나서 학교에 갈 준비를 하는지 확인하셨어요. 아기를 낳겠다고 말하자마자 다른 선택지를 입 밖에 꺼내지도 않았어요. 저를 지지하겠다고 말씀하셨고요. 엄마와 디안드레이는 사이가 좋아요."

"너의 임신 때문에 엄마가 집중할 만한 긍정적인 무언가를 얻은 것 같구나."

"엄마는 스스로 해결해나갔어요." 티아나가 동의했다. "담배를 끊었고 저희 학교 구내식당에서 일하세요. 지금은 종교 구호기관에서 지내세요. 작년만 하더라도 합성 마리화나를 피워서 재활시설에 들어갔었어요. 남동생과 여동생은 위탁보호소로 돌아갔고요. 작년에 재활시설에 있는 엄마를 매주 방문하면서 함께 노력해서 저희 관계를 다시 구축했어요."

"머리가 빙빙 도는구나." 내가 고백했다.

"제 삶에 오신 걸 환영해요." 티아나가 말했다. "어쨌든, 디안드레이와 저는 엘리야가 태어나고 열흘이 지난 후부터 공식적으로 데이트를 시작했어요. 디안드레이는 엘리야에게 사랑한다고 말해요. 엘리야를 키우는 일도 도와주고요. 심지어 한밤중에도요. 디안드레이는 엘리야를 입양하고 싶어해요. 하지만 어떤 의미에서는 이미 엘리야의 아버지죠. 엘리야도 아빠라고 부르고요. 엘리야의 친아빠인 로런스가 언젠가 정신을 차리고 다시 나타나면 어떻게 대처할지 의견을 나눠요. 엘리야를 중심으로 관계를 쌓고 아이에게 가장 좋은 쪽으로 행동하기로 동의했죠."

"엘리야에 대해 전부 말해주렴." 내가 요청했다.

"엘리야는 말대꾸하기 좋아하는 나이예요." 아들 얘기를 하는 티아나의 목소리에 자부심이 묻어났다. "갠 엄청나게 똑똑해요." 티아나가 환하게 웃었다. "수화를 할 줄 알고 저희는 걔한테 영어와 스페인어를 가르쳐요. 매력적인 아이지만 잠을 좀 설쳐요. 지금도 매일 밤 몇 번씩 깨죠."

"너는 어떤 엄마니?"

"솔직히 말해서 저는 쉽게 짜증을 내요." 티아나가 인정했다. "걸음마기 아기들이 하는 행동 때문에 미치겠어요. 하지만 절대 아들에게 손찌검을 하지 않겠다고 스스로 다짐해요. 때때로 목소리가 커지지만 습관적으로 소리를 지르면 아이가 더 크고 나서도 계속 그럴 것 같아서 긍정적인 언어를 사용하려고 애쓰죠. 아이가 하는 모든 일을 칭찬하고 모든 걸 사랑하려고 노력해요."

"직장 일과 엄마 역할, 어려운 학업 프로그램에 참여하는 일 사이에서 어떻게 균형을 잡고 있니? 잠은 자니?"

"정말 미칠 것 같아요. 일주일에 서른 시간 혹은 그 이상 일을 해요. 최대한 숙제를 하려고 애쓰고요. 가끔 한 달 늦게 숙제를 제출하기도 해요. 선생님들은 대개 절 이해해주시고 해야 하는 일을 먼저 하도록 배려해주세요. 결국에는 일과 아기에게 가장 집중하죠. 필요하다 싶으면 가끔 휴가를 내서 밀린 학교 공부를 따라잡아요."

"이미 네브래스카대에서 입학 허가를 받았어요. 그래서 반 친구들처럼 성적이나 시험 점수를 걱정할 필요는 없죠. 초등학교 교사가 되고 싶어요. 전 과목 A학점이나 B학점을 받는 학생은 못 될 테지만 학위는 꼭 딸 거예요. 성적은 안 중요해요. 사람들에게 제가 할 수 있다는 걸 보여주는 게 중요하죠."

"일반적인 청소년으로서의 삶은 어떠니?"

"중학교 이후로 남자아이들을 보고 군침을 삼켰어요. 지금도 그래요…… 디안드레이에겐 말하지 마세요." 티아나가 슬쩍 농담을 던졌다. "밤늦게까지 밖에 있고 싶어요. 항상 그럴 수는 없지만 잠시 짬날 때는 드라이브를 하거나 친구들과 어울려요. 그리고 저는 감정 기복이 심해요. 일반적인 청소년들이 그렇지 않나요, 맞죠?"

"때때로 감정 기복이 심할 권리가 당연히 있지. 많은 접시를 동시에 돌리고 있잖니."

"사람들은 제가 어떻게 해나가는지, 어떻게 계속 다시 일어나서 앞으로 나아가는지 몰라요. 어떤 친구들은 저를 역할모델로 생각해요. 사람들은 저한테서 최대한의 용기를 보기를 바라죠. 사람들이 저를 존중하는 건 비밀이 없어서일 거예요. 엄마가 노숙자이고 제가 남자친구와 함께 살고 애엄마라는 사실을 다들 알거든요."

"결국 엘리야가 가장 중요해요. 뭔가를 마음먹으면 그걸 이룰 수 있다는 걸 걔한테 보여주고 싶어요. 제가 절대 실망시키지 않을 거라는 사실도 알려주고 싶어요. 엄마가 직장을 안 그만뒀다면, 저희는 노숙자가 안 됐을 거예요. 동생들을 먹이느라 굶고 지내야만 했던 시절이 있었어요. 저희 애가 그런 일을 절대 걱정하지 않게 할 거예요."

티아나가 겪은 일은 청소년들이 겪는 고난을 극단적으로 보여준다. 하지만 커다란 난관에도 불구하고 티아나는 유머 감각을 유지하고 아들에게 더 나은 삶을 만들어주기 위해 애썼다. 고등학교에 다니면서 약점에서 도망치기를 그만두고 목적의식과 계획을 가지고서 자기 고난을 마주했다.

오늘날 우리 문화는 고통에서 도망칠 수 있으며 (삶의 불가피한 요소인) 고난을 '피할 수 있는 문제'라고 여긴다. 또한 여전히 여자아이들에게 쓰레기 문화의 가치를 가르친다. 쇼핑해라, 마른 몸을 유지해라, 고통이 느껴질 때면 물건을 사거나 소비를 해라 같은 식으로 말이다.

　요즘에는 여자아이들이 약물을 복용하거나 음주할 가능성이 더 낮
아졌다는 소식은 분명히 반길 만하다. 하지만 온라인상에서의 삶 때
문에 외로워하고 상처받기 쉬워져서 많은 여자아이가 장차 중독에
빠지기도 쉬워졌다. 성인의 약물 복용률은 1990년대 이후로 단 한 번
도 감소하지 않았다. 소셜미디어가 직접적으로 간 건강을 해치거나
환각상태와 약물 남용을 일으키지는 않는다. 하지만 결국 어떠한 약
물보다도 치명적이고 유독할 수 있다.

13장
섹스와 폭력

섹스라는 경계에 서다_크리스티(14)

1990년대 노숙자 쉼터에서 근무할 때 만난 크리스티와 삶에 관해 이야기를 나눴다. 크리스티의 어머니는 공무원이고 아버지는 엔지니어였다. 엄격했지만 사랑이 넘치고 자식 중심으로 생활하는 부모였다. 또한 독실한 가톨릭 신자여서 크리스티에게 섹스는 결혼을 위한 것이라고 가르쳤다. 그들은 부유한 동네에 살았고 크리스티는 학교에서 영재반 소속이라 영재를 위한 여름 캠프에 참여했다. 학급 친구들보다 앞서 있었기 때문에 초등학교 3학년을 월반했다. 하지만 그랬기에 중학교에 입학할 때 사회적으로나 신체적으로 미숙한 상태였다.

"학교생활이 긴장됐어요. 다른 아이들처럼 쿨하다는 걸 증명하고 싶었죠. 인기 있는 여자아이들이 초대받는 파티에 저를 데려가줄 남자친구를 원했어요. 그런 무리에 들어가려고 전력을 다했죠."

어떻게 했느냐고 물었다.

"제가 똑똑하다는 게 문제라는 걸 금세 알아챘어요. 저를 '엄청난 천재'처럼 받아들이더라고요. 저를 '두뇌'나 '괴짜'라고 부르면서 놀려댔어요. 그래서 저는 읽던 책을 숨기는 법을 배웠고 TV 시청을 좋아하는 척했어요. 수학 수업을 같이 듣는 한 남자아이가 계속 자신을 앞지르면 두들겨패겠다고도 협박했어요. 그래서 일부러 B학점과 C학점을 받았죠. 부모님은 엄청 화를 내셨지만 그냥 무시했어요. 살아남으려면 무엇을 해야 하는지 알았으니까요."

특별히 운동을 잘하지는 않았지만, 교내 크로스컨트리팀에 들어갔다. 팀원 중 몇몇이 크리스티를 파티에 초대했다. 그렇게 갑자기 학교에서 운동 잘하고 인기 있는 아이들 무리에 들어갔다. 중학교 1학년이 끝날 때쯤에는 심지어 남자친구도 생겼다.

"걘 멋지고 정말로 다정했어요. 키스를 하고 손을 잡았지만 그 이상은 안 했어요. 일주일에 스무 시간 정도 전화 통화를 했고요. 양쪽 부모님 모두 저희의 외출을 막았어요."

크리스티의 첫 남자친구는 중학교 1학년이 끝나자 다른 도시로 이사했다. 하지만 금세 다른 남자아이들이 잇달아 데이트 신청을 했다. 크리스티는 첫 남자친구보다 나이도 많고 경험도 풍부한 애덤에게 끌렸다.

"어떤 파티가 기억나요. 마가리타를 마시면서 질문하는 게임을 했어요." 크리스티가 회상했다. "누군가가 섹스에 관해 물었어요. 갈 데까지 다 가봤냐, 자동차 안에서 섹스해봤냐, 구강성교를 해봤냐,

두 사람과 동시에 섹스해봤냐 같은 질문을 던졌죠. 그렇다고 답한 사람은 마가리타를 마셔야만 했죠. 거기서 마가리타를 한 잔도 못 마신 사람은 저뿐이었어요. 정말 창피했어요."

크리스티는 애덤을 좋아했고 서로 애무하고 아마도 '2루까지 진출하기를' 원했지만, 섹스하기 전에 멈췄다. 섹스가 궁금했지만, 평판을 해치거나 부모님의 규율을 어기고 싶지 않았다. 애덤은 한동안은 애무만으로 만족했지만 얼마 지나지 않아 다퉜다. 애덤은 섹스하고 싶어했고 크리스티는 아니었기 때문에 결국 둘은 헤어졌다.

몇몇 다른 남자아이가 즉시 데이트를 신청했다. 몇 번은 데이트를 수락했지만 모든 데이트가 레슬링 경기처럼 끝났다. 몇몇 친구는 이 시기 동안 성욕을 왕성히 드러냈고, 자기들을 따라 해보라고 크리스티를 부추겼다. 하지만 크리스티는 "걔들은 자기네 죄책감을 덜고 싶어서 제가 섹스하길 바란 거예요. 그런 식으로 걔들을 거들 생각은 없어요"라고 말했다.

"데이트는 하고 싶었지만, 섹스는 하기 싫었어요. 남자친구 없이 인기 많은 아이가 되긴 힘들지만 상관없어요. 최소한 치아교정기를 뺄 때까지는 기다리고 싶었어요. 아마 가톨릭 신자로서의 죄책감이 문제였겠죠."

"요즘에는 대개 그룹 데이트를 해요. 항상 제 몫은 제 방식대로 내죠. 남자에게 뭐든 빚지지 않으려고요. 너무 가까워지지 않으려고 주의해요. 제 외모와 지능을 숨겨요. 너무 똑똑하거나 너무 예쁘면 곤경에 처한다는 걸 배웠거든요. 그냥 평범하게 아이들과 어울리고 싶어요."

어느 날은 대학에서 강의를 마치자 한 무리의 여학생이 책상을 에워쌌다. 1990년대의 성에 관한 강의를 막 마친 참이었다. 그들은 의견을 나누고 싶어했다.

"건강한 성에 대한 교수님의 생각은 현실세계에서 먹히지 않을 거예요." 진저가 말했다. "교수님이 제안한 것처럼 섹스에 관해 이야기하려는 아이는 아무도 없어요. 너무 당황스러우니까요."

제인이 덧붙였다. "모두 너무 뒤죽박죽이라서 그냥 술에 취해 그렇게 해버려요. 그리고 다음날엔 그 일을 생각하지 않으려 애쓰고요."

"데이트하기가 무서워요." 수잰이 말했다. "강간을 당하거나 에이즈에 걸릴까봐 겁이 나요."

메리앤이 말했다. "운좋게도 저는 꾸준히 만나는 남자친구가 있어요. 신입생 때부터 사귀었죠. 완벽하진 않지만, 이 사람 저 사람 데이트하는 것보단 나아요."

그들 모두가 한목소리로 말했다. "어떤 것도 데이트하는 것보단 나아요."

1990년대 미국에서 여자아이들은 세 가지 중대한 성 문제를 맞닥뜨렸다. 첫번째는 성적 정체성 받아들이기라는 오래된 문제였다. 성적 자아를 규정하고, 성과 관련된 여러 선택을 내리고, 섹스를 즐기는 법을 익히는 등의 문제였다. 두번째 문제는 성행위에 관해서 상대와 의견을 주고받고 성 문제를 관계 속으로 가져오는 일이었다. 세번째 문제는 성폭행 위험에 관련된 것이었다. 청소년기 후기에 이르면,

대부분의 여자아이는 정신적 충격을 안기는 일을 직접 겪거나 그런 일을 겪은 친구를 알았다. 이들은 남자아이들과 친밀한 관계를 형성하고자 애쓰면서도 남자아이들을 두려워했다. 물론 이 두 가지 문제는 어느 정도 서로 연결되고, 여성의 건강한 성발달을 복잡하게 만들었다.

심지어 오늘날에도 미국에는 성에 관해 명확하게 규정되거나 보편적으로 적용되는 규칙이 없다. 우리는 상호모순적인 성적 패러다임이 난무하는 다원적 문화에서 살아간다. 여자아이들은 가족, 교회, 학교, 대중매체로부터 다양한 메시지를 듣는다. 여자아이들은 모두 알아서 이러한 메시지를 통합하여 자신에게 타당한 가치체계에 도달해야만 한다.

패러다임은 사람들 사이에서 서로 충돌한다. 성적으로 어느 정도의 관계가 올바르냐에 대해서도 명확한 합의점이 존재하지 않으므로 커플끼리 알아서 협상해야 한다. 가장 좋은 경우, 커플 간에 의사소통이 이뤄지지만 어색하고 파편적인 수준이다. 가장 나쁜 경우, 둘 중 아무도 시도조차 하지 않는다. 근본적으로 다른 생각을 가진 사람들이 자신의 패러다임에 관해 공유하지 않은 채 섹스를 할 때 진짜 파국이 일어난다. 예를 들어, 두 사람이 데이트를 하는데 한 사람은 섹스를 유흥이라 믿고 한 사람은 사랑하는 관계의 표현방식이라 여긴다고 치자. 다음날 아침 이들은 앞으로의 관계에 대해 상당히 다른 기대를 품고 잠에서 깰 것이다.

우리 문화는 성에 대해 깊이 분열되어 있다. 우리는 딸들을 전인적 인간으로서 자신을 귀히 여기도록 키우지만, 대중매체는 외모에만 관심을 두라고 강요한다. 영화와 TV를 통해 자유롭고 자발적인 사람이 교양 있는 사람이라고 배우면서도 가벼운 섹스 때문에 죽을 수도 있다는 경고 또한 받는다. 우리는 이러한 이중잣대와 불가능한 기대에 갇혀 있다.

1990년대 로드아일랜드주에 사는 십대를 대상으로 진행된 한 연구를 보면 이러한 혼란이 기록으로 남아 있다. 십대들에게 '남성이 여성의 동의 없이 성관계를 맺을 권리를 가지는 상황'에 관해 질문하자 그 커플이 결혼했다면 남성이 물리력을 사용할 권리가 있다고 답한 경우가 80퍼센트였다. 그리고 70퍼센트는 결혼할 예정이라면 그래도 된다고 답했다. 61퍼센트는 그 커플이 이전에 성관계를 맺은 적이 있다면 물리력을 가해도 정당화된다고 답했다. 여성이 남성을 유혹했다면 성관계를 강요해도 정당화된다고 답한 사람도 절반 이상이었다. 상대 여성이 다른 남성과 섹스했음을 남성이 알게 된 경우, 남성이 주체할 수 없이 성적으로 흥분한 경우, 여성이 술에 취한 경우라면 물리력을 가해도 정당화된다고 답한 사람도 30퍼센트였다. 학생 중 절반 이상이 '만약 어떤 여성이 유혹적인 옷차림을 하고 밤에 혼자 걸어간다면 강간을 자초하는 행동이다'라고 생각했다. 이 십대들 중 대부분은 '남성은 여성에게 섹스를 강요할 권리가 전혀 없다'는 사실을 확실히 몰랐다.

이상적인 여성의 성에 대한 우리의 문화적 모델은 여성과 섹스에 관한 문화의 양가성을 반영한다. 남성은 섹시해야 하고 성적인 활동을 하라고 항상 부추김을 받는다. 반면, 여성은 어떤 때는 천사여야만 하고 어떤 때는 성적인 동물이어야만 한다. 낮에는 요조숙녀이고 밤에는 매춘부여야만 한다. 매릴린 먼로는 이러한 분열을 이해했고 이용했다. 매릴린 먼로는 천진난만한 방랑자이자 들고양이였고, 어린아이이자 관능적인 성인 여성이었다. 여자아이들이 정확히 언제 그리고 어떻게 섹시해야 하는지 혼란스러워하는 것도 당연하다.

여자아이들은 학교에서 두 가지 종류의 성교육을 받는다. 하나는 교실에서, 다른 하나는 복도에서다. 교실에서의 성교육은 해부학, 생식, 출산에 관한 교육이다. 학생들은 정자나 난자 혹은 생명의 기적에 관한 영상 자료를 시청한다. (이러한 수업은 논란의 대상이기도 한데 모든 성교육은 반드시 부모가 해야 한다고 생각하는 부모도 존재하기 때문이다.) 일부 학교에서는 섹스, 피임, 성병에 관한 정보를 제공하지만 대부분의 학교에서 기울이는 노력은 한심할 정도로 불충분하다. 학교에서는 학생들이 가장 필요로 하는 성에 대한 의미의 발견, 온갖 메시지를 이해하는 법, 성관계에서 적절한 행동에 관한 지침 등을 대부분 알려주지 못한다.

1990년대 중학교에서는 동정을 잃는 것을 성숙의 표시로 여겼다. 여자아이들은 잘 알지도 못하는 남자아이와 섹스를 하라고 친구들에게 부추김을 당했다. 인정을 갈구하는 많은 여자아이가 이러한 압박에 굴복했다. 그렇지만 이중잣대도 여전히 존재했다. 토요일 밤에는 섹스를 하라고 내몰렸던 여자아이들이 월요일 아침이면 창녀라고 불렸다. 파티에서 그들을 꼬셔 섹스했던 남자아이들은 학교 복도에서 그 아이들을 모른 척했다.

네브래스카주 링컨에 위치한 레드앤드블랙 카페에서 동네 십대들이 모여 그런지 밴드의 음악에 맞춰 춤을 췄는데, 그곳 화장실 벽에

442

남은 그래피티를 보면 이러한 혼란이 여실히 드러난다. 누가 한 줄로 "모든 사람은 모든 사람과 섹스를 해야 한다"라고 썼는데 바로 그 옆에 다른 여자아이가 이렇게 적어뒀다. "그러다가 에이즈로 죽는다."

1990년대 청소년기 여자아이들은 첫 경험에 복잡한 감정을 품었다. 섹스는 혼란스럽고, 위험하고, 흥미진진하고, 쑥스럽고, 온갖 약속에 가득찬 무언가처럼 느껴졌다. 여자아이들은 성적 충동을 인식했고 이를 탐구하고 싶어했다. 여자아이들은 이성에 흥미를 가졌고 남자아이들이 자신을 좋아해주기를 바랐다. 섹스는 자유, 어른 되기, 세파에 물들기와 연관됐다. 영화에서는 성적 접촉을 흥미롭고 재미있게 그렸다. 하지만 여자아이들은 불안했다. 몸매와 경험 부족 때문에 가혹하게 평가받을까봐 걱정했다. 부모에게 걸릴까봐, 지옥에 떨어질까봐 조마조마했다. 임신, 성병, 나쁜 평판을 두려워하면서도 파트너를 즐겁게 해줄 만큼 섹시해야 한다고 우려했다. 섹스가 여성 비하와 조롱과 연관되는 상황을 목격했고, 섹스를 묘사하는 추잡하고 공격적인 말도 들었다. 그렇기에 정서적으로 그리고 신체적으로 상처를 받을까봐 두려워했다. 하지만 대개의 여자아이들은 불안감을 비밀로 간직했다. 두려움에 떠는 태도는 세련되지 않았으니까.

1990년대에는 열다섯 살에서 열아홉 살 사이의 여자아이 중 절반 이상이 섹스를 했는데 이는 1970년보다 거의 두 배 많은 수치다. 또한 1990년대 열다섯 살 여자아이들은 1970년보다 다섯 배 많게 성경험을 했다. 또한 성경험이 있는 여자아이 중에서 파트너가 여럿인 아이는 1970년보다 1990년대에 두 배로 증가했다.

임상심리 치료사로서 보건대 중학생 여자아이들은 키스를 하거나 손을 잡는 것 이상의 성적 경험에 아직 준비되지 않았다. 이 연령대의 여자아이들은 너무 어리기 때문에 자기 행동의 함축적인 의미를 모두 이해하고 제대로 처리할 줄 모른다. 이들이 가진 계획 및 처리 기술로는 섹스를 해야 할지 말아야 할지 적절히 결정하기가 힘들다. 또한 이들은 또래 압박에 지나치게 취약하고 사랑과 섹스, 그리고 인기를 혼동하는 경향이 있다. 또한 성경험을 하면 빠르게 곤경에 빠지기도 한다. 섹스를 하면 발생하는 책무를 처리하는 데 정서적으로도 지적으로도 준비되어 있지 않다. 섹스를 하겠다는 결정은 북극성처럼 확고해야만 한다. 다시 말해, 자아존중감과 가치관, 장기적 목표와 조화를 이루어 결정해야 한다. 고등학교 입학 전에 일부 여자아이들은 성경험을 할 만큼 충분히 성숙해질지 모르지만, 더 성숙하고 더 건강한 아이들은 대개 섹스를 피한다.

여기서는 '삽입 성교'와 '성적 경험'을 구분하려 한다. 여자아이들이 나름대로 성적 반응성의 발달을 즐기고 성을 탐색하고 싶어하는 것은 지극히 건강한 일이다. 성적 경험을 하면서도 삽입 성교를 하지 않을 수 있다. 하지만 1990년대만 해도 성적 접촉을 멈추는 쉬운 방법이나 확실한 방법이 없었다. 그래서 어떤 여자아이들은 데이트나 성적 접촉 자체를 아예 피했다. 언제 혹은 어떻게 선을 그어야 할지 몰랐기 때문이다. 아이러니하게도 1990년대의 성적 방종 때문에 어떤 여자아이들은 키스조차 못했다.

1970년대 대학원생으로서 내가 맡은 첫 임상 업무는 한 주립 기관에서 비행 청소년 여자아이들에게 성교육을 진행하는 것이었다. 열세 살에서 열여섯 살 사이의 아이들이었다. 모두 성경험이 있었다.

두 아이는 임신했었고, 한 아이는 집단 성폭행을 당했었고, 한 아이는 매춘을 했었고, 또다른 아이는 그 기관에서 구강성교 여왕으로 알려져 있었다.

첫 수업을 위해 둘러앉았을 때, 이 여자아이들이 얼마나 어린지, 섹스에 관해 얼마나 순진하고 무지한지를 보고 큰 충격을 받았다. 이들은 부두 노동자처럼 거친 말을 퍼부으면서도 자기 몸이나 피임, 임신에 관해서는 거의 아무것도 몰랐다. 한 여자아이가 이렇게 말했다. "구강성교를 하지 않으면 임신할 수가 없어요. 그때 정자가 여자 뱃속으로 들어가니까요." 임신한 적 있는 다른 여자아이가 진지하게 말했다. "전 정말로 섹스를 한 번도 안 해봤어요." 이들이 받은 성교육이란 영화, TV, 그리고 밤거리에서 배운 것이 전부였다.

신체에 관해 잘 모른다는 사실만으로 이미 충분히 심각했다. 하지만 더 심각하게도 이들은 섹스에 관해 결정을 내리게 도와줄 어떠한 가이드라인도 갖고 있지 않았다. 섹스를 하면서도 자기가 무슨 일을 하는지 거의 인식하지 못했고, 섹스했다는 사실 자체를 '잊을' 때가 많았다. 이들은 섹스에 관해 의식적으로 결정할 권리가 있다는 사실을 몰랐다. 또한 싫다고 말하는 법을 몰랐다.

성에 관련해 어떻게 의사결정을 내릴지 훈련과정을 만들었다. 성관계를 하자고 유혹하는 장면을 역할극으로 만들었다. 이들에게 들은 생생한 정보를 토대로 내가 유혹자 역할을 맡았다. 여자아이들은 서투르고 쑥스러워하는 모습이었다. 이들은 킥킥거리고, 바닥만 내려다보고, 거절 의사를 간신히 소곤거리고, 약간만 위협해도 쉽게 주눅들었다. 하지만 많은 연습을 거듭하면서 큰 소리로 단호하게 싫다고 거절하게 되었다. 만약 남자가 집요하게 굴면, 소리를 지르고 밀어내고 주먹으로 치고 달아나도록 연습했다.

그다음으로, 성적 활동을 하겠다고 어떻게 결정하는지, 상대방과 섹스와 성적 접촉에 관해 어떻게 의사소통하는지 토론했다. 여자아이에게는 첫 경험이 매우 중요하다고 설명했다. 첫 경험은 이후의 경험을 위한 토대다. 운이 좋다면 자신이 사랑하고 상대 또한 자신을 사랑하는 누군가와 정서적으로 결합된 관계에서 첫 경험을 할 것이다. 운이 좋다면 섹스가 조심스럽고 정열적이며 서로에 대한 배려를 더 깊게 해준다는 사실을 알게 될 것이다.

그렇지만 그 집단의 여자아이 중 거의 전부가 그리 운이 좋지 못했다. 이들의 첫 경험은 혼란스럽고 다급하고 비인격적으로 이뤄졌다. 삽입 성교가 그저 일어났을 뿐이었다. 대부분은 강요에 의한 섹스를 했다. 이들 중 둘 사이의 관계 속에서 사랑을 공유하기 위해 의식적으로 섹스를 결정한 사람은 아무도 없었다.

이들에게 상상 작업을 권했다. 좋은 경험을 떠올리기 전에는 그러한 경험을 직접 하기가 쉽지 않을 것 같았다. 일단 정중한 남성과의 근사한 데이트를 상상해보라고 했다. 어디에 가고 싶은지, 무엇을 하고 싶은지에 관심을 갖는 그런 멋진 남자와 말이다. 그 데이트는 저녁 내내 진행되어야 하고 칭찬, 대화, 재미가 깃들어야 한다. 여자아이들은 처음에는 이런 일이 불가능하다고 생각했다. 그러한 데이트가 존재할 수 있다고는 상상도 못했지만 서서히 이상적인 데이트를 그려갔다.

아이들에게 자신만의 기준 목록을 작성해보라고 했다. 아이들이 작성한 목록을 보고는 가슴이 찢어질 듯했다. 한 여자아이는 이렇게 썼다. "내게 돈을 쓰는 남자면 좋겠다. 맥도날드 같은 곳에 데려가면 좋겠다." 또다른 아이는 이렇게 썼다. "나를 좋아한다고 말하는 남자면 좋겠다."

우리는 이들의 현재 위치에서부터 시작했다. 그들이 세운 기준 하나하나가 섹스를 의식적으로 선택하는 일에 책임을 짊어지는 과정에서 디딤돌로 작용했다. 누가 성적 파트너로 가치 있는지 결정하는 법을 배웠다. 몇 주 후, 몇몇 소녀들은 약간 더 엄격해진 기준을 만들었다.

모든 여자아이는 자신을 둘러싼 성적 혼란을 이해하는 데 도움이 필요하다. 대중매체에서 배우는 것과는 반대로, 인간관계 속에서 일어나는 대부분의 일은 성적인 면과 관계가 없음을 알아야만 한다. 인간관계는 기본적으로 함께 일하고, 대화하고, 웃고, 논쟁하고, 서로 친구가 되고, 외출을 즐기는 것이다. 여자아이들은 다른 사람을 위한 성적 객체가 아니라 자기 삶에서 성적 주체가 되도록 격려받아야 한다. 또한 애정과 섹스를 분리하는 법을 배워야 한다.

여자아이들은 섹시하면서도 존중받기를 원한다. 쿨하고 세련된 사람이고 싶지만 닳고 닳거나 난잡해지고 싶지는 않다. 즉흥적인 사람이 되고 싶어하면서도 에이즈로 죽고 싶어하지는 않는다. 리지와 앤절라는 1990년대 고등학교에서 전형적인 성 문제를 가진 여자아이였다. 리지는 모범생이었지만 앤절라는 고교 중퇴자였다. 리지는 유대관계가 강한 가족 출신이었지만 앤절라는 해체된 가정 출신이었다. 리지는 인기가 많고 적응을 잘했으며 나이에 비해 성숙했다. 반면 앤절라는 미숙하고 충동적이었으며 친밀한 관계를 거의 맺지 못했다. 하지만 두 여자아이 모두 문화적 혼란 속 피해자였다.

섹스에 대한 가치관의 충돌 _ 리지(17)

리지가 다른 고등학교로 전학을 가고 싶어한다며 학교 상담교사가 의뢰해 리지를 만났다. 리지는 방과후에 내 상담실로 차를 몰고 왔다. 멋스러운 스웨터와 격자무늬 치마를 입고 왔는데 몸매가 상당히 좋은 졸업반 학생이었다. 상담 시간 초반에 리지가 말했다. "저는 정신적으로 건강한 사람이라고 생각해요. 여기에 왜 와야 하는지 잘 모르겠네요. 제 문제는 머릿속이 아니라 현실세계에 있어요."

그 현실세계의 문제가 뭐냐고 물었다.

"제 친구들이요. 아니 더 정확히 말하면, 제가 친구라고 생각했던 사람들이요. 요즘 걔네 대부분이 제게 말을 걸지 않거든요."

리지는 노동자계급이 모여 사는 지역 출신이었다. 어렸을 때는 아버지와 함께 낚시를 하고 삼촌과 함께 볼링을 쳤다. 자애로운 할머니가 근처에 사셔서 리지에게 요리를 가르쳐주었다. 부모는 다른 친구들의 부모처럼 타이어 공장에서 일했다. 아이들은 같은 학교에 다니고, 같은 축구팀과 야구팀에서 뛰고, 같은 공원과 카페에서 어울렸다. 초등학교 때 리지는 훌륭한 육상선수였고, 중학교와 고등학교에서는 치어리더로 활동했다.

고등학교 2학년 때부터 리지는 폴과 데이트했다. 둘은 유치원 때부터 알고 지냈지만, 교회에서 추수감사절 행사를 한 후부터 데이트했다. 1년 이상 둘은 훌륭한 관계를 유지했다. 폴은 잘생긴 미식축구선수였다. 리지의 친구들은 입을 모아 부럽다고 얘기했다. 리지의 부모는 폴을 좋아했고 폴의 부모도 리지를 좋아했다. 3학년 때 이들은 학교 축제의 왕자와 공주로 뽑혔다. 모두 이들이 4학년 때는 왕과 여왕으로 뽑힐 거라고 확신했다.

리지는 3학년 여름방학 내내 콜로라도주 로키산맥에 위치한 캠프에서 일했다. 아이들은 재밌고 풍경은 숨막힐 정도로 아름다웠다. 리지는 그곳 상담사 중 한 명을 좋아했다. 처음에 리지와 제시는 그냥 친구 사이였다. 이들은 함께 등산을 하고 차가운 별이 떠 있는 투명한 호수에서 카누를 탔다.

시카고 출신인 제시는 가을이면 북서부 지역으로 돌아갈 예정이었다. 제시는 폴과 전혀 달랐다. 세상 경험이 많고, 세련되고, 새로웠다. 리지는 제시에게 빠지지 않으려고 애썼지만, 그는 매일 리지 주변에 있었다. 게다가 리지 말대로 "산에서는 사랑에 빠지기가 쉬웠다".

어느 밤, 산 호숫가에서 담요를 덮고 몇 시간 동안 대화를 나누다가 둘은 키스하게 됐다. 제시는 리지의 셔츠를 벗기고 그다음엔 바지를 벗겼다. 제시는 섹스를 갈망했다. 리지는 그 정도로 간절하지는 않았지만 싫다고 말하지 않았다. 그들은 그날 밤 연인이 되었다.

그 여름은 빨리 지나갔다. 리지는 매주 날아오는 폴의 편지에 조심스럽게 답장을 보냈다. 그가 그립지만 너무 바빠서 전화를 걸거나 편지를 길게 쓸 여유가 없다고 답했다. 제시 이야기는 꺼내지 않았다. 8월 말 리지는 제시에게 작별을 고했다. 제시는 리지에게 시카고에 놀러오라고 초대는 했지만, 자기는 장거리 연애를 믿을 수 없다며 다른 여자와 데이트할지도 모른다고 경고했다. 이 말에 리지는 상처 받았지만, 서로 약혼한 사이도 아니지 않느냐며 스스로를 다독였다.

리지가 집으로 돌아오자 폴이 물었다. "다른 사람이랑 잤어?" 리지 는 아뜩하게 폴을 쳐다봤지만 그 말을 부정하지 않았다. 이를 리지가 죄를 인정했다는 의미로 해석한 폴이 흐느꼈다. 이들은 밤늦도록 오 랫동안 대화를 나눴다. 폴은 상처받고 화가 났지만 솔직하게 속을 털 어놓았다. 폴은 친구로 지내자며 자리를 떴다.

개학하고서 처음 몇 주는 괜찮았다. 친구들은 리지를 보고 반가워 했고 리지는 치어리더 활동을 하느라 바빴다. 리지는 폴과 그의 친구 들과 몇몇 수업을 함께 들었다. 처음에는 편안했지만 이내 어색해졌 고 결국 참을 수 없게 되었다. 폴은 리지에게 말을 걸지 않았다. 리지 가 복도를 걸어가면 폴의 친구들이 '창녀'라는 둥 '나쁜 년'이라는 둥 소리쳤다. 그들이 그런 욕설을 한다는 사실에 리지는 기겁했다.

리지는 폴과 대화해보려고 애썼지만 폴은 거부했다. 폴의 친구들 은 점점 공격적으로 변했고 리지에게 폴을 내버려두라고 경고까지 했다. 리지는 폭풍이 멎기를 기다렸지만, 시간이 흐른다고 달라지는 건 없었다. 오히려 시간이 흐르면서 더 많은 친구가 한편이 됐다. 평 생 알고 지냈던 대부분의 남자아이와 몇몇 여자아이가 더는 리지에 게 말을 걸지 않았다.

10월에 치어리더와 운동선수를 위한 대형 파티가 열렸지만 리지는 초대받지 못했다. 리지는 치어리더팀을 그만두었다. 부모님에게 털 어놓을까 고민했지만, 자신이 섹스를 했다는 사실을 들으면 부모님이 분노하리라는 사실을 잘 알았다. 그래서 학교 상담교사를 찾았다.

이 모든 이야기를 털어놓으면서 리지는 슬퍼하고 분노했다. 이것이 정당하지 않다는 걸, 누구와 데이트할지 결정할 권리가 자신에게 있다는 걸 잘 알았다. 창녀라고 불린 일에 분개했다.

일단 위기를 헤쳐나가기로 했다. 자기감정을 모두 표출하는 데 도움이 된다면 울든 소리치든 뭐든 하라고 격려했다. 우리는 당면한 현실 문제를 논의했다. 누구와 함께 점심을 먹지? (변함없이 옆을 지켜준 친구가 몇 명 있었다.) 복도에서 남자아이들이 욕을 퍼부으면 어떻게 대응해야 할까? (리지는 그 아이들의 눈을 똑바로 바라보며 이렇게 말하기로 했다. "너는 절대 이런 일을 겪지 않으면 좋겠다.") 토요일 밤은 어떻게 보내야 할까? (리지는 가정폭력 쉼터에서 자원봉사를 하기로 결정했다. 자신을 덜 측은히 여기는 데 도움이 될 것이다.) 결국 리지는 전학을 가지 않기로 했다. 자신을 졸업반에 학교에서 쫓아내는 힘을 폴의 친구들에게 부여하지 않기로 했다.

우리는 근본적 문제에 관해 이야기를 나눴다. "어떤 사람들과 진정한 친구가 되고 싶니? 다른 사람에게 무엇을 줄 수 있니? 뭐가 너를 정말로 행복하게 만드니? 어떤 때 네가 자랑스럽니? 일의 우선순위를 어떤 식으로 정하고 시간을 배분하니? 너의 가치관을 진정으로 반영하면서 살고 있니?"

한편, 제시는 더는 리지에게 답장을 보내지 않았다. 헤어진 이후 세 차례 편지가 왔지만 편지는 점점 더 짧아졌다. 리지는 그 관계가 자신에게 더 중요했다는 사실을 인정했다. 섹스를 했기 때문에 헤어졌을 때 리지는 더 많이 고통받았다. 리지는 자기 결정에 대해 약간 죄책감이 들었다. 마음 한편으로는 남자아이들이 복도에서 자신을 창녀라고 조롱했던 말을 믿었다. 갑자기 섹스가 위험투성이 일처럼 느껴졌다.

리지는 섹스에 대해 자신만의 방침을 세웠다. 적어도 자신이 좋아하는 만큼 자신을 좋아하는 누군가와 오랫동안 관계를 맺을 때까지 기다리기로 결심했다. 섹스가 관계에 어떤 영향을 미칠지 상대와 논의하고, 임신과 성병으로부터 보호받고 싶었다. 또한 성적 행동을 하겠다는 결정을 데이트할 때 뜨거운 열정 속에서 내리는 게 아니라 냉철하고 밝게 빛나는 낮에 내리기로 했다.

학교에서 길고도 힘든 하루를 보낸 후 이제 리지는 자신을 치료해줄 다양한 방법을 나름대로 개발했다. 공원에서 산책을 하고, 도서관에서 『피플』이나 『내셔널 지오그래픽』 같은 잡지를 빌려 보고, 친구와 카페에 갔다. 고등학교 이후에도 삶은 계속된다는 사실을 스스로에게 상기시켰다. 대학을 알아봤다. 점차 상황이 진정되었다. 폴은 다른 여자아이와 데이트했고, 폴과 그의 친구들은 리지를 벌주는 일에 흥미를 잃었다. 3학년 때만큼 인기가 많지 않았지만 이제 리지는 예전만큼 인기에 연연하지 않았다. 리지는 어릴 때부터 친했던 여자친구 두 명과 가깝게 지냈고, 가정폭력 쉼터에서 새로운 친구도 몇 명 사귀었다.

심리상담을 마쳤을 때 리지는 어떤 대학생과 데이트를 했다. 서로 애무는 했지만 섹스는 하지 않고 멈췄다. 리지는 잠깐 기다리기로 했다. 리지는 연인을 잃는 일에 뒤따르는 고통을 감당할 준비가 아직 되어 있지 않았다.

452

리지는 강하고 잘 적응한 여자아이였지만, 모든 십대가 그러하듯이 섹스 문제에 있어서는 서로 대립하는 여러 가치관 사이에 갇혀 지냈다. 부모는 결혼할 때까지 리지가 순결을 지키기를 바랐다. 여름에 만난 남자친구는 섹스를 부추겼다. 만난 지 얼마 안 됐는데도 말이다. 고등학교 친구들이 분노에 휩싸인 것은 리지가 섹스를 해서가 아니라 그 상대가 자기네가 모르는 누군가였기 때문이었다. 리지는 자신을 돌보는 법과 주변인의 반감을 견디는 법을 배웠다. 또한 인간관계와 관련한 선택을 할 때 고민하는 법과 성적 결정을 책임지는 법을 배웠다.

섹스를 결정하는 기준의 발견 _ 앤절라(16)

처음 만났을 때 앤절라는 몇 달 전부터 사귄 남자친구 토드의 아이를 임신한 지 4개월째였다. 앤절라는 앞면에 스키드로라는 밴드 이름이 새겨진 목이 깊게 파인 티셔츠와 검은 가죽 치마를 입고서 상담실에 나타났다. 그러고선 순식간에 자기 인생 이야기를 쏟아냈다.

아버지는 앤절라가 중학교 2학년 때 바람을 피웠다. 어머니는 남동생을 데리고 애리조나주로 떠났고 그후로 좀처럼 소식을 듣지 못했다. 앤절라는 아버지와 그의 새로운 파트너 마리, 그리고 마리가 데려온 어린 세 아이와 함께 살았다.

앤절라는 아버지와 단둘이 만날 기회가 거의 없고 마리의 아이들이 '물건을 훔치고' 게다가 '버릇없고 늘 조증상태'라며 불평했다. 앤절라는 사생활이 없었고, 아버지와 마리는 주말에 자신들이 외출하는 동안 아이들을 돌봐달라고 요청했다.

학교생활에 관해 묻자 앤절라는 코를 찡그렸다. "열여섯 살이 될 때까지 그 교육센터에 다녀야만 했어요. 하지만 거기 가기가 정말 싫었어요. 그래서 생일이 되자마자 자퇴했어요."

"어떤 점이 싫었니?"

앤절라는 일부러 한숨을 쉬더니 새하얀 팔을 삐죽삐죽한 빨간 머리 위로 뻗으며 말했다. "지루했어요. 우리가 들어야 하는 그 모든 쓰레기 수업이 싫었어요. 게다가 여자아이들은 속물이었고요."

"부모님에 대해 말해줄 수 있겠니?"

앤절라는 다시 한숨을 쉬었다. "엄마에게 임신 소식을 알리자 엄마는 기도문을 읊더니 저와 인연을 끊겠다고 하셨어요. 엄마는 남동생을 편애해요. 걘 너무 어려서 심각한 죄를 저지를 수도 없거든요."

앤절라는 소파에 등을 기댔다. "아빠와 사이가 더 좋아요. 아빠는 더 차분하거든요. 물론 임신 소식을 듣고 몹시 화를 내셨지만, 여전히 저를 사랑하세요. 아빠는 아기를 낳을 때까지 함께 살길 바라세요."

"아기가 태어난 이후에는 어떻게 할 셈이니?"

"토드와 함께 살고 싶어요. 하지만 그럴 수 없다면 임대주택에 들어가려고요. 이미 신청도 해놨어요."

"토드가 아기 아빠니?"

앤절라는 자기 나이에 맞게 어린 소녀처럼 깔깔거렸다. "토드는 멋진 애예요. 정말 귀엽다니까요."

"토드와 사귄 지는 얼마나 됐니?"

앤절라가 손을 펼쳤다. "5개월이요. 어느 누구하고도 이렇게 오래 만난 적이 없어요."

"토드가 아기 키우는 걸 도와주기로 했니?"

"토드는 그러고 싶어하지만 이미 아이가 하나 있어요. 토드는 양육비를 내야 하고 자동차 할부금도 갚아야 해요. 하지만 같이 병원에 가겠다고 약속했어요. 제가 임신해서 기뻐해요."

부모가 이혼한 후 삶이 어땠는지 좀더 자세히 묻자 앤절라는 자기 이야기를 담담하게, 심지어 수다스럽게 말했다. 가만히 경청하다가 중학교 2학년 수학을 낙제한 누군가가 직면하게 되는 그 많은 문제에 압도됐다. 상담 시간이 끝날 무렵 앤절라에게 물었다. "만약 임신하지 않았다면 뭘 하고 싶었을 것 같니?"

앤절라는 환하게 웃으며 답했다. "MTV 스타가 되고 싶었을 거예요."

상담 시간이 다 되어 앤절라에게 예약 카드를 건넸다. 앤절라는 나를 공손하게 꾸짖었다. "선생님은 아기 이름을 묻지 않으셨어요."

앤절라를 보고 빙그레 웃었다.

"알렉산드라 아니면 알렉스라고 하려고요. 어떻게 생각하세요?"

"예쁜 이름 같구나."

앤절라가 상담실을 떠난 후 앤절라에 관해 생각했다. 거대한 문제에 직면해 있으면서도 쾌활한 표정을 짓는 앤절라가 사랑스러우면서도 불안해 보였다. 하지만 천진난만함과 낙관주의와 에너지가 마음에 들었다. 앞으로의 몇 개월을 잘 헤쳐나가기를 진심으로 바랐다.

그다음 상담 시간에 앤절라의 사회생활에 관해 물었다. 부모가 이혼한 후 앤절라는 동네 북부 지역에 사는 문제아들의 집합소인 비디오게임 아케이드로 탈출했다. 그곳 근처에서 마약 단속, 총격 사건, 몇 번의 강간 사건이 벌어졌다. 앤절라는 최악의 장소를 골라서 착륙했다. 사흘째 밤에 노아가 앤절라에게 자기 트럭으로 드라이브를 하자고 제안했다. 이들은 교외로 나갔고 노아는 앤절라에게 섹스를 하자고 부추겼다.

앤절라는 그 경험에 대해 들려줬다. "노아가 귀엽다고 생각했지만 섹스할 준비는 안 됐었어요. 섹스에 관해 진지하게 고민해본 적도 없는데 그냥 일이 벌어졌죠. 그렇게 즐겁지는 않았어요. '뭐 그렇게 큰 문제도 아니잖아?'라고 생각했어요."

노아와 섹스한 후, 앤절라는 몇 주마다 새 남자친구를 사귀었다. 누군가가 앤절라를 마음에 들어하면 그와 데이트를 하러 갔다. 엄밀히 말해 데이트는 아니었고, 드라이브를 하거나 그의 아파트에 갔다. 때로는 앤절라의 성이 뭔지도 모르는 남자와 섹스를 했는데 그건 피차 마찬가지였다. 항상 이번 남자가 남자친구가 되기를 바랐지만 대개 관계를 맺고 얼마 지나지 않아 헤어졌다. 앤절라는 며칠 동안 힘들어하다가 또다른 '쿨가이'를 만나곤 했다. 앤절라는 다른 중학교 여자아이들처럼 남자에게 첫눈에 반하기를 잘했다. 20년 전 여자아이들과 다른 점이 있다면, 앤절라는 반한 모든 남자와 섹스를 했다.

토드는 비디오게임 아케이드의 단골이었다. 키가 크고 금발 머리에 '나쁜 남자 외모'를 가지고 있었다. 여자아이들은 그에게 홀딱 반했다. 앤절라는 아케이드에 간 첫주부터 토드를 눈여겨봤지만, 어린 딸을 데리고 다닐 때가 많아서 여자친구가 있겠거니 짐작했다.

토드와 알고 지낸 지 5개월이 됐을 때, 앤절라는 또 한번 첫눈에 반했던 남자와 헤어졌다. 토드는 매점 근처에 있던 앤절라에게 다가와서 콜라를 사주겠다고 제안했다.

"너무 다정했어요. 차였다고 얘기하자 공감해줬죠. 저와 섹스를 하거나 뭘 하려고 하지 않았어요. 그냥 대화를 나누고 싶어했죠."

다음날 밤 앤절라는 제일 좋은 옷을 입고 아케이드에 갔다. 토드가 다시 다가와서 말을 걸었다. 한 시간 후 토드는 둘이서 좀더 개인적인 시간을 보내게 자기 집에 가자고 제안했다. 앤절라는 동의했고 그날 밤 둘은 섹스를 했다. 그리고 2주 후 앤절라는 생리를 걸렀다.

의사를 만나 검진을 받겠다고 앤절라에게 약속받은 후 상담을 끝냈다. 함께 올 수 있다면 토드도 만나보고 싶다고 말했다.

앤절라는 다음 상담 시간에 흰색 스웨트셔츠와 검은 레깅스를 입고 나타났다. 첫 임부복이었다. 『아기에 관한 모든 것』이라는 책을 들고 온 앤절라는 대뜸 우울하다고 토로했다. 토드가 "심리 치료사를 믿지 않는다"며 안 오겠다고 했단다.

앤절라는 한숨을 쉬면서 머리를 쓸어넘겼다. "이번주에 보조금을 받으러 버스라이트 사무실에 갔어요. 태아에 관한 쓰레기 같은 영상 자료를 보여주더라고요. 아동부양보조금을 받으려고 복지기관에도 갔는데 수속이 너무 복잡했어요. 산더미 같은 서류를 작성하고 모든 것을 증명해야 했어요. 면담한 여자가 정말 나쁜 년이었어요. 그리고 담배를 끊으려고 해요."

"아직 의사를 안 만나봤니?"

"저소득층 의료보장제도에 가입한 의사를 아직 못 찾았어요. 이번

주는 엉망이었어요." 앤절라가 한숨을 쉬었다. "토드는 완전히 얼간이처럼 굴었어요. 얼굴 보기가 너무 힘들어요. 일하느라 바쁘다더니 홀리 집에 있었어요. 홀리는 그의 딸아이 엄마죠."

앤절라는 마리의 아이들이 수두에 걸렸다고 말했다. 아버지는 돈이 많이 든다고 투덜댔다. 토드는 차 수리비로 100달러를 썼다며 괴팍하게 굴었다. 앤절라는 그날 아침에 입덧을 했다.

임신하니까 기분이 어떠냐고 묻자 그날 아침 처음으로 미소를 지었다. "행복해요. 사랑할 누군가가 생겨서 기뻐요."

상담 시간 동안 앤절라의 임신에 관해 이야기를 주고받았다. 앤절라는 엄마 되기라는 흥미로운 프로젝트를 시작한 셈이었다. 굿윌 상점에서 아기 옷 구경을 즐겼고 친구들과 임신에 관해 이야기를 나눴다. 더는 학교에 다니는 여자아이들에게 열등감을 느끼지 않았다. 그들이 가지지 못한 무언가를 앤절라는 가지고 있었다. 행복하게 상담이 이뤄져서 다행이었다. 다음 상담 시간에 온 앤절라가 토드와 헤어졌다고 말했기 때문이다.

우느라 눈과 코가 빨개진 채로 앤절라는 그 소식을 전했다. 거의 미친듯이 화를 냈다.

"어떻게 그렇게 개새끼일 수가 있죠? 제 곁에 있겠다고 약속해놓고 말예요. 어젯밤에 전화하더니 홀리 집에 살러 들어가겠대요."

앤절라는 비꼬는 투로 머리를 저었다. "그들이 자기를 필요로 한다나요."

"남자들을 증오해요." 앤절라가 말을 이었다. "제가 데이트한 남자들은 모두 개새끼였다는 게 판가름났어요."

상담 시간 말미에 앤절라는 좋은 소식을 전했다. "적절한 의사를 찾았어요. 담배도 엿새 동안이나 끊었고요."

다음 상담 시간에는 인간관계에 관해 이야기를 나눴다. 부모가 이혼한 이후 앤절라는 지금껏 사랑을 찾아 헤매왔다는 사실을 깨달았다. 자신에게 누가 예쁘다고 말하면 아무한테나 홀딱 반했다. 매우 쉽고 매우 충동적으로 자신을 상대에게 맡겼기 때문에 자주 상처를 받았다. 앤절라는 점차 거부당하는 상황을 예상하게 됐고, 그래서 토드가 떠났을 때도 한편으로는 그다지 놀라지 않았다.

"시간을 좀 가져본다면 덜 외롭다고 느낄 다른 방법을 찾을 수 있을 거야. 너 자신과 여자친구들에게 더 의지할 수 있을 테고. 데이트하고 싶다면, 계속 옆에 머물면서 너를 행복하게 만들어줄 사람도 찾을 수 있을 거야. 어떤 남자와 섹스를 하기 전에 적어도 그 사람이 어떤 조건을 갖춰야 하는지 기준을 세워볼 수 있지 않을까?"

"어떤 식으로요?"

"너 스스로 정해야지."

앤절라는 회의적인 표정으로 나를 쳐다보았다.

"누군가가 정직한지, 상대를 배려하는 사람인지 아는 데는 어느 정도 시간이 필요하단다. 나쁜 놈들은 잠깐은 아닌 척 사기를 치거든. 어떤 사람이 믿을 만한 사람이라고 아는 데 시간이 얼마나 걸릴 것 같니?"

앤절라는 잠시 생각하더니 이렇게 말했다. "최소한 한 달요."

"그게 하나의 기준이야. 다른 게 또 있을까?"

"직업이 있고 차가 있어야 해요. 재밌어야 하고요."

"그것을 적어보렴."

임신 기간 거의 내내 앤절라를 만났다. 우리는 장기 목표에 관해서도 이야기를 나눴다. 자기 밖에서 구원자를 찾는 일의 위험성도 이야기했다. 앤절라에게 자신과 아기를 부양할 방법을 찾아야 한다고, 오랫동안 지속되는 우정을 구축해야 한다고 강조했다.

어느 날 이른 아침, 알렉스가 태어났다는 전화가 걸려왔다. 몸무게가 3킬로그램이 약간 안 되고 토드처럼 금발 머리였다. 마리는 앤절라의 출산 코치 역할을 해줬다. 앤절라는 자랑스럽고 행복한 목소리였다. "만약 병원에 오실 거면 초콜릿 좀 사다주세요. 배고파죽겠어요."

몇 달 후 앤절라를 마지막으로 보았다. 식료품 할인점에서 쇼핑 카트에 알렉스를 태우고 지나가고 있었다. 앤절라는 옛날 모습을 찾은 듯 보였다. 행복한 미소, 사과처럼 빨간 머리, 검은 아이라이너를 칠한 모습이었다. 앤절라는 내게 머리가 삐죽삐죽 자란 토실토실한 알렉스를 안겨줬다. 앤절라는 검은 인조가죽 재킷을 입고 있었다. 내가 안자 알렉스가 옹알이를 했다. 나도 따라서 옹알이를 했다. 좋은 건강 상태와 밝은 미소로 보아 아이를 잘 보살피는 것 같았다. 알렉스가 내 품에서 씰룩씰룩 움직이는 동안, 앤절라는 현재 상황을 공유해줬다. 새로운 남자친구 캐리를 만났는데 연인관계에 대한 기준을 충족하는 사람이라고 했다. TV 수리기사로 지프차가 있고 아기를 좋아했다.

앤절라는 검정고시 준비중이었다. 어머니는 알렉스를 한 번도 보지 않았고 앤절라에게 전화도 거의 걸지 않았다. 하지만 문제가 생기면 마리에게 의논할 수 있었다. 앤절라와 캐리, 그리고 알렉스는 아버지와 마리와 함께 일요일 저녁식사를 했다.

알렉스가 자신을 향해 손을 뻗자 앤절라는 소리내어 웃으면서 알렉스를 재빨리 다시 받아 안았다. "멋진 아이죠?" 앤절라는 턱끝으로 알렉스를 살짝 치며 말했다.

앤절라를 만나서, 예상보다 상황이 점점 더 나아져서 기뻐하며 식료품점 통로를 따라 쇼핑 카트를 밀었다.

성폭력

매주 일요일 아침, 가족 모두가 깊이 잠든 시간에 일찍 일어나 지역 신문을 읽으며 혼자만의 시간을 즐긴다. 어느 일요일 아침, 신문 1면에 이런 헤드라인이 실렸다. '작별인사와 함께 시작된 악몽.' 1992년의 이 기사는 대학교 1학년생인 캔디 함스에 관한 기사였다. 캔디는 남자친구 집에서 약 1.5킬로미터 떨어진 아파트에서 부모님과 함께 살았다. 남자친구가 캔디를 차까지 데려다준 밤 열한시 사십분부터 그녀가 집에 도착했을 시간인 자정 사이에 무슨 일인가가 벌어졌다. 차 열쇠와 지갑이 차 안에 남겨진 채로 캔디의 차는 마을에서 북쪽으로 한참 떨어진 곳에서 발견됐다.

가정폭력 비율이 사상 최고치라는 헤드라인도 보였다. 일요일자 신문의 내지에는 새로운 패션 브랜드 광고가 실려 있었다. 하이힐을 신고 심하게 노출된 옷을 입은 모델들이 뉴욕 패션쇼에 선 사진이었다. 레깅스를 신고 가슴과 엉덩이를 겨우 가리는 짧은 원피스를 입었

는데 거기에 과녁이 그려져 있었다. 패션 사진에는 이런 설명이 붙어 있었다. '걸어다니는 표적.'

여성과 여자아이에 관한 이러한 이야기는 미국 내 모든 신문에 도배되어 있었다. 이러한 기사 때문에 모든 여성이 공포에 떨었다. 세상을 항해하는 능력에 대한 여성들의 자신감은 급격히 떨어졌다. 이들의 공포는 단도직입적으로 '우리의 환경은 여자아이들에게 어떠한가?'라고 물었다.

어떤 젊은 남성의 자동차에 이런 범퍼 스티커가 붙어 있었다. "내가 곧 섹스를 못하면, 누군가가 다칠 거야." 이 남성만 이러한 철학을 가지고 사는 게 아니었다. 1994년 미국에서는 매일 480명의 여성과 아동이 강간을 당했고, 5760명의 여성이 친밀한 남성 파트너에게 폭행을 당했으며, 네 명의 여성과 세 명의 아이가 가족에게 살해당했다. 강간은 '젊은이의 비극'이었다. 전체 강간 사건 피해자 중 32퍼센트가 열한 살에서 열일곱 살 사이였다.

이러한 통계 수치는 수천수만 개의 슬픈 사연을 얼버무린다. 내가 가르친 한 학생은 남자친구에게 구타당해서 셀 수 없이 결석했다. 수업을 듣는 학생 모두에게 학대에 관한 설문조사를 진행해 그 결과를 가지고 학생들과 공개 토론을 한 적도 있다. 그 결과 여학생 중 절반 이상이 연인관계에서 학대당한 적이 있다고 응답했다. 어느 고등학교에서 마지막으로 세 번 강연했을 때는 강연이 끝나고 찾아온 한 여학생이 강간당했다고 고백했다.

자기방어에 대한 수업을 열면 최근 피해자가 된 여성과 여자아이로 가득찼다. 대학생을 대상으로 자기방어 수업을 진행하면서 남성들에게 자기방어를 위해 무엇을 하느냐고 물었다. 그들은 아무것도 안 한다고 답했다. 똑같은 질문을 여성들에게 던지자 어떻게 조심하는지 방법을 줄줄이 읊었다. 공포는 수많은 면에서 여성들의 행동을 바꾸어놓았다. 언제, 어디로 외출할지, 누구와 대화할지, 어디에서 산책을 하고 공부를 하고 살아갈지를 수천 가지 방식으로 바꾸어놓았다.

1990년대 심리 치료사로 일하면서 수많은 성폭행 피해자를 상담했다. 그중 일부 여성은 최근에 성폭행을 당해 아직 몸에 멍이 남았고 충격에서 빠져나오지 못한 상태였다. 어떤 여성들은 수십 년 전인 어린 시절에 발생한 성폭행 사건과 여전히 분투중이었다. 내가 상담한 가장 어린 피해자는 새아버지에게 잔인하게 성폭행을 당한 세 살과 다섯 살 난 두 자매였다. 가장 나이가 많았던 내담자는 십대 때 겪었던 강간 사건에 관해 이야기한 칠십대 여성이었다. 50년이 지났지만, 그녀는 여전히 악몽을 꾼다고 했다. 어떤 날에는 미국 내 모든 여성이 성폭행을 당했거나 앞으로 당할 것이라고 비관하며 상담실을 퇴근했다.

성폭행 때문에 신체적 외상을 겪고 오랜 후까지도 피해자들은 정신적 상처와 싸워야만 한다. 성폭력이 얼마나 정신적으로 외상을 입히느냐는 몇 가지 요소에 따라 다르다. 일반적으로 피해자가 어릴수록, 폭행이 오랜 기간 동안 빈번할수록, 폭행이 난폭할수록, 가해자가 피해자와 아는 사이일 경우 정신적 외상은 더 심각해진다. 가족에 의한 성폭력이 정신적으로 가장 큰 손상을 입힌다.

피해자의 반응에도 몇 가지 중요한 요인이 있다. 더 빨리 누군가에게 무슨 일이 벌어졌는지 말하고 도움을 구할수록 더 낫다. 가족과 주변인이 더 많이 지지해줄수록 더 낫다. 마지막으로, 회복탄력성과 스트레스에 대처하는 능력은 저마다 각기 다르다. 어떤 아이들은 다른 아이들보다 더 빨리 더 완전하게 회복할 수도 있다. 모든 성폭행 피해자는 가족이나 친구나 심리 치료사에게 외상 후 스트레스를 상담함으로써 도움을 얻을 수 있다.

꺾여버린 날개_엘리(15)

엘리와 부모님과의 첫번째 상담은 우리 모두에게 고통스러웠다. 엘리는 커다란 안락의자에 푹 파묻혀 꼬마처럼 몸을 웅크리고 있었다. 검은 눈동자에는 눈물이 그렁그렁했다. 아버지 딕은 감정을 주체하지 못한 나머지 거의 말을 못 이었다. 딸처럼 체구가 자그마하고 검은 머리를 가진 로넷이 대부분의 이야기를 들려줬다. 그녀는 이렇게 상담을 시작했다. "말하기도 힘든 이 일 때문에 온몸과 마음이 산산이 부서져버렸어요."

딕은 용접기사였고 로넷은 집에서 미용실을 운영했다. 두 사람은 열심히 일했고 늘 아이들을 최우선으로 여겼다. 딕은 집 마당에 미국 국기를 꽂아두고 자동차마다 국기 스티커를 붙여놓았다. 딕은 베트남전 상이용사로 그 지역 해외참전용사협회 회장직을 맡고 있었다.

로넷은 해외참전용사협회 사무실에서 컨트리음악을 즐겨 들었고 자신과 딕이 춤을 잘 춘다는 사실을 자랑스러워했다. 로넷은 마음이

넓고 해결하지 못하는 문제가 거의 없는 여성이었다. 두 사람 모두 세 딸 중 첫째 엘리를 깊이 사랑했다.

로넷은 심호흡을 한 다음 사건의 개요를 말해주었다.

"엘리는 중학교 2학년이 되면서 조금 반항했어요. 집안일이며, 전화며, 공부며 모든 걸 따졌죠. 하지만 크게 걱정하지는 않았어요. 아이들은 그런 식으로 큰다는 걸 알았으니까요. 성적은 괜찮은 편이었어요. 대부분 B학점이었죠. 얘는 수영팀에서 활동했어요. 저희는 얘 친구들을 좋아했어요."

로넷이 한숨을 쉬었다. "얘가 반항하는 게 무엇보다 큰 걱정거리였어요. 몇 차례 학교를 빼먹었고 밤에 몰래 빠져나가서 친구들과 어울렸죠. 다칠까봐 걱정됐어요."

어머니가 말을 이어나가자 엘리는 흐느꼈고, 딕은 싸울 준비를 하는 권투선수처럼 주먹을 쥐었다 폈다. 로넷은 얼굴이 눈물로 얼룩지고 긴장감으로 굳어갔지만 계속 말을 이었다.

"지난달에는 얘 때문에 미치도록 화날 지경이었어요. 얜 저희를 무시했고 학교에선 자기주장만 펼쳤어요. 어제는 복도에서 어떤 아이를 밀쳐서 상담교사한테 불려갔죠. 얘답지 않은 일이었어요. 성적이 떨어졌고 친구들과의 외출도 그만뒀어요. 틀림없이 무슨 일이 생겼구나 싶었지만 뭐가 문제인지 알아낼 수 없었어요."

딕이 말했다. "무슨 문제가 있느냐고 물었지만 아무 말도 안 하더라고요."

"다행히 학교 상담교사에게 사실을 털어놓았어요." 로넷이 말했다. "상황이 걷잡을 수 없이 나빠지고 있었어요."

"어려운 질문인 줄은 압니다만, 정확히 무슨 일이 벌어진 거죠?" 내 질문에 우리 모두는 엘리를 바라봤고 아이는 안락의자에 얼굴을 파묻었다.

딕이 말했다. "저희는 자세한 건 모릅니다. 그 일을 이야기하기가 너무 힘드네요."

로넷이 가라앉은 목소리로 말했다. "얘가 밤에 몰래 집을 빠져나가서 볼링장에 갔어요. 친구들이 거기에 있을 줄 알았는데 안 왔대요. 그래서 집에 돌아가려고 주차장을 가로질러 걸어가는데 남자아이 넷이 앨 자기네 차로 끌어당겨서 강간했대요."

"저희가 진작 알았다면 얼마나 좋았을까요." 로넷이 말했다. "저희에게 말하지 않았다는 게 강간 사건만큼이나 마음이 아파요. 저희를 이것보다는 신뢰한다고 생각했거든요. 좋은 가족이라고 믿었거든요."

"여자아이들이 이런 일을 숨기는 경우는 흔해요. 그걸 여러분이 좋은 가족이 아니라는 의미로 받아들이지 마세요."

"얘한테 이런 일이 일어났다는 걸 믿을 수가 없어요." 로넷이 말했다. "어떻게든 이 일을 못 막았다는 사실에 죄책감이 들어요."

"죽고 싶어요." 엘리가 속삭였다.

딕이 말했다. "그 새끼들을 죽여버리고 싶습니다."

"이제 저희는 어떻게 해야 하나요?" 로넷이 물었다. "아무도 밤에 잠을 못 자요. 음식도 안 넘어가요. 이이는 지난 나흘 동안 일도 못 했어요."

온 가족이 크나큰 충격에 빠져 있었고 치료가 필요했다. 당연히 여동생들도 엄청나게 고통받았다. 가족 상담을 진행하기로 계획했지만 우선 엘리와 단둘이서 대화하고 싶었다.

다음 상담 시간에 엘리는 조금 나아진 듯했다. 검은 머리를 뒤로 단정히 빗어넘겼고 눈에는 물기가 걷혀 있었다. 학교생활과 마지막으로 참가했던 수영 대회 이야기를 몇 분간 나눴다. 그런 다음 강간 이야기를 꺼냈다.

엘리는 소파 쿠션을 가슴에 꽉 끌어안고서 아무 말도 하지 않았다. 손톱과 손가락 끝은 심하게 물어뜯겨 있었다. 이야기할 준비가 안 된 듯해 그런 상처를 입었던 다른 아이들이 어떻게 극복했는지 들려주었다. 정신적 외상의 본질에 관해 이렇게 말해줬다.

"손가락을 베면 피가 나지. 너는 피를 싫어할지 몰라. 무섭고 골치 아픈 일이니까. 하지만 베인 손가락에서는 피가 나야 하는 법이란다. 그게 건강한 거야. 만약 피가 안 난다면 뭔가 잘못된 거야. 정말 끔찍한 일이 벌어졌고 많이 고통스러울 거야. 그 일이 싫을 거야. 골치 아프고 무서울 테지. 하지만 그건 치유되는 과정의 일부란다. 감정을 꽁꽁 묻어두면 결국에는 더 아플 수밖에 없어."

엘리는 쿠션 뒤에서 나를 응시했다. 엘리의 검은 눈에는 고통이 가득했다. 정신적 외상을 받으면 어떤 현상이 일어나는지 설명했다. 악몽을 꿀 수도 있다. 잠을 자는 데 어려움을 겪을 수도 있다. 외출이 두렵고 집에 혼자 있는 것도 무서울 수 있다. 미쳐버릴 것만 같을 수도 있고 결코 회복하지 못할 것이라고 절망할지도 모른다. 자기 잘못인 것만 같고 더 똑똑하게 굴거나 이런 일이 생기지 않게 예방했어야 했다고 자책할지도 모른다.

엘리는 동의한다는 듯 고개를 끄덕이며 나지막이 말했다. "걔들이 자꾸만 보여요."

엘리가 소리내어 우는 동안 그 곁에 함께 앉아 있었다.

그다음 이어진 네 번의 상담 시간은 두번째 상담 시간과 비슷했다. 엘리와 비슷한 경험을 하고서 이를 극복한 여자아이들의 사례를 이야기해주었다. 손가락은 여전히 빨갛고 물어뜯긴 상태였다. 엘리는 아버지나 어머니가 동행하지 않으면 집밖으로 나가려 하지 않았다. 친구들과 함께하는 일에도 흥미를 완전히 잃었다.

그러고선 여섯번째 상담 시간이 됐다. 엘리가 상담실로 들어와서 말했다. "선생님께 무슨 일이 벌어졌던 건지 오늘 말씀드릴게요."

엘리는 잠시 말을 멈췄다. "얘기를 하면 더 나아지겠죠? 그렇죠?"

나는 고개를 끄덕였다.

엘리는 소파 쿠션을 껴안고서 이야기를 시작했다. 엘리는 그날 집에서 몰래 빠져나가 친구를 만나 콜라를 마실 계획이었다. 하지만 그 친구네 아버지가 그날 밤늦게까지 주무시지 않아서 겁을 먹은 친구가 집을 떠나지도 못하고 심지어 전화도 못 걸었다. 그래서 엘리가 볼링장에 도착했을 때 친구는 거기에 없었다.

"전 한 시간 동안 기다렸어요. 별로 기분이 좋지 않았어요. 머리가 아팠고 그 고등학교 남자아이들이 저를 계속 쳐다봤거든요. 걔들이 무섭진 않았지만 거기에 혼자 있는 게 창피했죠."

엘리의 목소리가 허스키해졌다. "밤 열두시쯤에 볼링장을 떠났어요. 걔들도 자리를 뜬다는 걸 눈치챘지만 걱정되진 않았어요. 걔들이 제 옆에 차를 세우더니 집까지 태워다주겠다고 제안하더라고요. 잘 모르는 애들이라서 싫다고 했어요. 개들은 주차장을 한 바퀴 돌더니 되돌아와서는 차를 세웠어요. 그런 다음 두 사람이 차에서 내려 저를 차 안으로 밀어넣었어요."

엘리의 목소리는 이제 무미건조했다. "네 명이 있었어요. 차 안이 어두워서 얼굴이 제대로 보이지 않았어요. 둘이 뒷자리에서 저를 잡아 눌렀고 개들은 볼링장 뒷골목으로 차를 몰고 갔어요. 제가 우니까 한 애가 '그만두자'고 했어요. 하지만 다른 애들이 겁쟁이라고 놀리자 개는 입을 다물었어요. 갠 저를 강간하지 않은 것 같아요. 세 명만 저를 강간했어요."

엘리는 말을 멈추고서 창밖을 내다보았다. 엘리의 눈은 말라 있었지만 고통으로 가득차 있었다. 호흡을 가다듬더니 말을 이었다. "운전하던 애가 맨 먼저 강간했어요. 걔 친구들이 제 청바지를 벗기자 걔가 제 몸 위로 뛰어들었어요. 키스나 어떤 것도 하지 않았어요."

엘리의 목소리가 갈라졌지만 이내 말을 이었다. "한 번도 섹스해본 적이 없었어요. 그래서 몸이 찢겨서 벌어지는 느낌이었어요. 걔가 끝내더니 다른 애들을 부추겼어요. 뒷자리에 있던 두 사람이 번갈아 저를 강간했어요. 저는 토했어요. 나중에 개들은 제 셔츠로 제 토사물을 닦았어요."

엘리는 이제 몹시 추운 것처럼 벌벌 떨었다. 엘리의 목소리는 무미건조하고 죽어 있었다. "그짓을 하는 내내 개들은 깔깔거리고 농담을 주고받았어요. 운전하던 애는 제가 그짓을 원한 게 틀림없다는 둥 혼자 밖에 있으면 안 됐다는 둥 지껄였어요. 개들은 저를 동물처럼 취급했어요. 아무 감정도 없는 것처럼요."

"그후 걔들이 저를 차 밖으로 밀쳐내고 뒤이어 제 셔츠를 던졌어요. 윗도리도 안 입을 수는 없어서 그걸 입고 집으로 걸어갔어요. 너무 많이 울어서 발작 같은 것을 일으킬까봐 걱정했어요. 하지만 울음을 멈출 때까지 집에 들어가지 않았어요. 제 방 창문을 통해 방에 들어가서는 아침까지 침대에 누워 있었어요. 그런 다음 목욕을 하고 셔츠를 빨았죠."

엘리가 나를 쳐다봤다. "놀랍게도 다음날 아침 부모님은 아무것도 눈치채지 못하셨어요. 아침을 먹으면서 부모님은 여동생의 치과 예약 얘기를 하시더라고요."

그다음 몇 개월 동안 이 사건에 관한 이야기를 여러 차례 들었다. 처음에는 별 감정 없이 이야기했지만 점차 자신의 말과 감정을 연결 지었고 이야기를 하면서 흐느꼈다.

엘리에게 강간범들에게 편지를 써보라고 권했다. 보내지는 말라고 했지만 모든 분노를 표출하는 편지였다. 다음과 같이 시작하는 편지들을 휘갈겨 썼다. "너희가 내 삶에 저지른 짓 때문에 너희를 증오해. 너희가 나와 내 가족의 모든 것을 망가뜨렸어. 우리는 결코 다시 정상적으로 살지 못할 거야."

아버지 딕은 권투용 샌드백을 사서 지하실에 걸었다. 엘리는 밤마다 지하실로 내려가서 샌드백을 쳤다. 처음에는 샌드백을 치면서 분노와 연결하기를 어려워했지만, 계속 노력해보라고 엘리를 격려했다. 샌드백을 치면서 그 남자아이들, 그 차, 강간을 떠올려보라고 말했다. 일단 그렇게 하자 격분해서 샌드백을 두들겨패고 강간에 관해 큰 소리로 고함을 질렀다. 그런 다음 땀에 흠뻑 젖어 지하실 바닥에 쓰러지면 좀 진정이 됐다. 모든 분노가 엘리에게서 빠져나와 그 샌드백으로 옮겨갔다.

그러는 동안 그 남자아이들에 대한 법정 소송이 진행되었다. 이 때문에 엘리는 여러 면에서 다시 정신적 외상을 겪었다. 경찰이 엘리 집을 찾아와 추가 진술을 받았고 엘리는 증언 녹취를 위해 다시 이야기를 해야 했다. 신문에 기사도 실렸다. 이름은 언급되지 않았지만, 신문 기사만 봐도 항상 고통스러웠다. 재판으로 엘리의 수치심이 공개적으로 노출돼 미래를 불안하게 만들었다.

딕과 로넷은 매달 나를 방문해서 강간 사건에 대한 반응을 털어놓았다.

두 사람 모두 딸들을 집밖으로 내보내기 두려워했다. 강간 사건이나 여성 대상 폭력 사건에 관한 기사를 읽을 수가 없었다. 딕은 업무에 방해가 될 만큼 복수를 꿈꿨다. 베트남전 때 그러했던 것처럼 땀에 흠뻑 젖어 한밤중에 잠에서 깨곤 했다. 로넷은 손님의 머리를 해주다가 이따금 눈물을 터뜨렸다. 그럴 때면 손님 머리에 수건을 둘러싸놓고 밖으로 뛰쳐나갔다.

나중에 두 여동생도 상담 그룹에 합류해 언니의 경험이 자기 삶에 어떠한 영향을 미쳤는지 이야기했다. 둘째 아이는 밤에 절대 혼자 밖에 나가지 않을 것이며 가족이 허락하지 않은 남자아이들과 어울리지 않겠다고 맹세했다. 막내는 복수를 그렸다. 강간 사건 이후로 막내는 학교에서 말을 잘 안 들었다. 모두가 자기 가족이 예전과 달라졌다고 인정했다. 다른 가족들은 돈이나 학교, 일상적 활동에 관해 이야기를 나눴다. 하지만 이들 가족은 강간 사건에 사로잡혀 있었다.

엘리와 마찬가지로 이들 모두에게 이야기를 나눌, 눈물을 흘릴 장소가 필요했다.

엘리는 점차 회복했다. 손가락의 상처가 나았고 손톱도 길게 자랐다. 수영팀과 학교생활에 열정을 되찾았다. 친구들과 함께 외출도 했다. 엘리와 여동생들은 호신술 수업에 등록했다.

강간 사건이 엘리의 미래에 어떤 영향을 미칠지 이야기를 나눴다. 엘리는 연약해진 기분이었다고 말했다. 엘리는 항상 친구들보다 좀 더 조심스럽고 좀더 불안해할 것이다. 당장은 남자아이들에게 관심이 없었다. 오랫동안 섹스로부터 떨어져 지내고 싶어했다. 엘리가 딱 잘라서 말했다. "저는 호기심을 완전히 잃었어요."

심하게 다치지도 않고, 성병이 옮지도 않고, 임신하지도 않았다는 면에서 엘리는 비교적 운이 좋았다. 심리 치료를 받도록 부모가 데려와서 다행이었다. 그렇다고는 하나 강간당하기 전과는 다른 소녀가 되었다. 더 조심스러워지고 가족에게 더 의지했다. 세상을 탐색하려 이제 막 날아오르려던 차에 날개가 꺾였다. 하늘을 나는 대신 발끝으로 살금살금 걸으며 청소년기를 헤쳐나갔다.

여자아이들이 친구나 아는 사람에게 일종의 성폭행을 당하는 일도 흔하다. 이러한 경험을 하면 여자아이들은 주변 세상에 대한 신뢰를 잃고 모든 인간관계를 잠재적으로 위험하다고 인식하기 때문에 특히 더 해롭다. 피해자가 아는 누군가가 가해자이기 때문에 이러한 사건은 이후의 처리과정이 더 어렵기도 하다. 피해자는 자신에게도 책임이 있다고 느껴서 경찰에 신고할 가능성이 더 낮다. 만약 경찰에 신고한대도 가해자는 상호 합의하에 그랬다고 주장할 가능성이 더크다.

한 내담자는 생물 시간에 현장학습을 갔다가 강간당했다. 한 남학생이 잠자리채를 빌려달라며 텐트로 들어와서는 그 여학생을 눕히고 목을 조르고 강간했다. 다음날 아침 그녀는 아무 일도 없었던 것처럼 행동했다. 1년 후 가족과 함께 캠핑하러 갈 때까지 그 아이는 그 경험을 부정했다. 캠핑을 가서 텐트에 들어가자 갑자기 그때의 기억이 덮쳐와 숨을 쉴 수가 없었다. 어머니에게 무슨 일이 있었는지 털어놓았고 부모는 범죄를 신고했다. 그 남자아이는 상호 합의에 의한 섹스였다고 주장했다. 사건이 발생하고 1년이 지난 후여서 진상을 규명하기 힘들었고 내담자는 소송을 취하했다. 그리고 심리 치료를 받으러 왔다. 공황발작을 일으키지 않고 캠핑을 가고 싶어했기 때문이다. 그 아이는 다시 남성을 신뢰하고 싶어했다.

한 내담자는 빈민층 아동을 위한 캠프에서 여름방학 동안 자원봉사를 하던 중 그 프로젝트를 총괄하던 목사에게 성폭행을 당했다. 그가 그런 일을 저질렀다고 아무도 믿지 않으리라 확신했기에 신고하지 않았다고 했다.

내 수업을 듣는 한 여자 대학생은 남학생 사교클럽의 여동생 제도에 관해 이야기했다. 그녀는 친구랑 남학생 사교클럽에서 토요일 밤 개최한 '테스토스테론 파티'에 참석했다. 거기서 평소 좋아했던 한 남성이 그녀를 침실로 억지로 끌고 들어가서 성폭행을 하려 했다. 비명을 지르며 그를 걷어차서 가까스로 탈출했고 두 번 다시 남학생 사교클럽에 가지 않았다. 그날 저녁 일을 생각할 때마다 속이 메스껍다고 했다. 이 사건에 관해 이야기하면서 그녀는 이렇게 물었다. "이게 남성들이 여동생을 취급하는 방식인가요?"

강간과 성폭행은 정치적 해결책이 절실히 필요한 개인적 문제다. 성폭력이라는 문화적 문제를 해결하려면 피해자와 가해자 개개인에 대한 치료뿐 아니라 문화 자체가 바뀌어야 한다. 강간이 인육을 먹는 풍습만큼이나 상상할 수조차 없는 끔찍한 행위라는 사실을 젊은 남성들이 인식하게끔 사회화되어야 한다. 오늘날 섹스는 폭력, 힘, 지배, 그리고 지위와 연관된다.

강간은 피해자뿐만 아니라 모두에게 상처를 입힌다. 강간 때문에 모든 여성은 모든 남성을 두려워하게 된다. 우리는 항상 바짝 경계할 수밖에 없다. 1993년 어느 겨울날, 조깅 코스를 따라 크로스컨트리 스키를 타고 있었다. 그때 갑자기 검은 조깅복을 입고 스키 마스크를 쓴 키 큰 남성이 나에게 달려왔다. 번잡한 주거지역의 저물녘이었지만 그의 큰 키와 덩치에 기겁했다. 나는 도망쳐야겠다고 생각하면서 어떻게 도움을 요청해야 할지 고민했다. 그 남자가 다가오면서 내 이름을 부르자 그제야 남편이라는 사실을 알아챘다.

남성 또한 여성 친구와 가족을 걱정하고 여성들이 자신을 두려워한다는 사실을 안다. 한 남자 대학생은 강간을 증오한다고 호소했다. "어두워진 후 캠퍼스를 걸어갈 때면 여성들이 긴장하는 게 느껴져요. 강간범이 아니라고 확인시켜주고 싶을 정도예요." 또다른 남자 대학생이 말했다. "저는 남성을 신뢰하는 여성과 데이트해본 적이 없어요. 제가 아끼던 모든 여성이 어떤 식으로든 남성에게 상처받은 적이 있었어요. 그들은 남성과 가까워지는 일을 두려워해요. 제가 개새끼가 아니란 걸 증명하기가 너무 힘들어요."

하지만 강간 피해자는 대다수가 젊은 여성이다. 이들은 외상 후 스트레스 장애를 앓는 피해자가 되어 우울증, 분노, 공포, 반복적인 꿈, 플래시백 등 온갖 증상에 시달린다. 초기에는 대개 충격, 부정, 그리고 분열 반응을 보인다. 그후 더 조심하거나 맞서 싸웠어야 했다며 분노하고 자책한다. 강간당한 젊은 여성들은 두려움에서 더욱더 벗어나지 못한다. 공격할 수 없다고 여겼던 보이지 않는 방패가 산산조각났기 때문이다.

성폭행 사건은 1993년에 정점을 찍었다. 성폭력 반대 비영리단체인 레인ʀᴀɪɴɴ에 따르면 성폭행 사건은 1993년 최고치를 기록한 이후로 2019년까지 63퍼센트 줄어들었다. 1993년에는 여성 세 명 중 한 명이 일생에 한 번이라도 강간당할 가능성이 있었다. 현재 이는 여섯 명 중 한 명꼴로 떨어졌다. 하지만 여섯 명 중 한 명이라는 수치가 근본적으로 축하할 만한 정도는 아니다. 강간은 여전히 너무 흔한 범죄이고 대부분의 성폭행은 열세 살부터 스물두 살 사이의 여성을 대상으로 벌어진다.

여러 가지 요소 때문에 성폭행 수치가 가파르게 감소했다. 십대의 음주율 역시 비슷한 시기에 최고치를 기록했다가 그후 죽 감소했다. 2019년에는 예전보다 강간범이 체포되어 입건될 가능성도 훨씬 더 높아졌다. 성폭행 사건이 감시카메라에 포착될 가능성이 더 높아졌기에 법정에서 유죄 선고로 이어졌다. 상호 동의에 대한 개념은 명확한 규정 없이 어렴풋하게 여겨졌지만, 2019년에는 "싫다는 건 싫다는 거다" "좋다고 해야 좋은 거다"라고 받아들이게 됐다. 술을 마시는 십대들이 점점 줄어가고, 사실상 함께 시간을 보내는 십대들도 점점 줄어간다. 1965년과 1994년에는 90퍼센트 가까운 여자아이들이 고등학교 때 데이트를 했다. 2019년 현재는 고등학생 중 데이트를 하는 여자아이는 50퍼센트가 되지 않는다. 십대들이 관계를 맺는 방식도 질적으로 달라졌다. 십대들은 완전히 새로운 패러다임으로 움직인다.

1959년과 1994년에 십대들이 성정체성 때문에 혼란과 갈등을 겪었음은 의심의 여지가 없다. 하지만 오늘날 성에 관한 혼란은 더 심화되었다. 1994년만 해도 공립학교에서 기본적인 성교육을 진행했으나 2019년에는 미국 내 26개 주가 성교육 커리큘럼을 전혀 짜지 않았다. 공적 성교육이 부재한 이러한 상황 속에서, 온라인 채팅과 포르노물이 아이들을 가르친다. 요즘 십대들은 직접 성적 활동은 안 한다 하더라도 외설적인 온라인 커뮤니케이션, 포르노물, 일회성 섹스 문화에 무방비상태로 노출되어 있다.

일부 여자아이들은 애정행위의 부재를 정상으로 여기고, 누군가와 어딘가에서 만나기로 약속하고 모르는 사람과 섹스를 한다. 서로에게 관심을 갖지 않는 걸 오히려 이익이라고 여긴다. 인간관계가 존재하지 않으면 아무도 상처받지 않을 테니 말이다. 온라인에서 섹스 파트너를 찾는 일은 배낭을 주문하는 일만큼이나 손쉽다. 그리고 딱 그 정도로만 로맨틱하다.

직접적인 의사소통은 전보다 훨씬 더 어려워졌다. 십대의 사회생활 중 많은 부분이 온라인이나 일회성 만남을 통해 일어나기 때문에,

십대 여자아이들은 사랑하는 사람과의 관계에서 성정체성을 적용하기 어려워한다. 성정체성과 대면관계 사이의 이러한 단절은 기묘한 분열로 이어진다. 여자아이들은 가상세계에서는 만남에 참여하거나 추파를 던지지만, 현실세계에서는 데이트 상대와 절대 손을 안 잡을지도 모른다.

"데이트라는 게 남자아이가 여자아이를 선택한 후 걔네 부모님을 만나고서 저녁을 먹으러 가거나 영화를 보러 가는 것이었다고요? 그런 건 듣도 보도 못했어요." 우리 포커스 그룹 일원인 켄딜이 눈이 휘둥그레졌다. "개념 자체가 정말 너무 고리타분하네요."

"제 경우엔 여자아이가 여자아이를 선택해야겠네요." 마르타가 덧붙였다. "제 여자친구가 예쁜 원피스를 입고 저희 집에 와서 저랑 저녁 먹으러 가도 되느냐고 허락받는 모습이 상상되세요? 복고 그 **자체**네요."

"엄마한테 데이트에 관해 들은 적이 있어요." 아말리아가 애석해했다. "지금도 그런 문화가 남아 있으면 좋겠어요. 그렇지만," 아말리아가 고백했다. "만약 어떤 남자아이가 영화를 보러 가자거나 저녁을 먹자고 한다면, 같이 가기 무서울 것 같아요. 어떻게 행동해야 할지 모를 것 같아요."

이전 세대의 여자아이들이 상대를 직접 마주보고 했던 많은 일을 이제 온라인으로 진행한다. 커플은 직접 만나지 않고 서로 문자를 주고받는다. 섹시한 옷을 입고 셀카를 찍으면서 추파를 던진다. 때때로 커플들은 오프라인에서 만나지만 함께 사진을 찍거나 섹스하기 위해 그냥 한번 만난 경우일 때가 많다. 이지의 말처럼 "관계를 맺는 법을 아는 사람이 아무도 없"다.

청소년기 후반까지 많은 여자아이가 온라인 데이트와 온라인 이별만을 경험한다. 진짜 인간관계를 이루는 주요소는 신뢰다. 하지만 디지털 시대에 신뢰는 공급 부족 상태다. 너무 많은 사람이 온라인에서 비밀을 이야기한다. 내털리는 고등학교 2학년 때에야 데이트를 시작했는데 진짜 현실에서 대인관계에 대한 책임감을 수용할 정도로 충분히 성숙할 때까지 기다렸다고 말했다. "그전까지는 스마트폰으로만 관계를 맺었어요. 관계란 말을 느슨하게 사용하면서요."

내털리는 문자를 주고받으며 처음으로 '진짜' 인간관계를 시작했다. 하지만 몇 주 후 노아는 내털리에게 커피를 마시자고 데이트 신청을 했다. 그들은 음악, 우정, 정치라는 공통의 열정에 관해 몇 시간 동안 이야기를 나눴다. 그후 그들은 함께 산책을 하고 콘서트장에 갔다. 시청에서 진행하는 캠페인에 함께 자원봉사자로 참여했다. 내털리는 좋은 관계를 유지해서 다행이라고 느낀다.

우리 포커스 그룹에는 제이다와 비슷하게 생각하는 여자아이가 많았다. 제이다는 이렇게 말했다. "저는 데이트에 관심 없어요. 데이트하려다가 비참해지는 사람을 많이 봤거든요."

"남자아이들은 정말 미성숙해요." 켄딜이 말했다. "걔들은 예쁜 여자아이와 함께하는 모습을 보이고 싶다는 이유만으로 데이트를 하죠. 걔들한테 여자아이의 성격, 유머 감각 혹은 관심사는 아무 상관 없어요."

"부모님이 제가 어떤 남자아이와 데이트를 고려하는지 아시면 좋겠어요. 저희 가족과 여러 가지 일을 함께하는 애라면 좋겠어요." 켄딜이 말을 이었다.

"저희 부모님은 제가 누구랑 데이트할지 궁금하실 거예요." 마르타가 동의했다. "첫번째 데이트 전에 그 여자아이를 저녁식사에 초대하실지도 몰라요. 아마 상당히 어색하겠지만 괜찮아요. 부모님이 저를 보호해주셨으면 하니까요."

1959년과 1960년대 초, 남자아이들은 데이트하는 여자아이의 부모를 먼저 만나야 했고 합의된 시간까지 여자아이를 집에 데려다줘야 했다. 1990년대에는 일반적으로 딸의 데이트에 관한 부모의 발언권이 줄어들었다. 딸들은 부모의 허락을 원하지도 필요로 하지도 않았다. 오늘날, 다시금 여자아이들은 가족이 자기 데이트 상대를 만나줬으면 한다.

요즘 여자아이들의 경우 중학생 때는 성적 활동을 하는 일이 드물다. 대부분의 고등학교 여자아이들도 성적 활동을 나중으로 미룬다. 십대 임신율은 떨어졌다. 이제 대부분의 여자아이들은 십대 초반에 섹스를 하는 여자아이들을 미성숙하거나 정신건강에 문제가 있을 가능성이 높다고 받아들인다.

십대들의 성적 행동을 연구하는 뉴햄프셔대 데이비드 핑클허 교수에 따르면, 오늘날 십대들은 1995년 십대들보다 섹스를 할 가능성이 낮다. 게다가 십대들이 첫 경험을 하는 나이도 꾸준히 올라가고 있다. 요즘 여자아이들은 신중하게 데이트라는 세계에 진입하고 연애에 대해 부모의 견해를 중시한다.

많은 기독교도 여자아이들은 결혼할 때까지 섹스를 하면 안 된다고 믿는다. 하지만 종교적 믿음과 상관없이 모든 여자아이가 자신을 보호하는 자기만의 규칙을 만들어 쓰레기 같은 성욕과 추잡함에 대응한다. 어떤 여자아이들은 성적 활동을 원치 않아서 데이트를 피한다. 어떤 여자아이들은 데이트에 따르는 정서적 책임감에 준비가 안 됐다고 느껴서 혹은 헤어져서 상처를 받거나 상대에게 상처를 입힐까봐 데이트를 꺼린다. 흥미롭게도, 자기 자신에 대해 가장 잘 알고 성숙한 여자아이들은 적절한 시기가 올 때까지 기다렸다. 이들은 섹스에 따르는 모든 종류의 혼란, 복잡함, 그리고 위험을 알았다.

"어떤 남자아이들은 경계가 없기 때문에 걔가 저를 좋아하는 건지 아니면 그냥 섹스만 하고 싶어서 그러는지 알기가 힘들어요." 매디가 말했다. "데이트 상대에게 좋다고 말하기 전에 그 관계에 정당한 근거가 있는지 이해할 때까지 기다려요." 매디가 한숨을 쉰 후 말을 이었다. "제 친구 중에서 저만 섹스를 안 했어요. 어떤 친구들은 그냥 그걸 해버리라고 저를 부추기지만 저는 아직 준비가 안 된 것 같아요."

포커스 그룹에서 섹스에 대한 태도를 주제로 다루자 여자아이들의 말이 많아졌다. 이들은 모두 '섹시하거나' '섹스를 긍정적으로 여겨야' 한다는 압박을 받았다. 또한 이중잣대가 여전하다는 사실도 잘 알았다. 남자아이들은 여전히 '너무 쉬운' 여자아이들에게 모욕적인 말을 했다.

"난잡하다라는 말은 여자아이들한테만 쓰잖아요." 올리비아가 말했다.

"남자아이들은 다른 사람들을 부정적으로 묘사할 때 암캐, 창녀, 계집애 같다고 표현해요." 조던이 말했다.

"대부분의 여자아이들은 중학교 1학년이 되면 섹스팅을 해요." 올리비아가 말했다. "몇몇 쿨한 남자아이들의 관심을 끌려고 경쟁하죠."

"나체 사진이 퍼진 여자아이가 있었어요." 이지가 말했다. "걔는 난잡하다고 조롱당하다가 결국 다른 학교로 전학 갔어요."

우리 포커스 그룹에 속한 대부분의 여자아이가 성추행을 당한 적이 있었다. 올리비아가 말했다. "저랑 같이 밴드 활동을 하는 한 남자아이가 항상 부적절하게 절 건드렸어요. 정말 불편했어요. 게다가 말로도 절 괴롭혔고요. 결국 밴드 담당 선생님에게 울면서 갔어요. 걔가 밴드를 안 그만두면 제가 그만두겠다고 말씀드렸죠. 교장 선생님께서 걔한테 제게 사과하고 더는 괴롭히지 말라고 말씀하셨지만, 여전히 정말로 불편해요."

같은 고등학교에 다니는 몇몇 여자아이들은 소름 끼치는 한 남교사 때문에 겁을 먹었다. 아말리아가 말했다. "기회가 생길 때마다 그 선생님이 여자아이들을 만진다는 걸 다들 알아요. 항상 저희 가슴을 뚫어져라 쳐다본다니까요."

이지 말로는 몇몇 여자아이가 교장실에 가서 항의했지만 아무 일도 일어나지 않았다. 이 여자아이들과 포커스 그룹 활동을 시작하고 한 달 후 그 남교사는 한 학생을 성폭행한 혐의로 체포되었다. 그리고 그 사건은 지역 신문 1면에 실렸다.

포커스 그룹 여자아이들은 섹스에 관한 이야기에 활기를 띠며 자기 이야기를 공유하고 싶어했다. 분명히 이들은 자신을 둘러싼 성적 환경에 확고한 생각을 가지고 있었다. 조던은 자기뿐 아니라 대부분의 여자아이가 고등학교 때 데이트를 꺼린다고 말했다. 조던은 화학 수업을 같이 듣는 한 남자아이와 서로 정말로 좋아했지만, 데이트를 하고 정서적인 관계를 맺기에는 너무 어리다는 결론에 이르렀다고 말했다.

"누군가를 상처 주거나 누군가 때문에 상처입고 싶지 않아요." 아말리아가 말했다. "저는 결혼할 때까지 섹스하지 않을 거예요. 성경에서 그렇게 가르치잖아요. 기다리는 게 더 나은 관계를 만들 거라고 믿어요."

많은 십대가 열두세 살에 포르노물에 노출된다. 이때 섹스를 처음 접하는 경우가 많은데 대개 대단히 큰 충격을 받는다. 포르노물을 접하며 십대들의 섹스에 관한 인식이 바뀐다. 남자아이들은 어느 정도 과잉남성화되고 이기적이고 여성혐오적인 관점에서 성을 인식하게 된다. 폭력적인 포르노물을 보면 성적 관계가 어때야 하는지에 대해 사소한 오해가 생겨 폭력적 행동으로 이어진다. 아무리 노력한다 해도 이보다 덜 건강한 방식으로 성관계에 대한 모델을 십대들에게 가르칠 수는 없다.

2010년 포르노비디오에 나오는 공격성을 조사한 연구가 진행됐다. 매기 존스가 뉴욕타임스에 기고한 「포르노가 성교육일 때」라는 기사에 따르면, 포르노비디오 중 거의 88퍼센트가 여성에게 언어적 혹은 신체적 공격성을 보인다. 2011년 미국 대학여성협회에서 진행된 연구에 따르면, 대학생 연령대의 여자아이 중 약 50퍼센트가 언어적 공격이나 신체적 공격, 혹은 소셜미디어를 통한 협박을 받은 적이 있다.

포르노물과 온라인 활동은 일회성 섹스 문화에도 영향을 끼쳤다.

십대들은 때때로 섹스하려고 만나거나, 거의 모르는 사람과 파티에서 만나 섹스를 한다. 특히 십대들이 술에 취했을 때 성폭행이 발생할 위험이 높다. 성폭행과 데이트 강간은 여전히 청소년기 성경험 중 많은 비중을 차지한다. 게다가 오늘날에는 한 가지 요소가 더 추가되었다. 바로 소셜미디어다.

공유된 성폭행_에스페란사(18)

"선생님께 일어날 수 있는 최악의 상황을 상상해보세요. 선생님의 인간성을 말살하고 모든 행복감을 파괴해버리는 일을요. 그런 다음 그 사건을 누군가가 스마트폰으로 녹화해서 선생님이 아는 모든 사람이, 그리고 세상 모든 사람이 보게끔 온라인에 올린다고 상상해보세요. 그게 바로 저한테 일어난 일이에요."

에스페란사의 이야기는 요즘 아침 뉴스에서 첫 소식으로 다뤄질 법하다. 화목한 가정 출신의 총명하고 카리스마 넘치는 여자 농구선수가 열여섯 살에 유례없는 현대사회에서의 비극을 겪었다. 성폭행을 당한 뒤 그 장면이 유튜브에 올라온, 이중의 고통을 안긴 비극이었다.

핼러윈 주말에 열린 하우스 파티에서 에스페란사는 처음으로 맥주를 접했고 이내 몇 캔을 연달아 마셨다. 여자친구들과 어울려 테킬라도 여러 잔 마셨다. 늦은 저녁, 술을 마셔서 졸렸던 에스페란사는 2층으로 올라가 침대에 누워서 휴식을 취했다.

에스페란사와 같은 반 남자아이 세 명이 힘겨워하는 에스페란사를 보고 그 뒤를 따라 2층으로 올라갔다. 하키 포스터로 장식된 침실에서 한 남자아이가 아이폰 카메라를 켠 다음 원더우먼 의상을 입은 에스페란사의 옷을 벗기라고 친구들에게 시켰다. 그러고는 돌아가면서 카메라에 우스꽝스러운 표정을 지어 보라고 하고 에스페란사의 몸을 더듬으라고 시켰다. 친구들이 끝마치고 나서야 (학생회 간부이자 국가 특별 장학생이었던) 카메라맨은 자기도 같이 하려고 스마트폰을 내려놓았다. 아이폰에 녹화된 마지막 장면에는 운동화 상자 더미만 흐릿하게 비쳤다. 몸을 제대로 못 가누는 에스페란사가 저항하는 소리가 영상에 깔려 있었다.

자정 좀 지나서 온라인에 동영상이 올라왔다. 얼마나 많은 사람이 그 동영상을 봤는지 알기 힘들 정도였다. 그 동영상은 고등학교에서 가십이 퍼지는 속도로 퍼져나갔다. 다시 말해 빛의 속도로 퍼져나갔다. 에스페란사와 부모님은 다음날 오전 열시 경찰서를 떠났다. 에스페란사가 몇 건의 진술을 하고 피해자 변호인과 첫 면담을 했다. 그전에 동영상은 온라인에서 삭제되었다. 영상은 삭제됐지만 에스페란사를 걱정한 친구들이 스크린샷을 남겨두고 남자아이들의 인터넷 사용 기록이 남아 있어서 경찰은 세 남자아이를 상대로 강력한 수사를 진행할 수 있었다. 세 명 모두 그날 밤 이전까지 에스페란사가 친구로 생각했던 아이들이었다.

"문자 그대로 제가 죽을 거라고 생각했어요. 자살하고 싶은 게 아니었어요. 그것보다 더 심각했어요. 슬픔과 수치심, 고통 때문에 제가 그냥 저절로 죽을 거라고 생각했어요. 마찬가지로 제 몸은 꿈쩍도

하지 않았어요."

시간이 걸리기는 했지만 에스페란사의 몸과 마음은 치유되었다. 심리 치료사에게 상담을 받고 그 학기가 끝날 때까지 휴학한 덕분에 (교사들과 학구에서 에스페란사가 집에서 수업 진도를 따라가도록 배려해 주었다) 에스페란사는 초기에 겪었던 슬픔의 마비상태를 헤쳐나와 분노와 자기옹호라는 새로운 단계로 접어들었다.

"저는 스스로에게 뒹굴뒹굴하는 시간을 주었어요. 그럴 자격이 있었어요. 몇 달 동안 가장 친한 친구들도 못 만났어요. 제가 아는 모두가 저를 배신한 기분이었어요. 그 파티에 참석한 모두가, 저희 학교에 다니는 모두가요. 그 영상을 보거나 그 일에 관해 들은 모두가…… 모두가 제 적이라고 생각했어요."

"혼자서 많은 시간을 보냈니?" 내가 궁금해하며 물었다.

"부모님과 남동생 에르네스토만 봤어요. 새끼 고양이를 구해달라고 부탁했더니 엄마가 집에 두 마리를 데려왔어요. 동생한테 고양이 이름을 붙여주라고 했더니 '눈알이' '원샷이'라고 지었어요." 에스페란사는 어깨를 으쓱하더니 웃음을 참았다. "제가 지을 걸 그랬나봐요."

유괴당해 성적 학대를 받았던 엘리자베스 스마트의 책을 에스페란사는 성폭행 사건 후 몇 달 동안 여러 번 읽었다. 그 책에서 영감을 받아 자신이 겪은 최악의 순간이 자신을 영원히 규정하게 내버려두지 않겠다고 결심했다. 다니던 교회의 폭력 생존자를 위한 모임에 가입하고 천천히 친구들을 자기 삶으로 다시 초대했다.

그 남자아이들은 학교로 돌아오지 않는 것을 조건으로 보호관찰처분을 받았다. 두 명은 도시 내 다른 지역으로 전학을 가고 한 명은 가족과 함께 다른 주로 이사했다. 그렇게 됐음에도 에스페란사는 같은 지역 내 가톨릭 고등학교에서 3학년 시절을 보내기로 했다. 작은 중서부 도시에서 감당할 수 있는 범위 내에서 새 출발을 할 필요가 있었다.

십대들에게 젠더, 공감력, 성행위에 관해 교육하는 방식 때문에 이런 식의 비극이 일어나기도 한다. 어떤 행동을 하는 건 물론 개인의 선택이고 책임이다. 하지만 한편으로는 기술 부족, 잘못된 교육, 그리고 무지의 결과이기도 하다. 성폭행과 성추행을 단순히 개인의 행동으로 국한해 규정할 수 없다. 성폭행과 성추행은 문화적 규범, 대중매체, 음악, 다른 사람들의 가르침 등에 의해 구축되기도 한다. 역사적으로 여자아이에게는 자기 자신을 보호하라고, 남자아이에게는 성적으로 공격적이어야 한다고 가르쳐왔다. 다시 말해, 우리 문화에서 여자아이들은 스스로를 보호해야 하는 존재라고 교육받아왔다. 여자아이들은 친절하고 다정하고 착하면 칭찬을 받고, 남자아이들은 위험을 감수하고 자신감 넘치고 남자다우면 칭찬을 받는다.

안타깝게도 오늘날에는 부모가 문제를 미처 인식하기도 전에 아이들이 인터넷에서 섹스에 관해 배운다. 대다수 부모는 아이가 포르노물에 노출된다는 사실을 모르고, 안다고 해도 아이가 접하는 포르노물의 양을 과소평가한다. 아이들이 문화의 가장 어두운 면을 부모보다 더 많이 아는 역사상 최초의 시기가 지금일지도 모른다.

부모들은 포르노물에 아이가 어떤 영향을 받는지 포르노 리터러시 훈련을 받고 포르노물에 관해 아이와 **일찍** 이야기를 나눠야 한다. 부모들에게 딸들과 온라인에서 뭘 보는지 공유하고, 아이들이 접하는 온라인상의 성행위 콘텐츠 중 일부를 함께 시청하라고 권고한다. 이러한 콘텐츠는 성적 대상화된 소셜미디어 콘텐츠부터 노골적인 포르노물에 이르기까지 모든 범위를 아우른다. 딸들과 함께 이러한 탐색 과정을 거치다보면 부모는 정보와 권위 모두를 얻을 수 있다. 처음에는 불편하겠지만 딸들도 나중에는 자신이 어떤 문제에 대처중인지 부모가 이해해줘서 고마워할 것이다. 다만 이렇게 할 때 딸의 개인적 정보를 묻기보다는 일반적 정보를 물어야 한다. 가령 "친구 중에 온라인에서 우연히 포르노물을 접한 경우가 있니?" 혹은 "함께 스냅챗을 둘러보면서 어떻게 돌아가는 건지 살펴봐도 될까?"처럼 말이다. 딸에게 선생님 역할을 맡기자.

청소년들에게 성교육, 포르노물의 부정적 영향에 대한 솔직한 논의, 명확한 성적 의사소통을 가르쳐야 한다. 이상적으로 말하면 다음 세대 남자아이들은 이로써 자신이 공격받기 쉽다고 느낄 때의 권능감과 수치심 모두에서 자유로워질 것이다. 이러한 수치심은 수많은 남성 폭력으로 이어질 수 있다. 심지어 자신을 퇴짜놓은 여성을 표적으로 삼는 '인셀Incel' 같은 집단을 낳을 수도 있다. 남자아이들에게 강해지고 두려움 없이 자기감정을 표현하라고 권장한다면 그들이 온전한 인간이 되도록 도울 수 있다. 그러면 우리 문화는 더 안전하고 더 친절하고 더 건강해질 것이다.

남자다움이 지배와 **위로부터의** 힘에서 나오는 것이 아니라 친절함과 **옆으로부터의** 힘에서 나온다는 사실을 남자아이들이 배운다면 혜택을 받을 수 있다. 영웅주의에 대한 새로운 정의, 건강한 역할모델, 남자아이들을 위한 새로운 규칙을 세움으로써, 건강하고 건전하고 용감한 청년들을 키워낼 수 있다. 또한 남자아이들은 이성관계에서의 솔직한 대화, 특히 오해, 거부, 갈등에서 오는 심한 기복에 어떻게 대처하는지 솔직한 대화법을 배워야 한다.

공감력과 다른 사람의 관점을 인정하는 태도는 서로를 존중하는 관계로 이어진다. 하지만 익히 알다시피 온라인 테크놀로지가 도래한 이후로 공감력 수치가 떨어졌다. 국가 차원에서 수많은 새로운 방법을 동원하여 스크린 세대의 공감력과 타인에 대한 이해력 습득을 도와야 한다. 학교에서도 모든 사람을 존중하고 수용하는 태도를 가르치는 데 더욱더 헌신해야 한다. 토론토에서는 메리 고든이 고안한 '공감력의 뿌리'라는 훌륭한 프로그램을 통해 초등학교 3학년 때부터 이러한 훈련을 진행한다. 어머니들은 아이에게 돌봄, 발달, 개별적 차이 등을 가르치기 위해 정기적으로 아이를 학교에 데려온다. 이 프로그램이 다른 학교에서도 널리 활용되면 좋겠다.

정책 입안자들은 포르노물의 생산과 배포를 아동에게 제한하는 법을 통과시킬 수 있다. 많은 나라에서 포르노물에 대한 접근을 제한한다. 이처럼 검열, 심사, 교육을 결합하는 방안을 모색해야 한다. 어떠한 방법이 효과적인지 연구와 조사도 시행해야 한다. 왜 영리 목적의 산업이 우리 아이들에게 끔찍한 교훈을 판매하도록 허용하는가? 무엇을 해야 하는지에 관해 문화적으로 진지하게 토론도 하지 않으면서 말이다. 우리는 표현의 자유를 믿는다. 하지만 열두 살짜리 아이가 잔인하고 비열한 성적 이미지에 노출되지 말아야 한다고도 믿는다.

상황의 밝은 면을 보자면, 젊은 여성들은 과잉남성적이고 공격적인 여성혐오 문화에 걸파워와 페미니즘에 대한 관심을 가지고 반격한다. 사회경제 배경, 인종 배경, 문화 배경이 다양한 젊은 여성들에 의해 시작되고 널리 퍼진 미투 운동 덕분에 여성들은 성폭행과 성희롱에 맞서 싸우도록 동력을 공급받고 권한을 쥐었다.

　번성하는 공동체, 가정, 또래 그룹은 성적 발달을 포함하여 십대들이 모든 면에서 잘 자랄 수 있도록 돕는다. 긍정적인 역할모델이 그러하듯이 좋은 가치관은 여자아이들을 보호해준다. 자기 신념과 통찰력을 공유함으로써, 긍정적인 역할모델이 되어줌으로써, 그리고 깊은 의식을 가지고 청소년들에게 성에 관해 가르침으로써 어른들이 아이들을 도울 수 있다.

　우리 딸들에게는 시간과 안전한 공간이 항상 필요했다. 성장을 하고, 사회적으로, 정서적으로, 인지적으로, 신체적으로 발달하기 위해서 말이다. 이는 지금도 필요하다. 우리 딸들에게는 조용한 시간, 대화 시간, 독서 시간, 웃는 시간이 필요하다. 자기 자신과 다른 사람들에 대해 배우고, 목숨의 위협을 받지 않으면서 위험을 감수하고 실수해도 괜찮은, 그러한 안전한 장소가 필요하다. 우리 딸들은 몸이 아니라 각자의 개성을 이유로 귀히 여겨져야 한다.

14장
경청하며 배운 것들

열네 살 브랜디는 어머니와 함께 상담실로 씩씩하게 걸어들어왔다. 인근 도시에 산다는 브랜디의 어머니는 정원사였는데 피곤해 보였다. 그녀는 최소한 한 번은 심리상담에 함께하겠다고 주장했다. 브랜디가 눈을 굴리면서 투덜대는 동안 알코올중독자인 이웃 남성에게 브랜디가 성폭행을 당했다고 어머니가 설명했다.

브랜디는 그 말을 가로막으며 "별일 아니야"라고 말했다. 그 멍청한 이웃 아저씨보다 다른 문제 때문에 훨씬 괴롭다고 말했다. 어머니가 집안일로 잔소리를 하고 아버지가 평일에 엄격하게 통행금지 시간을 적용한다며 불평했다. 부모님이 자신을 아직도 어린아이처럼 취급하는 게 성폭행보다 더 문제라면서 질릴 대로 질렸다고 말했다.

성폭행에 관해 이야기를 나누는 게 도움이 될 것이라고 하자 브랜디는 이렇게 대꾸했다. "어떤 여자애들한텐 그렇겠죠. 하지만 저는 아무한테나 속마음을 털어놓는 그런 애가 아니에요."

브랜디가 심리상담을 받으러 다시 안 오겠구나 했지만 놀랍게도 다음 상담 시간을 예약했다. 다음번에 브랜디는 판다 인형을 가지고 혼자 상담실에 왔다. 소파에 몸을 웅크리고 앉아서 진짜 이야기를 들려주었다.

샤나는 심리학자인 부모 사이에 앉아 있었다. 샤나는 〈쥐라기 공원〉 로고가 새겨진 티셔츠와 청바지를 입고 있었는데 열세 살이라는 나이보다 훨씬 어려 보였다. 곰같이 덩치가 큰 아버지는 트위드재킷을 입고 있었는데 샤나가 얼마 전부터 학교에 안 가려고 한다고 설명했다. 처음에는 아픈 척을 했지만 나중에는 막무가내로 그랬다. 부모는 그 이유를 알 수가 없었다. 샤나는 성적도 좋고, 친구도 많고, 부모가 아는 한 정신적 외상을 입을 만한 어떠한 일도 벌어진 적이 없었다.

키가 크고 자신감 넘치는 어머니는 중독 문제를 연구하는 심리학자였다. 그녀는 딸이 우울증일까 의심했다. 그녀의 아버지는 자살했고 남자 형제 중 한 명은 조울증 진단을 받았다고 했다. 그녀는 딸이 밤새 깨어 있고 낮에는 하루종일 잠을 자며 식욕이 없다고 했다.

샤나에게 왜 학교에 가지 않느냐고 묻자 잠시 생각하더니 이렇게 답했다. "그 건물에 들어가면 질식하거나 숨이 멎을 것 같아요."

'거기서 무슨 일이 벌어지고 있는 거지?' 하고 의문을 품었다.

처음 내담자들을 만났을 때 그들을 존중할 만한 여러 가지 요소를 찾고 그들의 상황에 공감할 수 있는 방식을 모색했다. 이러한 것을 못 찾는다면 그들을 돕기가 불가능했다. 과거를 분석하는 일이 항상 필요하다고 믿지는 않지만 내담자들을 둘러싼 생활환경에 관심이 갔다. 하루 일과는 어떠할까? 대부분의 시간을 어디에서 보낼까? 집에 있을 때와 집밖에 나와 있을 때 얼마나 편안해할까?

학술용어나 대중심리학에서 사용하는 언어보다는 일상어를 선호했다. 전반적으로 희생자로서 자기 얘기나 자기연민 혹은 자기비난을 좋아하지 않았다. 사람들에게 힘을 주고, 그들이 삶을 더 통제할 수 있도록 돕고, 다른 사람들과의 관계를 북돋워주는 게 심리 치료라고 생각했다.

심리학자 도널드 마이켄바움이 '희망의 조달자'라 칭한 사람이 되려고 노력했다. 부정적인 꼬리표나 진단 혹은 부정적인 의학적 모델을 권장하지 않았다. 가족들을 더 긍정적인 방식으로 인식하는 심리 치료사에게 끌렸다. '문제에 봉착한 이야기'를 가지고 내담자들이 심리 치료사를 찾는다고 가르쳤던 마이클 화이트와 데이비드 엡스턴을 존경했다. 그들은 내담자가 자기 자신에 관해 더 강인하고 더 긍정적인 이야기를 하도록 돕는 것이 심리 치료사의 임무라고 했다. 이들은 내담자가 아니라 문제 자체가 문제라고 강조했고, '문제에 관한 대화'보다 '해결책에 관한 대화'를 나누는 것을 선호했다.

마이클 화이트와 데이비드 엡스턴은 많은 가족이 문제에 봉착한 자신의 이야기를 하기 때문에 곤경에 처해 있다고 믿었다. 많은 가족이 그러한 이야기를 하는 게 정신건강 전문가들 때문인 경우도 많다고 경고했다. 가령 그러한 상황에 처한 사람이나 그 가족의 강하고 건강한 면은 무시하고 실패와 갈등에 관해서만 묻는 방식으로 말이다. 가족들이 회복탄력성에 관한 새로운 이야기를 하게 도움으로써 화이트와 엡스턴은 가족들에게 힘을 주었다. 그들은 병리학이나 수치심을 심리 치료에서 제거하고 그 대신 낙관주의, 신뢰, 그리고 협력을 이끌어냈다.

상담 치료를 할 때 나는 모든 내담자가 자신의 고유성, 새로운 경험에의 개방성, 능력, 유연한 사고력, 자기 환경에 대한 현실적인 평가력 등을 증진시키고자 한다. 내담자들이 상황을 새로운 시각으로 보고 좀더 풍부하고 유익한 인간관계를 맺도록 돕고 싶었다. 심리 치료는 사람들이 스스로의 삶을 지성적으로 점검해보는 많은 과정 중 하나였다. 심리 치료 덕분에 사람들은 삶을 표류하지 않고 헤쳐나갈 수 있었다. 그리고 잘 점검된 삶은 더욱더 살 만한 가치가 있었다.

청소년기 여자아이들과 그들의 부모를 상담하면서 가족에 관해 받았던 훈련을 재검토하게 됐다. 그 당시 우리 분야의 많은 저작물에서는 가족이 병리학과 고통의 일차적인 원천이라고 인식했다. 심리학에서 사용하는 언어는 이러한 편견을 반영했다. 거리두기와 관련된 단어(독립성, 개성화, 자율성)는 긍정적인 반면, 친밀함과 관련된 단어(의존성, 얽매임)는 부정적이었다. 정말로, 그 당시 심리학자들은 가족을 병리화하는 경향이 매우 강했기에 정상적인 가족을 두고 "심리학자에게 아직 평가받지 않은 가족"이라고 농담할 정도였다.

몇 년 전 미란다와 부모가 내 상담실을 찾았다. 미란다는 3개월 전 폭식증 진단을 받고 고향에서 차로 여덟 시간 떨어진 치료센터에 보내졌다. 미란다가 이 치료 프로그램을 받는 동안 부모는 치료비를 대기 위해 집을 두 번이나 담보로 잡히고 대출을 받았다. 이들은 미란다와 매일 통화했고 가족 치료를 받기 위해 주말마다 그 먼 길을 운전해서 갔다. 3개월이라는 시간과 12만 달러라는 돈을 썼지만, 미란다의 섭식장애는 여전했고 부모에게는 상호의존성 장애라는 딱지가 붙었다.

미란다에게 이런 질문부터 던졌다. "병원에 입원해 있으면서 뭘 배웠니?"

미란다가 의기양양하게 대답했다. "제가 역기능적 가정 출신이라는 거요."

미란다의 부모에 대해 생각했다. 작은 지역사회에서 아버지는 물리치료사로, 어머니는 사서로 일했다. 이들은 알코올중독자도 아니었고 미란다를 학대하지도 않았다. 여름이면 가족 여행을 떠났고 딸의 대학 등록금 마련을 위해 돈을 모았다. 함께 보드게임을 하고 잠자리에서 미란다에게 책을 읽어줬으며, 딸의 학교 행사에도 빠짐없이 참석했다. 그런데 지금, 딸이 곤경에 처하자 딸의 치료비를 감당하기 위해 이들은 거액의 빚을 졌다. 온 힘을 다해 돈과 노력을 쏟아부었음에도 병명이 꼬리표처럼 붙었다.

미란다는 재빨리 이 꼬리표에 동의했다. 부모가 그들을 이해하지 못하고 그들의 가족이 역기능적이라고 십대들에게 확신시키기란 식은 죽 먹기다. 상담실에서 만난 거의 모든 여자아이가 자기 부모를 유난히 불합리하다고 여겼다. 전문가가 그들의 의견에 동의하면 아이들은 적어도 잠깐은 정당성이 입증됐다고 느낀다. 하지만 장기적으로 볼 때 부모를 깎아내리면 대부분의 십대는 상처받는다.

미란다가 자기 가족에 대한 개념에 균형감을 되찾게 해주고 싶었다. 미란다를 돕기 위해 쏟은 노력을 보면 미란다의 부모는 칭찬받을 만하다고 말하자 미란다는 처음에는 혼란스러워했으나 이내 눈에 띄게 안도했다.

심리학은 프로이트 때부터 가족에 대해 부정적인 관점을 가졌다. 프로이트는 한 사람의 인격이 유아기와 유년기에 가족 내에서 거의 형성된다고 믿었다. 부모가 병적이기 때문에 대부분 아이들의 인격 구조에 결함이 생긴다고 여겼기에 가족에게 받은 손상에서 내담자를 구해내고자 정신분석을 진행했다. 이는 1990년대에도 여전히 일반적인 견해였다.

청소년기 여자아이들을 상담하면서 다른 시각으로 가족을 바라보게 됐다. 내가 만난 부모 대부분은 자기 딸을 사랑하고 그들에게 가장 좋은 것을 주고 싶어했다. 부모는 딸이 폭풍우를 피할 수 있는 피난처이자 위급할 때 필요한 가장 귀중한 자원이었다. 감당하기 힘든 상황임에도 기꺼이 도움을 구하려는 그들의 의지가 존경스러웠다. 일시적일지라도 내가 자기 삶의 일부가 되게 허용해주어 영광이라 생각한다.

좋은 심리 치료사는 가족의 유대관계를 강화하고 지친 가족에게 희망을 주기 위해 노력한다. 우리는 조화와 유익한 유머를 촉진하고 가족 구성원 사이에 관용과 이해를 증대시키려 분투한다. 병리학적 꼬리표를 찾기보다는 존 드프레인이 모든 건강한 가족에서 발견한 감사와 애정, 헌신, 긍정적인 의사소통, 함께하는 시간, 정신적 안녕, 그리고 스트레스와 위기에 대처하는 능력 같은 가치를 발달시키라고 권장한다.

여자아이들이 긍정적인 방법을 찾아 독립적인 주체가 되게끔 심리 치료사가 도울 수 있다. 가족을 정치화해야 한다. 병리화하는 게 아니라 말이다. 물론 가족마다 고유의 강점과 대처기제뿐만 아니라 각자의 역사, 개별적 문제, 맹점을 가지고 있다. 그렇기에 가족을 강화하고 딸들에게 진정한 자신이 될 수 있게 힘과 인정을 주고자 한다.

딸들은 자신을 형성하는 힘을 인식하고 무엇을 참고 무엇을 참지 않을지 의식적으로 선택할 수 있다. 딸들에게는 의식을 고양하는 심리 치료가 필요하다. 영원히 다른 사람에게 보이는 객체가 되라고 부추기는 문화 속에서도 온전한 성인으로 성장하도록 말이다. 이러한 종류의 심리 치료를 통해 새로운 형태의 자기방어를 가르치는 것이다.

심리 치료에 대한 이러한 일반적인 생각에도 불구하고 1990년대 청소년기 여자아이들은 대하기 어려웠다. 이들과 관계를 쌓기가 어려워서 통고 없이 일방적으로 심리 치료를 그만두는 일이 비일비재했다. 이들은 실수를 더 심각하게 받아들였다. 이들은 성인 내담자보다 훨씬 용서에 인색했다. 표면적으로 드러나는 행동은 심층 욕구를 숨기기 위해 설계된 경우가 많아서 진짜 문제를 알아차리기가 어려웠다.

실제로 상담은 이렇게 진행되었다. 상담실을 처음 방문한 날, 여자아이들은 혼란스러움과 자신감 부족을 내비쳤다. 이들은 몸을 불안하게 움직였다. 두려움, 무관심, 슬픔, 우쭐함, 체념, 그리고 희망 등등 만화경처럼 서로 뒤섞인 온갖 감정을 내보였다. 성에 대해 절망하고 자기 외모를 혐오했다. 거부하고 조소할 만반의 준비가 되어 있었다. 이들의 눈을 보면 질문이 만들어지고 또 만들어졌다. '이들이 나쁜 성적, 폭식, 음주, 섹스, 자해, 혹은 자살 충동에 관해 용기내 이야기할까?' '내가 너무 비판적인가?' '내가 이해를 못하는 걸까?' 혹은 최악의 경우 '내가 잘난 체하며 조언을 하는 게 아닐까?'라는 생각까지 들었다.

새로운 내담자들은 이런 신호를 보내는 듯이 내게 미소를 지었다. '저는 선생님이 절 좋아하길 바라요. 하지만 제가 그걸 인정할 거라고 기대하진 마세요.' 이 연령대 여자아이들에게는 인간관계가 세상의 전부다. 서로에게 애정과 관심을 갖지 않는다면 아무것도 할 수 없다. 여자아이들이 신뢰를 키우도록 돕는 게 첫 단계다. 심리 치료사를 위해, 심리 치료적 관계를 위해, 그리고 자기 자신을 위해.

여자아이들은 심리 치료사를 시험할 수십 가지 방법을 가지고 있다. 이러한 시험에 통과하려면 무엇보다 경청해야 한다. 누군가가 진심 어리고, 전적이고, 평가하지 않으며 내 이야기를 경청하는 일은 살면서 거의 일어나지 않을 법한 일이다. 개방형 질문을 던져도 좋다. "그걸 어떻게 받아들였니?" "네 생각은 어떠니?" "이러한 경험에서 무엇을 배웠니?"

섣불리 조언하거나 동정하려는 충동을 억누르게 되었다. 문제를 해결하도록 돕는 편이 더 나았다. 내담자가 통제하는 것은 무엇이지? 어떠한 의견이 내담자의 것이고, 어떠한 의견이 다른 사람들의 것이지? 지난 일주일에 관한 내담자의 이야기 중 뭐가 가장 중요할까? 올바른 방향으로 작게나마 움직이려면 어떻게 해야 할까?

모든 내담자에게 던졌던 가장 중요한 질문은 "너는 누구지?"였다. 어떠한 대답을 듣느냐보다 그 여자아이가 평생 가져갈 어떤 과정을 가르치는 데 관심이 있었다. 이 과정에는 자아의 진짜 핵심을 발견하기 위해 내면을 들여다보고, 고유한 재능을 인정하고, 사회적으로 수용되는 감정뿐 아니라 그렇지 않은 감정까지 모든 감정을 수용하는 일이 포함되었다. 여기에 더해 생각과 감정의 차이, 즉각적 만족과 장기적 목표의 차이, 자신의 고유한 목소리와 다른 사람들의 목소리의 차이를 깨닫는 일이 포함되었다. 또한 여성에 대한 문화적 규칙이 개인에게 어떤 영향을 미치는지, 그러한 규칙을 깨고 자기 자아를 위한 새롭고 건강한 지침을 만드는 가능성에 대해 논의가 가능한지 등이 포함되었다. 이 과정을 통해 여자아이들은 진짜 자아의 지시에 따라 진로를 계획하게 된다. 이 과정은 곧은길이 아니고 고되고 맥빠지는 과정이다. 한편으로는 즐겁고 창의적이고 경이로 가득차 있다.

나는 북극성을 은유로 자주 사용했다. 내담자들에게 "네가 세상의 거친 풍랑 속에서 표류중인 배에 탔다고 상상해봐. 너희 부모님, 선생님, 친구, 그리고 대중매체의 목소리가 너를 동쪽으로 보냈다가 서쪽으로 보냈다가 그런 다음 원래 자리로 되돌아오게 만들어. 항로를 유지하려면 너만의 북극성을 좇아야 해. 네가 진정으로 어떤 사람인지에 대한 네 생각 말이야. 북극성을 향해서 갈 때에만 진로를 계획하고 그걸 유지할 수 있을 거야. 그리고 북극성을 향해서 갈 때에만 바다에서 표류하지 않을 거야."

"진정한 자유는 바람이 부는 대로 가는 것보다 북극성을 따라가는 일에 더 가깝단다. 때때로 그날그날 부는 바람에 따르는 게 자유처럼 느껴질 거야. 하지만 그러한 자유는 실제로는 환상에 불과해. 그건 네 보트를 제자리에서 계속 빙글빙글 돌게 만들지. 자유는 꿈을 향해 나아가는 거야."

커다란 호수가 없는 미국 중서부 지역에 살면서도 많은 여자아이가 항해를 했다. 그리고 특히 미국 중서부 지역의 여자아이들은 바다이미지를 사랑했다. 이들은 별, 하늘, 성난 파도, 그리고 작고 아름다운 배를 탄 자기 모습이라는 이미지를 좋아했다. 하지만 대부분의 여자아이는 이 은유를 삶에 어떻게 적용해야 할지 잘 몰랐다. 이들은 하소연하듯이 물었다. "제가 정말 어떠한 사람인지, 정말 원하는 게 뭔지 어떻게 알 수 있죠?"

여자아이들에게 조용한 장소를 찾아서 자기 자신에게 이런 질문을 던져보라고 권했다.

나는 지금 기분이 어떤가?

나는 무슨 생각을 하는가?

나의 가치는 무엇인가?

나는 나를 스스로에게 어떻게 설명할까?

나는 미래의 내 모습을 어떻게 보는가?

나는 어떤 일을 좋아하는가?

나는 어떤 취미활동을 좋아하는가?

나는 언제 가장 나다운가?

나는 사춘기에 들어선 이후 어떻게 변했는가?

나는 어떤 사람들을 존경하는가?

나는 나의 어머니와 무엇이 비슷하고 무엇이 다른가?

나는 나의 아버지와 무엇이 비슷하고 무엇이 다른가?

나는 한 인간으로서 스스로를 위해 어떤 목표를 가지고 있는가?

나의 강점과 약점은 무엇인가?

나는 죽을 때 무엇을 자랑스러워할 것 같은가?

여자아이들에게 일기를 쓰고 시와 자서전을 써보라고 권했다. 이 연령대 여자아이들은 글쓰기를 좋아한다. 이들에게 일기장은 솔직해지고 온전해질 수 있는 장소다. 글을 쓰면서 경험이 명확하게 인식되고 개념화되며 평가 가능해진다. 생각과 감정을 글로 쓰면서 자의식이 강화된다. 일기장에는 세상만사에 대한 그들의 관점이 담겨 있다.

우리는 청소년기 초기의 실망감에 관해 이야기를 나눴다. 친구들의 배신, 문화적 기준에 따르면 자신이 아름답지 않다는 사실의 발견, 똑똑함이 골칫거리가 될 수 있다는 사실의 발견, 정직 대신 인기를 택해야 하고 전체성 대신 여성스러움을 택해야 한다는 압박 등에 관해서 말이다. 여자아이들에게 내면을 들여다보며 최우선 가치와 신념을 찾으라고 권했다. 일단 진짜 자아를 발견하면 그 자아가 삶에서 의미와 방향의 원천이 되리라는 사실을 믿으라고 권했다. 그리고 계속 집중하고 목표를 지향하라고, 자신이 누구인지에 대해 스스로 정의 내린 감각을 향해 가라고 용기를 북돋웠다.

성숙함에는 자기 자신에게 솔직하고 진실해지기, 의식적인 내면의 과정에 기반하여 결정을 내리기, 다른 사람들과 건강한 인간관계를 맺기, 자신만의 진짜 재능을 발전해나가기가 포함된다. 자기 주변환경을 생각하고 무엇을 받아들이고 무엇을 받아들이지 않을지 결정하기도 포함된다.

나는 여자아이들에게 낯설고 새로운 사회와 조우한 인류학자의 눈으로 우리 문화를 관찰해보라고 권했다. 관습과 의식은 어떠한가? 이 문화에서는 어떤 부류의 여성과 남성이 존경받는가? 성역할은 어떻게 배분되는가? 규칙을 깨면 어떤 제재가 따르는가? 어떠한 규칙이 있는지 이해한 후에야 비로소 그 규칙에 똑똑하게 저항할 수 있다.

여자아이들에게 특정 기술도 가르쳤다. 가장 기본적이면서도 중요한 기술은 집중하기였다. 매일 10~15분 정도 혼자 앉아 있을 만한 조용한 장소를 찾아보고 거기 앉아서 근육을 이완하고 심호흡을 해보라고 권했다. 그날의 생각과 감정에 집중하는 것이다. 이러한 생각이나 감정을 평가하거나 어느 방향으로 이끌기보다는 단순히 이를 관찰하고 존중하라고 했다. 여자아이들은 자기 삶에 대해 스스로가 보이는 내면 반응을 통해 아주 많은 것을 배울 수 있었다.

내담자들과 감정으로부터 생각을 분리하는 능력도 탐색했다. 이는 건강한 성인이라면 가능해야 할 기본 기술이다. 십대 아이들은 이를 특별히 어려워하는데 십대들의 감정은 매우 강렬하기 때문이다. 이들은 감정적 추론에 열중해 무언가가 특정하게 느껴지면 그게 틀림없는 사실이라고 믿는다. 상담 시간에 지난 사건에 관해 이야기할 때마다 "이것에 대해 어떻게 느끼니? 이것에 대해 어떻게 생각하니?"라고 물었다. 시간이 흐르면서 여자아이들은 생각과 감정을 서로 다른 두 가지 과정으로 구분하게 되었고 결정을 내릴 때는 둘 다 존중해 고려해야 한다는 사실을 배웠다.

의식적으로 결정 내리기는 자아를 규정하는 과정의 일부이기도 하다. 나는 여자아이들에게 스스로의 삶을 책임지라고 권한다. 천천히 그리고 신중하게 결정을 내려야만 한다. 부모님, 남자친구, 또래들이 결정을 내릴 때 영향을 미칠지 몰라도 최종 결정은 오롯이 스스로의 몫이다. 처음에는 선택이 미미해 보인다. 이번 주말에 누구랑 놀러 나가지? 내게 상처 준 친구를 용서해야 할까? 하지만 나중에는 가족, 학교, 직업, 성, 친밀한 관계에 관해 결정해야 한다.

여자아이들은 경계를 설정하고 이를 적용하는 법을 배운다. 가장 기본적인 수준에서 보자면 이는 누가 자기 몸을 만져도 되는지 결정하는 것이다. 또한 자기 시간, 활동, 그리고 친구에 대해 한계를 설정하는 것이기도 하다. 여자아이들은 "싫어요, 그렇게 안 할래요"라고 말할 수 있다. 자신이 무엇을 할지 무엇을 하지 않을지에 대해 확고하게 입장을 밝힐 수 있다.

경계 설정과 관계를 규정하는 기술은 서로 밀접하게 연관된다. 많은 여자아이가 '공감병'에 걸려 있다. 다시 말해 여자아이들은 자기 감정보다 다른 사람의 감정을 더 잘 안다. 어떤 종류의 관계가 자신에게 가장 이익이 되는지 고민하고 자신의 신념과 조화를 이루도록 인간관계를 쌓아가야 한다.

여자아이들에게 이는 쉽지 않은 일이다. 다른 사람이 뭔가를 규정하면 이를 받아들이도록 사회화되어 있기 때문이다. 여자아이들은 자기 욕구를 인식하고 표현하는 일을, 특히 남자아이들이나 어른들과의 관계에서 그러는 걸 불편해한다. 그러면 친절해 보이지 않을까 혹은 이기적으로 보일까 걱정한다. 하지만 이 기술을 익히는 데 성공하면 매우 신날 것이다. 이 기술을 갖추면 여자아이들은 다시 자기 삶의 주인이 될 수 있다. 일단 관계를 규정하는 일에서 만족하면 여자아이들은 이 기술을 계속해서 발달시키고자 할 것이다.

고통을 처리하는 기술도 필수적이다. 세상에 존재하는 모든 이상 행동은 고통을 피하기 위해 애쓰다가 발생한다. 모든 혼란스러운 행동은 처리하지 못한 고통으로부터 나온다. 사람들은 고통에서 벗어나기 위해서 술을 마시고, 배우자와 자녀를 때리고, 도박을 하고, 면도칼로 자해를 하고, 심지어 자살을 한다. 여자아이들에게 스스로의 고통을 마주하고 앉아서 그 고통이 삶에 보내는 메시지에 귀를 기울여보라고 가르쳤다. 또한 고통에서 도망치는 대신 고통을 인정하고 표현해보라고 가르쳤다. 아이들은 고통에 관해 이야기하는 법을 배우고 글, 그림, 음악 등의 방식으로 고통을 표현하는 법을 배웠다. 1990년대의 삶은 스트레스가 매우 심했기 때문에 모든 여자아이가 예측 가능한 방법을 통해 자신을 진정시킴으로써 도움을 받았다. 만약 운동, 독서, 취미활동 혹은 명상 같은 긍정적인 방식을 가지지 못한다면 폭식, 음주, 약물 혹은 자해 같은 부정적인 방식을 갖게 될 것이다.

대부분의 여자아이들은 감정 반응을 조절하는 데 도움이 필요했다. 아이들에게 스트레스를 1부터 10까지로 등급을 매겨보라고 했다. 나는 극단적인 표현을 사용했다. "오늘은 제 생애 최악의 날이에요"라고 말하는 여자아이가 하루 일과를 재구성하고 사건을 균형 잡힌 시각으로 바라보는 데는 도움이 필요했다.

1990년대 여자아이들은 세상이 칭찬과 보상을 해주리라 기대하도록 사회화되었기에 타인지향적이고 반동적으로 성장했다. 또한 이들은 인정받지 못하는 상황에 처하면 우울증에 걸리기 쉽다. 이들에게 내면에서 인정을 구하라고 가르쳤다. 또한 성공담을 글로 기록해 이를 나에게 공유해달라고 부탁했다. 승리는 이들의 장기적 목표에 부합되는 행동이다. 일단 자기 자신을 인정하게 되면 세상의 의견에 덜 취약해진다. 진짜 북극성을 향해 갈 수가 있다.

시간 여행은 또다른 생존 기술이다. 누구나 안 좋은 날, 힘든 날을 겪는다. 이럴 때는 과거로 돌아가서 행복했던 시절이나 훨씬 더 심각한 문제가 있었던 시절을 떠올리면 좋다. 가끔은 미래로 여행해도 도움이 된다. 미래로 여행하면 장기적 목표를 향해 간다는 사실이 상기되고 특정한 경험이 영원히 지속되지 않으리라는 사실도 깨닫게 된다. 시간 여행은 우주 여행과 같다. 지금과 다른 어떤 곳으로 감으로써 그날 겪은 일을 새로운 관점으로 바라볼 수 있다.

마지막으로, 나는 이타주의의 기쁨을 가르쳤다. 많은 청소년기 아이들이 자기 자신에게만 몰두한다. 이는 성격상 결함이 아니라 발달 단계상 특징일 뿐이다. 그렇지만 이로 인해 아이들은 불행해지고 세상을 제한적으로 이해한다. 나는 여자아이들에게 정기적으로 다른 사람을 돕는 방법을 찾아보라고 권했다. 자원봉사활동, 이웃을 위한 선행, 정치적 활동을 통해 여자아이들은 더 넓은 세상으로 이동할 수 있다. 자신의 기여에 자부심을 갖고 아이들은 빠르게 자기 몰두에서 벗어날 수 있다.

심리 치료사이자 교사로서 여자아이들이 변덕스럽고 쉽게 상처받으며 불안정하다는 걸 깨달았다. 또한 이들은 강인하고 인정이 많고 통찰력이 있기도 했다. 이 글을 쓰는 지금 여러 내담자가 떠오른다. 학교에서 성적 불량으로 퇴학당했던 레몬색으로 염색한 록밴드 여자아이, 코걸이와 입술걸이를 하고 진녹색 닥터마틴 신발을 신고 있던 여자아이, 몸무게가 40킬로그램임에도 너무 뚱뚱하다고 느끼던 배턴걸, 자신이 정상상태임을 증명하기 위해 왕성한 성생활을 고집했던 청각장애를 가진 여자아이 등등.

이 모든 여자아이가 부모로부터 독립하면서도 그들과 정서적으로 연결되려고 애썼다. 이들은 성취하면서도 계속해서 사랑받을 수 있는 방법을 모색했다. 인공적이고 한심한 성모델만을 퍼붓는 문화 안에서 도덕적이면서 의미 있는 방식을 고민했다. 이들은 매력을 여성의 가장 본질적인 의미로 규정하는 문화 안에서 스스로를 존중하는 법을 배웠다. 고분고분하고, 연약하고, 타인지향적인 태도가 여성다움이라고 규정하는 문화 속에서 어른이 되기 위해 노력했다.

청소년기 여자아이들과의 상담은 나를 변화시켰다. 나는 더 겸손해지고 많은 가족에게 더 인내심이 많아졌으며, 그들을 더 존중하게 됐다. 또한 여자아이들이 청소년기에 들어설 때 어떤 어려움을 맞닥뜨리는지 더 많이 인식하게 됐다. 그리고 더 분노하게 됐고, 여자아이들이 편견에 맞서 싸우고 문화적으로 변화하도록 더 적극적으로 돕게 됐다.

소셜미디어가 등장하면서 오늘날 여자아이들이 자기만의 북극성을 따라가는 일이 훨씬 더 중요해졌다. 아이들에게 집중하는 법, 경계를 설정하고 지키는 법, 생각과 감정을 구분하는 법을 가르치는 일 또한 매우 필수적이다. 여전히 여자아이들은 인류학적인 관점에서 문화를 바라봄으로써 도움을 받을 수 있고, 자기 자신과 매우 다른 사람들과 시간을 보내면서 많은 것을 얻을 수 있다.

만약 오늘날 여자아이들을 심리 치료한다면, 호흡과 신체적인 면에 일부 초점을 맞출 것이다. 여자아이들에게 태극권이나 요가를 배우라고 권하거나 심리 치료사만큼이나 마사지사를 자주 만나라고 권유할 것이다. 또한 여자아이들이 자기 몸에서 정서적 고통을 찾고 그 위치를 알아내게끔 도울 것이다. 그리고 상담할 때 매번 잠시 동안 침묵할 것이다.

내가 요즘 시대의 심리 치료사라면 더 많은 심리 치료를 야외에서 진행할 것이다. 내담자와 함께 산책하거나 공원에서 대화할 것이다. 내담자에게 조용한 오솔길을 오래 걸어보라거나 하늘의 별을 쳐다보라고 숙제를 내줄 것이다. 도심 지역과 교외 지역에 사는 일부 십대들은 별을 볼 수도 없고 야외활동을 편안해하지도 않는다. 많은 십대가 도보여행을 해본 적이 전혀 없거나 식물과 새 이름을 모른다. 그렇지만 어디에 살든 간에 아이들은 자연과 연결되는 방법을 찾아낸다. 자연세계에서 매우 훌륭한 기술을 배울 수 있다. 자연에서 배운 기술로 마음을 가라앉히고, 새로운 사실을 알게 되고, 더없는 행복감과 장엄함에 마음을 열게 된다.

여자아이들이 서로 대면하게끔 적극적으로 노력할 것이다. 아이들에게 파자마 파티를 하고 동아리를 만들라고 권유할 것이다. 더 나이가 많은 연장자나 어린이와 시간을 보내라고 제안할 것이다. 아이들과 그 부모에게 일주일에 한 번씩 만나는 가족 공동체에 합류하라고도 조언할 것이다.

오늘날 심리 치료사들의 보고에 따르면 여자아이들은 여전히 부모와 싸우거나 부모의 이혼 때문에 고통스러워서 심리상담실을 찾는다. 하지만 한 가지 긍정적인 변화를 보자면, 똑똑한 여자아이는 더 이상 골칫거리가 아니다. 오늘날 여자아이들은 1994년 여자아이들보다 성적 문제로 스트레스를 더 많이 받지만 좋은 성적을 받으면 자랑스러워한다. 여전히 많은 여자아이가 섭식장애나 폭행으로 인한 정신적 외상에 시달린다. 하지만 현재 가장 흔한 문제는 자해, 자살충동, 불안발작, 그리고 우울증이다. 이러한 문제는 많은 경우 소셜미디어와 직접적으로 연관되기도 한다.

소셜미디어는 수면을 포함하여 가장 기본적인 기능에 지장을 준다. 몇몇 심리학자에 따르면 상담실을 찾는 모든 여자아이가 수면 부족에 시달린다. 이러한 만성적인 수면 부족 때문에 바이오리듬이 깨지고 불안장애와 우울증이 야기될 수 있으며 비만의 위험도 증가될 수도 있다.

심리 치료사 질리언 젱킨스는 자녀의 소셜미디어 사용과 관련해 부모들에게 "아이가 잠자리에 스마트폰을 못 가져가게 하라"고 조언해주고 싶다고 강조했다. 이렇게 접근하면 아이들은 일곱 시간 동안 잠을 잘 수 있으며 또래들 그리고 스마트폰의 알림 신호로부터 플러그를 뽑게 된다.

"포모증후군도 큰일이죠." 젱킨스 박사가 말했다. "하지만 제 생각에 포모증후군보다는 기준에 부합하지 않는다는 것에 대한 일종의 두려움이 문제 같아요." 젱킨스 박사의 임상 경험에 따르면 끊임없이 비교하는 게 여자아이들에게 무엇보다 큰 문제다. 아이들은 엄청나게 많은 양의 사진과 정보에 접근할 수 있고 건강하지 않은 다양한 생각이 스마트폰을 통해 지지받는다.

이번 개정판을 위해 인터뷰한 모든 심리 치료사가 내담자들의 고립에 관해 이야기했다. 여자아이들은 대부분 친구들과 거의 외출하지 않았다. 이들은 주말이면 집에 머물면서 넷플릭스를 보고 친구들과 문자를 주고받았다. 심리 치료사들에 따르면 여자아이들은 부모와 대화를 나누거나 친구들과 외출을 하는 대신 디지털콘텐츠에 관심을 돌려 스트레스에 대처할 때가 많았다.

"여자아이들은 소셜미디어를 타당한 목적으로도 사용해요. 커뮤니티를 갈망하거나 호기심 때문에 사용하는 거죠. 하지만 왜 그런지 이런 목적은 제대로 충족되지 않아요." 한 심리 치료사가 말했다. "오늘날 여자아이들은 진짜 외로움을 느껴요. 저희가 십대였을 때보다 훨씬 더 깊게요."

심리 치료사들에 따르면 소셜미디어 때문에 여자아이들은 자기 가치에 대한 피상적인 피드백에 의존하게 된다. 심리 치료사들은 여자아이들에게 소셜미디어에 개의치 말고 자기만의 관점을 찾으라고 권장한다. 여자아이들이 "페이스북 속의 내 모습은 진짜가 아니에요"라고 말하게끔 가르친다.

한 심리 치료사에 따르면, 소셜미디어가 등장하면서 여자아이들은 맥락을 파악하는 감각, 뉘앙스를 위한 여지, 미묘함, 풍자 혹은 유머에 대한 감각을 잃었다. "여자아이들은 항상 자기감정을 다치게 해요." 그녀는 여자아이들에게 어떤 문자메시지 때문에 상처받았다면

30분 동안 기다렸다가 거기에 응답하라고 권장한다. 아이들이 가장 확실한 길을 택하기를, 긍정적인 의도를 취하기를, 자신이 보내는 답변이 스크린샷으로 남아 돌아다닐 수 있다는 사실을 기억하기를 바란다.

확실히 요즘 심리 치료사들은 소셜미디어에 관해 많은 논의를 진행한다. 이들은 여자아이들이 하루에 어느 정도나 전자기기를 써야 할지 결정하도록 돕고 그러려면 어떻게 해야 하는지 제시한다. 한 여자아이는 밤 열시 이후에는 문자메시지를 보내지 말자고 모든 친구에게 제안해보자고 했다. 그러면 아무도 따돌림받았다고 느끼지 않을 것이다. 한 여자아이는 친구들과 함께 있을 때는 스마트폰을 꺼놓기로 했다. 어떤 여자아이는 아예 다른 방법으로 상황에 접근했다. 이 아이는 농구하기, 할머니에게 전화하기 등 매일 할일을 목표로 설정했다. 그러면 적어도 가끔은 스마트폰에 매달리지 않을 터였다.

많은 심리 치료사가 상담 시간 동안 여러 인터넷 사이트를 본다. 내담자들은 이들에게 재미있는 이야기, 팬픽션 혹은 시를 보여준다. 심리 치료사들은 부모에게도 똑같이 해보라고 권한다. 웹사이트와 소셜미디어의 세계를 무시한다면 딸과 훌륭한 대화를 나눌 기회를 놓칠 수밖에 없다.

동시에 심리 치료사들은 전자기기 관리를 돕거나 전자기기 사용 통제가 얼마나 힘든지 공감해주며 여자아이들이 자기연민을 갖도록 북돋워준다. 이들은 얼마나 많은 성인이 똑같은 문제로 씨름중인지 잘 안다. 모든 가족 구성원이 특정한 밤 시간에 각자의 스마트폰을 자물쇠가 달린 상자 안에 넣어뒀다가 아침식사를 마치고 꺼내는 방법도 흔히 권고한다.

심리 치료사들은 모든 청소년기 여자아이들의 본질적 아름다움과 가능성을 믿는다. 한 다정한 심리학자가 내게 말했듯이 말이다. "저는 인간 내면의 광대함과 회복력을 믿어요."

15장
천 송이 꽃이 무사히 피도록

사막에서 개화한 한 송이 꽃 _ 준(27)

1990년대 어느 날 아침 준이 내 상담실을 찾아왔다. 가와사키 공장에서 2교대 근무를 마치고 아침을 먹으러 나왔다가 도시를 차로 가로질러 왔다는 준은 동그란 얼굴에 마맛자국이 남아 있는 골격이 우람한 여성이었다. 짧은 머리에 회색 트레이닝복을 입고 있었다. 준은 상담실 안 소파에 털썩 앉더니 한쪽 발을 커피 테이블 위에 올렸다.

준은 사적이고도 명확하면서 직설적으로 말했다. 심리 치료가 치과 치료처럼 통증을 일으킬 수도 있다는 듯 부드럽고 조심스럽게 자기 이야기를 꺼냈다.

"제가 여기에 온 이유는 난생처음으로 누군가와 데이트를 하게 됐기 때문이에요." 준이 설명했다. "저는 스물일곱 살이지만 키스를 해본 적이 없어요. 코칭이 좀 필요할 것 같아요."

준은 가와사키 공장에서 10년 동안 일했다. 준의 옆 조립 라인에서 일하는 딕시가 가장 친한 친구였다. 딕시는 싱글맘이라 준이 딕시를 도와 아이들을 돌봐줬다. 학교에서 찍은 딕시네 아이들 사진을 꺼내 보여주면서 아이들이 자신을 준 이모라고 부른다고 말했다.

"정말 착한 아이들이에요. 언제 한번 보여드리고 싶네요."

준은 마티 역시 직장에서 만났다. 마티는 가와사키 노동조합의 조합장이었는데 지난 3주 동안 토요일 밤마다 피자와 비디오테이프를 가지고 준의 집에 놀러왔다. 지난주 토요일 밤, 마티가 준에게 팔을 둘렀는데 그 순간 상담을 받아야겠다고 결심했다.

가족에 관해 묻자 준은 한숨을 쉬었다. "선생님이 그 얘기를 꺼내실까봐 두려웠어요."

"나중에 이야기해도 돼요." 내가 부드럽게 말했다.

"먼저 그 얘기부터 하는 게 나을 것 같아요. 제 십대 시절 이야기를 들으시면 왜 제가 데이트와 거리가 멀었는지 이해하실 거예요."

준의 아버지는 농장 노동자였는데 준에게 "별로 관심이 없었다". 어머니는 요양원에서 요리사로 일했다. "엄마는 근면하고 재미있었어요. 요양원에서 선물을 가져다주시곤 했죠. 요양원 사람들이 저에게 만들어준 쿠키와 공예품 같은 것을요. 엄마는 그분들에게 제 사진을 보여주고 제가 어떻게 지내는지 계속 말씀하셨거든요. 요양원 사람들 모두가 엄마를 좋아했죠."

준이 잠시 말을 멈추더니 나를 쳐다봤다. "엄마는 제가 고등학생이 됐을 무렵 돌아가셨어요. 엄마를 잃은 건 정말 끔찍한 일이었어요.

저는 막 첫 생리를 시작한 참이었어요. 무슨 일을 하든 서툴렀고 여드름도 심하게 났어요. 원래는 통통한 정도였는데 그때부터 뚱뚱해졌죠. 저는 완전히 외톨이었어요."

준은 코를 풀고 말을 이었다. "엄마가 돌아가신 그해에 미스아메리카 선발 대회 방송을 봤어요. 날씬하고 완벽한 그런 여자들의 모습을 보면서 저는 절대로 저렇게 될 수 없겠다 싶었죠. 저는 예쁘지도 않고 재능도 없었어요. 엄마만이 있는 그대로의 저를 사랑해줬죠. 저는 모든 걸 포기할까도 생각했어요."

준은 생각만 해도 너무 고통스러운 기억을 지우려는 듯 이마를 문질렀다. "어떻게 그해를 버텼는지 모르겠어요. 아빠는 늘 집에 안 계셨어요. 저는 옷도 몇 벌 없었고요. 집안일과 요리를 맡았는데 별로 할일이 없었어요. 아빠가 식료품 살 돈을 거의 주지 않으셨거든요. 저는 뚱뚱했지만 늘 배를 주렸죠."

준에게 학교 친구들에 관해 물었다. "걔들은 끔찍했어요. 못되게 굴었다기보다는 제게 철저히 무관심했죠. 걔들한테 저는 존재하지 않는 사람이었어요. 너무 못생기고 너무 슬픔에 빠져 있어서 한 반의 일원이 될 수도 없었어요. 혼자서 밥을 먹고 혼자 걸어서 학교를 다녔어요. 아무도 저랑 짝꿍이 되려고 하지 않았죠."

준은 얼굴을 문지르고서 말을 이었다. "한번은 구내식당에서 어떤 남자아이가 제게 다가오더니 다른 아이들이 모두 보는 앞에서 축구 경기를 함께 보러 가자고 청했어요. 바보처럼 그 아이가 정말로 그럴 의도였다고 믿었어요. 그 아이가 과거의 제 모습을 봤다거나 있는 그대로의 제 모습을 좋아하는지도 모른다고 생각했어요. 그래서 아빠가 허락하신다면 그러겠다고 대답했죠. 그러자 그 아이가 배꼽이 빠져라 웃더라고요. 걔 친구들도 다들 환호성을 질렀고요. 친구들이 걔한테 장난으로 그렇게 시킨 거였죠. 걔는 제게 데이트 신청을 했다는 사실만으로 10달러를 벌었어요."

준이 한숨을 쉬었다. "그후로 전 남자아이들을 피했어요."

어머니가 세상을 떠난 지 1년 후 준의 아버지는 머신이라는 여성과 재혼했다. 이들은 남아프리카공화국 선시티로 신혼여행을 다녀오면서 준에게 장차 혼수품으로 쓰라고 소금통과 후추통을 사다주었다.

"그때까지 제게 희망이라곤 없었죠." 준이 담담하게 말했다. "새엄마는 돈에 인색했어요. 한번은 곡괭이로 콩밭을 갈다가 발을 정말 심하게 벴는데 새엄마는 병원비도 안 주더라고요. 그 일로 아직도 약간 절뚝거려요. 새엄마는 제게 머리를 일주일에 한 번만 감으라고도 했어요. 머리카락에 기름이 잘 껴서 매일 머리를 감아야 했지만 물값이 아깝다고요. 치열이 들쑥날쑥해서 학교에서 치아교정을 받으라고 권하자 머신은 '천 달러가 든다더라. 이를 가지런하게 만든다고 그 정도의 돈을 허비하진 않을 거야'라고 했죠."

준의 이야기를 듣는 동안 평정을 유지하려고 애썼다. 준 자신도 어떠한 분노도 내보이지 않았다. 무덤덤하게 말을 이었다. "저는 집안의 골칫거리였어요. 한번은 이복 남동생이 왜 자기 가족과 함께 사느냐고 묻더군요."

준에게 집에서도 학교에서도 거부당했던 그 시절을 어떻게 견뎠느냐고 물었다.

"엄마 생각을 했어요. 엄마라면 제가 어떻게 행동하기를 바라실까

하고요. 사람들이 나쁜 행동을 한다고 해서 제가 그래도 된다는 건 핑계라고 생각했어요. 할 수 있는 한 최선을 다했어요. 잠자리에 들 때면 하늘에 계신 엄마에게 이야기를 했어요. 언제나 자랑스럽게 엄마에게 보고할 만한 무언가를 하려고 노력했어요. 엄마가 저를 사랑했다는 사실을 알았고 그 덕에 제가 사랑받을 만한 사람이라고 생각할 수 있었어요. 비록 주변 사람들은 눈이 멀어서 그걸 못 알아보지만요."

준은 손수건으로 얼굴을 닦았다. "그 시기에 간절히 친구가 생기길 바랐어요. 하지만 저 자신을 돌보는 법을 배웠죠. 다른 사람들이 거부해도 흔들리지 않기 위해 그렇게 했죠. 옳고 그름에 대해 저만의 이상을 발전시켰어요."

"고등학교를 졸업한 후 제 삶은 정말로 많이 좋아졌어요. 가와사키 공장에서 일을 하면서 곧 사람들이 저를 더 받아들인다고 느꼈어요. 저는 열심히 일했고 사람들은 그걸 알아챘어요. 여자 직원들은 저를 식사 자리에 초대했어요. 남자 직원들은 제 주변에서 농담을 나눴죠. 제 상사는 제게 관심을 가졌어요. 제게 치아를 교정하고 발을 치료받으라고 권했고요. 현재 치아교정을 하고 있어요."

직장 이야기를 하며 준은 미소를 지었다. "매년 제 구역에서 일하는 모든 직원과 핼러윈 파티를 함께 해요. 금요일이면 노조팀과 볼링을 치러 가고요. 그곳에서 일한 후 매년 실적에 따라 급여를 인상받았어요. 그래서 지금은 돈을 꽤 잘 벌어요."

"저는 아빠와 머신을 용서했어요. 지금은 행복해요. 화낼 게 뭐가 있겠어요? 저는 그 사람들보다 행복해요. 매주 주말이면 그들을 위해 뭔가를 하려고 애써요. 파이를 굽거나 그 집 잔디를 깎기도 하죠."

준에게 어떻게 아버지와 잘 지내게 됐느냐고 물었다. "아빠는 제가 뚱뚱한 걸 용서하지 못하세요. 예쁜 딸을 정말로 원하셨거든요."

준의 인생을 생각했다. 준은 거미줄처럼 섬세하면서 강한 영혼을 가지고 있었다. 용서하고 사랑할 줄 아는 재능을 가지고 있었다. 우리의 문화적 기준에 따르면 매력적이지 않았기 때문에 아버지를 포함해 많은 사람에게 평가절하를 당했다. 하지만 어떻게든 살아남았고 그 모든 역경에도 불구하고 잘 성장했다. 준을 보니 여러 해 동안 잠자고 있다가 조금이라도 비가 내리면 풍성하게 꽃을 피우는 사막의 다육식물이 생각났다.

준에게 "당신 아버지는 멋진 사람을 사랑할 기회를 놓쳤네요"하고 말해줬다.

우리는 마티에 관해 이야기를 나눴다. 준은 소리내 웃으면서 그가 나이보다 이르게 머리가 벗어진 덩치 큰 남자라고 소개했다.

"외모는 중요하지 않아요." 준이 어깨를 으쓱했다. "그가 얼마나 열심히 일하는지 잘 알아요. 누구도 깔아뭉개지 않는 사람이고요. 불평을 늘어놓지도 않아요."

준에게 그와 성공적으로 키스하는 모습을 날마다 상상해보라고 제안했다. 또한 첫 키스에 대해 기대를 낮추라고도 권했다. "종이 울리지 않을 수도 있고 하늘이 환해지지 않을지도 몰라요." 조지아 오키프의 말을 완전히 맥락을 바꾸어서 인용해줬다. "처음부터 잘하는 사람은 아무도 없어요."

그들의 관계가 잘 진행되고 있다고 강조해줬다. 신체적 애정 표현은 남녀관계에서 작은 부분일 뿐이다. 준은 이미 사랑하고 용서할 줄 알았는데 이는 신체적 애정 표현보다 훨씬 더 중요한 자질이었다. 일단 그녀가 준비되면 키스하는 게 쉬워지리라 예측했다.

이다음에 다시 준을 만났을 때 준은 키스에 정말 만족했다고 말했다. 준은 계속 심리 치료를 받아야 할지 물었다.

"아네요. 오히려 당신이 제게 가르쳐줘야 할 것 같은데요. 역경을 통해 강해지는 법과 용서의 중요성을 말예요."

준은 거의 아무 행운도 갖지 못했지만 혼자 힘으로 좋은 삶을 만들어낸 좋은 사례였다. 거의 대부분의 심리학 이론에 따르면 준은 좋지 않은 결과를 맞이하리라고 예측될 것이다. 하지만 역경 때문에 준의 인격은 함양됐다. 준을 구원한 것은 어머니가 자신을 사랑한다는 깊은 깨달음이었다. 어머니는 세상을 떠났지만 어머니의 영혼이 늘 자신과 함께한다고 느꼈다. 그 덕에 모두에게 거부당할 때도 자신을 소중하게 여길 수 있었다. 어머니가 자랑스러워할 만한 모습으로 살아가겠다고 굳게 결심했던 것이다.

준은 자기 삶에서 뭐가 좋은 것인지 아는 능력을 가졌다. 어떤 사람에게는 힘겹거나 재미없어 보일지 몰라도 준은 풍요롭고 보람찬 삶을 살았다. 친구, 돈, 남자친구, 동료로부터의 존경 모두를 가지고 있었다. 행복했기 때문에 비통함이나 분노를 품지 않았다. 준은 비를 맞고 활짝 개화한 사막의 꽃이었다.

청소년기 초기에는 자아를 위한 싸움에서 승리하고 패배한다. 힘든 싸움이라 여기에서 승리하느냐 패배하느냐에 따라 여성들의 앞으로 삶의 질이 크게 달라진다. 젊은 여성들이 이러한 싸움을 한창 벌일 때 누구도 그리 강해 보이지 않는다. 진짜 자아를 지키고자 하는 내면의 깊은 투쟁이 표층 행동으로 거의 드러나지 않기 때문이다.

앨리스 밀러는 청소년기에 강해지려면 사회적으로 수용되는 사람이 될 뿐 아니라 자아의 모든 부분을 이해해야 한다고 믿었다. 시몬드 보부아르는 자기 삶의 주체로 존재하면서 남성 경험의 객체가 되라는 문화적 압박에 저항하는 게 강함이라고 믿었다. 캐럴 길리건은 '자기 목소리로 말하는 것'을 회복탄력성이라고 말했고, 벨 훅스는 이를 '말대꾸하기'라고 불렀다. 저항은 자기 영혼을 파괴하려는 힘으로부터 그 영혼을 기민하게 보호하는 과정이다.

마거릿 미드는 강인함을 자아의 모든 부분을 가치 있게 여기는 힘이라고 규정했다. 문화가 이를 가치 있게 여기든 그렇지 않든 상관없이 말이다. 마거릿 미드는 유능하면서도 유대감이 강한 열 살짜리 아이 같은 양성적인 특성을 모두 갖춘 자아가 살아남아야 한다고 독려했다. 여기에 더해 선천적인 잠재력을 발달시키고 가치를 제한하려는 시도에 맞서 싸우는 일이 중요하다고도 강조했다.

1990년대 미국에서는 가장 강한 여자아이들조차 청소년기와 맞닥뜨리면 무릎을 꿇었다. 이 시기의 수업은 너무 어렵고 학습 곡선이 너무 가팔랐기에 초기에는 순조롭게 숙달되기 힘들었다. 강한 여자아이들은 거센 바람을 맞으면서도 자아감을 꼭 붙든 채 놓지 않았다. 이들은 자신이 뿌리를 내린 곳에 강한 소속감을 느낄 때가 많았다. 때때로 자신이 속한 민족집단과 자신을 동일시하면서 자부심과 집중력을 얻기도 하고 자신이 한 공동체에서 꼭 필요한 존재라고 여기기도 했다. 청소년기를 흔드는 거센 바람 속에서도 이러한 소속감은 이들의 정체성을 지켜주었다.

그때든 지금이든 강한 여자아이들은 자신이 누구인지 잘 알며 자신의 다면적 능력을 소중하게 여긴다. 이들은 압박을 받아도 잘 버티는 정체성을 가지고 있다. 재능은 여자아이들에게 어린 시절과 현재의 청소년기 삶을 연결해준다. 또한 진정으로 유용한 존재라는 인식은 여자아이들에게 계속해서 지킬 수 있는 무언가를 제공해준다. 아픈 부모를 돌보거나 장애인을 돕는 여자아이들은 청소년기의 고통을 막는 울타리를 가진 셈이다.

오늘날 거의 모든 여자아이가 가족과 가깝게 지내며 어느 정도는 가족에게 충성을 유지한다. 만약 가족과 문제가 있더라도 대개 가족 안에는 사랑하거나 신뢰하는 누군가가 있다. 청소년기라는 대혼란을 헤쳐나가면서 여자아이들은 이러한 사람에게 신의를 지킨다.

하지만 대부분의 여자아이가 가족관계에서 어려움을 겪는다. 모든 여자아이는 개성화과정을 겪으며 가족과 거리를 두지만 건강한 여자아이들은 부모가 자신을 사랑한다는 사실을 잘 알고 중요한 측면에서 부모와의 유대관계를 유지한다. 이들은 계속 대화를 나누고 접촉을 꾀한다. 부모와 말다툼을 벌일 때조차 어떤 부분에서는 부모에게 충성을 유지하고 그들과 연결되어 있다.

강한 여자아이들은 자신에게 좋은 영향을 끼치지 않을 행동을 하도록 강요받는다는 사실을 안다. 너무 이른 성적 대상화를 겪으며 이들은 초조해진다. 이들은 특정 패거리에 속해 있을 수도 있지만, 일면으로는 속물근성을 몹시 싫어하고 다른 여자아이를 괴롭히는 데 적극적으로 저항한다.

대의명분을 믿거나 좀더 폭넓은 삶에 관심을 갖는 일은 여자아이들에게 도움이 된다. 특별한 열정을 가진 여자아이들은 중학교 교정에서 경험하는 것보다 더 큰 무언가를 요청할 수 있다. 종종 이러한 열정 덕분에 이들은 균형잡힌 관점을 갖게 되고 고달픈 시기를 헤쳐나갈 힘을 얻기도 한다. 강한 여자아이들은 과음을 하거나 약물을 복용하는 일을 피할 수 있고 더 적절한 방식으로 고통에 대처할 수 있다. 이들은 대개 독서, 달리기, 피아노 연주 같은 건강한 스트레스 해소 습관을 가지고 있다.

『똑똑한 소녀들, 재능 있는 여성들』에서 바버라 커는 강한 여성으로 성장한 여자아이들이 어떤 일을 겪었는지 탐색했다. 그 결과 이들이 공통적으로 혼자 시간을 보냈고, 이상에 몰두할 줄 알았으며, 젠더 한계를 인정하기를 거부하고 '보호막'을 거부한다는 사실을 발견했다. 이들 중 청소년기에 인기가 많았던 사람은 아무도 없었다. 대부분 또래들과 떨어져 지냈다. 자의적으로 선택해서가 아니라 또래들에게 거부당했기 때문이었다. 아이러니하게도 이렇게 거부당했기에 이들은 고유성을 발달시키는 안전한 공간을 제공받았다.

상당수의 강한 여자아이들이 비슷한 사연을 가지고 있다. 이들은 사회적으로 고립되고 또래들에게 거부당했다. 또래들은 이들의 힘을 위협적으로 받아들였고 이들은 남과 다르다는 이유로 처벌받았다. 매력이 없거나 외모에 대해 걱정하지 않으면 또래 여자아이들에게 경멸을 받았다. 하지만 이러한 고립은 오히려 축복인 경우가 많았다. 그 덕에 강한 자아감을 발달시킬 수 있었기 때문이다. 고립된 여자아이들은 타인들에게 받아들여진 여자아이들보다 더 독립적이고 더 자족적인 모습으로 청소년기에서 벗어났다.

강한 여자아이들은 조용히 스스로를 보호하고 신뢰하는 몇몇 사람만 그들의 반항을 알 수 있도록 조심스럽게 지낸다. 이들은 짜증을 잘 내고 화를 잘 내며 비판을 멀리할 수도 있다. 이들을 사랑하는 사람들만 이들이 무슨 생각을 하는지 알아채게 말이다. 이들은 다른 사람의 의견을 대수롭지 않게 취급하거나 유머로 자기 앞을 가로막는 적대감을 피할지도 모른다.

많은 여자아이가 자신을 위한 안전한 공간을 만들어 자기 자신을 보호할 수 있다. 이러한 공간은 책, 관심사, 가족, 교회, 음악이나 미술 같은 열정 어린 대상을 통해 만들어질 수 있다. 보호막이나 자신만의 고유한 영역을 가지지 못한 채로 대중문화 속에서 표류하며 성장하는 여자아이가 누구보다 취약하다. 하지만 안전한 공간을 만들기란 그리 간단치 않다. 과잉보호는 '공주와 완두콩 증후군'을 일으켜서 여자아이들은 스트레스를 못 견디는 온실 속 화초처럼 자랄 수도 있다. 반대로 너무 보호가 부족하면 각종 중독과 자기파괴적 행동이 이어질 때가 많다. 똑같은 스트레스라도 어떤 여자아이들에게는 성장을 돕는 매개가 되지만 어떤 여자아이들에게는 심각한 손상을 안기는 자극이 된다.

모든 삶에는 오르막과 내리막이 있다. 대부분의 여성에게 청소년기 초기는 큰 폭의 내리막이다. 모든 여자아이와 마찬가지로 강한 여자아이들 또한 중학교 시절에는 말도 안 되는 일을 벌인다. 이들은 불안해하며 통제력을 잃는다. 그러므로 아이들의 표층 행동 이면을 살펴보면서 무슨 일이 일어나고 있는지 제대로 이해하는 일이 매우 중요하다. 예를 들어, 어떤 여자아이는 여성혐오적인 우리 문화를 인식하고 이 때문에 좌절할 정도로 총명해 중학생이 되면서 우울증에 걸릴 수도 있다.

또래와 함께 탈출하다_캐럴라인(17)

고등학교 심리학 수업을 듣는다며 캐럴라인이 내게 인터뷰를 요청해와 나도 캐럴라인을 인터뷰할 수 있다면 응하겠다고 답했다. 캐럴라인은 최근 앨라배마주에서 우리 지역으로 이사를 왔는데 다른 지역에서 온 여자아이와 대화하는 데 관심이 많았기 때문이다. 우리는 우리집에서 만났고 캐럴라인이 먼저 나를 인터뷰했다. 침착하고 세심한 캐럴라인의 모습에 깜짝 놀랐다. 진청치마와 스웨터 차림의 캐럴라인은 열일곱 살이라는 나이보다 훨씬 성숙해 보였다. 언론학 수업을 듣는 대학생이라고 해도 믿을 정도였다.

내 인터뷰가 끝난 후 우리는 장난스럽게 의자를 바꿔 앉고 서로 역할도 바꿨다. 우선 가족에 관해 물었다. 캐럴라인은 아버지가 술고래에 호색가인 군인이라고 했다. 그는 캐럴라인을 못생기고 게으른 아이로 여겼고 아주 사소한 실수만 해도 채찍을 휘둘렀다. 한번은 아버지 친구들이 보는 앞에서 아버지가 캐럴라인에게 욕을 퍼붓자 아버지 친구가 제발 그만두라고 말린 적도 있었다. 그렇지만 대개 아버지 친구들은 만취해 있거나 너무 둔감해서 그가 딸을 괴롭히건 말건 신경쓰지 않았다. 캐럴라인은 아버지에 대해 이렇게 말했다. "말 조련사를 했으면 잘했을 거예요. 기를 꺾는 데 선수거든요."

캐럴라인이 말을 이었다. "다행히 아빠가 제 주변에 자주 계시진 않았어요. 아빠가 근처에 있을 때면 얼른 책을 한 권 집어들고 제 방으로 숨었죠. 하지만 엄마는 아빠한테 도망칠 수가 없었죠. 아빠는 엄마를 망가뜨렸어요."

학대에 관해 물었다. "아빠가 술을 마시고 온 밤이면 사달이 났어요. 아빠는 비틀거리며 들어와서는 문을 부서질 듯 쾅 닫고 온갖 악담을 퍼부었어요. 엄마는 아빠에게 소리를 지르고 아빠는 엄마에게 욕을 퍼부었어요. 그다음 아빠가 엄마를 때리고 엄마는 울었죠. 나중에 엄마가 제 침대로 와서 밤을 보냈고요. 열두 살 때 제가 아버지의 학대를 멈췄어요. 경찰을 불렀거든요."

나도 모르게 감정을 드러냈는지 캐럴라인이 이렇게 말했다. "선생님이 생각하시는 것만큼 나쁘진 않았어요. 저는 학교를 좋아했거든요. 저희는 이사를 자주 다녀서 교구학교, 군부속학교, 통합 공립학교 등 온갖 종류의 학교를 다 다녔어요. 하지만 어디 가든 저는 우등생이었어요."

"항상 선생님의 귀여움을 받았고 아이들도 저를 좋아했죠. 저는 노래를 부르고 춤을 추고 운동도 하고 그림을 잘 그렸어요. 어떤 무리와도 농담하며 잘 어울렸죠. 가정환경은 지옥 같았지만 학교에서 칭찬을 많이 받아서 높은 자존감을 유지할 수 있었어요."

"학교에 있는 그 누구도 제 가정환경을 몰랐어요. 부모님이 엄격한 규칙을 세워놓은 척했고, 부모님이 생일 파티를 해주거나 치과 진료 예약도 제대로 진행하는 척했죠. 학교 연극제 때는 부모님이 다른 지역으로 출장 가셨다고 둘러댔고요. 그 모든 걸 매우 잘했기 때문에 선생님들은 쉽게 속았어요."

캐럴라인이 소파에 등을 기댔다. "초등학교 6학년 때 아빠가 여자친구를 집에 데려오는 바람에 엄마가 자살 시도를 했어요. 엄마한테서 권총을 빼앗아야만 했죠. 하지만 보스턴에서 좋은 학교에 다니던 때였고 선생님을 좋아했어요. 노래 수업을 이끌던 선생님이 제게 학교 뮤지컬에서 주인공 역을 맡기셨어요. 저희 가족 때문에 절망할 수도 있었지만 저는 그러지 않았어요. 저는 제 삶을 살고 있었어요."

캐럴라인이 잠시 말을 멈췄다가 다시 입을 열었을 때 목소리에서 행복감이 사라져 있었다. "이듬해 부모님은 이혼하셨고 엄마와 저는 남부로 이주해서 외조부모님과 함께 살게 됐어요. 제 삶의 좋았던 모든 것이 단숨에 멈춰버렸죠."

"학교는 끔찍했어요. 돈 많은 집 아이들은 모두 사립학교에 다녔고 공립학교는 엉망진창이었어요. 사회 교과서는 20년 묵은 것이었고 과학 실험실에는 현미경도 없었어요. 운동장에서 사람 배설물을 밟고 넘어져 집에 돌아가서 옷을 갈아입고 온 적도 있었어요. 깨진 맥주병에 벤 적도 있었고요."

"그 학교는 저희에게 '너희는 아무것도 아니다. 너희는 먼지 같은 존재다'라는 메시지를 보냈어요. 대부분의 친구들은 그걸 믿었고요. 아이들은 꿈을 포기했고, 학교를 그만두게 되면 당장 공장에 취직할 계획이었어요."

"저는 이방인이자 북부 지역 출신자였어요. 한동안은 말을 아예 안

했어요."

"그러는 동안 가정생활 역시 비참했어요. 엄마는 영구적으로 몸과 마음이 망가졌어요. 외할아버지 외할머니는 저를 돕고 싶어하셨지만 어찌할 바를 모르셨어요."

"무엇이 너를 구해주었니?" 내가 물었다.

캐럴라인이 지갑에서 사진 한 장을 꺼냈다. "샌드라가 절 구해줬어요. 아니 서로를 구해줬다는 게 더 맞겠네요. 저희는 중학교 2학년 초에 처음 만났어요. 샌드라는 영어 수업 시간에 제 옆에 앉았어요. 선생님이 던지는 모든 질문에 대한 답을 샌드라가 전부 안다는 사실을 눈치챘죠. 그러던 어느 날 제가 샌드라에게 방과후에 아이스크림을 먹으러 가자고 제안했어요."

"처음 그 순간부터 저희는 서로를 이해했어요. 걔네 아빠도 알코올 중독자였어요. 걔네 엄마는 상자 공장에서 일하셨고, 저희는 둘 다 혼자 알아서 커야 했어요."

"그 첫번째 만남이 끝날 무렵 저희는 서로 힘을 합쳐 시스템에 저항하자고 약속했어요. 마약을 하거나 임신을 하지 않겠다고 서로 다짐했어요. 부모님과 여행을 자주 했기에 세상에는 더 괜찮은 곳이 많다는 걸 알았거든요. 샌드라는 그런 곳에 관한 이야기를 들으면 좋아했어요."

캐럴라인이 샌드라 사진을 다시 지갑에 집어넣었다. "저희는 성취할 수 있도록 서로를 밀어붙였어요. 저희가 탈출할 유일한 방법이 공부라는 사실을 잘 알았어요. 저희는 어휘를 암기했어요. 도서관 사서에게 고전문학 목록을 받아서 그 책들을 읽었고요. 무료 강의는 빼놓지 않고 들었어요. 저희는 결심이 확고했어요. 고등학교 1학년 때 샌드라와 저는 전 과목 A학점을 받았어요. 저희는 합창단에서 함께 노래를 부르고 학생회 일도 참여했어요. 생활기록부에는 저희의 다재다능함을 보여주는 다양한 활동이 가득 담겼죠. 그러다가 작년에 이 지역으로 이사 왔어요."

"어쩌다가 그렇게 됐니?"

"샌드라네 이모와 이모부가 자기네와 같이 이사를 가서 좋은 고등학교에서 마지막 학창 시절을 보내면 어떻겠느냐고 제안하셨어요. 샌드라는 저 없이는 안 가겠다고 답했고요. 저희는 현재 침대를 같이 써요. 친자매보다 더 가깝죠."

매우 어렸을 때부터 캐럴라인은 무슨 일을 하든 최고가 되어야겠다고 결심했다. 캐럴라인은 놀라운 생존 기술을 가진 아이였다. 여러 경험 덕에 캐럴라인은 책임감 강하고 성취지향적이며 어떤 상황에서도 자기 자신을 잘 돌보는 아이로 자랐다.

십대 여자아이들의 이야기에서 종종 볼 수 있듯이 여자아이들 사이의 관계는 추하고 파괴적이다. 하지만 캐럴라인의 이야기는 전혀 달랐다. 캐럴라인과 샌드라는 살아남게끔 서로를 도왔고 마침내 험악한 환경에서 탈출했다.

준도 캐럴라인도 요즘 흔히 말하는 '정서적으로 밀접한 부모'를 두지 못했다. 준의 경우 어머니는 세상을 떠났고 아버지는 둔감했다. 캐럴라인의 경우 아버지는 곁에 없었고 어머니는 정신적으로도 신체적으로도 아팠다. 처음부터 부모의 지지가 부재했기에 이들은 행복해지려면 스스로에게 의존할 수밖에 없다는 사실을 분명히 깨달았다. 이는 모든 여자아이가 배워야 하는 교훈이다.

두 여자아이 모두에게 고통스러운 중학교 시절을 극복하게 도와준 구심점이 존재했다. 준은 어머니가 자랑스러워할 만한 방식으로 행동하려 애썼고 캐럴라인은 학업적으로 뭔가를 이루고 싶어했다. 누구보다 암담한 시절을 보내면서도 이들은 자신만의 방식으로 더 밝은 미래를 위해 준비했다.

사회정의를 위해 맞서 싸우다_마리아(16)

마리아와는 카페에서 만나기로 약속했는데 약속 시간보다 조금 늦게 마리아가 도착했다. 마리아는 숨가쁘게 내가 앉은 테이블로 뛰어와서는 책가방과 전단지 다발을 남는 의자 위에 털썩 놓았다. 검은 긴 생머리에 진지한 눈빛을 가진 키 큰 소녀였다. 마리아는 30만 킬로미터 정도 탄, 꽃이 그려진 자기 폭스바겐이 바로 얼마 전에 고장 났다고 설명했다.

이탈리안 소다 두 잔을 주문했다. 마리아는 이탈리안 소다를 마시면서 전날 진행된 사형제 폐지 가두 행진 이야기를 했다. 마리아의 이야기를 듣자 1960년대 내 친구들이 떠올라서 혹시 록밴드 그레이트풀 데드의 팬이 아니냐고 반갑게 물었다. 마리아는 그레이트풀 데드를 좋아한다며 완전히 제멋대로인 그 밴드와 그들의 팬클럽이 마음에 든다고 했다. 사람들이 이상주의적이고 자유분방했던 1960년대에 자기도 십대였으면 좋았을 것 같다고 말했다. 마리아는 기업화된 미국 사회와 돈만 밝히는 세상을 몹시 싫어했다.

마리아는 히스패닉계 가정에서 둘째로 태어났다. 아버지는 사회복지사였고 어머니는 정원사였다. 마리아에게는 두 살 많은 오빠 알베르토와 두 여동생이 있었다. 조부모와 외조부모 모두 같은 도시에 살았는데 거의 매일 그들과 함께 시간을 보냈다. '가족을 최우선으로'가 이 가문의 가훈이었다.

마리아네 가족은 사회운동가로서 오랜 전통을 가지고 있었다. 1960년대 후반 마리아의 외조부모는 목숨을 걸고 엘살바도르에서 탈출했다. 큰아버지는 정치적 활동을 하다가 총에 맞기도 했다. 마리아의 어머니는 열정적인 페미니스트로 자신이 다니는 가톨릭 성당의 사회정의위원회에서 활발하게 활동했다. "저희 가족 모두 우리 사회를 더 나은 곳으로 만들기 위해 노력해야 한다고 생각해왔어요. 무관심하게 굴면서 대충 넘어가는 사람은 아무도 없어요. 심지어 스케이트보드선수인 알베르토 오빠조차 난민 보호 활동을 도울 정도죠."

마리아는 알베르토를 특별히 더 친밀하게 생각했다. 어린 시절 그들은 거의 싸우지 않았다. "알베르토 오빠는 판지로 뭐든 만들었어요. 저희는 오빠가 발명해낸 온갖 게임을 하며 놀았죠. 함께 영화도 찍고 듀엣으로 노래도 불렀어요. 오빠는 자기 친구들과 함께 놀 때도 절 끼워줬죠. 저를 한 번도 혼자 남겨두지 않았어요."

마리아가 음료수를 한 모금 마셨다. "초등학교 때가 좋았어요. 지금과 마찬가지로 그때도 인종차별주의적 놀림을 받았지만, 알베르토 오빠가 항상 저를 지켜줬어요. 4학년 때까지는 반 아이들 모두와 친했죠. 하지만 그후로 패거리가 형성됐어요. 친구들은 함께 모여서 치어리딩 연습을 했고 저는 거기 초대받지 못했어요."

마리아가 눈 위로 흘러내린 머리카락을 쓸어넘겼다. "친구들과 어울리고 싶어서 '쿨함 지수'를 높이려고 필사적으로 노력했어요. 게스 청바지도 사 입어봤지만 전혀 도움이 되지 않았죠. 제 피부색이 문제였어요."

"엄마는 반드시 어찌해야만 한다는 압력에 맞서 싸우라고 절 격려해주셨어요. 엄마는 인종차별주의와 엘리트주의를 몹시 싫어하셨거든요. 그후에는 맞서 싸우긴 했지만 6학년 때만 해도 겁쟁이 그 자체였어요."

마리아에게 중학교 시절은 어땠는지 물었다.

"첫날은 끔찍했어요. 규모가 큰 학교였는데 계속 어찌할 바를 몰랐죠. 체육 시간에는 반바지가 찢기고 타자 수업 때는 인종차별주의적 놀림을 받았어요. 저는 흐느끼면서 집에 왔고요."

그때 기억이 떠오르는지 마리아는 얼굴을 찌푸렸다. "가족들은 제가 빨리 친구를 사귀어야 한다고 얘기했어요. 하지만 전 그러지 않았죠. 대부분의 아이들이 별로였거든요. 여자아이들은 서로를 상처 주지 못해 안달이었고, 걔들이 주고받는 얘기 때문에 미칠 지경이었어요. 저는 알베르토 오빠와 오빠 친구들과 시간을 많이 보냈어요."

마리아가 컵 테두리를 손가락으로 빙 둘러서 만졌다. "한동안 외롭고 혼란스러웠어요. 제게 틀림없이 뭔가 문제가 있다고 생각했지만 오빠와 엄마는 계속해서 제가 문제가 아니라고 말했어요. 그러다가 세상일에 관심을 가질 겸 국제앰네스티에 가입하면 어떠냐고 하셨어요."

"전 금세 관심이 생겼어요. 정말 좋았죠." 마리아가 미소를 지었다. "거기 사람들은 모두 훌륭했어요. 그들의 우정이 중학교 시절의 저를 구원해줬어요."

"걸스카우트에서 자존감에 관한 수업을 들었어요. 그 수업을 진지하게 받아들여서 제 장점을 목록으로 써서 거울에 붙여놨어요. 하루가 끝날 때마다 오늘 한 일 중 자랑스러워할 만한 일이 무엇인지 매일 스스로에게 질문해요. 자존감 문제로 이런 식으로 노력한 게 중학교 시절 저한테는 큰 도움이 됐어요."

마리아가 말을 이었다. "고등학교에 들어간 후 '제 사람들'을 찾았어요. 국제앰네스티 지부에서 활동을 시작했거든요."

"고등학교 아이들은 예전과 좀 달랐니?"

"알베르토 오빠도 그 학교에 다녔고 전 오빠 친구들이 좋았어요. 몇몇 여자아이들도 믿을 만했어요. 저희 학교는 저희 도시에서 가장 큰 고등학교라서 더 많은 히스패닉계 친구와 아프리카계 친구도 만났어요."

"데이트를 해본 적 있니?"

"오빠 때문에 남자에 대한 기대치가 높아요." 마리아가 말을 이었다. "마초 같은 남자아이들은 별로예요. 자기감정을 이야기할 줄 알고 여자를 존중하는 남자가 좋아요. 고등학교에는 그런 남자아이가 별로 없죠."

친구 몇몇이 카페에 들어오자 마리아는 그들에게 손을 흔들었다. "저는 경쟁도 별로 좋아하지 않아요. 운동을 좋아하지만, 경쟁적인 운동은 별로예요. 오빠도 저와 비슷해요. 저희 집안 분위기가 그런 것 같아요. 저희 가족은 가족 모두가 이길 수 있도록 상황을 만들려고 노력해요."

미래에 관해 묻자 마리아가 대답했다. "알베르토 오빠가 올해 졸업해서 두려워요. 오빠는 아이오와주에 가서 문예창작을 공부할 계획이에요. 오빠가 없으면 상실감이 들 것 같아요. 언젠가 정치학자가 되고 싶어요. 졸업하면 신날 것 같지만 한편으로 무섭기도 해요."

"매일 할아버지 할머니와 시간을 보냈던 날들이 그리울 거예요. 그분들은 제가 힘든 상황을 헤쳐나가도록 도와주셨는데 이제 점점 더 나이들어가세요. 두 여동생 중 한 명은 제가 대학생이 되는 해에 중학교에 입학하죠. 걔가 중학교 생활을 잘해나가도록 도울 수 있으면 좋겠어요."

마리아에게 인터뷰에 응해줘서 고맙다고 한 다음 '쿨함 지수'가 매우 높은 것 같다고 얘기해줬다. 마리아는 눈동자가 흔들리더니 깔깔거렸다. 내가 작별인사를 하자 마리아가 발칸반도 상황에 대해 항의하는 내용이 담긴 전단지를 건네주었다. "아마 선생님도 이 주제에 관심 있으실 것 같아요."

앞의 사례들은 준, 캐럴라인, 마리아라는 세 투사의 이야기였다. 준은 어머니에 관한 기억에 말을 걸면서 역경에 맞서 싸웠다. 캐럴라인은 자신을 영원히 옭아매기 쉬운 환경에서 빠져나오기 위해 분투했다. 마리아는 또래들에게 받는 압력에 굴하지 않고 독립적으로 자아를 규정했다. 제대로 맞서기만 한다면 역경을 통해 인격이 함양될 수 있다.

『햄릿』에서 물에 빠져 죽었던 오필리어와 다르게 대부분의 여자아이들은 청소년기 초기로부터 회복된다. 청소년기는 죽음을 초래하는 질병이 아니다. 성장과 성숙을 통해 치료될 수 있는 급성질환이다. 청소년기가 진행되는 동안 그 누구도 강해 보이지 않는다. 심지어 이번 장에서 소개한 여자아이들도 중학교 때만 해도 비참한 시간을 보냈다. 고등학생이 되어 유리한 위치에 선 다음에 과거를 돌아보며 자기 이야기를 할 수 있었지만 중학교 때는 이들도 어떠한 전망도 갖지 못했다. 허리케인 한복판에서 전망을 갖기란 불가능한 일이다.

어떤 여자아이도 허리케인을 피할 수는 없다. 바람이 그야말로 너무 압도적으로 거세다. 다행히 고등학교 시절이 끝날 무렵이면 허리케인 바람은 잦아들고 나무들은 스스로 바로 선다. 여자아이들은 차분해진다. 여자아이들의 사고는 성숙해지고 이들의 감정은 안정된다. 친구들은 더 친절해지고 더 신뢰할 만해진다. 여자아이들은 부모와 화해한다. 판단력이 향상되고 자아도취적인 태도가 덜해진다. 저항한 아이들과 맞서 싸운 아이들은 살아남는다. 세차게 몰아칠 때면 폭풍이 영원히 끝나지 않을 성싶지만, 허리케인은 언젠가는 결국 끝이 나고 해가 다시 모습을 드러낸다.

오늘날 여자아이들은 1994년 여자아이들보다 더 보호받는다. 이들은 음주운전, 성폭행, 십대 임신에 그때만큼 노출되어 있지 않다. 한편, 오늘날에도 (준이나 캐럴라인 같은) 어떤 여자아이들은 힘겨운 상황 속에서 좋은 선택을 내리기 위해 분투한다. 모든 역경에도 불구하고 어떻게든 자기 자신에게 솔직하고 다른 사람들에게 친절하게 행동하려 애쓴다.

어떤 여자아이들은 조용한 영웅이다. 이들은 아픈 가족을 돌보고, 가족을 경제적으로 부양하기 위해 장시간 일하고, 자기 경험을 토대로 다른 십대들을 상담해준다. 어떤 여자아이들은 정기적으로 친절을 베푼다. 아말리아는 이웃에 사는 시각장애인의 집을 매일 찾아가 책을 읽어준다. 매디는 일요일마다 교회에서 아이들을 돌본다. 제이다는 유기동물을 발견할 때마다 데려다가 임시보호를 한다.

오늘날 우리는 소녀 활동가들의 부활을 목격하고 있다. 1960년대 이후로 이렇게 많은 여자아이가 시위, 캠페인, 옹호 운동에 나선 적이 없었다. 무장하지 않은 흑인을 향한 경찰의 총격 사건, 반무슬림 범죄, 학교 총기 난사 사건, 난민과 이민자를 악마화하는 움직임에 맞서서 여자아이들은 '흑인의 생명도 소중하다' 운동, '그래 할 수 있어' 운동, 총기 규제 운동을 위해 조직을 꾸린다. 2018년 총기 난사 사건이 발생했던 플로리다주 마저리 스톤먼 더글러스 고등학교 학생들은 이러한 새로운 행동주의의 강력한 힘을 잘 보여준다. 파키스탄 및 전 세계를 돌며 여자아이의 권리를 주장했던 활동가이자 노벨 평화상 수상자 말랄라 유사프자이 덕에 전 세계의 많은 소녀들이 인간의 권리를 위해 싸우게 되었다. 현대사의 그 어느 때보다 자신만의 고유한 관점을 가지고 변화와 평등을 주장하는 여자아이들이 많아졌다.

커밍아웃이라는 새로운 혁명_그리어(16)

"집에서는 원하는 건 뭐든 해도 괜찮았어요. 손톱에 매니큐어를 칠하거나 드레스를 입어도 됐죠. 하지만 가족과 외출할 때면 '남자아이 그리어'가 되어야 했어요. 오랫동안 그렇게 지냈죠."

그리어와는 크리스마스이브에 스카이프를 통해 이야기를 나눴다. 새해에 열여섯 살이 되는 그리어는 윤이 나는 곱슬머리에 완벽한 눈 화장을 하고서 머리부터 발끝까지 자신감을 뿜어냈다. 전형적인 십대 패셔니스타 같았다. 하지만 그리어는 생물학적으로 남성으로 태어났다.

"초등학교 때 그랬단 말이니? 그렇게 어릴 때부터 정체성을 알았단 말이야?"

"제가 뭘 아는지는 몰랐어요." 그리어가 소리내어 웃었다. "어릴 때부터 여자아이와 관련된 것에 자연스레 끌렸어요. 다른 남자아이들은 운동이나 전쟁놀이를 좋아했지만 그런 건 전혀 내키지 않더라고요. 심지어 유치원에 다닐 때도 항상 공주처럼 옷을 차려입었죠."

"저희 엄마는 대단한 문제해결사예요. 집에서는 원하는 모습으로 있어도 된다는 것도 엄마 아이디어였죠. 하지만 집밖에서는 계속 모든 걸 억눌렀어요. 그러다가 사춘기를 겪으면서 성전환을 해야겠다는 결심이 섰고 부모님은 제 결정을 지지해주셨어요."

그리어는 중학교에서 고등학교로 올라가는 여름 동안 완전히 여성의 삶으로 전환하기로 결정했다. 그렇게 하면 학기중이 아니라 여름 동안에만 입방아에 오르내리다가 이내 잠잠해지리라고 생각했다. 그리어의 선견지명은 맞아떨어졌다.

"고등학교에서의 첫날은 어땠니?"

"솔직히 말해 식은 죽 먹기였어요. 교장 선생님과 지도 상담사 선생님만 사실을 아셨어요. 물론 친한 친구들도 알았죠. 하지만 저는 여자아이로 고등학교 생활을 시작했고 지금도 그렇게들 알아요. 저는 겉모습이 그런대로 괜찮고 여자 화장실을 사용하는 데 아무 문제도 없었어요. 마침내 저 자신이 되자 어깨를 짓누르던 무거운 짐이 바로 사라지는 듯했어요."

"부모님은 모든 일에 있어서 항상 네 편이시니?"

"그 이상이에요. 부모님은 있는 그대로 저를 받아들여주세요. 제 생각에 부모님이 저보다 먼저 아신 것 같아요. 어릴 때 엄마는 이따금 네가 여자아이라고 생각하느냐고 물으셨죠. 엄마는 항상 제 모습 그대로 사랑해주셨어요. 아빠도 마찬가지고요. 한번은 아빠한테 화장하는 법을 배우고 싶다고 얘기했더니 주말에 같이 화장품점에 가서 필요한 모든 것을 사주셨어요."

그리어는 눈을 가린 머리카락을 뒤로 넘기더니 말을 이었다. "성전환을 할 결심이 섰다고 말씀드릴 때까지 부모님은 저를 기다려주셨어요. 저는 전혀 불안하지 않았어요. 저희 가족 중 누구도 충격받는 분위기는 아니었어요. 차분하게 대화를 나눴죠."

"제가 운이 좋다는 사실을 저도 알아요. 대부분의 성전환자는 가족과 친구들에게 커밍아웃하는 일을 힘들어하죠. 하지만 저 역시 끔찍한 일을 겪은 적이 있어요. 댄스 공연장에서 여자 탈의실에 못 들어가게 해서 남자 라커룸에서 옷을 갈아입어야만 했거든요. 정말 끔찍하고 무서웠어요. 하지만 그 나쁜 경험 덕에 새로운 관점을 얻어서 궁극적으로는 이익이었다고 생각해요."

"다른 성전환자들을 대표하고 지지해야 한다는 책임감이 드니?"

"제 공동체에 속한 다른 사람들이 어떤 일을 경험하는지 궁금해요. 저는 LGBTQ 청소년센터에서 자원봉사활동을 하지만 제가 활동가가 아니라 평범한 여자아이라고 생각해요. 성전환자라는 용어를 자랑스럽게 사용하지만, 항상 그 용어를 맨 먼저 내세우고 싶지는 않아요."

"생리적인 성장과 발달 측면에서 성전환이 어떻게 영향을 미쳤니?"

"커밍아웃한 지 2주 후부터 사춘기 예방약을 먹었어요. 사춘기가 막 시작되려는 시점이었거든요. 사춘기가 시작되는 것도, 목젖이 튀어나오거나 목소리가 굵어지는 것도 바라지 않았어요. 쉽게 이런 결정을 내린 건 아니었어요. 부모님과 함께 많은 부분을 조사하고 제 선택지를 모두 논의했어요. 솔직히 그때 사춘기 예방약을 먹어서 다행이었어요. 신체적 전환이 훨씬 더 수월해졌거든요. 한 달 전부터 에스트로겐을 복용하고 있어요. 제 목소리를 더 고음으로 만들어주는 약이지만 기분 변화가 더 심하고 감정적이게도 돼요."

그리어가 밝게 웃었다. "감정 기복이 심해진 건 분명히 제가 좋아하는 여성적인 측면은 아니에요." 그리어가 어깨를 쫙 폈다. "물론 그 수술을 받고 싶어요. 그 수술을 받으면 여성으로서 더 완전하게 느껴질 거예요."

"현재 너는 완전히 여자아이로 살고 있어. 네가 다르게 취급받는다고 느끼니?"

"대부분은 데이트 때문에 그걸 느껴요. 저는 남자아이들에게 관심을 많이 받는데 제가 사실을 말하면 걔들은 로맨틱한 관심을 잃더라고요. 그리 놀랍지 않은 일이죠. 친구로 남길 원하기도 하지만 때로는 다른 방향으로 도망가기도 해요. 저는 여느 여자아이와 같아요. 남자아이들이 제게 관심이 없으면 자신감에 타격을 입죠. 한번은 한 남자아이와 데이트를 했는데 제가 성전환자라는 이유로 걔네 부모님이 저를 집에 들이지 않으시더라고요. 어떤 때는 상대가 정말로 저를 좋아하는지 아니면 신기해서 접근하는 건지 가려내기가 어려워요."

"누구에게 기대니?"

"제게는 놀라운 친구들이 있어요." 그리어가 미소를 지으며 대답했다. "저희는 모두 다양한 성향을 가졌어요. 동성애자도 있고 이성애자도 있고 양성애자도 있죠. 저와 다른 성향의 주변 사람들에게서 뭔가를 배우고 싶어요."

"어떤 면에서 또래 친구들과 비슷하니?"

"십대 여자아이에게 자신이 어떤 사람인지는 그리 중요하지 않아요. 신체 이슈가 전부죠." 그리어가 한숨을 쉬었다. "저는 선천적으로 호리호리해요. 그래서 사람들은 제가 거식증이라고 추측하죠. 지난주에 제가 일하는 곳에서 어떤 손님이 '너는 너무 말랐구나'라고 말씀하시더니 샌드위치를 사 먹으라고 팁을 20달러 주시더라고요. 여자아이들은 저처럼 말랐으면 좋겠다고들 하는데 예쁘려면 말라야 한다는 고정관념에 제가 일조하는 것 같아서 정말 싫어요."

"우리가 모든 신체 유형을 받아들여야 한다고 생각해요. 다이어트 제품 광고 때문에 인스타그램으로 연락이 오곤 해요. 제 몸매를 칭송

하면서 다이어트 제품을 홍보해주면 돈을 주겠다고 하죠. 하지만 저는 알약과 차를 먹어서 마른 게 아니에요. 만약 스스로가 예쁘다고 믿으면 예쁜 거예요. 자기 아우라에 풍겨나오죠."

그리어가 아우라라는 표현을 사용해서 빙그레 웃었지만, 한편으로 무슨 말인지 이해가 됐다. 그리어는 아우라를 내뿜었다. 강인함, 자신감, 그리고 자신만의 고유한 아름다움이라는 아우라를 말이다.

"뭐가 가장 자랑스럽니?"

"성전환을 했을 때 제 자신감은 하늘을 찔렀어요." 그리어가 신중하게 말했다. "오랜 시간 동안 제가 아닌 모습으로 살았고 이제 여자아이라는 저의 진짜 자아를 수용하게 되었어요. 저는 생각하는 대로 말해요. 저 자신과 다른 사람을 변호할 수도 있어요. 이러한 사실에 정말로 희망이 생겨요. 다른 여자아이들도 저처럼 자기 자신을 있는 그대로 받아들인다면, 그 에너지를 전부 끌어모아 여성의 힘으로 새로운 혁명을 일으킬 수 있을 거예요."

소셜미디어 덕에 여자 활동가들이 급증하고 있다. 트위터와 페이스북을 통해 정보를 알리고 조직을 구성하고 이벤트를 계획하고 행사와 평화로운 항의 시위를 널리 알릴 수 있다. 이런저런 사이트를 통해 십대들은 서로 계속 연결될 수 있고 서로의 성공을 축적할 수 있다.

한편, 새로운 그룹의 영웅들이 청소년기와 그후 여자아이들을 지지하기 위해 앞장서고 있다. 가수 핑크는 신체 이미지와 자신감에 관해 목소리를 높인다. 가수 알레시아 카라의 노래 〈스카스 투 유어 뷰티풀Scars to Your Beautiful〉은 신체 긍정성에 대한 성가다. 배우 에이미

폴러의 '스마트걸 캠페인', 플러스 모델 애슐리 그레이엄의 패션계에 관한 솔직한 고백, 배우 자밀라 자밀이 인스타그램에 개설한 아이웨이iWeigh 계정, 가수 비욘세의 〈레모네이드Lemonade〉 앨범, 배우 크리스틴 벨의 우울증과 불안장애에 관한 공개 발언 등을 통해 새로운 세대의 유명인 활동가가 어떻게 저마다의 방식으로 행동하는지 살필 수 있다.

공인들이 사회적 변화를 어떻게 수용하는지가 우리 문화에 중요하긴 하지만, 어떠한 팡파르나 유명인사의 도움 없이도 많은 여자아이가 자신만의 새로운 길을 잘 개척해간다. 메건과 이나는 사회운동을 자기 역량 강화와 세계적 변화를 위한 수단으로 잘 활용한 눈부신 사례다.

조직화된 십대들의 연합_메건(16)

"파클랜드 총기 난사 사건 직후에 데이비드 호그와 세라 채드윅의 인터뷰를 봤어요. 저희 학교에도 인터뷰하고 싶어하는 아이들이 많지만 적당한 플랫폼이 없다는 걸 깨달았어요. 그들의 인터뷰를 보니 행동하라고 요구하는 듯한 기분이 들었어요." 2018년 플로리다주 파클랜드의 마저리 스톤먼 더글러스 고등학교에서 유명한 총기 난사 사건이 벌어지고 몇 개월 후 메건과 전화 통화를 했다.

오하이오주 애크런에 위치한 흑인 학생들이 많이 다니는 파이어스톤 고등학교(메건 말로는 그 지역 최고의 학교였다) 재학생인 메건은 오랫동안 정치에 관심이 있었다. 학생자치위원회의 일원이자 AP 수업을 듣는 메건은 파클랜드에서 일어난 사건에 대해 며칠 동안 고심한 끝에 이런 아이디어가 있다며 제일 좋아하는 교사를 찾아갔다.

"선생님께 '회의를 하고 싶어요. 저희 학교 학생들을 조직해서 학교 총기 난사 사건에 항의하고 싶어요'라고 제안했어요." 메건이 설명했다. "저는 소셜미디어에 회의 안내문을 올리고 인기 많은 아이에게 스냅챗에 그걸 포스팅해달라고 부탁했어요."

"계획한 지 하루 만에 삼사십 명이 한 공간에 모였어요." 메건이 자랑스럽게 말했다. 첫 모임에서 메건과 여러 학생들은 일단 안전한 공간을 만들어서 학생들이 공포와 분노에 관해 자유롭게 이야기 나누면 좋겠다고 의견을 모았다. 그런 다음에 이 새로운 그룹의 다음 목표를 논의하기로 했다. 얼마 지나지 않아 학생들은 파클랜드 학생들, 그리고 초기의 #네버어게인 운동과 '우리 생명을 위한 행진March for Our Lives' 운동에 연대하기 위해 휴교하기로 결정했다.

"저희는 조직적이지 않았어요. 아직 공식 클럽이 아니었어요. 3학년 학급 임원과 제가 한 달 동안 열심히 일했죠. 다른 사람들에게 임무를 나눠주고 싶었지만 그러기엔 시간이 너무 부족했어요. 한 달은 뭔가를 준비하기에 부족한 시간이었어요. 저는 아침 일곱시부터 저녁 여섯시까지 학교에서 담임 선생님과 리더십 그룹과 함께 일했어요. 저희 엄마는 따로 문서를 만들어 연락처를 모았어요. 이 운동이 휴교 이상으로 확장되길 원했거든요. 일회성으로 끝나는 상황은 원하지 않았어요."

메건과 친구들의 행동을 두고 학교 관리자들은 처음에는 반발했다. 교장 선생님은 학생들을 지지하는 편이었지만 휴교에 참여하면 누구든 사흘 동안 정학 처분을 받을 것이라고 선언했다. 이 사실이 공표되자마자 활동가들은 많은 학생을 잃었다. 하지만 다른 많은 학생이 휴교에 동참하겠다고 굳게 약속했다.

이때까지만 해도 학생들은 그저 모여서 서 있을 예정이었다. 지역 교육위원회에서는 각 학교의 관리자들에게 휴교를 어떻게 처리할지 재량껏 결정하라고 발표했다. 이 결정에 따라 파이어스톤고 교장은 정학 처분하겠다는 협박을 철회했다.

"그날이 왔고 저희는 17분 정도만 학교 밖에 있었어요. 모두 평화로웠고 서로를 존중했죠. 어떤 학생들은 연설을 하고 어떤 학생들은 시를 낭송했어요. 저희는 파크랜드 학생들을 위해 잠시 묵념했어요."

지역 언론사에서 이 행사를 긍정적으로 보도했고 학교 이사회와 교장 선생님도 긍정적인 반응을 보였다. 파이어스톤고 학생 오백 명 정도가 휴교에 참여했다.

그때 이후로 메건과 친구들은 '폭력을 반대하는 학생 연합'을 공식적으로 만들었다. 메건과 친구들은 오하이오주 애크런의 교육위원회에 요구사항 목록을 전달했다. 이들은 총으로 무장한 교사를 지지하지 않을 것, 교내 심리상담교사를 늘릴 것, 정기적으로 학교 구성원이 참여하는 긴급상황 대비 훈련 프로그램을 강화할 것, 교실마다 구체적인 탈출 계획을 세울 것 등을 성명서로 명시해 발표하라고 요구했다.

"학생들이 모든 대답을 가진 건 아니에요. 하지만 어른들도 마찬가지죠. 모두 함께 힘을 합쳐 답을 찾아야만 해요." 메건은 위원회에서 이렇게 발언했다. "여러분이 도와주신다면 저희는 이 상황을, 그리고 저희가 맞닥뜨린 공포를 변화시킬 수 있어요."

겨울이 봄으로 바뀌는 시기, 파이어스톤고 학생들은 도시와 주에서 열린 길거리 행진에서 연설했고, 메건과 몇몇 친구들은 워싱턴 D.C.로 가서 '2018년 우리 생명을 위한 행진'에 참석했다.

"믿을 수 없을 정도로 고무됐어요. 저희는 몇몇 파클랜드 생존자 바로 옆에 서 있었어요. 그들은 살해당한 아이들과 아는 사이였고 총기 난사 사건은 그들 본인의 이야기였어요. 정말 놀라웠어요."

'폭력을 반대하는 학생 연합'은 다양한 이슈를 다루며 관련 활동을 이어가고 있다. 이들은 선출된 공무원들에게 정기적으로 편지를 보낸다. 전교생을 위한 '긍정의 날' 행사도 기획했는데, '긍정의 날'에는 다양한 그룹의 학생들이 서로 대화하게끔 고안된 긍정적인 활동이 이뤄진다.

"저는 항상 제 신념에 관해 확실하게 의견을 말해왔어요. 저는 정치적인 사람이지만, 활동가는 아닐지도 몰라요. '우리 생명을 위한 행진' 운동 전까지는 그런 단어를 그다지 사용하지도 않았고요. 하지만 그때 파클랜드 생존자들이 일어서서 '참을 만큼 참았다'라고 말했어요."

"저희 모임의 모든 아이가 부모님에게 자신이 믿는 것을 위해 맞서 싸우라고 배웠어요. 그래서 어른들이 저희 말을 경청하는 것 같아요. 저희는 멀리 국가 정부에까지 힘이 안 닿을 수 있어요. 그렇더라도 지역에는 영향을 미칠 수 있죠."

메건이 말을 이었다. "선생님은 아셔야 해요. 콜럼바인 총기 난사 사건은 19년 전에 일어났어요. 전 지금 열여섯 살이고요. 학교에서 쭉 봉쇄 훈련을 받아왔는데 학교에 갈 때마다 생각해요. '만약에 그런 일이 생기면 어쩌지?' 저희는 일주일에 닷새 동안, 하루에 여덟 시간씩 끊임없이 공포에 시달려요. 그 사건이 벌어졌을 때 파클랜드 학생들이 어떤 일을 겪을지 우리 모두 알았어요. 그들이 더는 한 건의 학교 총기 난사 사건도 일어나서는 안 된다고 말했을 때 그게 무슨 뜻인지 알았어요."

"한 가지 언급하고 싶은 점은, 소셜미디어의 평판이 나쁘다는 거예요. 부모님들은 소셜미디어가 저희 세대를 망치고 저희의 시간을 잡아먹는다고 생각하세요. 하지만 #네버어게인 운동을 본다면 소셜미디어를 통해 일이 일어난다는 걸 알 수 있어요. 소셜미디어를 통해 반 친구들에게 소식을 업데이트하고 전국 곳곳에 있는 다른 학생들과 의사소통을 하거든요."

이제 소명을 발견했기에 메건은 뒤돌아보지 않을 것이다. 메건의 소명은 정치적인 동시에 개인적이다.

"얼마 전에 여동생이 생겼어요." 메건이 내게 말했다. "그래서 더 동기부여가 돼요. 여동생은 백일 정도 됐어요. 그 아이가 더 안전한 문화에서 자랐으면 좋겠어요."

사회 변화를 일으키는 힘_이나(17)

"저는 고등학교 1학년 때 괴롭힘을 당했어요. 다양한 학회활동에 열심히 참여했는데 그런 활동에는 여자아이보다 남자아이가 더 많다는 게 안타깝게도 문제가 됐죠. 제가 그런 학회활동에서 뛰어나다는 사실 때문에 그 집단에서 저를 대하는 태도가 달라졌어요. 팀원들은 제가 여자니까 그런 활동을 해서는 안 된다고 말했어요. '사람들이 저를 불편해하기 때문에' 제가 성공하는 것뿐이라고도 했죠."

"이런 말이 소셜미디어로 흘러들어갔죠. 대부분 성별에 중점을 둔 말이었어요. 제가 여자아이라서 촉발된 말이었죠. 이 경험과 과거의 다른 경험들 때문에 이 프로젝트를 시작하게 됐어요."

이나는 자기 고향 네브래스카주 링컨의 뛰어난 인물이자 다른 사람들에게 힘을 줌으로써 스스로의 역량을 강화하는 젊은 여성의 모습을 보여주는 눈부신 사례다.

"저에 관한 적대적인 가십이 다른 학교로 퍼졌고 심지어 저희 부모님, 친구들, 그리고 선생님들도 그 가십을 들었어요. 저는 한계점에 다다랐죠." 이나는 고등학교 교정에서 자신이 수업을 듣는 지역 대학으로 걸어가면서 이렇게 말했다. "아빠가 '너에겐 다행히도 강인한 가족, 너를 지지하는 네트워크, 이러한 상황을 헤쳐나가는 데 필요한 자원이 갖춰져 있어. 하지만 많은 여자아이와 남자아이는 그렇지 않아. 너는 그런 일에 대해 뭔가를 해야 해'라고 말씀하셨어요."

그래서 이나는 정말로 그렇게 했다. 이나는 청소년, 특히 여자아이들이 성차별과 성적 괴롭힘에 맞서 싸우도록 돕는 프로그램을 구상했다. 이러한 괴롭힘이 어떻게 그리고 왜 일어나는지 조사하고 성역할에 대한 고정관념이 여섯 살밖에 되지 않는 이른 나이에 아이들 사이에 생긴다는 사실을 알아냈다.

"이러한 고정관념이 처음 모습을 드러낼 때 이에 맞서 싸우는 프로그램을 만들어야겠다 싶었어요. 많은 프로그램이 이미 역량이 강화된 청소년들에게 초점을 맞춰서 이러한 문제 때문에 가장 괴로워하는 사람들을 못 도와요. 만약 초등학교와 중학교에서 역량 강화 프로그램을 시작한다면 이러한 고정관념이 아이들의 삶에 영향을 미치지 않도록 가르칠 수 있겠다고 확신했어요. 모든 아이가 꿈을 꾸길 바라요. 자신에게 중요한 것을 성취할 능력을 갖췄다는 걸 알기를 바라고요."

교육청에서 중등교육 책임자를 만나 이 이야기를 하자 그는 거의 즉시 지지를 보냈다.

"그는 저에 관해 아무것도 몰랐죠. 저는 그 자리에서 지역 단위로 프로그램을 운영하겠다고 요청했어요." 이나가 소리내 웃었다. 그럼에도 불구하고 그 행정관은 이나에게 한 초등학교에서 시험삼아 프로그램을 시행해보자고 말했다. 이나는 모교를 선택하고는 엿새짜리 역량 강화 프로그램을 위한 커리큘럼을 짰다.

"처음에는 딱 두 명이 등록했어요. 절망적이었죠." 이나가 시인했다. "그러다가 이 두 여자아이에게 중대한 영향을 미칠 수 있다는 걸 깨달았어요. 프로그램을 시행한 두번째 날, 두 여자아이가 친구들을 데려왔고 얼마 지나지 않아 저희 시험 프로그램에 열 명의 여자아이가 참여했어요. 언제 성별 문제 때문에 압박을 받거나 역량을 상실했다고 느끼는지 이야기를 나눴어요. 초등학교 여자아이들과의 대화는 정말이지 놀라웠어요."

"아이들은 체육 교사가 자신들에게 낮은 기준을 고수하고 엄마가 아빠보다 집안일을 더 많이 한다고 말했어요. 자신들이 저녁식사를 차리는 걸 돕는다고도 했고요. 남자 형제들이 어떻게 '남자답게 행동할 것'과 '울지 말 것'을 요구받는지도 이야기를 나눴어요. 그런 이야기를 토대로 그러한 상황에 어떻게 맞설지 구체적인 대응법을 만들었어요."

이나의 시범 프로젝트는 피드백이 꽤 괜찮았다. 그 결과를 가지고 학구 교육청 행정관을 찾아가자 그가 이나에게 비슷한 프로그램을 전체 학구에서 실시해보라고 권했다. 다음 학기에 이나는 초등학교 열 곳과 중학교 두 곳에서 '라이크 어 걸Like a Girl' 프로그램을 진행했다. 고등학생들은 프로그램 리더로 봉사했다. 초기에는 이나 친구들이 지원했지만 몇 개월 지나지 않아 백이십 명 이상의 고등학생이 자원봉사자로 합류했다.

"청소년이 총괄하는 프로그램이라는 게 멋진 부분이에요. 어른들은 전혀 개입하지 않죠. 고등학생들이 초등학교와 중학교 프로그램을 이끌고, 커리큘럼을 짜고, 행정관과 협의해서 프로그램 운영 허가를 받아내죠. 유엔재단의 '걸 업 캠페인Girl Up Campaign'과 협력도 해요. 전 세계 여자아이들의 권리를 옹호하기 위한 캠페인이죠."

이나는 걸 업 캠페인이 개발도상국 여자아이들에게 초점을 맞춘다는 점 때문에 이를 특별히 선택했다. 네브래스카주 학생들이 전 세계 사람들에게 관심을 가지면 젠더 차별에는 국경이 없음을 깨닫는 데 도움이 되리라 믿는다. 또한 또래 친구들과 더 어린 학생들 모두가 자기 힘을 키우려면 무엇보다 다른 아이들도 힘을 키우게 도와야 효과적이라고 믿는다. 지역적으로든 세계적으로든 말이다.

링컨 공립학교의 걸 업 캠페인 지부는 네브래스카주에 처음 생긴 지부이자 전 세계적으로 운영되는 이천 개 이상의 지부 중 가장 큰 규모의 지부다. 자원봉사자들은 전문화된 아홉 개의 팀으로 나뉘어 기금 모금부터 지지 운동까지 모든 일을 처리한다. 학생들은 지역의 선출직 공무원을 정기적으로 만나 여성 난민, 성폭행과 보호소, 세계 여아의 날 등에 초점을 맞춘 행사를 수차례 주최했다.

현재 고등학교 2학년인 이나는 프로그램에 참가한 학생들이 훗날 프로그램 리더 자리로 이동하도록 계속하여 돕는 지속가능성 계획을 세웠다. 지역 활동을 계속하면서 이나는 유엔재단의 걸 업 캠페인 고문으로도 임명되었다. 현재 이 플랫폼을 이용하여 비슷한 프로그램을 미국 중서부 지방까지 확대하고, 성별에 기반한 고정관념에 대한 사람들의 의식을 높이는 등 유엔과 함께 더 많은 일을 꿈꾸고 있다.

"이 활동이 너를 어떻게 변화시켰니?" 내가 물었다.

"당연히 자신감이 높아졌어요. 개인적 역량도 강화됐지만, 비슷한 경험을 공유하는 사람들이 있다는 사실을 알게 돼 좋았어요. 함께 일하면서 매일 맞닥뜨리는 부당한 일을 함께 해결할 수 있었어요."

"우리 미래에 희망도 가지게 됐어요. 현재의 정치적 상황부터 각 개인이 삶에서 마주하는 것까지 전반적으로요. 1년도 채 되지 않았지만 그 시간 동안 수백 명이 모여서 성평등과 청소년의 역량 강화라는 굳은 신념을 위해 함께 싸웠어요. 변화를 일으키고 싶어하는 사람들이 정말 많아요. 곧 전 세계적으로 성평등을 이룰 수 있을 거라고 믿어요."

1994년 이후로 미국은 점점 더 다양해졌다. 사회문제는 심각해지고 정치적으로도 경제적으로도 양극화가 더 확연해졌다. 디지털 기술 때문에 사회문제가 일어나기도 했지만, 동시에 해결책이 제시되기도 했다. 오늘날 강인한 여자아이들은 아웃사이더이거나 소수자계층 출신인 경우가 많다. 이러한 환경 속에서 아이들은 더 폭넓은 관점을 가지게 되고 다양한 문제에 대처하는 경험을 많이 할 수 있다.

16장
언덕 꼭대기에 있는 울타리

1994년 어느 안개 긴 월요일 밤, 내 딸 새러와 링컨의 YWCA에 위치한 조지아왕조식 공간의 바닥에 앉아 있었다. 천장이 높고 복숭앗빛 카펫이 깔린, 그랜드피아노가 놓인 아름다운 공간이었다. 말린 꽃이 담긴 바구니와 오래된 괘종시계가 대리석 벽난로를 장식하고 있었다. 원래 모자를 쓰고 장갑을 낀 숙녀들이 차를 마시는 공간이었지만, 그날 밤에는 운동복을 입고 테니스화를 신은 스무 명의 여성이 자기방어법을 배우기 위해 모여 있었다.

모녀로 이루어진 짝이 여럿 있었고, 청소년기의 세 자매, 대학생 몇 명, 그리고 중년 여성도 있었다. 일명 키티 쿵후로 불리는 우리 선생님 키트가 다른 사람을 때려본 적 있느냐고 묻자 십대 여자아이 둘이 손을 들었다.

우리가 훈련을 받는 걸 멋쩍어한다는 사실을 알아챈 키트는 재미

있고 편안한 분위기를 유지하려 애썼다. 그녀는 예방에 관한 자료를 우리에게 나눠주고 호루라기와 호신용 스프레이를 보여주었다. 그러고선 공격을 받기 전에 그 설명서부터 잘 읽어보라고 경고했다. 우리는 인체의 급소가 어디인지 배웠고, 주먹으로 치는 법, 발로 차는 법, 목 조르기를 푸는 법, 뒤에서 와락 움켜잡았을 때 벗어나는 법을 익혔다.

우리는 짝을 지어서 훈련했다. 크리스털 상들리에 아래에서 우리는 서로를 공격하고 공격에서 벗어나기 위해 몸부림쳤다. 처음에는 겁쟁이들이었다. 킥킥거리면서 여성스럽게 조심조심 허공에 주먹을 날렸다. 돌발적으로 공격하곤 사과를 했다. 키트 선생님은 우리에게 소리를 지르고, 상대의 사타구니와 눈을 공격하라고 상기시켜야 했다.

점차 우리는 숙녀처럼 굴기를 멈추고 철십자 동작과 윈드밀 동작 같은 힘있는 동작을 배웠다. 이러한 동작이 정말로 효과적일까 미심쩍었다. 훈련하는 동안 키트 선생님은 돌아다니면서 자세를 교정해주고, 우리를 구슬리고, 전에는 한 번도 해보지 못했던 반격하는 법을 가르쳐주었다.

자기방어 훈련을 마친 후, 바닥에 큰대자로 누워 데이트 강간에 관한 영상 자료를 봤다. 수십 년 동안 행복한 결혼생활을 해온 내 입장에서는 다른 데이트 상대를 만날 가능성이 적었기에 영상 자료에는 흥미가 일지 않아 TV 화면에서 나오는 불빛을 반사하는 젊은 여성들의 얼굴을 쳐다봤다. 이 공간에서 깔끔하게 손질된 손가락으로 찻잔을 들어올리던 숙녀들의 손녀뻘 여성들이었다. 이들의 할머니는 깨무는 법, 발로 차는 법, 소리지르는 법, 할퀴는 법을 한 번도 배운 적이 없었다. 아마 몇몇 사람에게는 이러한 수업이 필요했겠지만, 대개는 폭력에서 자유로운 삶을 살았다. 하지만 이 여자아이들은 네 명중 한 명이 일생 동안 강간당할지도 모르는 세상에서 살아간다. 이 수업이 이들 삶에 그런 일이 일어날 가능성을 낮춰주기를 희망했다.

우리 딸들에게 강간범과 유괴범에게 맞서 싸우는 법을 가르치는 건 섬뜩한 일이다. 정말로 필요한 것은 남성들에게 여성을 강간하지 말고 해치지 말라고 가르치는 수업이었다. 또한 온유하게 행동하면서도 남자답다고 느낄 수 있는 법을 남성에게 가르치는 워크숍이 필요하다.

거기에 앉아 있자니 유치원 시절에 들었던, 성별 차이에 관한 어떤 시가 떠올랐다. 그 시에서 어린 남자아이들은 '양철가위와 달팽이, 강아지 꼬리'로 이루어져 있었다. 여자아이들은 '설탕과 향신료, 온갖 좋은 것'으로 이루어져 있었다. 그때는 이 시가 자기실현적 예언이 될 수 있다고는 예상하지 못했다.

1990년대에 들었던 어떤 이야기도 생각났다. 초등학교 6학년생 아이들끼리 어떤 생물이 되고 싶은지 얘기하는 걸 내 친구 랜디가 듣게됐다. 남자아이들은 모두 늑대, 사자, 회색곰, 퓨마 같은 포식동물을 얘기했다. 여자아이들은 판다, 코알라, 토끼, 다람쥐 같은 부드럽고 꼭 껴안고 싶은 동물을 골랐다. 한 여자아이는 조그마한 목소리로 장미가 되고 싶다고 말했다. 이 선택을 듣자마자 그 아이에게 이미 어떠한 손상이 가해졌다는 생각이 들었다. 장미는 아름답긴 하지만 움직일 수 없다. 게다가 어떠한 것도 경험할 수가 없다.

진짜 자아를 지키고 건강한 성인으로 성장하려면 여자아이들에게 가족과 친구의 사랑, 의미 있는 일, 존중, 도전, 그리고 신체 및 정신적 안전함이 필요하다. 외모나 인기 혹은 성보다는 재능이나 관심사에 기초한 정체성이 필요하다. 스트레스에 대처하는 좋은 습관, 자신을 돌보는 기술, 목적의식과 자기만의 관점도 필요하다. 그러려면 조용한 시간과 장소가 필요하다. 자기 삶보다 더 큰 무언가의 일부라고 느끼고, 자신이 정서적으로 전체와 연결되어 있다고 느껴야 한다.

어떤 여자아이는 책에 빠져서 몇 시간 동안 책을 읽으며 긴 여름날 오후를 보내면서 구원받았다. 어떤 여자아이는 먼 곳의 도시와 사람들을 생각하며 구원받았다. 어떤 여자아이는 음악에 대한 사랑 덕에, 또다른 여자아이는 말에 대한 사랑 덕에 구원받았다. 여자아이들은 좋은 학교, 할머니, 배려심 깊은 교사, 혹은 창의적인 프로젝트에 의해 구원받는다.

1990년대 이전에는 많은 여자아이가 사랑하는 이웃과 마음씨 고운 이모, 근처에 사는 할머니와 대화를 나누거나 이들의 지지를 받아 구조되었다. 많은 여성이 청소년이었을 때 진정한 대화를 나누는 누군가가 존재했고, 그 사람에게 본모습에 충실해지라는 격려를 받았다고 말했다. 1990년대가 되어 더 혼란스럽고 파편화된 세상을 맞이한 후, 이러한 선택권을 누리는 여자아이는 극히 적어졌다. 그리고 심리 치료사들이 이 자리를 채웠다. 심리 치료사는 여자아이들이 자기 경험을 믿고 털어놓을 수 있는 차분한 외부인이었다.

어떤 가정은 여자아이가 진짜 자아를 지키도록 돕는다. 이러한 가정은 여자아이를 보호해주며 도전 기회도 제공한다. 또한 이러한 가정에서는 여자아이에게 애정과 체계 모두를 제공한다. 여기서 부모는 확고한 지침을 세우고 아이와 높은 기대감을 주고받는다. 아이가 어릴 때는 규칙만 세워도 괜찮지만 십대가 되면 지침을 주는 게 더 타당하다. 좀더 나이 먹은 여자아이들과는 더 많은 협상을 해야 한다. 사랑하는 관계가 아니고서는 규칙이 별 가치가 없다는 점을 반드시 기억해야 한다. 거의 누구나 규칙을 깨는 법을 알아낼 수 있다. 여자아이들의 삶을 제자리에 붙잡아주는 것은 부모를 향한 사랑과 존경이다.

부모는 딸의 말을 경청함으로써 딸을 도울 수 있다. 십대 딸은 걸음마기 아기만큼이나 부모와 많은 시간을 보내야 한다. 십대들이 자기 이야기를 할 준비가 되었을 때 부모가 옆에 있어야 한다. 대개 여자아이들은 부모가 가장 불편해하는 때에 이야기를 나누고 싶어한다.

딸에게 스스로 명확하게 사고하도록 격려해주는 질문을 던져도 좋다. 딸의 대답을 들을 때 부모는 그 이야기 속에서 무엇을 존중하고 칭찬할 수 있는지 귀기울여야 한다. 부모는 딸의 성숙함, 통찰력, 훌륭한 판단을 가능할 때마다 칭찬해줘야 한다. 자율적인 어른스러운 행동을 인정해주는 일 또한 매우 중요하다.

대개의 십대들이 그럴 때가 있지만, 일시적으로 이성을 잃을 때 원상태로 회복하도록 도와줄 어른이 필요하다. 딸에게 문제가 생겼을 때 당황하지 않는 것이 중요하다. 요즘 세상은 딸들에게 험난하다. 때때로 강하고 건강한 가정에서 자란 여자아이들도 심각한 문제를 경험할 수 있다. 부모가 당황하면 상황이 더욱 악화될 뿐이다.

문제가 생기는지 잘 살피고, 만약 그렇게 됐더라도 그 문제에 대처할 만큼 딸도 가족도 강하다는 사실을 딸에게 알려주어야 한다. 폭풍이 지나갈 때 합리적으로 차분함을 유지하는 부모가 딸을 도울 수 있다. 그러한 부모가 자신만의 우주로 향하는 방향과 질서를 갖추고 있다. 이들은 딸을 안심시킬 수 있다. 그런 면에서 "내일은 또다른 날이다" "완벽한 사람은 아무도 없다" "누구나 실수를 저지른다" "모두에게 사랑받는 사람은 아무도 없다" 등의 말을 남긴 프레드 로저스는 좋은 역할모델이었다. 위로의 목소리는 단기적으로는 여자아이의 마음을 가라앉혀준다. 장기적으로는 이러한 위로의 말을 내면화하여 힘든 일이 생길 때 스스로 그런 말을 자신에게 해줄 수 있다.

부모들은 상황을 너무 감정적으로 받아들이거나 청소년기 여자아이에게 거부당했다고 너무 상처받지 말아야 한다. 여자아이들의 변덕과 짜증은 학교나 친구들과의 문제처럼 집밖의 문제와 연관된다. 무례한 행동을 적절히 처분하는 것은 괜찮지만, 짜증 섞인 말을 '법정 소송 사건 다루듯' 하기보다는 유머 감각을 잃지 않는 편이 좋다. 좋은 부모는 딸이 특별히 신경질을 부릴 때 뭐가 문제인지 묻는다. 딸은 적절한 처분 대신 도움이 필요한 상황일지도 모른다.

전 미국 법무부장관 재닛 리노는 이렇게 말했다. "오늘날 미국에서 어린이로 자라는 일은 어린이를 키우는 일보다 훨씬 더 어렵다." 이 말을 떠올리면 부모로서 인내심을 유지하는 데 도움이 될지도 모른다. '감정적 인지'를 알아채는 방법도 유용할 수 있다. 부모들은 반응하기 전에 잠시 멈추는 법을 배울 수 있다. 가령 딸이 이기적이라는 생각을 '모든 청소년은 자신에게만 몰두한다'는 식으로 재구성할 수 있다. 딸이 하는 행동의 표층 구조와 심층 구조 사이의 차이를 기억할 수도 있다. 한 여자아이가 "난 엄마를 증오해"라고 말한다면 그게 반드시 그 의미가 아닐 수도 있다. "나는 내가 누구인지 알아내려 애쓰고 있어"라는 의미일 수도 있다.

차분함을 유지해야 하는 또하나 중요한 이유는 차분한 부모가 아이의 말을 더 많이 듣기 때문이다. 절제적이고 수용적인 부모를 둔 아이가 부모와 대화를 계속 이어간다. 십대 딸과 성공적으로 의사소통을 진행하면 딸은 이성적으로 사고하고, 중심을 잃지 않는 결정을 내리며, 의식적으로 선택할 수 있다. 성공적인 의사소통에는 수많은 선택, 위험, 영향, 결과 등에 대한 논의가 포함된다. 부모는 딸에게 선택을 내리는 법을 가르칠 수 있다. 협상해야 할 때, 자기 생각을 밀고 나가야 할 때, 물러서야 할 때를 구분하도록 딸을 도울 수 있다. 또한 스스로 통제 가능한 것과 통제 불가능한 것을 구분하는 법, 자신의 싸움을 선택하고 반격하는 법을 가르칠 수 있다.

사려 깊은 부모라면 딸이 바깥세상에서 경험했으면 하는, 존중과 평등을 보여주는 모델이 될 수 있다. 하지만 그러려면 많은 노력이 필요하다. 우리 모두는 고정관념화된 성역할을 따르도록 사회화되어 있기 때문이다. 부모들은 자기 행동이 딸에게 무엇을 가르치는지 잊지 말아야 한다. 남녀 간에 진정한 평등이 존재하는 가정을 만드는 일은 불가능한 이상이지만, 이를 지향하는 부모의 모습을 보면 딸에게 도움이 된다. 그리고 딸은 그러한 노력을 존중할 것이다.

딸이 어릴 때는 엄격한 성별 범주화를 염려하는 부모가 많다. 이들은 심혈을 기울여 딸에게 파란 옷을 입히고 트랙터 장난감을 사준다.

좋은 일이다. 하지만 정말로 걱정해야 하는 시기는 청소년기 초기다. 이 시기에 성역할이 굳어지며 여성성에 대한 문화적 규정에 여자아이들이 저항하려면 상당한 지지가 필요하기 때문이다.

부모가 전체성을 몸소 보여줌으로써 딸의 전체성 형성을 도울 수 있다. 좋은 아버지는 아이를 잘 보살피고, 스킨십을 통해 애정을 표현하고, 딸과 함께 생활한다. 좋은 어머니는 자족적인 삶과 자기돌봄을 몸소 보여주며 가족에게 잘 반응하되 가족에 대한 책임을 완전히 떠맡지는 않는다.

음주, 약물, 폭력, 사회적 압박, 외모에 관해 이야기를 나누는 일 또한 매우 중요하다. 이러한 주제로 대화하지 않는다면, 부모들은 아이에게 가장 중요한 것을 놓치는 셈이다.

여자아이들과 약물 복용이나 음주에 관해 이야기를 나눌 때는 얼마나 자주, 얼마나 많이, 그리고 언제, 어디서 이를 사용하는지 물어보는 게 중요하다. 단순히 실험삼아 사용하는지, 또래 압박이나 지루함 혹은 호기심 때문인지, 현실에서 탈출하고 싶은 욕구 때문인지도 확인해보아야 한다. 또한 약물이나 술이 딸의 어떠한 욕구를 충족시켜주는지 이야기 나누고, 어떻게 하면 더 건강한 방식으로 그러한 욕구를 충족할지 물어야 한다.

딸들에게 남녀 친구들을 모두 사귀되 성적 관계는 지양하라고 권할 수 있다. 1990년대에 심리 치료사로 일할 때, 부모들에게 중학교 시절에는 남녀관계를 우정으로 인식하라고 권고했다. 남자친구 문제로 여자아이를 놀리는 것은 좋은 생각이 아니다. 남녀 간의 관계를 있는 그대로 대해야 두 성별 사이에 편안하고 솔직한 행동이 촉진된다. 중학생 딸에게 데이트를 허락해야 하느냐고 부모들이 물었을 때, 이렇게 말하라고 답했다. "우리는 네가 남자친구도 여자친구도 모두 사귀기를 바라. 언제든 우리 가족과 게임을 하거나 영화를 볼 수 있게 친구들을 집에 초대하렴." 이러한 말은 남자아이와 여자아이의 관계를 일상의 영역으로 가져다준다.

인간에게 대단히 중요한 측면이긴 하지만, 외모는 지금보다 덜 중요시되어야 한다. 딸들은 외모 말고 자랑스러워할 만한 다른 요소를 가져야 건강함을 유지할 수 있다. 딸들이 외모와 체중에만 집중하지 않도록 부모가 막을 수 있다. 외모가 학생들에게 얼마나 중요한지 공감하는 건 괜찮지만, 어떠한 가치체계에서도 외모가 그렇게까지 중요하지 않음을 확고히 지지해야 한다.

여자아이가 균형을 잘 잡고 성장한 친구를 사귀는 일만큼 좋은 일도 드물다. 부모들은 여행에 누구를 초대할지, 딸에게 어떠한 활동을 권유할지 등을 통해 다소나마 영향을 미칠 수 있다. 딸 친구에게 피자와 레모네이드를 사주느라 지출한 돈은 잘 쓴 돈이다.

여자아이들은 청소년기 동안 여행을 통해 많은 것을 배울 수 있다. 캠프나 국제 교환학생 프로그램에 참여하거나 먼 지역에 사는 친척 집에서 긴 여름방학을 보내는 일 등은 성장에 있어서 훌륭한 기회다. 이러한 기회를 통해 여자아이들은 가족과 떨어져 지내는 시간을 얻는다. 그리고 삶에 대해 폭넓은 관점도 습득하는데 이는 거의 모든 청소년에게 필요한 것이다. 노동을 하는 것도 도움이 된다. 물론 근무 시간은 합리적이어야 하고 일터는 안전해야 할 것이다. 하지만 일을 함으로써 진짜 세상으로부터 교훈을 얻고 또래 문화 바깥에서 무엇인가를 발견하게 된다.

중학교가 삶의 전부가 아니라는 사실도 상기시켜야 한다. 산과 해변, 모퉁이 카페, 호수의 가족 산장, 동네 클럽하우스 같은 여러 장소가 있다. 이웃, 친척, 가족의 친구, 나이든 사람과 아기 등 여러 사람이 있다. 게다가 다른 시간이 존재한다. 언제까지나 십대 시절에 머물지 않을 것이다. 인간은 성장한다. 이러한 점을 상기하면서, 여자아이들이 청소년기가 아닌 다른 사람들과의 접촉을 유지하도록 자원봉사활동을 권해도 좋다.

플라톤에 따르면, 교육이란 올바른 것에서 즐거움을 찾는 법을 아이들에게 가르치는 일이다. 부모들은 딸에게 자연세계와 운동, 책, 미술 혹은 음악이라는 세계를 소개함으로써 즐거움을 공유할 수 있다. 딸을 배낭여행에 데려갈 수 있고, 낚시, 엔진 정비, 정당의 배지 수집, 첼로 연주, 목도리 뜨기, 스카이다이빙을 가르칠 수 있다. 특히 이 격동의 시기 동안 가족끼리 정기적으로 즐겁게 지낼 만한 방식을 찾는 것이 필요하다.

부모들에게 딸을 도우라고 권하면서도 한편으로는 자기 자신에게 관대하라고 충고한다. 부모의 영향력은 제한적이다. 최대한 어느 정도까지는 할 수 있지만 모든 일이 부모 책임은 아니다. 부모는 전지전능하지 않다. 딸이 기꺼이 허용할 때에만 부모가 딸의 삶을 변화시킬 수 있다. 모든 딸이 이를 허용하는 것은 아니다. 선택과 책임은 딸에게 있다. 친구들이 영향을 미칠 것이다. 문화가 영향을 미칠 것이다.

부모들이 약간의 울타리를 치는 동안 우리의 제도를 바꿔야 한다. 가령, 여자아이들이 학교에서 읽는 책 대부분은 남성이 썼거나 남성에 관해 쓴 내용이다. 강한 여성의 이야기가, 다양한 역할을 수행하는 여성에 관한 사례가 더 많이 필요하다. 역사학에는 여성의 역사가 포함되어야 한다. 심리학은 여성 심리학을, 문학은 여성 작가의 작품을 포함해야 한다.

여자아이들은 세상의 관심을 얻음으로써 혜택을 입을 수 있다. 여자아이들이 속한 학교, 클럽, 각종 집단은 여자아이들에게 리더가 되도록 권장한다. 여자아이들의 미술 전시회, 문학 축제, 체육대회는 여자아이들의 삶에 존엄성과 공적 중요성을 부여한다. 여자아이들은 노동자로서, 예술가로서, 탐험가로서 다양한 활동 속에서 자기 자신의 모습을 봐야 한다.

남녀 포괄 용어를 사용함으로써 여자아이들이 소속감을 느낄 수 있다. 1990년대에 한 내담자는 이렇게 말했다. "저희 이모는 우편집배원이에요. 항상 이모를 뭐라고 부를지 난감했어요. 우체부 아저씨는 적합하지 않아 보이고 우체부 아줌마는 서커스에 나오는 사람 같았거든요. 이제 여성까지 아울러서 집배원이라고 칭해서 기뻐요." 또 다른 내담자는 예술가들이 일반적으로 '그'라고 지칭된다는 점을 지적했다. "그러면 여성은 '여류 화가'라고 해야 하잖아요. 하지만 이렇게 말하면 그들이 진짜 예술가가 아닌 것처럼 느껴져요."

학교에서는 학생들이 한 교실에서 다른 교실로 떼 지어 이동할 때 학생들에게 사회적으로 어떤 일이 발생하는지 무시할 때가 많다. 열한 살부터 열네 살 사이에 학생들의 관심사는 인간관계와 관련된 사안이다. 이는 개인적이자 사회적인 문제다. 학교측은 긴급한 발달 관련 문제에 적극적으로 나서지 않는다. 패거리를 조장하기보다는 재능, 관심사, 욕구를 기반으로 학교에서 소집단을 조직하도록 조성할 수 있다. 학생들이 간절히 필요로 하는 명확성을 제공할 수 있다. 즉 청소년들이 함께 협력하고 휴식할 수 있는 공식 활동, 갈등 해소 훈련, 음주와 약물 남용과 성적인 결정을 내리기 위한 토론 수업 등을 제공할 수 있다. 외모차별주의, 인종차별주의, 성차별주의 같은 영역에서 새롭게 인식하도록 훈련을 제공할 수도 있다. 또한 청소년들이 경험하는 온갖 사회적, 정서적 혼란을 구조화하도록 책임지고 도울 수 있다.

학생들을 보호하기 위해 학교에서 성희롱 방지와 신체적 폭력 방지를 위한 확실한 정책을 제공할 수도, 이성에 대한 행동 규범을 마련해줄 수 있다. 적절한 성행동에 대한 지침을 제공해주고 학생들에게 싫다고 말하는 법을 가르칠 수도 있다.

'남성성'은 여성의 평등성과 남성의 자부심을 허용하는 방향으로 재규정되어야 한다. 우리 문화는 남자아이들에게 남자가 되는 법을 새로운 방식으로 가르칠 필요가 있다. 대중매체와 광고가 우리 아들들에게 온갖 잘못된 교훈을 전하고 있다. 남자아이들에게 배려심 깊고, 용감하고, 모험심 강하고, 온화한 남성성을 보여줄 모델이 필요하다. 폭력, 여성혐오, 여성에 대한 성적 대상화에 얽매이지 않고 남자가 되는 새로운 방식도 필요하다. 인간의 문제를 해결하는 수단으로 폭력을 조장하는 대신 폭력에 반대하는 금기를 강화해야 한다. 어떤 아메리카 원주민 문화권에서는 다른 인간을 해치는 행위를 표현하는 단어 자체가 아예 존재하지 않는다. 이러한 문화권에서 우리를 어떻게 여기겠는가?

남성과 여성 사이에 일어나는 끔찍한 행동 중 상당수가 적절한 행동에 대한 무지, 그리고 이성과의 긍정적인 경험 부족에서 비롯된다. 우리 어른들이 자원봉사활동을 꾸려서 이러한 부분을 채워줄 수 있다. 십대들을 위해 행사를 주최할 수도 있다. 예를 들어, 1990년대 링컨에서는 십대들이 모일 만한 안전하고 저렴한 장소가 생겼으면 했던 어른들이 레드앤드블랙 카페를 개점했다. 그 카페는 밤늦게까지 문을 열고 지역 밴드를 초청해 공연도 했다. 십대들은 그곳을 사랑했다.

문화 차원에서 성인이 되기 위해 더 건전한 통과의례를 활용할 수 있다. 요즘 성년 의례는 섹스, 약물, 음주, 반항 등과 너무 많이 연관된다. 우리에게는 성장을 인정하는 더 긍정적인 방식, 더 많은 의식과 졸업식이 필요하다. 십대들에게 "너는 성장하고 있고 우리는 네가 자랑스러워"라고 말해주기 위해 축배를 들고, 기념행사를 진행하고, 표현을 해주는 일은 긍정적인 방식이다.

우리 사회는 섹스, 음주, 구매력이 좋은 삶으로 이어진다고 가르친다. 하지만 실제로 더 나은 가치를 알고 있다. 우리는 우리 사회를 재구축해야 한다. 우리 사회의 가치가 행복의 본질에 관해 우리가 아는 사실과 더 부합되도록 말이다.

우리 할아버지는 마을 사람들이 곧잘 절벽에서 뛰어내리는 어떤 마을에 관한 시를 좋아하셨다. 그 마을 장로들은 절벽 꼭대기에 울타리를 세울지 계속 절벽 아래에 구급차를 준비해둘지로 논쟁을 벌였다. 사회문제를 치료하는 일과 예방하는 일 사이의 본질적인 차이점이 이 시에 함축되어 있다. 심리 치료사로서 내 임무는 구급차와 같았다. 수년간 구급차를 운전한 끝에 중대한 사회문제를 치료로만 접근하는 데는 한계가 있음을 깨달았다. 우리 문화가 전하는 메시지 때문에 발생한 부상자를 치료함과 동시에 우리 문화를 변화시키기 위해 노력해야 한다.

밀러, 미드, 보부아르와 마찬가지로 나 또한 병리 현상이 각 개인의 모든 가능성을 실현하지 못하는 데에서 기인한다고 믿는다. 오필리어는 성장할 수 없었기 때문에 죽었다. 오필리어는 다른 사람들 삶의 객체가 되었고 주체적인 진짜 자아를 잃었다. 나를 찾아온 많은 십대 내담자들은 성장이 좌절되어서, 잠재력이 축소되어서 고통스러워했다. 한 내담자의 말처럼 그들은 장미 모양으로 깎인 완벽하게 훌륭한 당근이었다.

청소년기는 아동기와 성인기의 경계다. 경계의 삶이 모두 그러하듯이 청소년기는 에너지가 많이 들고 위험이 득시글거린다. 성장하려면 개인 차원에서는 용기와 노력이 필요하다. 그리고 그 주변에서 그를 보호하고 돌봐줘야 한다. 어떤 여자아이들은 가장 부정적인 조건 속에서도 잘 성장하긴 하나 우리는 "어떤 조건일 때 대다수의 여자아이가 잠재력을 최대한 발휘할 수 있는가?"라는 질문을 던져야 한다.

청소년기 여자아이들을 돕는 장기적인 계획에는 뿌리깊고 복잡한 문화를 변화시키는 일이 포함되어야 한다. 이웃들과의 사이에 공동체의식을 재구축하고, 각종 중독과 맞서 싸우고, 학교를 변화시키고, 성평등을 추구하고, 폭력을 근절해야 한다. 가장 좋은 '언덕 꼭대기의 울타리'는 다양성과 자율성을 위한 구조와 안전망, 그리고 관용이 존재하는 문화다. 그런 문화가 갖춰진 후에야 우리 딸들은 온전하고 고유한 인간으로 천천히 그리고 평화롭게 성장하고 발달할 것이다.

1장에서 "여성으로 태어난 모든 천재는 공익을 위해 희생된다"는 스탕달의 말을 인용했다. 그가 이 말을 한 이후로 일부 토양이 만들어지긴 했지만 아직 불충분하다. 모든 인간의 재능이 인정받는 공간이 갖춰진 문화, 아이들이 안전하고 보호받는 문화, 여성이 존중받는 문화, 남성과 여성이 서로를 온전한 인간 존재로서 사랑할 수 있는 문화를 만들기 위해 힘껏 노력하자. 예리한 지성, 따뜻한 손길, 행복한 마음이 사랑받는 문화를 만들기 위해 애쓰자. 그러면 우리 딸들은 자신이 가진 모든 재능을 인정받는 곳에서 살게 될 것이다. 그리고 그곳에서 우리 딸들은 태양과 별 아래에서 자라는 초록빛 나무처럼 번성할 것이다.

붕괴의 시대를 잘살아가기 위해서

　앞서 제시한 제안들은 오늘날에도 여전히 유효하다. 1994년과 마찬가지로 2019년에도 여자아이들은 외모와 섹슈얼리티로 그들을 규정하는 문화 속에서 성년이 된다. 중학교에서는 계속해서 영혼이 파괴되고 있다. 중학교라는 환경에 적응하기 위해 열심인, 호르몬이 왕성하고 미성숙한 아이들로 가득하다. 대부분의 중학교는 규모가 크고 재정과 직원이 부족하다. 중학교는 굴욕감과 비열함을 생산하는 공장 같기도 하다. 여전히 여자아이들은 서로를 존중하는 부모 아래에서 자랄 때, 모든 연령대의 사람들과 진정한 우정을 나눌 때 잘 성장한다.

　한편 가족관계는 전반적으로 훨씬 향상되었다. 부모들은 자신의 상처를 어떻게 처리할지 전보다 잘 알기에 조언이 덜 필요하다. 갈등은 더는 거듭되는 극적인 문제가 아니다. 1994년에 여자아이들은 반항적이고 부모와 거리를 두었다. 요즘 여자아이들은 반항을 덜 하고 부모에게 애정을 느낀다고 표현한다. 이들은 집밖에 잘 나가지 않으며 예전보다 천천히 성숙한다. 이들은 열세 살이 되어도 데이트를 하지 않는데 많은 경우 열일곱 살에도 하지 않는다.

이처럼 길어진 아동기는 축복일 수 있다. 가정 밖에서의 삶을 준비할 기회가 희생된다는 점만 제외하면 말이다. 역경을 겪어야만 힘을 키울 수 있다. 십대들이 위험과 도전을 감수하지 않으면 현실에 대응할 준비가 부족해질 수밖에 없다. 십대들이 고등학교를 졸업하고 대학에 진학하거나 취직할 때 이러한 일이 벌어지는 걸 목격할 수 있다. 또한 십대들이 반려동물이나 트리거 워닝을 필요로 한다는 점, 우울증, 불안장애, 폭음 비율이 매우 높다는 점에서도 그 증거를 찾을 수 있다.

성장은 언제나 스트레스의 결과물이다. 여자아이들은 적당한 도전 과제를 해결할 기회를 얻을 때 자신감이 생기고 삶에 능숙해진다. 최근에 새러의 친구 로빈에게 열네 살짜리 딸 제너비브 이야기를 들었다. 제너비브는 여름방학 기간 중 절반을 집안에서 몸부림쳤다. 지루해하면서도 안절부절못하는 제너비브의 모습에 신물이 난 로빈이 마침내 이렇게 일갈했다. "통장에 돈이 얼마나 있는지 좀 확인해보고 저렴한 항공권을 사서 어디라도 좀 가!"

로빈은 참다못해 이런 제안을 했지만 이 말이 제너비브에게 기적 같은 일을 일으켰다. 제너비브는 신이 나서 아르바이트로 번 돈을 인출하고, 온라인으로 여행 상품을 검색한 후, 마침내 좋아하는 사촌들과 콜로라도주 로키산맥에서 일주일간 휴가를 보냈다. 첫 단독 비행을 성공적으로 끝마친데다가 직접 번 돈으로 휴가를 다녀오자 제너비브는 자랑스러워했다. 딸에게 자립을 제안한 게 모두에게 이득이 됐음을 깨달은 로빈은 깜짝 놀라는 한편 전율했다.

우리 문화는 많은 영역에서 발전했다. 폭력적인 범죄와 성폭행 비율은 점차 줄어드는 추세다. 십대의 음주, 약물 복용, 범죄활동 역시 모두 감소했다. 이혼율은 더 낮아지고 동성혼은 이제 합법이 되었다. 학교에서는 민족 다양성이 증가하는 현상을 반기고 더욱더 많은 학생이 우리 시대의 문제에 관심을 기울이고 직접 참여한다. 이런 일이 일어나도록 열심히 노력한 우리 모두에게, 여러분 모두에게 진심으로 축하인사를 전한다.

아이들을 건강하게 키우는 일에는 항상 그들을 해로운 것으로부터 보호하여 좋은 것과 아름다운 것과 이어주는 활동이 포함됐다. 시대를 불문하고 사려 깊은 부모라면 십대들이 강한 자의식을 키우고 사랑과 공감을 가지고 다른 사람을 대하도록 돕는다. 자신의 딸이 친절하고 고유하며 유능한 어른으로 성장하도록 돕는다.

오늘날에는 온라인 활동 때문에 십대들의 정서적 성장, 사회적 행동, 신경체계, 신체 화학작용, 주의 지속 시간 등이 변했다. 스마트폰이 발명되어 유감일 수 있지만 요정 지니를 요술램프에 다시 집어넣는 일은 불가능하다. 테크놀로지 회사들이 제품을 덜 중독적으로 만들려고 노력할 수도 있겠지만, 소비자운동이 강하게 진행되거나 제품을 규제하는 새로운 법이 만들어지지 않고서는 그럴 일이 일어날 가능성은 낮다.

한편 우리 문화는 가속화된 속도로 변화중이다. 요즘 여자아이들에게는 새로운 요구를 해야 한다. 전자기기를 쓰지 않고 시간 보내기, 대화하는 법을 배우도록 대면 상호작용 경험하기, 현실세계의 사람들과 협상하고 재미있게 놀기 등이다.

디지털 사용을 전혀 통제하지 않는 가정의 경우 자녀가 고분고분하고 공공연한 갈등이 없을지는 모르나 이러한 가정에서 자란 십대 아이들은 매우 중요한 발달상 경험을 분명히 놓친다. 오히려 일관성 있게 엄격한 제한을 적용하는 가정에서 자란 아이가 균형이 잘 잡히고 갈등이 줄어든다. 하지만 안타깝게도 이러한 가정은 거의 존재하지 않는다. 현재 문화적 맥락에서는 이러한 가정이 존재하기가 매우 어렵다.

대부분의 가정은 중간에 끼어서 꼼짝하지 못한다. 부모들은 더 많이 통제하고 싶어하나 어찌해야 하는지 모른다. 십대들은 부모의 제한을 불만스러워하고 이에 화를 낸다. 청소년들은 책을 읽거나 공부를 한다고 주장하면서 자신의 디지털 사용 시간을 숨긴다. 부모들은 무슨 일이 일어나는지 잘 모른다는 사실을 잘 안다. 하지만 좋은 부모들은 집요하게 시간을 제한한다. 이들은 가족 식사, 카드 게임, 모두 하루를 시작하기 전 함께하는 아침식사 등을 위해 공들여 시간을 확보한다.

전자기기 사용을 구체적인 규칙으로 제시하기보다는 모든 가족 구성원이 회의를 진행해 정당하게 느껴지는 방법으로 서로 합의하도록 권한다. 우리는 가능한 한 여자아이들이 소셜미디어 세계에 늦게 발을 디디게 하라고 권고한다. 하지만 현실적인 문제 때문에 스마트폰이 필요해질지도 모르고 대부분의 경우 아이들은 친구들이 스마트폰을 사용하면 자신도 가지고 싶어한다. 침실이나 식사 시간, 등교하는 차 안, 가족 휴가 등의 상황에서 스마트폰 사용 문제를 두고 가족 구성원끼리 결정을 내릴 수도 있다. 부모와 딸은 어느 정도의 투명성이 합리적인지 함께 결정하고 자신들이 만든 가이드라인을 정기적으로 손볼 수 있다.

내가 아는 어떤 가정은 이메일 주소를 가족 공용으로 하나만 사용한다. 어떤 가정은 일요일마다 전자기기 '단식일'을 가진다. 한편 어떤 가정은 매일 저녁 아홉시 이전에 모든 전자기기를 꺼서 주방 조리대에 모아두고 거기에서 아침까지 충전한다는 규칙에 동의했다. 부모들 모임에서는 전국적으로 '중학교 2학년 때까지 기다리라'고 홍보한다. 이들은 최소한 중학교 2학년 때까지는 아이에게 스마트폰을 사주지 않기로 동의했다. 어떤 아이도 소외감이나 또래들과 다르다고 느끼지 않도록 말이다.

부모들에게 아이와 온라인에서 시간을 함께 보내고 십대 아이가 어떤 온라인 활동을 하는지에 관심을 가지라고 권고한다. 이렇게 함으로써 아이와 소셜미디어 세계를 더 잘 이해하게 되며 아이에게 전자기기 사용에 관해 말할 때 더 권위가 생긴다. 부모가 특정한 온라인게임이나 소셜미디어 사이트를 즐긴다는 사실에 아이들이 놀랄지도 모른다. 아이와 공통점을 찾는 일은 모두에게 도움이 된다.

커먼 센스 미디어와 휴먼 테크놀로지 센터 같은 단체는 전자기기를 분별 있게 사용하는 일을 옹호하지만 소셜미디어 중독을 방지하려면 더 많은 지지와 조사가 필요하다. 전자기기 화면에 중독된 십대와 성인을 위해 익명의 알코올중독자 모임과 같은 지지 그룹을 조직해야 한다. 모든 고등학교에서는 미디어 교육, 소셜미디어 교육을 진행해야 하고 스트레스 관리 기술, 의사소통 기술을 가르쳐야 한다.

매우 분명한 사실은, 십대 여자아이들은 더 많은 시간을 오프라인에서 보낼수록 더 행복해진다. 달리기, 클라리넷 연습, 형제와의 체스 경기 등을 하며 오프라인 시간을 보낼 수 있다. 친구들과 옷가게에서 킥킥거릴 수도 있고, 글루텐프리 컵케이크를 구울 수도 있고, 동네 공원에서 어린이용 그네를 탈 수도 있을 것이다.

진짜 자아와의 단절 때문에 모든 병적 측면이 발생한다. 소셜미디어로 인한 마음, 몸, 다른 사람과의 단절이 우리 문화의 최신 문제라면 이를 다시 연결하는 게 해결책일 것이다. 서로 힘을 합쳐서 스크린에이저들이 본모습으로 돌아가게 문화를 조성해야 한다.

부모와 자녀 사이의 대화는 여자아이 삶의 심층 구조와 의미에 초점을 맞출 수 있다. 딸아이는 무엇을 가장 원하는가? 오백 명의 트위터 팔로워인가, 아니면 있는 모습 그대로 존중받고 인정받는다는 느낌인가? 딸아이가 사회적 수용을 가장 열망하는가, 아니면 더 깊은 목적을 향해 분투중인가? 온라인에 있을 때 가장 행복해하는가, 아니면 눈이 내리는 아침에 강아지를 데리고 달릴 때 가장 행복해하는가? 자신의 묘비명에 뭐라고 적히기를 바라는가?

십대들이 자신의 열정, 재능, 장점, 도전 과제, 장기 목표를 심사숙고하도록 도울 수 있다. 우리의 열정, 도전 과제, 목표를 아이와 공유할 수도 있다. 다른 사람들과 잘 지내는 법을 이야기해줄 수도 있고 우리의 행동을 통해 친절을 어떻게 실행하는지 직접 보여줄 수도 있다.

이 바쁘디바쁜 세상에서 부모가 아이에게 줄 수 있는 최고의 선물은 관심이다. 우리는 딸들에게 느긋한 시간과 바로 그 순간에 존재해주기라는 선물을 줄 수 있다. 부모 그리고 다른 역할모델이 지질학적 시간, 천체의 시간, 태양의 시간, 계절의 시간, 동물과의 시간 등 깊이 있는 시간을 아이에게 제공하는 활동을 권장할 수도 있다. 말과 개는 현대에도 속도가 빨라지지 않았다. 이들의 바이오리듬은 수백 년 전과 똑같은 속도를 유지한다. 그렇기에 동물이 인간에게 휴식과 평화를 선사해주는 셈이기도 하다. 도보여행이나 캠핑 같은 활동은 가족을 밤하늘 아래로 데려간다. 거기서 가족은 바위에 물이 떨어지는 소리, 나무를 흔드는 바람 소리, 오래된 새들의 노랫소리를 들을 수 있을 것이다.

아이가 대가족이나 이웃과 시간을 보내도록 권할 수도 있다. 수요일 밤을 해변에서 보낸다든지 금요일 밤에는 함께 모여 스파게티를 먹는다든지 할 수도 있다. 모녀 독서 모임, 합창단, 사이클링팀 등 공동체활동에 참여할 수도 있다. 친족 모임을 계획하고 거기에 참석하거나 휴가를 떠나 세계관을 넓힐 수도 있다. 이중 무엇을 선택하느냐는 그리 중요하지 않다. 여자아이들의 관점을 확장해주고, 나르시시즘을 낮춰주고, 성숙을 촉진하는 활동은 한없이 존재하기 때문이다.

고유한 인간은 고유한 경험을 통해 만들어진다. 자기 자신을 창의적으로 표현하는 기회를 통해 아이들은 큰 혜택을 입을 수 있다. 창의적으로 자기표현을 하면 자아정체성이 강화된다. 거의 모든 여자아이가 음악, 미술, 글쓰기, 연극, 춤추기 등 어떤 창조적인 열정을 가졌으며 이를 잘 육성할 수 있다.

사회운동을 통해 시야를 넓히고 여자아이들이 더 깊고 더 진실한 자신이 되도록 도울 수 있다. 활동가 여자아이들과의 인터뷰에서 살펴봤듯이 부모가 지지해주면 아이들은 권리 옹호에 좀더 관심을 가질 수 있다. 오늘날 많은 부모가 중고등학교에서 자원봉사활동에 참여한다. 어떤 부모들은 소외되거나 곤경에 처하거나 집이 없는 십대들에게 혹은 친구와 어울려 놀 만한 괜찮은 장소가 필요한 아이들에게 안전한 환대의 공간을 제공한다. 이러한 활동을 통해 부모는 딸아이가 헤쳐나가고 있는 많은 사회적, 문화적 세계를 진심으로 이해하게 된다.

미국 대부분의 주에는 리더십 캠프나 여자아이의 개인적, 사회적 성장을 돕는 단체가 존재한다. 부모와 딸들은 걸 업, 걸스 주식회사 Girls Inc, #빌트바이걸스#BuiltByGirls, 걸스 온 더 런Girls on the Run 같은 전국 규모 단체의 지역 지부를 찾아볼 수도 있다. 이를 뛰어넘어서 많은 공동체에서는 유능한 여자아이들이 직접 단체를 설립하기도 한다. 소셜미디어에서 여자아이의 권리를 향상하는 활동을 하는 지역 단체를 검색해볼 수도 있다.

여자아이들은 존중받고, 편안하고, 대담하고, 친절하고, 자유로이 성장하고 싶어한다. 자신의 감정을 완전하게 경험하면서 동시에 감정 조절 능력을 발달시키고자 한다. 세계를 탐험하면서도 안전하기를 바란다. 자신의 삶이 의미 있고 유용하기를 원하면서 사랑받고 싶어한다.

인류가 시작된 이후 부모들은 늘 자기 딸이 성장해서 장차 우리 종족 내에서 건강하고, 행복하고, 생산적인 일원이 되기를 바랐다. 2019년에도 우리의 바람은 크게 다르지 않다. 새로이 구축된 전자기기의 마을에서 우리 종족이 이제 칠십억 명의 사람들로 구성된다는 사실만 달라졌을 뿐이다. 우리 딸들에게 이러한 메시지를 전달해야 한다. '너는 많은 재주와 재능을 가졌단다. 너는 우리에게 그리고 너를 아는 모든 사람에게 특별하단다. 하지만 우리 복잡한 행성에는 곤경에 처한 사람들이 많단다. 네가 최대한 성장하기를 바라고 이 험난한 세상이 치유되도록 네가 도우면 좋겠구나.'

참고 도서

Brill, Stephanie and Kenney, Lisa. (2016). *The Transgender Teen: A Handbook for Parents and Professionals Supporting Transgender and Non-Binary Teens*. Cleis Press.

Damour, Lisa. (2017). *Untangled: Guiding Girls Through the Seven Transitions into Adulthood*. Penguin Books.

Ehrensaft, Diane and Spack, Norman. (2016). *The Gender Creative Child: Pathways for Nurturing and Supporting Children Who Live Outside Gender Boxes*. The Experiment.

Favilli, Elena and Cavallo, Franchesca. (2016). *Good Night Stories for Rebel Girls*. Timbuktu Labs, Inc. 한국어판은 『굿 나이트 스토리즈 포 레벨 걸스』, 전지숙 옮김, 주니어김영사, 2018.

Freed, Richard. (2015). *Wired Child: Reclaiming Childhood in the Digital Age*. CreateSpace Independent Publishing Platform.

Khan-Cullors, Patrisse and Bandele, Asha. (2018). *When They Call You a Terrorist: A Black Lives Matter Memoir*. St. Martin's Press.

Miller, Kelsey. (2016). *Big Girl: How I Gave Up Dieting and Got a Life*. Grand Central Publishing.

Normandi, Carol Emery and Roark, Lauralee. (2008). *It's Not About Food:*

End Your Obsession with Food and Weight. TarcherPerigee.

Nye, Naomi Shibob. (2005). *A Maze Me: Poems for Girls*. Greenwillow Books.

Page, Elisa Camahort, Gerin, Carolyn and Wilson, Jamia. (2018). *Road Map for Revolutionaries: Resistance, Activism, and Advocacy for All*. Ten Speed Press.

Price, Catherine. (2018). *How to Break Up with Your Phone: The 30-Day Plan to Take Back Your Life*. Ten Speed Press.

Reynolds, Eliza and Reynolds, Sil. (2013). *Mothering and Daughtering: Keeping Your Bond Strong Through the Teen Years*. Sounds True, Inc.

Sales, Nancy Jo. (2017). *American Girls: Social Media and the Secret Lives of Teenagers*. Vintage Books.

Simmons, Rachel. (2010). *The Curse of the Good Girl: Raising Authentic Girls with Courage and Confidence*. Penguin Books. 한국어판은 『딸 심리학』, 한승오 옮김, 아름드리미디어, 2013.

Simmons, Rachel. (2018). *Enough As She Is: How to Help Girls Move Beyond Impossible Standards of Success to Live Happy, Healthy and Fulfilling Lives*. HarperCollins. 한국어판은 『소녀는 어떻게 어른이 되는가』, 강나은 옮김, 양철북, 2021.

Single, Jesse. (2018). "Your Child Says She's Trans. She Wants Hormones and Surgery. She's 13." *The Atlantic*. July/August 2018, pp. 88.

Tribole, Evelyn and Resch, Elyse. (2012) *Intuitive Eating: A Revolutionary Program That Works*. St. Martin's Griffin. 한국어판은 『다이어트 말고 직관적 식사』, 정지현 옮김, 골든어페어, 2019.

Twenge, Jean M. (2017). *iGen: Why Today's Super-Connected Youth are Growing Up Less Rebellious, More Tolerant, Less Happy and Completely Unprepared for Adulthood*. Atria Books. 한국어판은 『#i세대』, 김현정 옮김, 매일경제신문사, 2018.

Walker, Sarai. (2015). *Dietland*. Houghton Mifflin Harcourt. 한국어판은 『다이어트랜드』, 이은선 옮김, 문학동네, 2018.

West, Lindy. (2017). *Shrill*. Hachette. 한국어판은 『나는 당당한 페미니스트로 살기로 했다』, 정혜윤 옮김, 세종서적, 2017.

옮긴이 **안진희**
중앙대학교 영어영문학과를 졸업하고 영화 홍보마케팅 분야에서 일하며 다양한 영화를 홍보
했다. 현재는 프리랜서로 일하며 책을 기획하고 번역한다. 사람들의 마음을 움직이는 책에 관
심이 많다. 『마음 감옥에서 탈출했습니다』 『내가 말하지 못한 모든 것』 『나는 심리치료사입니
다』 『죽음과 죽어감에 답하다』 『페이스북 심리학』 『히든 피겨스』 『내 어깨 위 고양이, Bob』
등 50여 권의 책을 우리말로 옮겼다.

내 딸이 여자가 될 때

초판 인쇄 2022년 5월 6일
초판 발행 2022년 5월 17일

지은이 메리 파이퍼·새러 파이퍼 길리엄
옮긴이 안진희
책임편집 임혜지 | 편집 이희연 류현영
디자인 김마리 최미영 | 저작권 박지영 형소진 이영은 김하림
마케팅 정민호 이숙재 박치우 한민아 김혜연 이가을 박지영 안남영 김수현 정경주
브랜딩 함유지 함근아 김희숙 정승민
제작 강신은 김동욱 임현식 | 제작처 상지사

펴낸곳 (주)문학동네 | 펴낸이 김소영
출판등록 1993년 10월 22일 제2003-000045호
주소 10881 경기도 파주시 회동길 210
전자우편 editor@munhak.com
대표전화 031) 955-8888 | 팩스 031) 955-8855
문의전화 031) 955-3579(마케팅) 031) 955-2672(편집)
문학동네카페 http://cafe.naver.com/mhdn | 트위터 @munhakdongne
북클럽문학동네 http://bookclubmunhak.com

ISBN 978-89-546-8672-3 03300

www.munhak.com